Michael Titze

Die heilende Kraft des Lachens

Mit Therapeutischem Humor frühe Beschämungen heilen

Mit einem Anhang von
Waleed A. Salameh

KÖSEL

ISBN 3-466-30390-7
© 1995 by Kösel-Verlag GmbH & Co., München
Printed in Germany. Alle Rechte vorbehalten
Druck und Bindung: Kösel, Kempten
Umschlag: Kaselow Design, München
Umschlagfoto: FPG/Bavaria Bildagentur, Michael Krasowitz

2 3 4 5 · 99 98 97 96

Gedruckt auf umweltfreundlich hergestelltem Werkdruckpapier
(säurefrei und chlorfrei gebleicht)

Für
Miriam und Nicolas

Inhalt

Vorwort

Unter dem Titel *Schizophrenie und Familie*[1] erschienen im Jahre 1969 die wichtigsten Arbeiten der sogenannten Palo-Alto-Gruppe in deutscher Übersetzung. Ich studierte damals Psychologie, und ich kann mich noch gut erinnern, wie sehr mich die paradoxen Aussagen Gregory Batesons und seiner Mitarbeiter beeindruckten. Schon auf den ersten Seiten dieses Buches wird darauf hingewiesen, daß wir stets auf verschiedenen Ebenen kommunizieren. Wir können eine verbale Botschaft vermitteln, zum Beispiel: »Ich mag etwas«, und dabei gleichzeitig körpersprachlich eine gegenteilige Aussage machen, indem wir etwa unser Gesicht angewidert verziehen. Oft ist uns dies gar nicht bewußt. Wir können ferner eine Botschaft in einer wörtlichen – »expliziten« – und einer metaphorischen – »impliziten« – Weise kommunizieren. Dabei kann das offen Ausgesprochene durch das indirekt Thematisierte völlig in Frage gestellt werden. Das ist zum Beispiel der Fall, wenn jemand verächtlich grinsend beteuert, das Fachwissen seines Vorgesetzten zu schätzen.

Die implizite Kommunikation spielt bei der Entstehung früher Beschämungen eine ganz entscheidende Rolle. Im abweisenden Gesichtsausdruck und im kalten Blick seiner Bezugsperson liest das Kind die verhängnisvolle Botschaft: Du bist nicht liebenswert, du gehörst nicht dazu ... Das Beschämende daran ist, daß diese Botschaft nicht begründet wird, nicht hinterfragt werden darf und daher auch nicht korrigiert werden kann. Denn eine solche Botschaft wird nicht explizit geäußert.

Derartige kommunikative »Doppelbindungen« sind paradox. Sie sprengen den Rahmen des gesunden Menschenverstandes, der nur eindeutige Aussagen zuläßt. Wer sich aus solchen alogischen und metakommunikativen Zwickmühlen befreien will, der muß den paradoxen Weg konsequent weitergehen. Bateson und seine Mitarbeiter entdeckten in diesem Zusammenhang die Bedeutung des Humors.

Sie beschrieben seine Wirkung so: »Es ist zum Beispiel eine Entdeckung, wenn plötzlich klar wird, daß eine Botschaft nicht nur metaphorisch gemeint ist, sondern auch wörtlich – und umgekehrt. Das heißt, das explosive Moment im Humor kommt in jenem Augenblick zur Wirkung, in dem die Markierung der Kommunikationsmodi aufgelöst und zu einer neuen Synthese zusammengesetzt wird.«[2] Damit wurden die analytischen Studien Sigmund Freuds über den Witz[3] aus einer neuen Perspektive heraus bestätigt.

In den folgenden Jahren zeigte mir die Lektüre der faszinierenden Werke von Paul Watzlawick, der ebenfalls zur Palo-Alto-Gruppe gehörte, weitere ungeahnte Möglichkeiten paradoxer Auflösungen kommunikativer Doppelbindungen auf.[4] Es wurde mir dabei immer stärker bewußt, daß die Symptomatik neurotischer und psychotischer Krankheitsbilder nicht allein unter dem Aspekt eines defizitären Abweichens von der Norm gesehen werden kann. Jedes Symptom bringt vielmehr auch etwas Kreatives zum Ausdruck. Es entspricht einem kommunikativen Arrangement, das schon den (unverstandenen) Ansatz eines Lösungsversuchs in sich birgt.

Diese – gleicherweise ermutigende wie paradoxe – Sichtweise wurde mir auch in den Werken Alfred Adlers vor Augen geführt. Hier bekam ich ein Menschenbild vermittelt, das optimistisch und ressourcenorientiert ist. Denn die schöpferische Kraft läßt den Menschen nicht zum bloßen Opfer widriger Lebensumstände werden. Sie ermöglicht – selbst in den schwersten Formen psychischer Erkrankung – ein Streben nach Überwindung entsprechender Mangelzustände. Das Symptom bringt dies in verschlüsselter Form zum Ausdruck. Es ist, wie Viktor Frankl es ausgedrückt hat, gleichzeitig »Mittel und Ausdruck«[5]. Der Psychotherapeut muß diesen Sinngehalt dechiffrieren und seinem Klienten bewußtmachen. Er lenkt damit die Aufmerksamkeit auf die im vordergründig Krankhaften verborgene Lebenskraft. Damit wird ein Symptom annehmbar. Adlers Schüler Rudolf Dreikurs faßte dies vor über sechzig Jahren in die Worte: »Man rät dem Patienten, gerade das zu üben, was er bis jetzt scheinbar bekämpft hat, also sein Symptom zu verstärken.«[6] Dadurch wird ein Mut zur Unvollkommenheit angeregt, der die eigentliche Voraussetzung für die Überwindung neurotischer Fehlhaltung ist.

Über die Lektüre von Adlers Werken kam ich zu Viktor Frankl, der für kurze Zeit selbst im Einflußbereich der Individualpsychologie stand.[7] Frankls Methode der »paradoxen Intention« ist für mich die genialste Entdeckung der Psychotherapie. Denn im Gegensatz zu vergleichbaren Methoden, etwa der Verhaltenstherapie, hatte Frankl ausdrücklich die geistige Kapazität des Menschen vor Augen. Er war zutiefst davon überzeugt, daß der Mensch unter allen Umständen über sich selbst hinauswachsen kann − sofern es ihm gelingt, sich von sich selbst zu distanzieren. Dazu bedarf es des Mutes zur Lächerlichkeit, den der Therapeut aber nur dann vermitteln kann, wenn er diesen Mut selbst besitzt. Die Voraussetzung dafür ist, sich von den beschämenden Zwängen eines Denkens zu befreien, das eine Trennlinie zwischen gut und schlecht, krank und gesund sowie normal und verrückt zieht. Nach Frankl kann die personale Unversehrtheit, die spezifisch geistige Kraft eines Menschen, selbst in Fällen schwerster psychischer Erkrankung geborgen werden. Dieses »Humanissimum« ist unverletzlich. Es sichert die Menschenwürde, und es ist die Quelle allen Selbstwertgefühls − sofern es nicht aus den Augen verloren wird! Und dies ist stets dann der Fall, wenn sich ein Mensch − »hyperreflektiv« − auf defizitäre Aspekte seiner körperlichen und psychischen Funktionsfähigkeit zu konzentrieren beginnt. In meiner psychotherapeutischen Praxis habe ich verstehen gelernt, was der Grund dafür ist. Es ist die beschämende Überzeugung, im Hinblick auf die unkritisch hingenommenen Idealnormen eines starren Gewissens nicht gut genug zu sein. Und diese Überzeugung ist es, die zu der quälenden Furcht führt, sich vor den Augen der Welt lächerlich zu machen.

In Viktor Frankl habe ich einen großartigen Menschenfreund kennen- und schätzengelernt. Er besitzt den unerschütterlichen Glauben, daß ein Mensch, ungeachtet aller Schicksalschläge, »trotzdem Ja zum Leben sagen«[8] kann. Denn die »Trotzmacht« des Geistes vermag ihm die Kraft und die Fähigkeit zu einer sinnerfüllten Selbstentfaltung vermitteln. Und diese Trotzmacht ist es, die den Menschen über sich selbst hinauswachsen − transzendieren − läßt. So kann auch dann ein Urvertrauen zum Dasein (wieder) entstehen, wenn die Logik der äußeren Umstände nur Hoffnungslosigkeit zulassen wollte.

11

Vieles von dem, was ich dem Leser vermitteln möchte, hat mich Frankl gelehrt. Ich habe mit ihm über den Sinn der paradoxen Intention längere Zeit korrespondiert. Doch zunächst war mir nicht recht bewußt, welche Bedeutung dabei dem Humor zukommt. Eines Tages gab mir Frankl die Anregung, einen Beitrag für das von William F. Fry und Waleed A. Salameh herausgegebene *Handbook of Humor and Psychotherapy* zu schreiben. Dies war eine große Ehre für mich, denn die Herausgeber hatten Frankl zunächst um seine eigene Mitarbeit gebeten. Doch ich fühlte mich dafür nicht kompetent genug, hatte ich mich doch noch nie ausdrücklich mit der Bedeutung des Humors für die Psychotherapie befaßt! Frankl entgegnete darauf: »Aber Sie haben sich mit der paradoxen Intention befaßt. Und der Humor ist nichts anderes als eine große Paradoxie!«

So habe ich vor rund zehn Jahren meinen ersten Aufsatz über Therapeutischen Humor geschrieben.[9] In William F. Fry, der lange Jahre an der Stanford-University wirkte, fand ich einen weiteren Lehrer. Er selbst gehört zu den »Urvätern« der Palo-Alto-Gruppe. Sein Spezialgebiet war schon damals die Bedeutung des Humors im Bereich paradoxer Kommunikationsformen.[10] Und in den siebziger Jahren hat William Fry die Humorphysiologie[11] begründet. Sie wird auch als Gelotologie, d.h. die Wissenschaft vom Lachen, bezeichnet. Inzwischen gibt es einen ganzen Forschungszweig, der sich mit den positiven Auswirkungen des Lachens auf das menschliche Immunsystem befaßt.[12]

Vor drei Jahren habe ich William Fry auf einer Vortragsreise durch Mitteleuropa begleitet. Bei dieser Gelegenheit erwähnte er anekdotisch die Figur von Pinocchio, die sich in so vielen psychosomatischen Krankheitsbildern wiederfindet. Dieser Anregung verdanke ich es, daß ich mich seither mit dem Wesen des »Pinocchio-Komplexes« befassen konnte. Mit Frys kreativem Mitarbeiter Waleed A. Salameh verbindet mich mittlerweile freundschaftliche Kollegialität. Ich habe ihn bei seiner Arbeit mit Therapeutischem Humor in San Diego unmittelbar erlebt. Dies war ebenso anregend wie ermutigend für mich. Denn noch gibt es nur ganz wenige Psychotherapeuten, die so intensiv und so erfolgreich mit Therapeutischem Humor arbeiten wie Salameh.

12

Aber noch vielen anderen bin ich zu großem Dank verpflichtet. An erster Stelle denke ich an Wolfgang Kretschmer, meinen langjährigen Lehrer und väterlichen Freund. Er machte mich auf die heute kaum mehr bekannten Studien seines Vaters Ernst Kretschmer über beschämende Insuffizienz bei paranoiden Krankheitsverläufen aufmerksam.[13] Dies geschah zu einem Zeitpunkt, als die Bedeutung der Scham im Bereich der Psychotherapie noch gar nicht erkannt worden war. (Erst in den letzten Jahren haben amerikanische Autoren diesen verkannten Affekt zu beschreiben begonnen.) Wolfgang Kretschmer ist ganz unerwartet vor einigen Monaten verstorben. Wenige Wochen vor seinem Tod hielt er noch einen beeindruckenden Vortrag im »Forschungskreis für Philosophie und Therapie«.

Freundschaftliche Dankbarkeit empfinde ich auch gegenüber Rolf Kühn, dem Leiter dieses Forschungskreises. Er hat mich das Wesen der Selbstaffektion so verstehen lassen, wie es der französische Lebensphänomenologe Michel Henry in seinen unvergleichlichen Analysen herausgearbeitet hat.[14] Inzwischen wird mir zunehmend bewußt, wie sehr die Lebensphänomenologie mein methodisches Verständnis im Umgang mit der menschlichen Affektivität beeinflußt hat. Denn der Therapeutische Humor ist vor allem ein Mittel, scheinbar unverrückbare Lebensweisen unserer naiv hingenommenen Alltagswelt auszuklammern. Dies ist mehr als eine bloße Relativierung normativer Zwänge. Denn es ermöglicht den Zugang zum affektiven Kindsein als der Sphäre »reinen Lebens«.[15]

An dieser Stelle danke ich ferner den Kollegen des Forschungskreises, die mir viele Anregungen gegeben haben. Ich danke aber auch den Teilnehmern des »Werkkreises Therapeutischer Humor«, die voller Begeisterung, aber auch mit kritischen Anregungen den humorvollen Weg aus der Scham mit mir zusammen erprobt haben.

Schließlich bin ich all jenen zu Dank verpflichtet, die mir bei der Entstehung dieses Buches mit Rat und Tat zur Seite gestanden sind. An erster Stelle ist dies meine Frau Brigitte, ohne deren kompetente Unterstützung und aufwendigen Einsatz dieses Buch wohl erst zu einem viel späteren Zeitpunkt erschienen wäre. Ich danke Karlheinz Lepper, der sämtliche Probleme der Textverarbeitung souverän gelöst hat. Ferner bin ich Heidi Mayer, die alle Schreibarbeiten äußerst zuverlässig erledigt hat, zu großem Dank verpflichtet. Ich danke auch Rosie Auerbach, Anne Braun, Christof T. Eschenröder, Simone Hauke, Dieter Kragl (für eine wichtige Anregung!), Helmut Pflumm, Hans-Rudolf Pricking, Karin Raub und nicht zuletzt meiner Mitarbeiterin Erika Kunz, die für dieses Buch ein eigenes Kapitel geschrieben hat (Seite 305–317). Vor allem danke ich aber den vielen Klienten, deren Fallbeispiele dieses Buch mit Leben erfüllen.

Tuttlingen, Ostern 1995
Michael Titze

Die Lebenskraft ist nur eine, welche, als Urkraft, unermüdlich, also keiner Ruhe bedürftig ist.

Arthur Schopenhauer

1 Die ungestüme Lebenskraft

Das lachende Stück Holz

»Es war einmal ein Stück Holz.« So beginnt Carlo Collodis Märchen von einem Hampelmann namens Pinocchio. Dieses Holz, aus dem Pinocchio gefertigt wurde, ist nichts Besonderes, kein seltenes und kein teures Edelholz, sondern ganz gewöhnliches Brennholz. Es ist ein Holz, »wie man es im Winter für die Öfen und Kamine braucht, um Feuer anzumachen und die Kamine zu heizen … «

Ich war vielleicht sechs Jahre alt, als ich diesen Satz zum ersten Mal vorgelesen bekam. Ein wohliges Gefühl erfaßte mich. Das Bild der warmen Glut eines Kartoffelfeuers trat vor meine Augen. Die großen Buben aus der Nachbarschaft hatten es an einem Herbstabend in Brand gesetzt, so daß die Flammen zunächst meterhoch emporschlugen. Wir Kleinen standen in respektvollem Abstand dabei, wohlwissend, daß wir eigentlich schon zu Hause erwartet wurden. Doch hier war Leben: Die Flammen sprangen unruhig hin und her, Hitze und Rauch verströmend. Bislang unbekannte Gefühle stiegen auf. Sie ließen, ganz vage nur, etwas Geheimnisvolles ahnen. Es war eine Sehnsucht, die nicht mit Vorstellungen verbunden war und die nicht in Begriffe gefaßt werden konnte. Es war ein Verlangen nach dem Leben selbst. Als die Holzscheite in sich zusammenfielen, die lodernden Flammen erloschen, zeigte sich die Glut in ihrer reinen Schönheit. Sie war rot wie die Abendsonne und brachte die Luft zum Flimmern. Kartoffeln, die wir auf den schon abgeernteten Feldern gesammelt hatten, wurden in diese Glut geworfen, so daß es zischte und knisterte. Und bald verströmten sie einen verheißungsvollen Duft.

Pinocchio trägt diese Glut in sich. Er ist aus einem Holz geschnitzt, das empfindsam ist, das schon weinen und lachen kann, bevor ihm der Holzschnitzer Gepetto, sein späterer Vater, eine menschliche Gestalt verleiht. Doch zunächst versetzt dieses Stück Holz durch sein Lachen den Tischlermeister »Kirsche« in Angst und Schrecken:

»Das Lachen, ein Klang, den er fürchtet und nicht kennt, ein Klang, der sich zum erstenmal aus dem Holz entfesselt, zwingt ihn in die Knie. Er fällt zu Boden, › als hätte ihn der Schlag getroffen‹. Er hat die Verdutztheit, den Schrecken und die große Angst kennengelernt: Aber er gehört zu denen, die nur nachgeben, wenn Donner, Licht und Feuer dreinfahren. Das Holz hat gelacht. Und die blaurote Nase von Meister Kirsche färbt sich › nachtblau‹.«

Ein Hampelmann voller Gefühle

Pinocchio ist ein starrköpfiger, aufbrausender, zuweilen sogar unver-schämter Hampelmann. Aber er besitzt auch Mitgefühl. Als ihn ein Hetzhund verfolgt, dabei versehentlich ins Wasser fällt und beinahe ertrinkt, wird Pinocchio zu seinem Retter. Dem furchteinflößenden Puppenspieler Feuerfresser, dessen Stimme so rauh klingt wie die eines Menschenfressers, bietet sich Pinocchio großherzig für den Opfertod an. Er will einen anderen Hampelmann vor dem Feuertod retten und ruft aus: »Vorwärts! Bindet mich und werft mich dort in die Flammen. Nein, es ist nicht recht, daß der arme Harlekin, mein guter Freund, an meiner Stelle sterben soll!« Pinocchio, der unangepaßte Lausbub, ist voller affektiver Wärme. Im Gegensatz zu den vielen Figuren dieses

Märchens, die falsch, berechnend und grausam sind, kann er sich seines guten Herzens nicht wehren. Und er kann seine Gefühle nicht verbergen. Einmal fällt er Gepetto, seinem »armen Vater«, um den Hals und »küßt ihm das ganze Gesicht ab«.

Wie jedes Kind hat Pinocchio Angst. Er fürchtet Donner und Blitz. Zuweilen ist er vor Kälte, Hunger und Angst mehr tot als lebendig. Er gerät in viele grauenhafte Situationen, in denen er Todesangst ausstehen muß. Oft sind die geschilderten Situationen so beklemmend, daß der Leser Unbehagen verspürt. Dunkle Erinnerungen an den lähmenden Schrecken mancher Alpträume steigen auf. Es sind Affekte, die in der abgründigen Dunkelheit des Unbewußten verborgen sind. Sie sind das Erbe unserer eigenen Vergangenheit, Ausdruck einer Bedrohung, die wir als Kinder spürten, wenn wir uns verlassen fühlten.

Pinocchio fühlt sich oft verlassen. Die Person, zu der er die innigste, liebevollste Beziehung hat, ist sein armer Vater Gepetto. Dieser ist zwar herzensgut, doch er ist zu schwach, um Pinocchio eine wirkliche Stütze zu sein. Im Gegenteil ist es Pinocchio selbst, der für ihn sorgen muß. Pinocchios Mutter ist die kindhafte Fee. Sie ist einerseits eine eiskalte, gleichgültige Kindfrau, andererseits aber auch eine fürsorgliche Erzieherin. Sie läßt ihn leiden, und sie läßt ihn fast sterben. Sie schenkt ihm aber immer wieder auch neues Leben. Sie ist in ihrer Beziehung zu Pinocchio ambivalent. Obwohl sie Pinocchio so häufig im Stich läßt, obwohl sie ihn herzlos quält, bringt er ihr dennoch Zuneigung entgegen. Vor allem aber empfindet er Schuldgefühle. Denn die Feenmutter schimpft oft mit Pinocchio, sie redet ihm erzieherisch ins Gewissen. Und so wird Pinocchio häufig von Gewissensbissen geplagt. Auf seiner ruhelosen Wanderschaft durch eine wunderliche Welt spricht er einmal zu sich selbst: »Wie soll ich nur meiner guten Fee unter die Augen treten? Was wird sie sagen, wenn sie mich so sieht? Wird sie mir diesen Streich verzeihen? Ganz bestimmt wird sie ihn mir nicht verzeihen, nein, sie wird ihn mir nicht verzeihen! Und das geschieht mir recht, denn ich bin ein schlechter Junge; immer verspreche ich, mich zu bessern, und halte nie mein Wort!«

Pinocchio wird nicht nur körperlich mißhandelt, sondern auch seelisch gedemütigt. Er wird verhöhnt, erniedrigt und beschämt. Es dürfte wohl kaum ein zweites Märchen geben, in dem das Wort Scham so häufig auftaucht. Anlaß dafür ist zunächst das Äußere Pinocchios, seine überlange Nase und sein komischer Körperbau. Mitleid erträgt Pinocchio aber nicht. Er ist trotz allem ein stolzer Hampelmann. Er reagiert sehr affektiv, wenn er sich in seinem Stolz gekränkt fühlt. So sagt die Sprechende Grille einmal zu ihm: »Armer Pinocchio, du tust mir wirklich leid.« – »Warum tue ich dir leid?« – »Weil du ein Hampelmann bist und, was noch schlimmer ist, weil du einen Holzkopf hast!« Das erzürnt Pinocchio so sehr, daß er die Grille gegen die Wand schleudert, an der sie tot haftenbleibt.

Im Grunde ist Pinocchio nur selten aggressiv, eben nur dann, wenn er im Affekt handelt. Unentwegt ist Pinocchio aber ein Objekt für die oft grausame Aggressivität seiner Umwelt. Fast immer muß er dabei Schmach erleiden. So will ihn ein Fischer, grundhäßlich wie ein Seeungeheuer, in Mehl panieren und in heißem Öl sieden. Als Pinocchio »seinen Tod vor Augen sah (und welch häßlicher Tod!), wurde er von solchem Entsetzen gepackt, daß er den Fischer mit Worten gar nicht mehr anflehen konnte.« Aber der grüne Fischer läßt sich von dem mitleidsheischenden Blick des armen Jungen nicht erweichen. Genauso gefühllos ist der Mann, der Pinocchio einige Zeit später »etwa 50 Minuten« unter Wasser hält, weil er ihm anschließend sein Fell über die Ohren ziehen will.

Pinocchios Verwandlung

Pinocchio läßt sich nicht unterkriegen, obwohl er von Anfang an ein komischer Hampelmann ist. Sein großes Ziel ist, ein richtiger Junge aus Fleisch und Blut zu werden. So sucht er den Kontakt zu den Menschen. Er ist dabei, in einer letztlich verhängnisvollen Weise, höchst vertrauensselig und naiv. Er läßt sich von vordergründiger Freundlichkeit täuschen, weil er die ungeschriebenen Gesetze des menschlichen Zusammenlebens nicht kennt. Er vermag nicht hinter die Fassade zu schauen. So wird er hintergangen, gedemütigt und gequält. Er wird, völlig zu Unrecht, für vier Monate ins Gefängnis geworfen. Grausame, hinterhältige Mordgesellen verfolgen ihn, weil sie ihn um sein Geld bringen wollen. Sie versuchen ihn zu erstechen; schließlich gelingt es ihnen tatsächlich, ihn zu überwältigen. Sie knüpfen ihn an der Großen Eiche auf und lassen ihn einen symbolischen Tod sterben. Viele weitere Enttäuschungen muß Pinocchio noch über sich ergehen lassen. So ist es kein Wunder, daß er den Menschen schließlich aus dem Wege geht.

Nur einmal hat er sich entschlossen, seine rastlose Wanderschaft zu beenden. Er will sich einer Schar von Kindern anschließen, die zusammen mit einem scheinbar gutmütigen Männchen ins »Land der Spielzeuge« fahren. Dahinter läßt sich unschwer das Schlaraffenland, das kindliche Paradies, entdecken, von dem gerade einsame Kinder träumen. Doch in diesem Paradies gibt es ein böses Erwachen! Hier werden Kinder zu Eseln gemacht, die zahm und fügsam sein müssen. Hier wachsen ihnen lange, haarige Ohren, und hier bekommen sie das »böse Eselsfieber«. So werden aus ihnen schließlich verachtete Arbeitstiere, die man vor einen Karren spannt und die Kohl und Salat zum Markte tragen müssen. So müssen sie das Schicksal »aller faulen Jungen erleiden, die nichts von Büchern und Lehrern wissen wollen und ihre Tage mit Spiel und Vergnügen zubringen«. Schmerz, Scham und Verzweiflung bemächtigen sich Pinocchios.

Als Esel muß Pinocchio viele Erniedrigungen erdulden. Er wird in einem Zirkus vorgeführt, wo sich »alle Kinder vor Lachen krümmten.« Und als er schließlich nicht mehr laufen kann, soll ihm auch noch das Letzte genommen werden, was ihm blieb: die animalische Lebendigkeit. Er soll getötet werden, damit ihm sein Eselsfell über die Ohren gezogen werden kann. So soll die Existenz Pinocchios auf einen billigen, toten Gegenstand reduziert werden. Doch Pinocchio ist zu lebendig, als daß er dieses Ende finden könnte.

Das widersinnige Schicksal Pinocchios enthüllt sich im Leiden und Aufbegehren. Giorgio Manganelli faßt es in die folgenden Worte: »Pinocchio ist ein Stück Brennholz, da vollkommen zum Leiden ausersehen; er ist ein Hampelmann, etwas, das von sich selbst keine Ahnung hat, das gehorcht und mit dem gespielt wird; er ist Rebellion und Unterwürfigkeit; gleich zu Anfang hat er sich ergeben, aber seine Ergebung ist eine Herausforderung.«

Der Pinocchio-Komplex

Bei meiner Arbeit als Psychotherapeut begegnen mir täglich Menschen, die darunter leiden,»komisch« zu sein. Seit ihrer Kindheit haben sie Versagungen, Enttäuschungen und beschämende Erniedrigungen erdulden müssen. Obwohl sie sich nach menschlicher Nähe, nach Anerkennung und vor allem nach Liebe sehnen, sind sie ständig auf der Flucht vor den Mitmenschen. Denn immer wieder mußten sie spüren, daß sie nicht dazugehören, daß sie von den anderen weder gemocht noch akzeptiert werden. So sind sie zutiefst einsam.

Das bittere Gefühl, nicht liebenswert zu sein, ist bei diesen Menschen allgegenwärtig. Es war da, als ihnen, früh in der Kindheit schon, kalte und selbstbezogene Eltern die Tür zum»Depot des Lebens« (Manganelli) nicht öffnen konnten.

Solche Eltern sind nicht im eigentlichen Sinne schlecht oder bösartig. Sie sind nur, ähnlich wie Pinocchios Feenmutter, keine einfühlsamen, großherzigen und uneigennützigen Bezugspersonen. Das Seelenleben ihrer Kinder ist ihnen fremd, wie das Kindsein im allgemeinen. Es gelingt ihnen kaum, sich in die affektiven Bedürfnisse ihrer Töchter und Söhne einzufühlen. Sie können nicht nachvollziehen, wie ein Kind empfindet, wenn es spöttisch gemaßregelt, wenn es entwertet oder in seiner Bedürftigkeit bloßgestellt wird. Und sie begreifen fast nie, daß ein Kind um seiner selbst willen geliebt werden muß, damit es allmählich seine volle Lebensfähigkeit entfalten kann.

Die Heidelberger Psychologin Almuth Sellschopp-Rüppell beschrieb die Persönlichkeitsmerkmale solcher Eltern. Es sind dies:

1. Eine überzogene Forderung an das Kind, sich ihnen gegenüber loyal zu verhalten. Dies führt zu einer zu engen Bindung an die Familie, was wiederum unlösbare Konflikte mit außenstehenden Liebesobjekten nach sich zieht. Die Eltern können nicht ohne das Kind leben (das ist ein Aspekt der sogenannten Parentifikation, vgl. Seite 43 ff.). Doch sie selbst lassen es im Stich, wenn es hilfsbedürftig ist.

2. Oft lassen sich ein pseudostarker Vater und eine instabile, unzuverlässige Mutter finden.

3. Eine überzogene und unnachgiebige normative Ideologie bezüglich dessen, was richtig und falsch zu sein hat sowie der unerschütterliche Glaube an die eigene Güte und Selbstlosigkeit lassen auf seiten der Eltern kaum Schuldgefühle aufkommen.

Diese Eltern beurteilen die natürliche Lebenskraft ihres Kindes im allgemeinen negativ. Sie wünschen sich ein Wesen, das so pflegeleicht ist wie eine unlebendige Spielzeugpuppe. Sie wollen ein Kind, das adrett, lieb, brav und vorzeigbar ist. Die unruhige Lebendigkeit eines Kindes aus Fleisch und Blut irritiert sie und macht sie ärgerlich. Sie nehmen Anstoß an seiner Ausgelassenheit. Denn sie können seiner kichernden Fröhlichkeit und seinen harmlosen Blödeleien nichts abgewinnen. Und sie zeigen sich empört, wenn das Kind seinen eigenen Kopf durchsetzen will. Das Kind soll nicht das tun, was ihm Spaß macht. Es soll sich vielmehr dem Ernst des Lebens fügen, sich an die elterlichen Man-muß-Vorstellungen anpassen. Es soll so werden wie die Eltern selbst. Denn auch sie mußten ihre kindliche Lebendigkeit einst aufgeben, bis das Kind in ihnen erstarrte – so wie das schöne wachsweiße Mädchen, das Pinocchio mit geschlossenen Augen und gekreuzten Händchen gegenübertritt und ihm wortlos erklärt: »Auch ich bin gestorben.«

Lebendig sein schließt die Möglichkeit des Könnens mit ein. Und in der Tat kann schon ein Baby sehr viel: Es kann atmen, essen, verdauen, schlafen, schreien, im Schauen Kontakt aufnehmen und, nicht zuletzt, die Objekte seiner Umgebung ergreifen. Mit dem Lebensalter nimmt das Können des Kindes immer mehr zu. Bald kann es laufen, auf andere zugehen oder sich mit ihnen streiten. Gerade im expansiven

Können findet die kindliche Lebenskraft ihren unverwechselbaren, ungestümen Ausdruck. Das lebendige Kind geht mutig an die Welt heran: Das ist auch die ursprüngliche Bedeutung von »Aggression« (was ins Deutsche übersetzt nichts anderes als »Herangehen« heißt). Gerade das aggressive Können als unerläßliche Voraussetzung gesunder Selbstbehauptung ruft bei manchen Erziehern aber Mißbilligung hervor. Diese verstehen nicht, daß das Kind Mittel und Wege mutiger und selbstbewußter Lebensbewältigung erproben will. So versuchen sie etwas zu hemmen, das das Leben selbst ist: expansive Bewegung! Damit wird der Lebensmut des Kindes aber nachhaltig eingeschränkt.

Vor einigen Jahren machte ich mit meinem damals dreijährigen Sohn einen Spaziergang, der uns auch an einem Abenteuerspielplatz vorbeiführte. Da gab es für den Kleinen kein Halten mehr! Übermütig machte er sich daran, all die herrlichen Spielgeräte auszuprobieren, die hier von kreativen Menschen aufgestellt worden waren. Eine Art Ritterburg hatte es ihm dabei besonders angetan. Da gab es Klettertürme, Hängebrücken und Aussichtsplattformen, die über verschiedene Zugangswege erreicht werden konnten. Der einfachste Weg nach oben führte über eine bequeme Holztreppe. Man konnte aber auch eine breite Leiter erklimmen, deren Sprossen allerdings weit auseinander standen. Hier mußten die Kleinen schon ihre ganze Kraft einsetzen, um nach oben zu gelangen. Noch schwieriger war es aber, sich über eine glatte Kletterstange nach oben zu hangeln.
An genau dieser Stange hatte sich zunächst mein Sohn versucht. Bald merkte er jedoch, daß er seine Körperkräfte überschätzt hatte. So stieg er mit angestrengtem Gesichtsausdruck über die Sprossenleiter nach oben, um dann wieder freudestrahlend an der Kletterstange hinunterzugleiten.
In der Zwischenzeit war eine düster blickende Frau mit einem vielleicht fünfjährigen Jungen dazugekommen. Eine Weile schaute dieses Kind meinem Sohn zu. Dann näherte es sich zögernd dem Klettergerüst. Seine Mutter stemmte ihre Arme in die Hüften und beobachtete ihn mit einem Ausdruck von Mißbilligung und Geringschätzung. In dem gleichen Augenblick, als der Junge die Kletterstange angefaßt hatte, herrschte sie ihn auch schon mit schneidender Stimme an: »Andreas, laß das! Das ist zu gefährlich, da passiert gleich was!« Widerspruchslos ließ der Junge von seinem Vorhaben ab. Nach kurzem Überlegen begann er dann die Sprossenleiter in Augenschein zu neh-

men. Doch ehe er überhaupt Anstalten machen konnte, diese zu erklimmen, rief ihm seine Mutter schon zu: »Andreas, laß das! Das ist zu schwierig. Das schaffst du nie!« So blieb ihm nur noch der einfachste Weg zum Spielvergnügen, nämlich das Besteigen der Holztreppe.

Unterdessen hatte sich mein Sohn erneut daran gemacht, die Sprossenleiter zu erklimmen. Andreas stand jetzt oben auf der Plattform und schaute ihm dabei gebannt zu. Jedesmal, wenn der Kleine ausrutschte und die Leiter hinunterzufallen drohte, huschte ein leises, befriedigtes Lächeln über das Gesicht von Andreas. Aber der Kleine schaffte es schließlich doch. Übermütig kreischend lief er über die Plattform, um sich wiederum an der Kletterstange hinunterzulassen.

»Das hättest du nie geschafft, Andreas!« rief jetzt die strenge Mutter verächtlich. Sie hatte ihrem Sohn, wahrscheinlich zum wiederholten Mal, bestätigt, daß er ein Nichtskönner war.

In der Psychotherapie geht es vor allem darum, die ursprüngliche expansive Lebenskraft zu entbinden. Erst unter dieser Voraussetzung wird ein entmutigter Mensch es wagen, sein Können wieder zu erproben. Doch wie oft muß der betreffende Klient erst aus einer Erstarrung befreit werden, die ihn oft über Jahrzehnte gelähmt hat. Diese Erstarrung ist die Folge eines tiefen Mißtrauens. Wer sich selbst mit den gleichen negativen Augen betrachtet, wie dies einst die Erzieher taten, der wird allmählich blind für sein Können. Er sieht nur noch seine Fehler. Er konzentriert sich nur noch auf das, was er falsch macht, so daß das eigene Leben schließlich als ein einziger großer Mißerfolg erscheint. Und das ist der Grund, weshalb sich dieser Mensch seiner selbst schämen muß. Diese Scham führt allmählich zu einer Entfremdung gegenüber der eigenen Lebenskraft. Sie wird verdrängt, unterdrückt, gleichsam in ein inneres Gefängnis eingesperrt. Als Folge davon zeigt sich eine unnatürlich verkrampfte und angespannte Haltung. Sie verleiht nicht selten ein hölzernes Gehabe, das den Körper wie mechanisch erscheinen läßt. Und eben das kann auf andere komisch wirken.

Die Pubertät ist insofern eine besonders kritische Phase, als nunmehr bewußter auf das äußere Erscheinungsbild geachtet wird. Schamgebundene Jugendliche versuchen sich daher noch stärker zu kontrollieren. Damit wird die innere Spannung und die äußere Verspanntheit nicht selten derart gesteigert, daß es zu psychosomatischen und depressiven Symptomen kommen kann. Die betroffenen Jugendlichen fühlen sich buchstäblich unwohl in ihrer eigenen Haut. Sie schämen sich vor den Augen der Welt, und sie möchten am liebsten »verschwinden«. Denn sie erleben sich selbst als komisch und lächerlich. Die Angst vor dem Ausgelachtwerden beginnt den freien Bewegungsablauf zu lähmen. Sie beherrscht zunehmend das Denken und Handeln dieser jungen Menschen. In dieser Gelotophobie (d.i. Angst vor dem Ausgelachtwerden) wirkt sich ein tiefgreifender existentieller Bruch aus: Das Lachen wird nicht mehr als Ausdruck fröhlicher Lebenslust, sondern als grausames »soziales Zuchtmittel« (Bergson) erlebt. Daraus leitet sich häufig eine beklemmende Entfremdung vom »lebendigen Leben« (Dostojewski) ab. Die Betroffenen fühlen sich unwohl. Sie spüren, daß sie nicht dazugehören und daß sie »wie in Feindesland« (Adler) leben. Sie erleben sich nicht als Menschen aus Fleisch und Blut. Die Verkrampfung ihres Körpers läßt sie hölzern erscheinen. Und so sind sie den anderen fremd und unheimlich zugleich. Oft ist es pure Unsicherheit, die dann zu jenem spöttischen Grinsen führt, das ein komischer Mensch so fürchtet!

Die Folge ist gewöhnlich eine Abkehr von sozialen Aktivitäten, ein Rückzug, der diese Jugendlichen beständig zurückweichen, immer auf der Flucht vor den Mitmenschen sein läßt. Wie Pinocchio führt sie diese Flucht durch eine irreale Phantasiewelt, in der die Fiktion großartiger Vollkommenheit, Überlegenheit und Macht suchtartig erträumt wird. Damit einher geht aber eine weitere Entfremdung gegenüber der sozialen Wirklichkeit. Denn die Ziele, die sich die Betroffenen in dieser Phantasiewelt setzen, sind zu hoch gesteckt, als daß sie, von einigen wenigen Ausnahmen abgesehen, jemals erreicht werden könnten. Und so setzt sich der unheilvolle Zirkel fort. Um die quälende Schamangst zu verringern, werden vielleicht Suchtmittel konsumiert. Zuweilen wird auch der Anschluß an esoterische und pseudoreligiöse Kreise gesucht, die Erleuchtung und kosmisches Wissen verheißen. Häufig wird auch der verzweifelte Versuch unternommen, durch rastlose Arbeit überwertige Leistungen zu erbringen, die

– endlich! – die ersehnte Anerkennung ermöglichen sollen. Wenn aber alles Suchen und alles Bemühen ins Leere geführt haben, wenn das brennende Gefühl der Schamangst nicht schwindet, sondern im Lauf der Jahre weiter anschwillt, dann wird die Entfremdung vom eigenen Selbst schließlich zu einem völligen Stillstand lebendiger Aktivität führen.

Dochts Geschichte

Carlo Collodi stellt Pinocchio einen merkwürdigen Jungen zur Seite. Er heißt Romeo. Diesen Namen führten im Mittelalter die Rompilger, also Menschen, die sich auf einer Wanderschaft befanden. Romeo trug den Spitznamen »Docht«, denn er war »ein dürres, schmächtiges und bleiches Persönchen, so, wie eben ein frischer Docht in einem Nachtlicht aussieht.« Giorgio Manganelli meint, daß Docht »beinahe ein Junge mit einer Neigung zum Hampelmann« gewesen sei. Docht ist ein Kind der Nacht, das unruhig wartet, »bis Mitternacht ist, um abzureisen«. Er ist voller Unruhe und möchte »ganz, ganz weit« weggehen. Docht ist Pinocchios zweites Ich. Dessen Sehnsucht, ein Junge aus Fleisch und Blut zu werden, scheint Docht freilich nicht zu teilen. Das ist genau der Zustand, den er loswerden will. Docht ist auf dem Wege in ein Phantasieland. Es ist ein Land ohne Lehrer, ohne Schulen, ohne Bücher, ein Land, wo ununterbrochen Ferien sind. Docht will der Realität entfliehen. Auf Pinocchios Zaudern antwortet Docht mit einem Lebewohl, das zugleich ein Abschied aus dem Leben der Gesellschaft ist: »Grüß mir vielmals die Schulen, Gymnasien und Realgymnasien, falls du ihnen unterwegs begegnen solltest.« Docht verläßt alles, er verabschiedet sich von der Realität für immer.

Docht ist ein Phantast. Er träumt von einem Leben, in dem es keine Mühsal und keine Niederlagen gibt. Docht will frei sein, er will in vollen Zügen genießen. So ist er, wie Pinocchio selbst, ein Inbegriff affektiver Lebendigkeit. Wie das Brennholz, aus dem Pinocchio geschaffen ist, im Feuer aufgehen kann, so trägt auch der unscheinbare, verkohlte Kerzendocht die helle Flamme. Die Kraft eines Dochtes ist jedoch matt, wie der Prophet Isaias vermerkt: »Rasch kann er verglimmen.« Dochts Traum von einem freien Leben zerschlägt sich bald. Er wird, wie Pinocchio, zu einem verachteten Esel gewandelt, und er wird in den Schmerz, die Scham und die Verzweiflung getrieben.

Docht ist der tragische Doppelgänger Pinocchios. Beide tragen die Glut des Lebens in sich, obwohl sie hölzerne, schwächliche und dürre Jammergestalten sind. Beide verlangen nach dem Feuer. Sie träumen vom ewig heiteren Schlaraffenland, das sie auf ihrer ruhelosen Wanderschaft durch eine bedrohliche Welt zu finden hoffen. Doch das Feuer kann ihnen auch zu einer Gefahr werden: Als Pinocchio seine durchnäßten und verschmutzten Füße über einem Becken mit glühender Kohle trocknen lassen will, brennen sie ihm an. Sie verkohlen nach und nach und werden zu Asche. Denn Pinocchio ist bekanntlich aus bestem Brennholz gefertigt. Er ist – wie der Docht einer Kerze – dazu bestimmt, zu brennen. Zuviel Glut läßt die Flammen zwar hochschlagen. Doch dann verlöscht das Feuer, und es bleibt nur die Asche übrig.

Pinocchio und Docht erleiden beide eine Metamorphose: Sie werden in andere Wesen verwandelt. Sie nehmen die Gestalt von Eseln an, ohne die menschliche Fähigkeit zu verlieren, Schmerz und Scham zu empfinden. Léon Wurmser sieht in der Verwandlung eines Menschen in ein verachtetes Tier ein wesentliches Kennzeichen der Scham. Er weist auf Witze und Schmähworte, Träume, Wahnvorstellungen und auch Mythen hin. Und der Literaturhistoriker Alfred Adler erwähnt in seiner Pinocchio-Interpretation, daß der Esel nach alter Tradition auch ein »Inbegriff des Duldens« ist.

Der Esel ist vor allem ein Symbol der Verachtung. Schon der römische Dichter Apulejus schilderte die schmachvolle Verwandlung eines Menschen in einen Esel. Deshalb wurde Christus in der kaiserlichen Kadettenschule auf dem altrömischen Palatin in einer Wandkritzelei als gekreuzigter Esel dargestellt. Friedrich Nietzsches Zarathustra schreit beim Eselsfest »I-A«, »lauter noch als der Esel«. Dann ruft er aus: »Nicht durch Zorn, sondern durch Lachen tötet man.« Im Schulmuseum von Friedrichshafen steht heute noch ein hölzerner Esel, auf den sich faule Schüler zur Strafe setzen mußten. Ihnen wurde eine Narrenkappe mit langen Eselsohren aufgesetzt, um sie dem Gespött ihrer Klassenkameraden auszusetzen.

Pinocchio wird in einen Esel verwandelt, um als Arbeitstier von Nutzen zu sein. Als er aber so verletzt wird, daß er nicht mehr arbeiten kann, soll er getötet werden. Das Fell soll ihm über die Ohren gezogen werden, um damit eine Trommel zu bespannen. Pinocchio soll also auf einen toten Gegenstand reduziert werden. Doch seine Lebendigkeit ist stärker; sie läßt ihn dieser grauenvollen Verwandlung trotzen.

Anders ist dagegen das Schicksal Dochts. Nachdem sich Pinocchio von der Eselsgestalt befreit hat, kann er vielen Gefahren trotzen. Es gelingt ihm – dem Beispiel des biblischen Jonas folgend –, aus dem Inneren eines riesigen Haifisches zu entkommen. Dort findet er seinen »armen Vater« wieder, den er mit sich nimmt. So rettet Pinocchio diesem das Leben. Und nachdem Gepetto in der Folge immer schwächer wird und schließlich krank darniederliegt, bemüht sich Pinocchio rührend um sein Wohlergehen. Er verdingt sich bei einem Gemüsebauern, der ihm ein Glas Milch für Gepetto gibt. Pinocchio muß dafür hundert Eimer Wasser aus dem Brunnen hochziehen. Er schuftet, bis er von Kopf bis Fuß in Schweiß gebadet ist: »So hatte er sich noch nie in seinem Leben anstrengen müssen.«

Der Bauer ist mit Pinocchio zufrieden. Er sagt: »Bis jetzt hat ja mein Eselchen diese Arbeit verrichtet; aber nun liegt das arme Tier im Sterben.« Er führt Pinocchio in den Stall. Dort liegt ein schönes Eselchen im Sterben, das an Hunger und Überanstrengung zugrunde geht. Als Pinocchio dieses Eselchen genauer betrachtet, erkennt er in ihm seinen Freund Docht. Um ganz sicher zu sein, beugt er sich über das kleine Tier und fragt es im Eselsdialekt: »Wer bist du?«

Auf diese Frage schlägt das sterbende Eselchen seine Augen auf und stammelt im gleichen Dialekt: »Ich ... bin ... Do ... o ... ch ... t ...« Und dann schließt es die Augen und verendet. »Ach, armer Docht«, murmelt Pinocchio und nimmt eine Handvoll Stroh und wischt sich eine Träne ab, die ihm übers Gesicht kullert.

Giorgio Manganelli schreibt dazu: »Mit Dochts Tod endet die Geschichte vom Land der Spielzeuge, und Pinocchio erlebt ein Erwachen nach dem andern, und bei jedem Erwachen verliert er ein Stück seiner Vergangenheit. Mit dem toten Docht verläßt Pinocchio ein mögliches schändliches Bild seiner selbst.«

Dochts Leben erlischt wie das Licht der Kerze. Er vermochte im Gegensatz zu Pinocchio der Scham nicht zu trotzen. Docht steht symbolisch für all jene, die sich von der Scham ersticken lassen. Docht ist das Opfer, das sich nicht mehr wehrt. Pinocchio gibt demgegenüber niemals auf. Er führt einen langen Kampf, bis es ihm schließlich gelingt, sich in einen ganz normalen lebendigen Jungen zu verwandeln. Zuvor muß er sich jedoch von der Existenz des alten hölzernen Pinocchio trennen. Er muß einen symbolischen Tod erleiden, der am Neubeginn eines Lebens steht, das frei ist von den schmerzhaften Beschämungen der Vergangenheit. In diesem symbolischen Tod zeigt sich eine neue Verwandlung: die Überwindung des hölzernen Pinocchio, der Existenz als komischer Hampelmann. Am Ende steht ein richtiger Junge aus Fleisch und Blut, der sich seiner selbst nicht mehr schämt.

Auf den folgenden Seiten wird zunächst der schmerzliche Prozeß einer Verwandlung beschrieben, die das lebendige Kind in die Erstarrung führt. Es ist die Scham, die die Glut der Affekte erkalten läßt und die den Lebenselan lähmt. In der Scham »erfriert« man, schreibt Léon Wurmser. »Man fühlt sich unbeweglich, gelähmt, sogar in Stein oder ein anderes Wesen verwandelt.« Man wird zu einem komischen Hampelmann, der das natürliche Anrecht eines Menschen auf Achtung und Würde verloren zu haben scheint. Ich werde Beispiele anführen, um den Prozeß dieser Verwandlung zu erläutern. Ich beziehe mich dabei auf eine Reihe von Klienten, die in den vergangenen Jahren aus verschiedenen Gründen in meine psychotherapeutische Praxis kamen. Sie litten unter Depressionen, Angstzuständen oder psychosomatischen Problemen; zuweilen stand auch ein zwanghaftes Verhalten im Vordergrund. All diese Menschen wurden von einem sehr strengen, überaus selbstkritischen »schlechten Gewissen« beherrscht. Dieses Gewissen ließ sie in einer skrupulösen Weise unter Verfehlungen leiden, die für einen Außenstehenden kaum nachvollziehbar sind. Denn sie hatten alle nicht im eigentlichen Sinne Schuld auf sich geladen. Sie hatten kein Verbrechen begangen. Sie hatten niemanden spürbar geschädigt, und sie hatten sich nicht einmal moralisch versündigt. Aber übereinstimmend waren sie davon überzeugt, ihr Leben als solches verfehlt zu haben. Es war die Art, wie sie sich im Umgang mit ihren Mitmenschen erlebten, die sie an sich zweifeln ließ. Es war die Unfähigkeit, mit den anderen normal zu kommunizieren, die sie mit sich unzufrieden sein ließ. Und es war schließlich der stetige Konflikt mit den ungeschriebenen Gesetzen des Gemeinschaftslebens, der sie an ihr Versagen und ihre Minderwertigkeit glauben ließ. Diese Menschen hatten Angst vor sich selbst, denn sie mißtrauten sich zutiefst.

Immer wieder fiel mir auf, wie wenig kämpferisch ihr Auftreten war. Sie wirkten unsicher, gehemmt und buchstäblich niedergeschlagen. Ihr Ausdruck war hölzern und unlebendig. Und fast nie war es möglich, einen richtigen Blickkontakt zu ihnen herzustellen: Sie konnten den wechselseitigen, lebendigen Austausch von Gefühlen, die »zwischenmenschliche Brücke« (Lewis), ganz offensichtlich nicht herstellen. Diese Menschen schämten sich. Ihr ganzes Dasein war ihnen peinlich, und so konnten ihnen die Blicke des Mitmenschen nichts anderes vermitteln als Verachtung. Deshalb mieden sie den Blickkontakt.

In meinen Begegnungen mit diesen Menschen stellte ich schließlich immer wieder fest, wie einsam sie waren, und wie sehr sie sich der Gemeinschaft entfremdet hatten. Ihr ganzes Leben schien eine Flucht zu sein. Wie Pinocchio irrten sie durch eine Welt, in der sie nicht heimisch werden konnten. Denn sie waren zutiefst davon überzeugt, nirgendwo willkommen zu sein. Das Ziel ihrer Flucht war ein imaginäres Paradies, vergleichbar mit dem Schlaraffenland, in das Pinocchio zusammen mit seinem Freund Docht zog. In diesem Schlaraffenland sollte alles besser, schöner und lebenswerter sein. Dort sollte endlich sichergestellt sein, daß es nie wieder einen Grund geben würde, sich schämen zu müssen. Michael Ende hat in seiner *Unendlichen Geschichte* dieses »Fantásien« beschrieben. Doch ein solches Paradies gibt es nicht. Wer sich dorthin flüchten will, der entfernt sich unweigerlich vom wirklichen Leben. Er wird in den Augen der Mitmenschen wunderlich und komisch.

Ich sehe die Aufgabe der Psychotherapie ganz allgemein darin, die Blickrichtung eines Klienten zu ändern. Gerade der schamgebundene Mensch soll lernen, nicht mehr auf seine – oft eingebildeten – Fehler zu schauen. Er soll hinter den Schleier der Scham sehen lernen und sich der großen Kraft bewußt werden, die in seinem Inneren ruht. Diese Kraft ist das Leben selbst. Und sie entbindet sich am stärksten im befreiten Lachen.

Das Selbstbild schamgebundener Menschen ist negativ. Sie empfinden sich als klein, unscheinbar, zerbrechlich und ausgebrannt. Der Vergleich mit dem unansehnlichen, zerbrechlichen Docht einer Kerze bietet sich somit an. Doch dieser Docht kann entflammen. Er kann das helle Licht affektiven Lebens tragen, das die Dunkelheit mit Licht erfüllt. Wie das Brennholz, aus dem der Hampelmann Pinocchio gefertigt wurde, ist auch ein Docht dazu ausersehen, Licht zu geben. Auf den folgenden Seiten finden sich die Berichte von Menschen, die aus Scham ein Leben in der Dunkelheit verbringen mußten. Zu diesen Menschen gehört auch der große Philosoph Friedrich Nietzsche, in dessen Werken das Phänomen der Scham eine zentrale Bedeutung einnimmt. Ich habe einige Episoden aus Nietzsches Biographie ebenfalls in jene fiktive Person einfließen lassen, der ich den Namen Docht gab. Dieser Docht repräsentiert einen beliebigen komischen Menschen, der unser Nachbar, Freund, Partner – oder auch ein Teil von uns selbst sein könnte. Denn das, was der fiktive Docht erlebt und erlitten hat, ist nicht erdacht, ist keine freie Erfindung. Die einzelnen Elemente seiner künstlich zusammengefügten Lebensgeschichte gründen in jedem Fall auf realen Fallbeispielen.

Daran anschließend möchte ich eine weitere Verwandlung schildern. Sie ist eher ein Rückverwandlung. Pinocchio ändert seine Identität am Schluß des Märchens, indem er die hölzerne Gestalt des Hampelmannes auf einem Stuhl ablegt. Diese Gestalt war ein Sinnbild des Bösen, das Pinocchio überwand. Ebenso kann sich auch der komische Mensch von seiner beschämenden Identität befreien. Voraussetzung dafür ist aber, eben jenes Kind wieder zum Leben zu erwecken, das am Anfang des eigenen Lebens stand. Dieses Kind wurde, oft über Jahrzehnte hinweg, hinter dem Schleier der Scham versteckt. Seine ungestüme Lebenkraft wurde schonungslos unterdrückt, so daß der betreffende Mensch schließlich in einer verkrampften Ernsthaftigkeit erstarrte. Die moderne Psychotherapie hat Wege gefunden, die aus dieser Erstarrung herausführen können. Almuth Sellschopp-Rüppell und Michael von Rad schlagen für die Behandlung des von ihnen beschriebenen »Pinocchio-Syndroms« eine Vorgehensweise vor, die den Klienten aus seiner zwanghaften Angepaßtheit an die Norm herausführen soll. Voraussetzung dafür ist das Zustandekommen einer emotional verläßlichen therapeutischen Beziehung, die vom unmittelbaren Kontakt lebt. Die Autoren betonen sodann die Notwendigkeit, die bestimmenden Konflikte auf eine szenische Weise zu bearbeiten. Das ist im Rahmen einer Gruppentherapie, die nicht allein verbale Methoden verwendet, am ehesten möglich. In Entsprechung hierzu werde ich Methoden des Therapeutischen Humors beschreiben. Diese sind durchaus nicht oberflächlich oder unspezifisch, wie man annehmen könnte. Denn zunächst gilt es, einen beschwerlichen und schmerzlichen Weg zu gehen, auf dem der Klient systematisch mit den Entstehungsbedingungen seiner Schamangst konfrontiert wird. Doch je weiter dieser Weg führt, desto häufiger wird ihn das Lachen eines fröhlichen Kindes säumen. Und in diesem Lachen bahnt sich allmählich die (Rück-)Verwandlung zum lebendigen Leben an.

Die Bürde eines toten Kindes

Als ich Docht zum ersten Mal sah, war er gerade zwanzig Jahre alt. Er war still, unaufdringlich und sehr höflich. Eigentlich paßte er gar nicht in die Atmosphäre der psychiatrischen Klinik, in der ich damals arbeitete. Denn die Patienten, die sich in den Gemeinschaftsräumen, auf den Fluren oder im Trakt der Beschäftigungstherapie aufhielten, erweckten insgesamt einen durchaus lebendigen Eindruck. Einige liefen unentwegt auf und ab; ihr Gesichtsausdruck ließ erkennen, daß sie einem unsichtbaren Gesprächspartner aufmerksam zuhörten. Andere saßen in Gruppen zusammen, rauchten, spielten Karten oder unterhielten sich laut miteinander. Gelegentlich konnte ein einzelner erregt aufspringen und heftig schimpfend einem Unmut Ausdruck verleihen, der den zufälligen Beobachter erschrecken ließ.

Wir befanden uns auf einer »geschlossenen Station«. Die hier untergebrachten Patienten waren diagnostisch uneinheitlich zusammengesetzt. Manche litten unter Psychosen aus dem schizophrenen Formenkreis, andere waren drogenabhängig oder alkoholkrank, während die restlichen aufgrund schwerwiegender Charakterstörungen eingewiesen worden waren.

Docht wirkte auf dieser Station zunächst wie fremd. Seiner Krankenakte ließen sich keine Hinweise auf erkennbare Erschütterungen in der Vorgeschichte entnehmen. Er entstammte einer offenbar ganz normalen Familie, in der die Mutter auf ihre Hausfrauenpflichten konzentriert gewesen war, während der Vater für den Lebensunterhalt gesorgt hatte. Auch die Schulzeit Dochts schien von größeren Schwierigkeiten frei gewesen zu sein. In der Krankenakte wurde er als ein ruhiges Kind beschrieben, das lediglich in Prüfungssituationen nervös reagiert habe. Dennoch hatte Docht die Schulzeit erfolgreich hinter sich gebracht und ein Universitätsstudium begonnen.

Einige Monate vor seiner Einweisung in die psychiatrische Klinik sei eine große Leere über Docht gekommen, las ich in der Krankengeschichte. Er sei nicht mehr zu den Vorlesungen gegangen, und er habe auch in seinem Studentenzimmer nicht mehr gearbeitet. Er sei allmählich stuporös geworden, das heißt, in eine Bewegungsstarre verfallen. Das Formulieren und Aussprechen von Worten sei ihm kaum noch möglich gewesen. Schließlich sei er in seinem Bett liegengeblieben und habe sich weder um seine körperliche Hygiene noch um Nahrungsaufnahme gekümmert.

Die Ärzte waren sich der Schwere dieses Falles bewußt, doch die Diagnosestellung war nicht einfach. Handelte es sich um eine Hysterie, eine Depression, eine Mischung von beidem oder gar um eine Katatonie, eine spezielle Unterform der schizophrenen Psychose? Die Einweisung in die Klinik sollte der Abklärung dieser Frage dienen und gleichzeitig die Möglichkeit einer gezielten Behandlung eröffnen.

Tatsächlich hatte sich Dochts Befinden nach einigen Tagen in der Klinik so weit gebessert, daß er wieder ansprechbar war. Morgens stand er auf, besorgte seine Körperpflege und begab sich dann in eine stille Ecke des Aufenthaltsraumes, wo er in Büchern oder Zeitschriften blätterte. Wurde er angesprochen, vermied er jeden Blickkontakt. Er wirkte einsam, leer und war deutlich verkrampft.

Ich hatte den Eindruck gewonnen, daß Docht gerne auf mein Angebot einging, regelmäßig mit ihm zu sprechen. Doch vordergründig machte er einen uninteressierten, abweisenden, ja sogar arroganten Eindruck. Als ich ihn darauf vorsichtig ansprach, senkte er seinen Blick noch tiefer, um bald darauf stockend um Beendigung des Gesprächs zu bitten. Dies wirkte befremdlich, und doch spürte ich, daß es sich um etwas anderes handeln mußte als um einen reinen Negativismus. Ich hatte den Eindruck, daß Docht sich schämte.

Es dauerte noch eine ganze Weile, bis eine zwischenmenschliche Brücke geschlagen werden konnte. Danach begann ich mit Staunen zu entdecken, daß Docht nicht nur ein »Fall« war, den es nur richtig zu diagnostizieren und therapieren galt. Er war auch ein Mensch, nicht anders als jeder andere auch in dieser Klinik, mochte es sich nun um den Direktor, den Pförtner, die Angehörigen des Pflegepersonals, die anderen Patienten oder auch um mich selbst handeln. Docht war aber ein sehr empfindsamer Mensch, dessen liebenswerte und sehr humorvolle Wesensart sich mir erst allmählich eröffnete. Die Gespräche vermittelten mir, der ich damals noch ein Berufsanfänger war, viele intellektuelle Erkenntnisse. Vor allem lehrten sie mich aber, hinter die Fassade von Krankheitserscheinungen zu schauen, die eine »Maske der Scham« (Wurmser) bilden. Was sich hinter dieser Maske verbirgt, ist die Affektivität eines Kindes, dessen sich so viele von uns schämen, weil sie seine ungestüme Lebenskraft fürchten.

So wird dieses Kind wieder und wieder abgelehnt, verhöhnt und gekränkt. Im guten Glauben, es disziplinieren zu müssen, wird es von einer Zwangsjacke in die andere gesteckt, bis es sich schließlich nicht mehr rührt. Und das ist dann gewöhnlich der Augenblick, in dem sich die betroffenen Menschen nach dem Sinn ihres Lebens zu fragen beginnen. Denn sie spüren eine innere Leere, und sie erleben sich als tot

und ausgebrannt. Docht hatte einmal einen Traum, der das versinnbildlicht. Es war ein Traum ohne Bewegung, vergleichbar mit einem
Standbild. Ich habe die Niederschrift in all den Jahren, die seither vergangen sind, aufbewahrt, und ich führe sie im folgenden wörtlich an:

»Ich liege in einem mittelalterlichen Verlies. Es ist aus dicken Steinquadern
gemauert, an denen die Feuchtigkeit hinabrinnt. Auf der einen Seite ist ein
Lichtdurchlaß, der einer Schießscharte ähnlich ist. Er wird durch dicke rost-
braune Gitterstäbe nach außen hin abgegrenzt. Ich liege auf fauligem Stroh
und kann mich nicht bewegen, denn auf meiner Brust liegt das Skelett eines
Kindes.«

Ich erinnere mich genau daran, wie sehr mich dieses Bild innerlich
bewegte. Und ich sehe noch die traurigen Augen eines jungen alten
Mannes vor mir, dem der Sinn seines Traumes nicht gedeutet werden
mußte. In meiner Ausbildung zum Psychotherapeuten hatte ich vieles
gelernt über die Symbolik von Träumen, die auf verdrängte Begierden
und Wünsche der Kindheit verweist und manche Verletzungen aus
dieser Zeit offenzulegen hilft. Doch dieser Bezug zur Kindheit, zu
ihren leidenschaftlichen, angsterfüllten, zornigen, aber immer auch liebevollen Gemütsregungen, dieser Bezug fehlte in diesem Traum. Und
es war offensichtlich, daß er auch im wirklichen Leben Dochts gefehlt
hatte. Das Kind in ihm war nicht mehr lebendig.

Die verleugnete Kindlichkeit

In einer Ansprache gab Erich Kästner jugendlichen Schülern den folgenden Ratschlag:

»Laßt euch die Kindheit nicht austreiben! Schaut, die meisten Menschen legen ihre Kindheit ab wie einen alten Hut. Sie vergessen sie wie eine Telefon-
nummer, die nicht mehr gilt. Ihr Leben kommt ihnen vor wie eine Dauer-

wurst, die sie allmählich aufessen, und was gegessen worden ist, existiert nicht mehr …Früher waren sie Kinder, dann wurden sie Erwachsene, aber was sind sie nun? Nur wer erwachsen ist und Kind bleibt, ist ein Mensch!«

»Infantil«, also kindlich zu sein, gilt allgemein als ein Zeichen von Unreife und geistiger Minderwertigkeit. Und das Wort »kindisch« ist noch negativer besetzt! Es ist sicher richtig, daß das Weltbild des Kindes ein anderes ist als das des Erwachsenen. Ein Kind schafft sich nämlich eine Wirklichkeit, die vom Standpunkt der Vernunft naiv und unlogisch erscheinen muß. Denn diese Wirklichkeit ist affektiv. Sie ist durchdrungen von Gefühlen, die so stark sind, daß sie die Gesamtheit kindlichen Erlebens erfassen, im guten wie im bösen. Den Überschwang seiner naiven Freude und optimistischen Lebenslust empfindet das Kind ebenso stark wie seine diffuse Angst, seinen namenlosen Schmerz und seine grenzenlose Sehnsucht. Es kann diese Gefühle unmittelbar zeigen und ausleben: nicht verhalten und dosiert, wie dies der Erwachsene oft tut, sondern mit Leib und Seele, mit allem, was seiner Lebendigkeit einen unmittelbaren Ausdruck verleiht.

Docht war ein lebendiges Kind gewesen. Er brachte mir Fotos, auf denen er als Baby und Kleinkind abgebildet war. Sie zeigten sein lächelndes Gesicht und Augen, die groß und erwartungsfroh blickten. Auf einem Foto waren auch seine Eltern zu sehen. Mir fiel auf, wie ernst und distanziert beide in die Kamera schauten. Ich sprach Docht darauf an. Er nickte traurig. Dann erzählte er, wie wenig er von ihnen gehabt hatte. Der Vater war in seiner Arbeit ganz aufgegangen. Abends lag er auf der Couch und las Zeitung.

»Manchmal wollte ich mit ihm spielen«, sagte Docht. »Doch er wußte gar nicht, wie man so was macht. Ich hörte ihn immer nur sagen: ›Laß mich in Ruhe!‹« »Meine Mutter ist heute noch überzeugt«, fuhr Docht fort, »daß sie eine sehr gute Mutter war. Sie hat mich versorgt, hat mir zu essen gegeben und mich ins Bett gebracht. Sie hat mir aber auch gezeigt, daß ich ein undankbares Kind war, weil ich nie lieb genug war und ihr so viel Arbeit gemacht habe. Sie hat es geschafft, mir ständig ein schlechtes Gewissen zu machen. Sie nörgelte viel vor sich hin, wenn sie in der Küche war. Ich verstand die einzelnen Worte nicht. Aber ich wußte, daß es um mich ging, daß ich wieder etwas falsch gemacht hatte, ihr wieder das Leben vergällte. Oft weinte sie auch. Dann wußte ich, daß ich mich schlecht benommen hatte.«

Docht sprach von seiner Mutter, als sei diese ein fremder Mensch für ihn. So, wie er sie beschrieb, distanzierte er sich gleichzeitig von ihr. Und damit kam eben das zum Ausdruck, was seine Mutter stets ausgestrahlt hatte: eine Unnahbarkeit, die wie ein tiefer Graben die Verbindung zu ihrem Kind unterbrach. Dochts Mutter brauchte diesen Graben vielleicht deshalb, weil sie spürte, der affektiven Lebendigkeit ihres Kindes, seiner natürlichen Lebensfähigkeit, auf Dauer nicht gewachsen zu sein. Ein starkes Kind braucht seine Mutter nicht. Nur wenn das Kind schwach, traurig und beschämt ist, gehört es ihr wirklich. Dann kann sie es kontrollieren, kann sie sich sicher sein, daß es nicht seinen eigenen Weg gehen wird. Waltraud Anna Mitgutsch schreibt in diesem Zusammenhang:»Im Bett verbrachte ich viel Zeit. Ich mußte ins Bett, wenn ich nicht aß und wenn ich schlimm war, aber wie konnte ich es vermeiden, schlimm zu sein, wie konnte man vorher wissen, was schlimm war und wofür man wohlwollend belächelt wurde. Bald hatte ich herausgefunden, daß jedes Gefühl, glücklich und ausgelassen zu sein, schlimm war und bestraft wurde.« So konnte die Mutter schließlich sagen:»Ich weiß nicht, was das Kind hat, immer ist sie so düster und so traurig.«
Dochts Mutter war daran gegangen, ihrem Sohn nicht nur die Lebensfreude, sondern auch den Lebensmut zu nehmen. Wahrscheinlich war sie sich dessen gar nicht bewußt gewesen. Und vor allem dürfte sie kaum begriffen haben, warum sie dies tat. Denn der Grund dafür war der sehnliche Wunsch, ein Kind zu besitzen, das sie wirklich brauchte, das ohne sie gar nicht lebensfähig war. Diesen Wunsch mußte sie aber verleugnen, um vor ihrem eigenen Gewissen und der Außenwelt weiterhin als gute Mutter zu bestehen. Deshalb setzte sie alles daran, den Zusammenhang von Ursache und Wirkung umzukehren. Nicht sie war schuld, daß die Beziehung zu ihrem Sohn so distanziert, so freudlos und kühl war. Nein, er selbst war es, der sich immer nur an ihr versündigte, der sie enttäuschte, sie im Stich ließ – weil er so böse war. Docht berichtete:

»Wenn ich im Liegestuhl lag, während meine Mutter im Garten arbeitete, fühlte ich mich schuldig. Es genügte schon, wenn sie mich anschaute. Sie konnte mir auch ohne Worte sagen, was sie meinte: Guck, was ich alles für dich mache! Und du bist so undankbar! Oft lag ich im Bett und weinte, weil ich so hilflos war. Immer habe ich etwas falsch gemacht! Wenn ich spontan etwas sagte, mußte ich damit rechnen, die Mutter mit meinen Worten zu kränken. Spontan sein war deshalb gefährlich. Ich mußte mir alles genau überlegen, mir viele Gedanken machen, bevor ich etwas sagte oder tat. Ich mußte schauen, daß ich es meiner Mutter recht machte. *Sie* sollte sich gut fühlen, *sie* sollte zufrieden sein. Mein eigenes Kinderglück war nur zweitrangig.«

Wen nennst du schlecht? –
Den, der immer dich beschämen will.

Friedrich Nietzsche

2 Die Urscham

Das Lächeln der Mutter

Es steht außer Frage, daß eine Mutter für die seelische Entwicklung ihres Kindes von entscheidender Bedeutung ist. Sie repräsentiert zunächst die ganze lebendige Welt, und es liegt in ihrer Hand, diese Welt mit freundlicher Lebenslust zu erfüllen: einer Lebenslust, die lächelnd einherkommt und die affektive Einheit von lustvoll und lustig herstellt. Schon wenige Wochen nach seiner Geburt beginnt das Kind lächelnd Kontakt zu seiner Mutter aufzunehmen. Dies geschieht zunächst sicher reflexartig. Der Kinderanalytiker John Bowlby hat dieses Lächeln als »unspezifisch« beschrieben. Langsam wird es aber zu einer bevorzugten Reaktion der Mutter gegenüber. Und dies ist das entscheidende Zeichen, daß ein spezifisches Band zwischen Säugling und Mutter entstanden ist. Doch schon vom zweiten oder dritten Lebensmonat an »weiß« das Kind, wie der Säuglingsforscher Daniel Stern ermittelt hat, daß es mit seinem Lächeln und seinem fröhlichen Gurren das Verhalten seiner Mutter beeinflussen kann. Wenn diese zurücklächelt, ist die Welt in Ordnung. Bleibt ihr Gesicht hingegen versteinert, so gerät diese Welt aus den Fugen. Das haben die Säuglingsforscher sogar experimentell nachgewiesen: So wurden Eltern im Rahmen des »Still-face«-Verfahrens aufgefordert, inmitten der Interaktion plötzlich ein völlig ausdrucksloses und unbeteiligtes Gesicht aufzusetzen. Schon drei Monate alte Säuglinge zeigten darauf eine Reaktion, in der leichte Bestürzung und Rückzug aus der Interaktion mit Versuchen, den teilnahmslosen Partner erneut zu aktivieren, abwechselten.

Der Psychoanalytiker René Spitz kam nach umfangreichen Testversuchen zu folgendem Ergebnis: Je früher Kleinstkinder zu lächeln beginnen, desto weiter sind sie in ihrer Entwicklung fortgeschritten. Spitz stellte ferner fest, daß Babys um so früher zu lächeln beginnen, je inniger und liebevoller ihre Mütter auf sie bezogen sind. Der Anthropologe Ashley Montagu spricht sogar schon dem Säugling im vierten Lebensmonat einen gewissen Sinn für Humor zu. Und wenn die weitere Entwicklung für das Kind einigermaßen günstig verläuft, wird die lachende Fröhlichkeit zu einem Wesensmerkmal seiner gesamten Lebenseinstellung. Montagu schreibt: »Für ein Kind ist das Lachen etwas Natürliches, und es findet an allen möglichen Dingen etwas Komisches; dabei spielt es keine Rolle, ob diese Dinge tatsächlich vorhanden sind, nur in seiner Phantasie existieren, oder ob es sie selbst verursacht. Alles Komische macht ihm einen Riesenspaß.«

Lächelnde und lachende Kinder sind mit sich selbst und der Welt zufrieden. Doch das hat seinen Preis. Die Bezugspersonen dieser Kinder müssen mit liebevoller Geduld eine ganze Menge persönlicher Einschränkungen auf sich nehmen. Ein körperlich gesunder Säugling ist nämlich ein wahres Energiebündel! Voll ungestümer Tatkraft will es sich die Welt erobern. Und die erste Repräsentantin dieser Welt ist die Mutter. An sie »macht sich das Kind heran«, sie will es, ganz instinktiv, dazu bringen, sich mit ihm zu befassen. Gerade gesunde, lebhafte Kinder können da zum sprichwörtlichen Nervtöter werden. Ihr forderndes Weinen und Schreien signalisiert nicht allein, daß sie Hunger, Durst oder Bauchschmerzen haben. Dies ist auch Ausdruck ihres Bedürfnisses nach bloßer Zuwendung durch die Mutter. Denn sie soll Langeweile vertreiben und Freude vermitteln. Die einzige Belohnung der Mutter ist das bezaubernde Lächeln eines zufriedenen Kindes.

Gesunde Kinder sind lebhaft. Für manche Erzieher ist dies aber gleichbedeutend mit »schwierig« oder gar »unverschämt«. Auch Docht war ein lebhafter Säugling. Dies hatte ihm seine Mutter in späteren Jahren oft bestätigt. Sie hatte dabei einen bitteren Zug um den Mund. Und sie vergaß nie zu erwähnen, welche Opfer sie selbst auf sich genommen hatte, um ihr anspruchsvolles Kind zu versorgen. Sie wollte damit unter Beweis stellen, daß sie eine wirklich gute Mutter war. So erzählte sie des öfteren, auch in Gegenwart anderer, wie ihr kleiner Sohn ihr die Brust wund gebissen hatte. Sie erzählte, daß er sie keine Nacht ausschlafen ließ und sie, trotz eigener Kränklichkeit, aufopfernd für ihn gesorgt hatte. Nicht selten füllten sich ihre Augen dann mit Tränen der Rührung. Docht spürte, daß er ein schlechtes Gewissen haben *mußte*. Denn er empfand bei solchen Anlässen keine Dankbarkeit und keine Liebe für seine Mutter.

Der Seelenmord

Ein Kind bedarf der liebevollen Zuwendung durch seine Bezugspersonen, um seelisch wachsen zu können. Der Wunsch, geliebt zu werden, ist ein Grundbedürfnis, vergleichbar mit dem Durst oder dem Hunger. Kinder, die sich nicht geliebt fühlen, verkümmern seelisch. Sie können nicht jenes Urvertrauen entwickeln, aus dem Selbstsicherheit und Lebensmut erwachsen. Doch woran erkennt ein Kind, ob es geliebt wird? Dies ist nicht allein eine Frage der formalen Betreuung. Das Kind muß spüren, daß seine bloße Existenz Anlaß zur Freude ist. Diese Freude kann sich im Antlitz der Eltern und vor allem im »Aufglänzen ihres Auges« (Kohut) spiegeln. Dadurch wird dem Kind die großartige Einmaligkeit und Vollkommenheit seines Seins ganz unmittelbar bestätigt. Und dies geht gewöhnlich mit einem sanften, engelsgleichen Lächeln einher, das dem Antlitz der Mutter einen weichen und warmen Ausdruck verleiht.

Wenn das Band der lächelnden Liebe zum Kind geknüpft ist, kann dieses ein intensives Wohlbefinden verspüren, das ein erster emotionaler Ausdruck von Selbstsicherheit und Selbstvertrauen ist. Doch dieses

Band ist nicht immer gewährleistet. Dafür gibt es viele Gründe: Ein Kind wird vielleicht deshalb nicht geliebt, weil es unerwünscht ist bzw. weil es Ähnlichkeit mit einer abgelehnten Bezugsperson hat. Oft ist das Kind auch nur lästig, weil es den berufstätigen Eltern an Zeit fehlt. Zuweilen können die Bezugspersonen allein deshalb keine liebevolle Empathie vermitteln, weil sie sich selbst nie wirklich geliebt fühlten. Sie sind in der Sprache der Selbstpsychologie insofern »narzißtisch bedürftig«, als sie das Liebesdefizit ihrer eigenen Kindheit verzweifelt auszugleichen suchen. So dürsten sie nach Liebe und Selbstbestätigung. Sie beziehen sich – wie der mythologische Narzißmus – nur auf sich selbst. Die Bedürfnisse anderer Menschen, auch wenn es die eigenen Kinder sind, bleiben ihnen fremd.

Wenn ein Kind spürt, daß es nicht geliebt wird, so erlebt es eine tiefe Verletzung. Der Psychoanalytiker Léon Wurmser spricht in diesem Zusammenhang von »Seelenmord«. Und er weist auch darauf hin, daß hier die Wurzel jeder Scham zu suchen ist: Es ist das Erlebnis einer »Urscham«, die jenseits der Sprache ist. Sie ist Ausdruck des tiefen Schmerzes, nicht liebenswert zu sein.

Waltraud Anna Mitgutsch hat in ihrer bemerkenswerten Erzählung *Die Züchtigung* diesen Schmerz beschrieben. Sie beschreibt den Teufelskreis von Verachtung und Selbstverachtung, der über die Generationen hinausgreift und das Leben des Kindes vergiftet:

»Und ich, das Kind ehelicher Pflichterfüllung, saß dunkeläugig und schmal in einer Ecke und schmollte, weil mich niemand mochte. Sonderbarer Mensch, sagte der Großvater angewidert. Ich schmiegte mich an Mama, weil ich mich ungeliebt und verstoßen fühlte, aber auch sie stieß mich mit dem Ellenbogen weg wie eine lästige Katze. So ein ungutes Kind, sagten die anderen, und Mama schämte sich meiner ... Ich stellte nichts dar, aus mir wurde nichts, würde nie etwas werden. Bei jedem Schritt, jeder Kopfbewegung ruhte das strenge Auge meiner Mutter auf mir und sagte, aus dir wird nie etwas werden, du bist nichts wert.«

Wer als Kind nicht wirklich geliebt wurde, kann als Erwachsener kaum Liebe geben. Vielmehr wird dieser Mensch verzweifelt versuchen, das zu bekommen, was ihm in der Kindheit vorenthalten blieb:

Selbstbestätigung! Gerade das eigene Kind bietet sich dabei als Quelle dieser Bestätigung an. Seine Schwäche und Hilflosigkeit ermöglichen eine grenzenlose Machtausübung. Die Mutter kann endlich tun und lassen, was sie will – das Kind wird es ihr nicht übelnehmen können. Es ist auf Gedeih und Verderb auf sie angewiesen. In dieser besonderen Position kann sich die Mutter als uneingeschränkte Herrscherin empfinden. Sie kann über ihr Kind nach Belieben verfügen. Sie kann lieb zu ihm sein oder es grausam strafen. Sie wird immer die Mutter des Kindes bleiben.

Waltraud Anna Mitgutsch schildert beklemmende Szenen körperlicher Züchtigung durch eine Mutter. Doch das Kind war ihr deswegen nie böse. Im Gegenteil, es hatte stets versucht, alles für ihre Ehrenrettung zu tun:

»Mit ihrer Ehrenrettung steht und fällt mein Selbstwert. Ich kann sie nicht preisgeben, denn wenn es sich herausstellen sollte, daß sie mich nie geliebt hat, dann bin ich eine Monstrosität, etwas, das es nicht geben darf. Deshalb sage ich nicht, was ich weiß, was ich schon lange gewußt habe, daß sie eine von denen war, die uns die Gänsehaut über den Rücken jagen und die Vorstellungskraft stocken lassen, wenn wir von ihnen in Geschichtsbüchern und Berichten lesen, eine von denen, die sich in allen Sparten der Folter auskennen. Sie hatte das Talent, es fehlte ihr das Wirkungsfeld, sie hatte die Werkzeuge, ordentlich verwahrt und griffbereit, sie hatte ihr verschwiegenes Opfer, das ihr hilflos und willig ausgeliefert war, und sie hatte ihre geheime Lust, die sich in den bewußtlosen Erschöpfungszuständen nach der Vollstreckung löste.«

Carlo Collodi beschreibt in der Gestalt der Fee eine solche Mutter. Sie tritt Pinocchio nicht als eine einheitliche Person gegenüber. Einmal ist sie das »gute Frauchen«, das Pinocchio kocht und ihn mit Süßigkeiten versorgt. Ein andermal gibt sie ihm jedoch Brot aus Gips, Huhn aus Pappe und Aprikosen aus Alabaster zum Essen. Pinocchio muß vor Verzweiflung weinen und wird vor Schmerz und Hunger ohnmächtig. – Dann ist die Fee eine strenge Erzieherin, die Pinocchio aufgrund ihrer Drohungen (»Wehe dir, wenn du mir noch einmal einen solchen Streich spielst!«) dazu bringt, Klassenbester zu werden. Da freilich erlaubt sie ihm, seine Freunde und Schulkameraden zum Festkaffee einzuladen.

Die Fee erzieht Pinocchio, die Wahrheit zu sagen, indem sie sich über ihn lustig macht, ihn auslacht. Pinocchio weiß schließlich nicht mehr, »wo er sich vor lauter Scham verkriechen sollte«. Denn er hat seiner Feenmutter gegenüber oft ein schlechtes Gewissen. So spricht er an einer Stelle zu sich selbst: »Wie soll ich meiner guten Fee unter die Augen treten? Was wird sie sagen, wenn sie mich so sieht? Wird sie mir diesen Streich verzeihen? Ganz bestimmt wird sie ihn mir nicht verzeihen, nein, sie wird ihn mir nicht verzeihen! Und das geschieht mir recht, denn ich bin ein schlechter Junge; immer verspreche ich, mich zu bessern und halte nie mein Wort!«

Die Fee tritt Pinocchio aber auch als kleines, unlebendiges Mädchen gegenüber. In dieser Rolle ist sie erbarmungslos kalt. Sie gibt Pinocchio unsäglichen Qualen hin, läßt es zu, daß seine Lebendigkeit abgetötet wird. Sie will ihn zu ihrem unlebendigen Brüderchen machen, das heißt zu ihrem willenlosen Partner. Als er sich diesem Ansinnen entzieht, sorgt sie für Schuldgefühle. Nachdem Pinocchio – nach harten und erniedrigenden Erlebnissen – dennoch in das Haus der Fee zurückkehrt, findet er nur ein Grab mit einer kleinen Marmortafel vor. Auf dieser sind in Blockschrift die traurigen Worte eingegraben:

HIER RUHT
DAS MÄDCHEN MIT DEM TÜRKISBLAUEN HAAR
GESTORBEN AUS KUMMER
WEIL ES VERLASSEN WURDE
VON SEINEM KLEINEN BRUDER PINOCCHIO

Diese Worte verfehlen ihre Wirkung nicht. Der Schmerz, den Pinocchio empfindet, ist ungeheuerlich. Es ist der Schmerz des Kindes, das sich völlig im Stich gelassen fühlt, weil seine Mutter nicht wirklich Mutter sein kann. Diese Mutter ist ein unlebendiges Mädchen, das sich vom eigenen Kind das erhofft, was ihr selbst versagt geblieben war: liebevolle Zuwendung und lebendige Nähe. Sie will dem Kind nur Schwester sein. Doch damit ist das Kind völlig überfordert. So muß sie ihm Schuldgefühle machen, muß ihm vorwerfen, daß er, ihr »kleiner Bruder«, sie verlassen hat und für ihren Untergang verantwortlich ist. Carlo Collodi beschreibt die Verzweiflung Pinocchios in erschütternder Weise: »Er fiel auf sein Gesicht nieder, küßte den Grabstein vieltausendmal und brach in herzzerreißendes Schluchzen aus. Er weinte die ganze Nacht hindurch, und beim nächsten Morgengrauen weinte er immer noch, wenn auch seine Augen keine Tränen mehr hatten. Und sein Wehklagen war so qualvoll und durchdringend, daß es von allen Hügeln im Umkreis als Echo wiederholt wurde.«

Im Zustand dieser Verzweiflung findet die grausame Botschaft der Fee ihr Ziel. Pinocchio übernimmt die Verantwortung für die Unlebendigkeit der Mutter-Schwester. Er bekennt sich voller Zerknirschung für schuldig:

»Oh, meine liebe kleine Fee, warum bist du gestorben? Warum bin nicht ich, der ich so schlecht bin, statt deiner gestorben, die du so gut warst? Oh, meine liebe kleine Fee, sag' mir doch, daß es nicht wahr ist, daß du gestorben bist! Wenn du mich wirklich lieb hast, wenn du deinen kleinen Bruder lieb hast, dann kehre ins Leben zurück, werde wieder lebendig! Tut es dir denn gar nicht leid, wenn du mich so allein und von allen verlassen siehst?«

Das Kind als Quelle der Selbstbestätigung

Wenn selbstbezogene Menschen zu Eltern werden, sehen sie das Kind häufig als ihr Eigentum an. Der Bestimmungszweck des Kindes liegt allein darin, der elterlichen Selbstbestätigung zu dienen. Gerade in den frühen Entwicklungsphasen wird das Kind in die narzißtische Welt der Mutter aufgenommen und mit einer Aura des Besonderen umgeben. Der Psychoanalytiker Otto Kernberg meint, daß damit die Grundlage für grandiose Phantasien geschaffen wird, aus denen sich ein »Größenselbst« herauskristallisieren kann. Waltraud Anna Mitgutsch beschreibt in ihrem Roman *Die Züchtigung* diese Phantasien einer selbstbezogenen Mutter vortrefflich:

»Das Kind mußte ihr heraushelfen aus dem Elend ihrer Ehe und ihres ganzen Lebens, das Kind, der Sohn, würde ihr nicht nur Trost und Stütze sein, er würde ihr nicht nur Liebe geben, nach der sie schon 25 Jahre hungerte, er würde sie auch schließlich herausholen in ein Leben voller Reichtum und Ansehen. Er würde alles erreichen, was sie sich nicht einmal erträumen konnte, dafür würde sie ihre ganzen Kräfte einsetzen. Durch dieses Kind würde sie es noch schaffen.«

Auch in späteren Entwicklungsabschnitten soll das Kind »etwas ganz Besonderes sein« und den Eltern vor aller Welt zur Ehre gereichen! So werden Kinder regelrecht dressiert, »süße Püppchen«, Klaviervirtuosen oder Klassenbeste zu sein. Ein heute vierzigjähriger Mann berichtete mir, daß er als Kind in Restaurants ganz besonders manierlich und adrett dasitzen mußte. Seine Eltern hatten ihm allen Ernstes weisgemacht, er könnte einen zufällig anwesenden Filmregisseur dadurch auf sich aufmerksam machen. Eine Klientin erinnerte sich, daß sie stets nur am Rande des Sandkastens gesessen sei, weil sie sich nicht schmutzig machen wollte. Die Mutter hatte von ihr erwartet, daß sie wie aus dem Ei gepellt auszusehen hätte! Léon Wurmser bemerkt in diesem Zusammenhang: »Das Kind wird nicht als eigenständige Person gesehen, sondern nur als Prestigeobjekt für die Eltern und als Heilmittel für ihren verletzten Narzißmus. Deshalb werden die künstlerischen und intellektuellen Fähigkeiten des Kindes, seine körperliche Schönheit oder seine athletischen Leistungen einseitig oder übertrieben zur Schau gestellt.«
Im Mai 1994 fand in Bamberg ein aufsehenerregender Strafprozeß gegen ein Ehepaar statt, das den eineinhalbjährigen Sohn Tobias zu Tode mißhandelt, danach zerstückelt und in den Müll geworfen hatte. Dann waren die Eltern mit der Behauptung an die Öffentlichkeit getreten, ihr Sohn sei vor einem Kaufhaus entführt worden. Die Reporterin Gisela Friedrichsen analysierte die Hintergründe dieses Tötungsdelikts, wobei sie auch ausführlich auf die Persönlichkeit der Mutter des kleinen Tobias einging. Diese Frau war nicht fähig, sich auf die Bedürfnisse ihrer drei Kinder einzustellen. Und sie war auch gar nicht bereit dazu. Denn ihre Kinder waren ihr Eigentum, das ihren selbst-

bezogenen Vorstellungen entsprechen mußte. Nur unter dieser Bedingung konnte sie sie »lieben«. Gisela Friedrichsen schreibt: »Diese Mutter hat ihre Kinder nach ihren Kräften geliebt, so paradox das klingen mag. Sie waren ihre Puppen, ihr Besitz, ihr ganzer Stolz. Sie putzte sie heraus, wie ihre Wohnung im 1. Stock eines adretten Hauses. Fleckenlos, tadellos, nichts Abgelegtes, Ausgebessertes, nichts Geliehenes. Sie sollten aussehen wie Puppen und sein wie Puppen: artig, süß, rund und gesund. Zum sozialen Erfolg tragen ja nicht zuletzt wohlerzogene, gehorsame Kinder bei.«

Sich seiner Unmoralität schämen:
das ist eine Stufe auf der Treppe,
an deren Ende man sich auch seiner Moralität schämt.

Friedrich Nietzsche

3 Das schlechte Gewissen

Aggression und Erziehung

Der große Verhaltensforscher Konrad Lorenz meint, daß es »keine Liebe ohne Aggression, aber auch keinen Haß ohne Liebe gibt«. Aggressionen gehören zum menschlichen Leben. Ein Kind wird von klein auf mit aggressiven Handlungen konfrontiert. Selbst wenn es in einer ganz normalen Familie aufwächst, wird es immer wieder erleben, daß seine Eltern oder seine Geschwister böse zu ihm sind. Dafür gibt es, aus der Sicht solcher Bezugspersonen, natürlich triftige Gründe: Menschen aus Fleisch und Blut sind nun einmal reizbar. Und wenn ein Kind seine natürliche Lebenskraft ungezügelt zum Ausdruck bringt, kann es seinen Bezugspersonen schon auf die Nerven gehen. Das wird insbesondere dann der Fall sein, wenn diese übermäßig empfindsam und leicht kränkbar sind.

Manche Eltern reagieren buchstäblich kopflos, sobald sie sich durch ihr ungezogenes Kind provoziert fühlen. Sie nehmen es dem Kind persönlich übel, daß es keine Rücksicht auf ihr eigenes Wohlbefinden nimmt, daß es frech und anmaßend ist. Denn sie fühlen sich ohnehin von aller Welt schlecht behandelt. Sie sind zutiefst überzeugt, daß es das Leben mit ihnen nicht gut gemeint hat. Oft fühlen sie sich, als

47

lebten sie in »Feindesland« (Adler). Im beruflichen, gesellschaftlichen und nicht zuletzt auch im ehelichen Leben mußten sie viele Enttäuschungen und Niederlagen erleiden. So verspüren sie jene bittere Art der Resignation, die reizbar macht und zur emotionalen Verwirrung führt. Und eben dies kann zum Anlaß genommen werden, sich dem provozierenden Kind gegenüber gehen zu lassen. Die Individualpsychologen Rudolf Dreikurs und Erik Blumenthal schreiben, daß diese Eltern ihre emotionale Verwirrung als Entschuldigung für ihr Versagen und ihr Unvermögen ansehen, sich angemessen zu benehmen. »Eine häufige Form der Entschuldigung ist Nervosität.› Nervöse‹ Eltern finden in ihrer › Nervosität‹ eine gute Zuflucht und eine annehmbare Begründung, um ihre Verantwortung zu umgehen. Die Eltern sind gereizt, enttäuscht und werden › böse‹. Sie sagen sich dann: › Ich bin mit den Nerven herunter‹ oder › Ich kann es nicht mehr aushalten‹. Diese Erklärung wird allgemein benützt, wenn Eltern z.B. ihr Kind geschlagen oder beschimpft haben.«

Solche Eltern wünschen sich Kinder, die lieb und brav sind, die ihnen – aus Rücksicht auf ihre schwachen Nerven – jederzeit entgegenkommen und ihnen ihr ohnehin schon schweres Leben erleichtern. Wenn die Kinder dieser Erwartung entsprechen, so werden sie dafür belohnt. Ihre Eltern schenken ihnen Zuneigung, Liebe, aber auch materielle Güter – nicht selten in einer verwöhnenden Weise. Für das Kind erweisen sie sich unter *dieser* Voraussetzung als gute Bezugspersonen.

So macht ein Kind allmählich die Erfahrung, daß es seine Erzieher gerade dann böse macht, wenn es seinen »bösen« affektiven Impulsen spontan freien Lauf läßt. Es lernt somit, einen ursächlichen Zusammenhang herzustellen: »Mama und Papa sind dann böse, wenn ich böse bin.« Was dabei oft noch mehr schmerzt als die Schläge auf den Hintern, ist der elterliche Liebesentzug. Das Kind wird deshalb nach Mitteln und Wegen suchen, um diese Erschütterung seines Selbstgefühls zu vermeiden. Dabei ergeben sich vor allem diese beiden Möglichkeiten: gehorsam sein und/oder sich mit der elterlichen Haltung identifizieren. Während es im ersten Fall zu einer Hemmung der natürlichen Affektivität kommt, wird diese im zweiten Fall umgewan-

48

delt: Das Kind macht sich die elterliche Haltung zu eigen. Es übernimmt ihre Wertmaßstäbe und ihre Ansichten. Nicht selten imitiert es auch das elterliche Verhalten. So kann es in Konfliktsituationen, dem Beispiel der Eltern entsprechend, ebenfalls nervös reagieren. Damit ist es für sein ungebührliches Verhalten nicht mehr voll verantwortlich zu machen. Es spürt irgendwie, daß es affektiv nicht stark sein darf, daß es seine Aggressivität nicht in einer gesunden, selbstbewußten Weise äußern darf. So kann innerhalb der Familie eine Pseudoharmonie entstehen, die darauf aufbaut, daß kein offener Streit zwischen den Angehörigen ausgetragen wird.

Docht war als Kleinkind ziemlich lebhaft. Aber er durfte keinesfalls »böse« sein. Wut und Zorn waren Affekte, die seine Eltern an sich schon nicht ertragen konnten. Zornig gegenüber der Mutter zu sein, war aber eine Todsünde!
Docht erinnerte sich, wie er im Alter von vielleicht fünf Jahren ein einziges Mal zu seiner Mutter gesagt hatte: »Ich hasse dich!« Dadurch fühlte sich diese derart gekränkt, daß sie fast zwei Wochen weder mit ihm noch mit seinem Vater sprach. Docht litt unter dieser Konsequenz doppelt. Zum einen zeigte ihm das versteinerte Gesicht seiner Mutter an, wie böse er war. Zum anderen schimpfte der Vater jeden Abend mit ihm, weil er sich über die Störung des Familienfriedens ärgerte. Schuld war selbstverständlich nur der Junge. Denn er war es ja gewesen, der etwas so Fürchterliches zu seiner Mutter gesagt hatte, daß diese fast zwei Wochen lang traurig sein mußte. Von da an hatte Docht seine Lektion gelernt. Er mühte sich nach Kräften, nicht mehr frech und unverschämt zu sein. Dieses Bemühen lief auf ein Harmoniebestreben in sämtlichen Beziehungen hinaus, auch solchen zu Gleichaltrigen. Dochts Lehrer, die davon nichts wußten, wunderten sich daher des öfteren, wieviel sich der Junge von anderen Kindern bieten ließ, wie langmütig er alle Angriffe auf seine Person ertrug. Andererseits fiel Docht durch seine Unkonzentriertheit und seine motorische Unruhe auf. Er zwinkerte viel, machte fahrige Bewegungen, wippte mit seinen Beinen und zupfte unaufhörlich an seinen Ohrläppchen.

Auch andere haben gelernt, ihre aggressiven Regungen im Hinblick auf elterliche Harmonieideale zu bändigen. Unter dem Pseudonym »Fritz Zorn« verfaßte ein junger Schweizer vor mehreren Jahren einen erschütternden Bericht über sein freudloses Leben. Er entstammte einer angesehenen Familie, die es ihm äußerlich an nichts fehlen ließ. Reichtum, soziales Prestige und eine ausgezeichnete Bildung: das alles wurde ihm geboten. Doch das Ausleben von ungehörigen Affekten war in dieser Familie streng verpönt.

»Wir beherrschten die Technik des Streitens nicht«, schrieb Fritz Zorn, »und darum unterließen wir es, so wie ein Nichttrompeter keine Trompetenkonzerte gibt. Die Hamletfrage, die mein Elternhaus bedrohte, lautete: Harmonie oder Nichtsein. Es mußte alles harmonisch sein; etwas Problematisches durfte es nicht geben – denn dann ging die Welt unter. Ich weiß heute, daß ich es in meiner Jugend nicht gelernt habe, eine eigene Meinung zu haben; ich habe nur gelernt, keine eigene Meinung zu haben.«

Diese Harmonie war freilich nur etwas Äußerliches: eine Fassade der Wohlerzogenheit, dazu bestimmt, die Umwelt zu beeindrucken. Ernst Kretschmer hat in diesem Zusammenhang die Metapher einer römischen Atriumvilla verwendet. Ihre Fensterläden sind zum Schutz vor der Mittagshitze geschlossen worden, so daß diese Villa auf den Betrachter von außen vollkommen ruhig und friedlich wirkt. Er kann nicht ahnen, daß im Innenhof eine wilde Orgie stattfindet.

Das konkrete Identifikationsgewissen (Ich-Ideal)

Die grundlegende Funktion der Erziehung besteht in der Heranführung des Kindes an die Normen, Vorschriften und Regeln des Erwachsenenlebens. Es handelt sich dabei um allgemeingültige Wissenselemente, über die ein Mensch unbedingt verfügen muß, um im Gemeinschaftsleben zurechtzukommen. Man spricht in diesem Zusammenhang auch von sozialer Intelligenz oder gesundem Menschenverstand. Die Grundlagen dafür schaffen die Eltern, indem sie dem Kind zum Beispiel die elementaren Prinzipien der körperlichen Hygiene oder die Tischsitten nahebringen. Aber noch viel mehr muß das Elternhaus leisten. Denn hier lernt das Kind zu sprechen und begrifflich zu denken. Hier lernt es, sich zu benehmen, »Triebverzicht« zu üben und sich in eine Gemeinschaft einzufügen. Daneben verinnerlicht es hier die fundamentalen ethischen Forderungen, auf denen unsere Kultur aufbaut. Das ist eine unerläßliche Voraussetzung für die Gewissensbildung. Doch das Kind kann den tieferen Sinn dieser Forderungen zunächst nicht reflektiv begreifen. Es übernimmt sie allein deshalb, weil es sich mit der persönlichen Haltung seiner Eltern, als ideales Vorbild, unmittelbar *identifiziert*.

Wenn ein kleines Kind gegen seinen Willen gebadet, gewickelt oder gefüttert wird, erlebt es eine Behinderung seiner Freizügigkeit, gegen die es sich instinktiv wehrt. Dies wiederum wirkt nicht selten provozierend auf die jeweilige Bezugsperson. Die affektive Harmonie des »Ur-Wir« (Künkel) bricht in diesem Augenblick auf. Optisch und akustisch registriert das Kind Veränderungen im Verhalten der Bezugsperson: Es nimmt ein Gesicht wahr, das nicht mehr milde lächelt, und es vernimmt eine Stimme, die nicht mehr weich und liebevoll klingt. So muß das Kind den noch ganz undifferenzierten Eindruck gewinnen, daß etwas nicht stimmt, daß schmerzliche Grenzen gesetzt werden, die das affektive Wohlbefinden einschränken. Dieses Gesicht hinterläßt seine Spuren im Bewußtsein des Kindes, denn es wird verinnerlicht. So wird es allmählich so zu einem normativen Leitbild, das zum Ausdruck bringt: Du mußt dich so verhalten, daß das Lächeln aus dem Gesicht von Mutter, Vater usw. *nicht* entschwindet! Aus dieser zunächst rein bildhaften Vorstellung entwickelt sich allmählich eine begriffliche Leitidee, die eine normative Sollensforderung beinhaltet: Du muß dich so verhalten, wie es die anderen von dir erwarten!

So entsteht eine Keimzelle des Gewissens. Doch dieses Kerngewissen ist weder sachbezogen noch abwägend. Denn es baut auf Idealnormen auf, die nicht hinterfragbar sind. Sie entsprechen unumstößlichen Imperativen, deren Nichtbefolgung eine konkrete Strafangst hervorruft. Das Kind stellt dabei automatisch eine affektive Verknüpfung mit den

verinnerlichten Leitbildern her. Wenn es den verinnerlichten Idealnormen zuwiderhandelt, »sieht« es zornige Augen, »hört« es eine vor-
wurfsvolle Stimme, und »spürt« es körperliches Unwohlsein. Umgekehrt »sieht« es ein lächelndes Gesicht, »hört« es eine anerkennende
Stimme und »spürt« es Zuneigung, wenn es folgsam ist. So entstehen
frühe Man-muß-Vorstellungen. Sie ermöglichen die Bestimmung von
absolut guten (richtigen, erlaubten usw.) und absolut schlechten (falschen, verbotenen usw.) Verhaltensweisen. Diese scharf gegensätzliche
Bewertung im Sinne eines Alles-oder-nichts-Prinzips ist natürlich
nicht rational ausgewogen. Sie geschieht buchstäblich im Affekt.
In der Phase der Reinlichkeitserziehung erlernt das Kind Selbstbeherrschung, indem es zunächst seinen Schließmuskel zu kontrollieren beginnt. Es agiert nicht mehr nach Lust und Laune. Zunehmend *reagiert*
es nun auf seine inneren Leitbilder, indem es wertend Stellung zu den
analen Impulsen nimmt. Dabei ergeben sich verschiedene Möglichkeiten. Das Kind kann diese Impulse von vornherein als schlecht und
ekelerregend beurteilen. In diesem Fall kommt es zu einer Reaktionsbildung gegenüber dem beherrschenden Leitbild. Diese zeigt sich gewöhnlich im angewiderten Gesichtsausdruck des Kindes. Doch sobald
die anale Kontrolle gelungen ist, hellt sich sein Gesicht im Stolz auf.
Das Kind kann sich dem Kontrollzwang seiner inneren Leitbilder aber
auch trotzig widersetzen. Dies ist einerseits ein Beweis seiner Lebenskraft und mutigen Selbstbehauptung, andererseits aber auch Ausdruck
von »frecher Ungezogenheit«. In vielen Fällen entstehen dabei Schamgefühle, die ein Ausdruck der schmerzlichen Erkenntnis sind, jetzt
nicht mehr liebenswert zu sein.

Docht muß sich ebenfalls vor analem Kontrollverlust gefürchtet haben. Er erzählte von einem wiederkehrenden Traum aus seiner Kindheit: Mitten in der Nacht ertönt lauter Trommelhall, verrückte Tierchen beginnen sein Bett zu bevölkern und singen, angeführt von
einem krächzenden Raben, Kakophonisches, bis die ganze Teufelsbrut
nebst vielem Ungeziefer einstimmt.[16] Und dann geschieht das Gräßliche: Docht wird von einem riesigen Haufen Kot erschlagen. Er hatte
dies in einem seiner ersten Gedichte in ungelenke Reime gefaßt:

»Doch die Berge neigen sich
Eine Bescherung ich nun krieg
Mause nimmt den grosen Kot
Schlägt mich damit Mausetod.
Seht, da wach ich auf
Springe aus den Bette nauf.«[17]

Sofern das Kind auf die verinnerlichten Sollensforderungen seiner Bezugspersonen folgsam reagiert, kann es unter Beweis stellen, daß es liebenswert ist. So wird ein primärer narzißtischer Wunsch gefördert. Und allmählich kommt es zu einer Identifikation mit den erzieherischen Idealen der »gottähnlichen« Eltern. (Schon Friedrich Nietzsche gebrauchte den Ausdruck »Götzen«, als er – lange vor Freud – über das Wesen der Ideale nachdachte.)

Identfikation mit privaten Idealnormen

Im allgemeinen beginnt sich ein Kind selbst dann mit den normativen Idealen seiner Eltern zu identifizieren, wenn seine lebendige Freizügigkeit dadurch eingeschränkt wird. Gershen Kaufman meint, daß sogar der Schrecken gnadenloser körperlicher und seelischer Mißhandlungen ein Kind nicht davon abhalten wird, sich mit den Menschen zu identifizieren, von denen es auf Gedeih und Verderb abhängig ist. Das sind zumindest in der Vorschulzeit die Eltern. Denn in dieser Phase ist das Kind ganz in seiner Herkunftsfamilie verwurzelt. Verantwortungsvolle Erzieher werden daher nicht als allmächtige Identifikationsfiguren auftreten. Sie werden dem Kind immer auch soziale Beziehungsmöglichkeiten außerhalb der Familie erschließen. Das relativiert einerseits die persönliche Bedeutung der Eltern, andererseits wird damit auch eine Voraussetzung für die Entwicklung eines ausgewogenen Gemeinschaftsgefühls geschaffen.

Ganz anders verhalten sich Eltern, die ihre Kinder als ein Eigentum ansehen, das sie bedenkenlos beherrschen können. Dies ist gewöhnlich der Hinweis auf ein selbstbezogenes Machtstreben, das für Menschen kennzeichnend ist, die insgeheim überzeugt sind, vom Leben stiefmütterlich behandelt worden zu sein. Ihre eigenen Kinder sollen sie daher für alles entschädigen, was ihnen bislang vorenthalten blieb. Die Kinder sollen nur für die Eltern dasein, sich vorbehaltlos mit ihnen identifizieren, ohne Rücksicht auf eigene Wünsche und Bedürfnisse. Waltraud Anna Mitgutsch beschreibt dieses Einswerden im Hinblick auf eine selbstbezogene Mutter: »Alles, was draußen ist, ist sie, die Nacht und die Sonne, der Schlaf und der Regen, die Liebe und der Haß und alle Menschen, die mein Leben kreuzen und trüben, und vor allem ich. Sie hat sich in mich verwandelt, sie hat mich geschaffen und ist in mich hineingeschlüpft, sie hat meinen Körper genommen, sie hat meine Gedanken an sich gerissen, sie hat meine Gefühle usurpiert.«

Wenn das Kind versucht, sich in späteren Entwicklungsabschnitten aus dieser verhängnisvollen Umklammerung zu lösen, wenn es versucht, Kontakt zu anderen Menschen zu finden, ruft dies bei selbstbezogenen Eltern häufig eifersüchtigen Groll hervor. Sie erleben das Autonomiestreben des Kindes, das doch ihr Eigentum ist, als einen Verrat. Denn sie fühlen sich von ihrem eigenen Kind nunmehr ebenso behandelt wie einst von ihren eigenen Eltern. Doch dieses Mal können sie etwas tun! Sie haben die Möglichkeit, erzieherischen Druck auszuüben, und sie werden das für gewöhnlich im Bewußtsein tun, für ihr Kind nur das Beste zu wollen. So können sie diesem den Umgang mit »schlechten« Freunden und Spielkameraden untersagen, indem sie diese entwerten und lächerlich machen. Dem Kind bleibt dabei zumeist keine andere Wahl, als sich dieser ablehnenden Haltung anzuschließen und sich von den anderen abzugrenzen. Fritz Zorn schreibt:

»Die ich hier als die ›anderen‹ bezeichne, das war im Grunde jedermann. Jedermann war anders, niemand war wie wir; oder wenn man das korrekter ausdrückt: es war unser uneingestandener Dünkel, der uns die Menschheit als die ›anderen‹ erscheinen ließ; in Wirklichkeit waren immer wir die anderen und standen immer wir abseits. Wir taten nichts und sagten nichts und vertraten nichts und hatten keine Meinung und verbrachten daher unsere Zeit damit, uns über die Leute zu amüsieren, die lächerlicherweise etwas taten oder sagten oder meinten. Daß wir um Lächerlichkeiten in unserer Umgebung nicht verlegen zu sein brauchten, versteht sich von selbst, denn je mehr man selbst ein Porzellanladen ist, desto sicherer erscheint einem jeder Außenstehende als ein Elefant darin. So war das für uns als lächerlich Empfundene auch nur das spezifisch für uns Lächerliche – für jeden anderen Menschen wäre es vollkommen normal gewesen.«

Rollenzuweisung im Elternhaus

Nur wenn ein Kind sich von seinen Bezugspersonen vorbehaltlos angenommen fühlt, kann es Selbstvertrauen entwickeln. Diese Voraussetzung wird von selbstbezogenen Eltern kaum erfüllt. Zum einen akzeptieren sie ihr Kind nur insofern, als dieses fähig und bereit ist, sich ihren eigenen Erwartungen weitgehend zu fügen. Das ist aber nur möglich, wenn das Kind lernt, von seinen eigenen Bedürfnissen und Interessen selbstlos abzusehen. Die unausgesprochene Begründung faßt Léon Wurmser in die folgenden Worte: »Wenn du dich selbst zu zeigen wagst, wirst du ausgestoßen, wirst du nicht mehr Teil von uns sein, sondern als ein Fremdling unter uns hausen, mit dem wir nichts zu tun haben wollen. Wenn du zu uns gehören willst, mußt du dich unterordnen und dein Eigentlichstes als etwas Unwürdiges verbergen oder noch besser ganz aufgeben.«
So lernt das Kind, innerhalb seiner Familie eine ganz bestimmte Rolle zu spielen. John Bradshaw nennt dafür viele Beispiele. Ein Kind wird etwa zum »Opferlamm der Familie«, zum »Friedensengel«, »Clown«, »Wunderkind«, zum »ewigen Baby«, zu Mamas oder Papas »Idealpartner«, zum »Märtyrer«, »Sündenbock«, zum »Religiösen«, »Schurken« usw. Um von den Eltern anerkannt zu werden, muß das Kind auf eine rigide Weise die ihm zugeschriebene Rolle spielen. Das Kind fühlt

sich dabei nicht wirklich geliebt. Es spürt vielmehr, daß eine Attrappe geliebt wird, wie Léon Wurmser bemerkt.

Zwei Rollen sind von besonderer Bedeutung: einmal der »Große Ermöglicher« bzw. »Wunscherfüller« und dann (eng damit zusammenhängend) der »Kümmerer«. Das Kind, dem diese Rollen zugeschrieben wurden, soll den Eltern alles das geben, dessen sie selbst bedürfen, um sich besser zu fühlen. So soll das Kind etwa Nähe, Bestätigung und die Möglichkeit von Sinnfindung vermitteln. Es soll das erreichen, was den Eltern selbst nicht gelang. Zuweilen soll es sie sogar vor Gott und den Menschen heiligen: Ich denke dabei an manche Eltern, die schon vor der Geburt ihres Kindes das Gelübde ablegten, den Sohn zum Priesteramt oder die Tochter in den Ordensstand hinzuführen.

In der Familientherapie wird in diesem Zusammenhang auch von »Parentifikation« gesprochen, was wörtlich übersetzt »Verelterlichung« bedeutet. Gemeint ist damit eine unbewußte Rollenzuweisung, die das Kind in die Position eines Elternteils bringt. Diese Generations-Umkehrung führt dazu, daß ein Kind in die Rolle der eigenen Großmutter bzw. des eigenen Großvaters, zuweilen auch eines Onkels oder einer Tante gelangt. In dieser Rolle soll es vor allem die Fehler wiedergutmachen, die diese Personen gegenüber den Eltern des parentifizierten Kindes einst begangen haben. Das Kind erhält dabei kontinuierlich die Botschaft, das hungrige kindliche Selbst seiner Eltern so zu stützen, wie es die Großeltern eigentlich hätten tun müssen. Es soll also eben jene liebevolle Aufmerksamkeit und Zuwendung sicherstellen, die in der ursprünglichen Beziehung verfehlt wurden. Der Psychoanalytiker Horst Eberhard Richter schreibt: »Das Kind soll die unerfüllten Liebesbedürfnisse der Eltern sättigen, es soll sie für narzißtische Kränkungen entschädigen und ihren Nachholbedarf an narzißtischer Bestätigung erfüllen, es soll zugleich ihren Vorwürfen wie ein Erwachsener standhalten, und zwar soll es dies alles besser leisten, als dies seine Großeltern vermochten, deren frustrierendes Verhalten es ja nunmehr wettmachen soll.«

Waltraud Anna Mitgutsch schildert, wie ein Kind in diese Rolle hineinwächst: Die von ihr beschriebene Mutter erzählte immer wieder von den Leiden und Kränkungen ihrer eigenen Kindheit. Sie trug dabei so dick auf, daß es der Tochter zuweilen »speiübel« wurde:

»Diese Geschichten sollten mich für sie gewinnen, sie sollten mich lehren, sie zu lieben, weil sie von niemandem geliebt worden war und weil sich nie jemand die Mühe gemacht hatte, sie zu verstehen oder ihr überhaupt zuzuhören. Wer sollte sie denn verstehen, wenn nicht die Tochter, die ihr und ihren Geschichten ausgeliefert war, wehrlos, eine fortgesetzte Vergewaltigung, die auf sie niederging, wie die körperlichen Züchtigungen, täglich, in den Alltag gemengt, die sie lehren sollten, den Menschen zu mißtrauen, die Menschen zu hassen, alle, bis auf die einzige, die den Schmerz zufügte, die ihn weiterreichen mußte, damit der Haß fortlebe. Und ich habe nie jemanden, der dabei gewesen war, damals gefragt, ist es wahr, war es wirklich so? So schrecklich, so freudlos, so grausam? Ich glaubte ihr alles, und ich weinte um sie, um ihre betrogene Kindheit, um ihre verlorene Jugend, und sie sah mir zu und sagte, da siehst du, wieviel besser du es hast, wie glücklich du sein kannst.«

So soll das Kind die Fehler der Vergangenheit wiedergutmachen. Was die Bezugspersonen der eigenen Eltern einst versäumt hatten, das soll es ausgleichen und nachholen. Es soll die Liebe schenken, die die Eltern nicht bekamen. Es soll die Erfolge erringen, die den Eltern selbst nicht gelangen. Und es soll den Eltern vor allem bestätigen, daß diese stark und mächtig sind, indem es sich ihrem Willen unterwirft und ihren Vorstellungen gänzlich fügt. Vor allem darf es aber die Eltern niemals im Stich lassen, sich nicht anderen Menschen zuwenden oder auch nur seinen eigenen Weg gehen wollen.
In diesen Rollen steckt das Kind wie in einem Korsett, das seine Lebendigkeit einengt und seine natürlichen Bedürfnisse abschnürt. Das Kind darf nicht so sein, wie es ist. Es muß das tun, was aus der Sicht seiner Eltern richtig ist. Manche Kinder widersetzen sich diesem Rollenzwang. Sie trotzen, opponieren, nicht selten entwickeln sie dabei psychosomatische Symptome als Mittel des Gegendrucks. Doch ihr schlechtes Gewissen wird sie so lange plagen, bis sie sich doch wieder in den familiären Rollenzwang fügen. So lassen sich allmählich starre Verhaltensweisen antrainieren, die auf Außenstehende nicht selten unpassend und komisch wirken.

Wenn ein Kind lernen mußte, die emotionalen Bedürfnisse seiner Bezugspersonen zu befriedigen, wird es wahrscheinlich auch im Kindergarten und in der Schule sein Füllhorn ausschütten. Es wird seine Spielsachen »freiwillig« hergeben, um die Spielkameraden bei Laune zu halten. Es wird beschwichtigend lächeln, wenn andere Kinder ihm seine Rechte streitig machen. Und es wird sich dumm stellen, damit die anderen sich ihm überlegen fühlen können. Manche Schulkinder machen sogar in Klassenarbeiten bewußt Fehler, um nicht den Neid ihrer Kameraden zu erregen.

Im Bestreben, sich bei den anderen beliebt zu machen, stehlen manche Kinder Geld. Dafür kaufen sie Süßigkeiten, die sie verschenken. Diese Kinder tauschen aus dem gleichen Grund wertvolle Spielsachen gegen billigen Tand. Zuweilen entwickeln sie auch ein komödiantenhaftes Geschick, die anderen bei Laune zu halten, indem sie sich zum Clown machen. Doch was sie auch tun mögen: Sie bleiben komische Außenseiter, die bei allem Bemühen nicht wirklich dazugehören.

Das schlechte Gewissen

Der große Philosoph Friedrich Nietzsche hat in seiner Streitschrift *Zur Genealogie der Moral* eine bis zum heutigen Tag unübertroffene Analyse des Identifikationsgewissens vorgelegt. Er nimmt dabei vieles von dem vorweg, was sich an Freuds Namen knüpft. Nietzsches Grundgedanke ist, daß das sogenannte schlechte Gewissen in steter Folge einer oft grausamen Strafandrohung gebildet wird und damit dem Prinzip der Vergeltung folgt. Der eigentliche Zweck des Gewissens sei eine »Herrschaft über die Affekte«. In früheren Epochen ihrer Entwicklung habe sich die Menscheit ihrer grausamen Affekte noch nicht geschämt. Doch dann habe eine »Vermoralisierung« eingesetzt, »vermöge deren das Getier ›Mensch‹ sich schließlich seiner Instinkte schämt«. So habe der Mensch die Freude am Leben verloren. Es sei zu einer »Verdüsterung des Himmels über dem Menschen« gekommen, die im Verhältnis dazu überhand genommen habe, »als die Scham des Menschen vor dem Menschen gewachsen ist«. Diese Scham wirkt auch in das Beziehungsgefüge der Generationen hinein. Das Kind lebe in der »Furcht vor dem Ahnherrn«, der »notwendig in einen Gott transfiguriert wird«. Um diesem gegenüber nicht schuldig zu werden, füge sich das Kind seinen Forderungen. So sei der Inhalt des Gewissens auf all das zurückzuführen, »was in den Jahren der Kindheit von uns ohne Grund regelmäßig gefordert wurde. Der Glaube an Autoritäten ist die Quelle des Gewissens«.

Doch die fordernden Vorfahren sind nicht als die wirklich »Aktiven, Starken, Spontanen, Aggressiven« anzusehen, denn sonst hätten sie das »schlechte Gewissen« nicht erfinden müssen. Vielmehr ist es der »Mensch des Ressentiments«, dem zuzuschreiben sei, den erzieherischen Wert der Strafe ersonnen zu haben: »Die Strafe soll den Wert haben, das Gefühl der Schuld im Schuldigen aufzuwecken, man sucht in ihr das eigentliche instrumentum jener seelischen Reaktion, welche ›schlechtes Gewissen‹, ›Gewissensbiß‹ genannt wird.« Doch es ist, wie Nietzsche immer wieder betont, weniger die grausame Strafe, die zum schlechten Gewissen führt, sondern jene subtile Form der Strafandrohung, die beschämend wirkt. Daher vermutet Nietzsche, daß gerade durch die Beschämung die Entwicklung eines (konstruktiven) Schuldbewußtseins am kräftigsten aufgehalten wurde.

Nietzsche sieht das schlechte Gewissen als eine »tiefe Erkrankung« an. Er nimmt dabei entscheidende Erkenntnisse der späteren Tiefenpsychologie vorweg, wenn er sagt: »Alle Instinkte, welche sich nicht nach außen entladen, wenden sich nach innen – dies ist das, was ich die Verinnerlichung des Menschen nenne.« Diese verinnerlichten bzw. verdrängten Affekte wenden sich nunmehr »gegen diesen Menschen selbst«. Und »das ist der Ursprung vom ›schlechten Gewissen‹«.

Der gewissenhafte Fritz

Diese Anmerkungen lassen darauf schließen, daß es Nietzsche um mehr ging als um eine rein philosophische Analyse. Aus seinen Darlegungen spricht das affektive Engagement eines Menschen, der aus einer persönlichen Betroffenheit heraus lebensnah argumentiert. Nietzsches Biographen geben uns in diesem Zusammenhang aufschlußreiche Hinweise. Sie beschreiben seine Mutter als eine machthungrige Frau, die sich darin geübt hatte, ihre Kinder in Zucht zu halten und die Umgebung mit Wutausbrüchen einzuschüchtern. Das leibliche Wohlergehen ihrer Kinder war ihr weit weniger wichtig als deren geistige Bildung: Geknausert wurde nicht an Büchern, aber am Essen. (Diese einseitige Sparsamkeit spricht Nietzsche möglicherweise an, wenn er schreibt, daß der »moralische Hauptbegriff › Schuld‹ aus dem sehr materiellen Begriff › Schulden‹ seinen Ausgang genommen hat«.) Vielleicht hatte die früh verwitwete Frau ihren Kindern unter Hinweis auf die mageren finanziellen Verhältnisse Schuldgefühle gemacht, wenn diese nach einem guten Essen verlangten? Andererseits sei immer genug Geld für die Anschaffung von Büchern dagewesen, schreibt Joachim Köhler in seiner Nietzsche-Biographie.
Nietzsches Erziehung war spartanisch. Seine Schwester Elisabeth erklärte später: »Wir sind niemals durch blinde Mutterliebe verweichlicht worden.« Man folgte der Mutter aufs Wort, ja auf den Blick. Sie konnte mit Blicken strafen und belohnen. Jahrzehnte später schrieb Nietzsche folgerichtig: »Ein Gewissensbiß scheint mir eine Art › böser Blick‹.« Die Kinder hatten vor dieser Mutter »Heidenrespekt‹, weil sie, wie der liebe Gott, kleine Sünden sofort ahndete«. Am meisten aber litt Fritz (wie Nietzsche als Kind gerufen wurde), wenn sich seine Mutter über ihn lustig machte. Als Erwachsener schrieb er: »Welche Marter für ein Kind, immer im Gegensatz zu seiner Mutter sein Gut und Böse anzusetzen und dort, wo es verehrt, gehöhnt und verachtet zu werden!« Fritz war bald so wohlerzogen, daß er seinen Mitmenschen auffiel und Anlaß für Hänseleien war. Nietzsches Schwester beschrieb Jahrzehnte später folgende Begebenheit:

»Aus jener Zeit muß noch eine kleine Geschichte erzählt werden, welche zu manchem Scherz Veranlassung gab. Die Knabenbürgerschule war nicht weit von uns. Eines Tages strömte gerade am Schluß der Schule ein tüchtiger Platzregen hernieder; wir sahen die Priestergasse entlang nach unserem Fritz aus. Alle Jungens stürmten wie das wilde Heer nach Hause – endlich erscheint auch Fritzchen, welcher ruhig daher schreitet, die Kappe unter der Schiefertafel verborgen, sein kleines Taschentuch darüber gebreitet. Mama machte ihm Zeichen und rief ihm schon von weitem zu: ›So lauf doch nur!‹, der strömende Regen verhinderte seine Antwort zu hören. Da unsere Mutter ihm, als er vollkommen durchnäßt ankam, darüber Vorwürfe machte, sagte er ernsthaft: ›Aber Mama, in den Schulgesetzen steht: Die Knaben sollen beim Verlassen der Schule nicht springen und laufen, sondern ruhig und gesittet nach Hause gehen.‹«

Nietzsches Mutter war sehr ehrgeizig. Ihr Sohn sollte etwas ganz Besonderes werden! Joachim Köhler erwähnt, daß Fritz unaufhörlich zur Leistung gedrillt wurde: »Der Tag bestand aus Privatstunden. Kam er aus der Knabenbürgerschule zurück, durfte er bei Mama die Schulbank drücken. Nachdem sie ein Klavier angeschafft und bei einem Kantor Stunden genommen hatte, klimperte es bald vierhändig in den Hinterzimmern … Zarathustra wird dereinst von der Dressur ›durch Schläge und schmale Bissen‹ sprechen, die den Menschen zur Marionette macht und durch die Angst vor dem Teufel unter Kontrolle hält. Ein solcher Mensch, weiß Zarathustra, hat nichts zu verlieren, nicht einmal das Leben.«
Nietzsches Mutter war eine Pastorenwitwe, die um ihr gesellschaftliches Ansehen gewiß besorgt war. Sie sah in der perfekten Erziehung ihrer Kinder eine Möglichkeit, in den sogenannten besseren Kreisen Anerkennung zu finden. Und so drillte sie ihre Kinder unnachgiebig, die Ideale des Bildungsbürgertums – Nietzsche sprach später von »Bildungsphilistern« – zu verinnerlichen. Und das gelang ihr großartig! Ihre Tochter Elisabeth bestätigt dies rückblickend: »Wir waren ungeheuer artig, wahre Musterkinder!« Zeigte die Mutter gelegentlich »schwesterliche Zärtlichkeit«, schmolz ihr Sohn dahin. Doch die Zuneigung blieb ambivalent. In einem seiner ersten Gedichte, das der Mutter gewidmet war, kommt dies zum Ausdruck:

Ich liebe dich so sehr, daß ich dich möcht' erdrücken.
Doch tu' ich's lieber nicht, es möcht' dich nicht beglücken!

Nietzsche litt unter diesen Idealen ein Leben lang. Ein Jahr vor dem Beginn seiner geistigen Umnachtung schrieb er in einem autobiographischen Bericht, »der verfluchte Idealismus« sei das »eigentliche Verhängnis« seines Lebens gewesen. Aus dessen Folgen erklärt er sich »alle Fehlgriffe« seines Lebens: die »Instinkt-Abirrungen« und »Bescheidenheiten«, das Fehlen jeder »Selbstigkeit«. Statt dessen habe er sich dem »Götzen« (Nietzsches Synonym für »Ideal«) der »Selbstlosigkeit« unterworfen: so lange, bis er krank geworden sei. Doch »als ich fast am Ende war, dadurch daß ich fast am Ende war, wurde ich nachdenklich über die Grund-Unvernunft meines Lebens – den Idealismus. Die Krankheit brachte mich erst zur Vernunft.«

Das soziale Vernunftgewissen (Über-Ich)

Ein soziales Gewissen im eigentlichen Sinne (Über-Ich) kann erst entstehen, wenn das Kind fähig ist, die Angemessenheit seines Verhaltens in einer sachbezogenen Weise vernünftig zu reflektieren. Das setzt die Fähigkeit voraus, objektive und allgemeingültige Wertmaßstäbe zu erkennen, die nicht nur für bestimmte Bezugspersonen Geltung besitzen. Das Kind muß somit von der Unmittelbarkeit der Beziehung zu seinen Eltern absehen (abstrahieren) können. Es muß lernen, einzelne Personen (also auch die Eltern!) aus einer kritischen Distanz wahrzunehmen. Nur so läßt sich der kleinkindhafte Glaube an ihre Allmacht relativieren. Unter dieser Voraussetzung kann sich das Kind allmählich ein abstraktes Verständnis vom richtigen und falschen Tun an sich machen. Die Durchschnittsnorm tritt so allmählich an die Stelle der Idealnorm. Der gesunde Menschenverstand überlagert das Ich-Ideal. Der eigentliche Zweck der Sozialisation ist es, das Kind mit allgemeingültigen normativen Leitlininien zu konfrontieren. Sie beinhalten moralische Gebote und Verbote sowie ethische Grundsätze. Dieses Regelwissen (siehe Kapitel 6) beinhaltet, wie Alfred Adler schreibt, »alle Konventionen des menschlichen Zusammenlebens, Sitten und Gebräuche, Grenzen und Bedingungen des Schamgefühls, des Ehrgefühls usw., vor allem aber die Sprache und das mit ihr in Zusammenhang stehende logische Denken«. Mit Hilfe dieses Regelwissens wird dem Kind eine verallgemeinerte Bestimmung bzw. Bewertung von gut (richtig, erlaubt, geboten) und böse (falsch, verboten, sündig) möglich. Dies bemißt sich nicht mehr an der konkreten Haltung einzelner Bezugspersonen, sondern leitet sich von der Idee einer universal gültigen Durchschnittsnorm her. Diese findet in mannigfachen Regeln ihren Ausdruck, die das rechte Tun (Anstand, Moral, soziale Intelligenz, Benehmen usw.) bestimmen. In ihrer Gesamtheit bildet dieses soziale Regelwissen das menschliche Vernunftgewissen. Denn die Vernunft ist es, die ein heranwachsendes Kind erst einsichtsfähig macht und die es ihm ermöglicht, spontane affektive Impulse ebenso durch Willensentscheid zu relativieren wie sozial unangemessene Verhaltensweisen, die sich auf den Umgang mit frühen Bezugspersonen beziehen.

Die Vermittlung dieses Regelwissens erfolgt durchaus nicht immer auf eine Weise, die den kindlichen Bedürfnissen Rechnung trägt. Zuweilen werden heranwachsende Kinder geradezu zur Vernunft gezwungen. Dies war insbesondere in Zeiten der Fall, die von patriarchalischen Autoritätsvorstellungen beherrscht wurden. Dabei wurde zum Zwecke erzieherischer Disziplinierung nicht selten eine unnachgiebige Härte an den Tag gelegt. Denn eine gute Erziehung wurde in früheren Zeiten in der Regel an alttestamentarischen Idealen von unnachgiebiger Härte und Strenge bemessen. Das hatte Auswirkungen auf viele, die heute zur Elterngeneration gehören. Deshalb waren noch in den siebziger Jahren die Bücher von Alice Miller und Katharina Rutschky über die Auswirkungen der »schwarzen Pädagogik« heißdiskutierte Bestseller.

Die Relativierung des sozialen Vernunftgewissens

Die starren Erziehungsprinzipien früherer Zeiten sind inzwischen in vieler Hinsicht relativiert worden. Heutige Eltern verstehen sich weit weniger als kühle Verfechter unumstößlicher moralischer Grundsätze, als dies in früheren Generationen der Fall war. Sie sind viel nachsichtiger, permissiver, als ihre eigenen Eltern. Oft drücken sie ein Auge zu, wenn ihre Kinder nicht folgen wollen. Denn ihr Ansehen hängt kaum noch davon ab, wie gut sich ihre Kinder in der Öffentlichkeit benehmen. Was demgegenüber zunehmend zu zählen scheint, ist der persönliche Erfolg der Kinder. Nach Ansicht mancher Erziehungswissenschaftler ist inzwischen ein neuer Sozialisationstyp entstanden. Er orientiert sich immer stärker an selbstbezogenen, narzißtischen Erfolgskriterien. Es geht ihm nicht darum, sich im sozialen Leben anzupassen, sondern sich anderen gegenüber hervorzutun.

Schon Alfred Adler beschrieb diesen Sozialisationstyp, und er wies dabei auch auf den Einfluß von Verwöhnung hin. Verwöhnte Kinder haben eine besonders enge Beziehung zu einzelnen Bezugspersonen, gewöhnlich zu den Eltern. Von diesen sind sie (im Hinblick auf die Befriedigung ihrer Bedürfnisse) aber abhängig. Deshalb müssen sie sich im guten wie im bösen weitgehend uneingeschränkt auf ihre Eltern einstellen. Sie müssen sich mit diesen identifizieren. Das verleiht den Eltern zunächst eine besondere Bedeutung. Die Kinder gehören ihnen, sie sind ein Teil ihrer selbst. Daraus kann sich zuweilen eine symbiotische Verschränkung ergeben, die über die Phase des Kleinkindalters weit hinausgreift und Abhängigkeiten schafft. Alfred Adler schreibt, daß die verwöhnende Mutter damit zu einem Objekt der eigenen Herrschsucht wird: »So bezahlt sie oft teuer ihre egoistische Halsstarrigkeit, daß sie ihr Kind nur für sich und nicht für die Gesellschaft erziehen wollte.«

Alfred Adler hob die kulturelle Funktion der Erziehung besonders hervor. Die Eltern, insbesondere die Mutter, sollten sich dessen bewußt sein, »daß das Kind hinaus muß in einen viel größeren Kreis von Menschen.« Die gegenwärtige gesellschaftliche Entwicklung deutet aber darauf hin, daß die Kultivierung des Gemeinschaftsgefühls vielen Erziehern immer weniger wichtig wird. Sie fördern die Entwicklung der sozialen Möglichkeit weit weniger konsequent, als dies in früheren Epochen der Fall war. Nicht wenige Eltern verhalten sich heute so, als wäre die Familie ein selbstgenügsames Sozialsystem mit einer geschlossenen Grenze. Innerhalb dieses Gummizaunes (der sich nur wenig ausdehnen läßt!) werden vor allem jene besonderen Spielregeln vermittelt, die für diese eine Familie gültig sind – und die sich häufig von den selbstbezogenen Bedürfnissen des dominanten Elternteils herleiten.

Eltern können das geistige und seelische Wachstum ihres Kindes vor allem dann fördern, wenn sie ein objektives Regelwissen vermitteln, das nicht auf ihre eigenen subjektiven Bedürfnisse und Vorstellungen bezogen ist. Vielmehr soll die Allgemeinheit sozialen Lebens berücksichtigt werden. So wird das Kind mit der Realität außerhalb des Elternhauses vertraut gemacht. Es lernt zu verstehen, was im allgemeinen richtig bzw. falsch ist. Damit wird das Kind die Konsequenzen seines entsprechenden Handelns im gesellschaftlichen Umfeld realistisch einschätzen können. Das wiederum ist eine Voraussetzung für die Integration in die Gemeinschaft. Das Kind kann so ein abwägendes Vernunftgewissen entwickeln, das – als gesunder Menschenverstand – zur Richtschnur und Leitlinie seiner weiteren Sozialisation wird. Es verleiht ihm die Gewißheit, jederzeit das Richtige zu tun. Dieses fortentwickelte Gewissen ist konstruktiv. Es darf nicht mit dem von Friedrich Nietzsche beschriebenen »schlechten Gewissen« verwechselt werden, das dem frühen Identifikationsgewissen entspricht. Wenn ein Kind daran gehindert wird, diesen gesunden Menschenverstand zu erwerben, so hat dies für gewöhnlich weitreichende nachteilige Folgen. Das Kind verfügt nicht oder nur unzureichend über allgemeingültige Leitlinien, an denen es sich in seinem Handeln ausrichten kann. Es muß sich deshalb ständig auf die privaten Idealnormen einzelner Bezugspersonen einstellen. Dabei kann es leicht zu der verwirrenden Erkenntnis gelangen, daß das Richtige falsch und das Falsche richtig ist. Léon Wurmser führt einen Klienten an, der erklärte: »Als Kind habe ich so oft versucht, alles richtig zu machen, und immer war alles falsch. Selbst, wenn ich es nur versuchte, war es falsch.« Diese Verwirrung führt zu geistigen »Knoten«, wie Ronald Laing es bezeichnet hat.

Nur das objektive, soziale Vernunftgewissen vermittelt ein Fehler- oder Schuldbewußtsein, das realitätsgerecht ist. Zu spüren, wann ein bestimmtes Verhalten *im allgemeinen* unangemessen ist, und zu wissen, weshalb dies so ist, macht es dem Kind möglich, sich in das Leben der Gemeinschaft störungsfrei einzufügen und dazuzugehören. Diese Art von Schuldbewußtsein ist daher konstruktiv und für das geistige Wachstum des Kindes unerläßlich.

Was ist das Menschlichste? –
Jemandem Scham ersparen.

Friedrich Nietzsche

4 Scham und Schuld

Scham und Schuldgefühle

Pinocchios Geschichte liest sich stellenweise wie ein pädagogisches
Lehrstück, das dem Leser die negativen Konsequenzen gewissenlosen
Verhaltens vor Augen führen soll. Pinocchio wird zunächst als ein un-
gehobelter Lausbub dargestellt, der bedenkenlos tut, wozu er gerade
Lust hat: Er nimmt seinem Vater Gepetto die Perücke vom Kopf, er
läuft ihm immer wieder davon, und er erschlägt die Sprechende Grille
(eine Repräsentantin des Gewissens). Er stiehlt Weintrauben, und er
vermeidet vor allem »strikt jegliche Unlust, was ihn von vornherein
eine ablehnende Haltung gegenüber der Schule und der Arbeit einnehmen läßt«, schreibt die Psychoanalytikerin Sylvia Zwettler. Ihr
Kollege Willard Gaylin beschreibt den ursprünglichen Pinocchio sogar als »narzißtisch und zynisch«. Gaylin nimmt dabei Bezug auf das
neunte Kapitel des Märchens. Hier wird geschildert, wie sich Pinocchio über eine Vereinbarung mit seinem gutmütigen Vater bedenkenlos hinwegsetzt.
Gepetto hat Pinocchio neue Füße gemacht, ihm zu essen gegeben und
ihn eingekleidet. Schließlich hatte er auch noch seine »ganz zerflickte
und zerstopfte Barchentjoppe« versetzt, um Pinocchio eine Schulfibel

dafür zu kaufen. Pinocchio ist zunächst sehr erfreut und dankbar. Er verspricht Gepetto, ihm irgendwann eine wunderschöne Joppe von seinem ersten selbstverdienten Geld zu kaufen. Doch als Pinocchio von ferne Musik hört, ist der gute Vorsatz vergessen! Pinocchio geht nicht zur Schule, sondern dorthin, woher die Musik kommt. Er folgt somit dem Lustprinzip. Als er dann vor dem Großen Marionettentheater ankommt, tauscht er die neue Fibel gegen zwei Groschen ein. So viel kostet die Eintrittskarte:»Und man denke daran, daß der arme Gepetto zu Hause in Hemdsärmeln vor Kälte zitterte, weil er seinem Sohn die Fibel gekauft hatte«.

Carlo Collodi läßt Pinocchio diese Gewissenlosigkeit in der weiteren Folge der Geschichte sühnen. Denn Pinocchio wird, in oft grausamer Weise, so lange bestraft und beschämt, bis er sich schließlich zu einem gewissenhaften Jungen gewandelt hat, der voller Mitleid und Rücksichtnahme ist. Zum Schluß war es Pinocchio »mit seinem guten Willen, zu lernen, zu arbeiten und vorwärtszukommen, nicht nur gelungen, seinem immer kränklicheren Vater ein sorgenfreies Leben zu bereiten, sondern er hatte auch noch vierzig Sechser auf die Seite legen können, um sich einen neuen Anzug zu kaufen.« Doch dann erfährt Pinocchio von der Schnecke, daß seine Feenmutter (die ihn so oft leiden ließ) im Krankenhaus liegt, weil sie »soviel Schweres durchmachen mußte«. Und nun habe sie nicht einmal mehr genug zu essen. Da stellt Pinocchio unter Beweis, daß er nun wirklich selbstlos geworden ist:

»Wie weh mir das tut! Ach, meine arme Fee, meine arme Fee! Wenn ich eine Million hätte, würde ich sie dir sofort bringen, aber ich habe nur vierzig Sechser. Da hast du sie: Ich wollte mir gerade einen neuen Anzug dafür kaufen. Nimm sie, Schnecke, und bring sie gleich meiner guten Fee! Was soll mir jetzt mein neuer Anzug! Am liebsten würde ich auch die alten Fetzen verkaufen, die ich anhabe, nur um ihr zu helfen. Bis jetzt habe ich gearbeitet, um meinen Vater zu erhalten: von heute an werde ich noch fünf Stunden länger arbeiten, um auch meine gute Mutter zu erhalten.«

Pinocchios Entwicklungsgeschichte führt uns die Entstehung eines Identifikationsgewissens deutlich vor Augen. Denn aus einem ungehobelten Stück Holz hat sich ein selbstloser Junge entwickelt, der nur auf das Wohlergehen seiner Eltern bedacht ist. Er nimmt an ihrem Mißgeschick Anteil, als ob es ihn selbst unmittelbar beträfe. Er identifiziert sich mit ihnen. Er ist ein Teil ihrer selbst. Deshalb ist sein Mitleid absolut. Es bereitet ihm Gewissensqualen, die einen anderen Ursprung haben als Schuldgefühle in einem objektiven Sinne. Denn Pinocchio hat sich seinen Eltern gegenüber kaum schuldig gemacht. Deshalb muß er auch keine Reue empfinden. Er empfindet aber Mitleid. Und dieses Mitleid ist Ausdruck der beschämenden Erkenntnis, kein vollkommener Sohn zu sein. Denn das Ideal der Vollkommenheit kennt keine Einschränkungen.

Für die Entstehung des Identifikationsgewissens ist die Beschämung des Kindes von entscheidender Bedeutung. In einer Entwicklungsphase, in der das Kind noch nicht über ein begriffliches Urteilsvermögen verfügt, bezieht es alle erzieherischen Maßregelungen auf sein gesamtes Selbst. Es erlebt sich insgesamt als böse und damit als nicht liebenswert, wenn ihm seine Bezugspersonen ein Fehlverhalten signalisieren. (Dies kann etwa der Fall sein, wenn es eingekotet hat oder nicht richtig essen will.) Ihr böser Gesichtsausdruck, ihr harter und lauter Tonfall, ihre abweisende Körperhaltung: all das faßt das Kleinkind als Hinweis dafür auf, jetzt nicht mehr liebenswert zu sein. Ein so beschämtes Kind beginnt sich selbst gleichsam durch die Brille seines Identifikationsgewissens zu betrachten. Dies kann ein tiefgehendes Gefühl des Unwohlseins hervorrufen, das die gesamte körperliche Sphäre mit einbezieht. Der große Naturforscher Charles Darwin sprach in diesem Zusammenhang von einer »geistigen Verwirrung«, die mit großen Spannungen verbunden ist. Dadurch komme es zu einer abrupten Dämpfung spontaner Lebensfreude. Diesem undifferenzierten psychosomatischen Reaktionsmuster entspricht die selbstbezogene Scham. Sie ist nach Ansicht der Affektforscher ein angeborenes Sicherungsgefühl. Doch im Gegensatz zur nahestehenden Angst dient die Scham nicht dem Zweck physischer Selbsterhaltung. Sie soll vielmehr eine weitere Beeinträchtigung des Selbstwertgefühls verhüten.

So sucht sich schon das Kleinstkind vor den Augen der Welt zu verbergen, indem es den Blick abwendet und sich verstecken will. Im Grunde ist die Scham ein persönliches Schutzgefühl, das die Integrität des Selbst behüten soll. Ein beschämtes Kind sucht sein Heil deshalb in der Distanz. Es entfremdet sich zunächst jenen, die es bloßgestellt haben: den eigenen Bezugspersonen. Indem es sich aber gleichzeitig mit ihnen identifiziert, entfremdet es sich auch von sich selbst. Deshalb ist es unerläßlich, daß die Bezugspersonen eines Kindes sehr behutsam mit diesem archaischen Zuchtmittel umgehen.

Die Vermittlung eines objektiven Schuldbewußtseins ist ein wichtiges Anliegen der Sozialisation. Schuldgefühle sind ein Ausdruck des sozialen Vernunftgewissens. Sie sind sach- und handlungsbezogen – und damit, im Gegensatz zur Scham, relativierbar. Denn »Schuld entsteht in der Übertretung von Verboten, Scham in der Nichterfüllung von Idealen« (Neckel). So signalisiert Schuldangst, wie Léon Wurmser bemerkt, die Grenzen, die man in seinem Handeln mit Rücksicht auf die anderen nicht überschreiten darf, um sie nicht zu schädigen.

Schuldgefühle sind die Folge einer Bestrafungsangst, die dann aufkommt, wenn eine abstrakte Vorschrift, zum Beispiel eines der Zehn Gebote, mißachtet wurde. Der betreffende Mensch ist sich dabei der Tatsache bewußt, etwas Verbotenes oder Sündiges getan zu haben. Er muß dies allein seinem Vernunftgewissen gegenüber rechtfertigen. Dieses Gewissen ist eine abstrakte, eigenständige Autorität. Sie ist an die Stelle der Erzieher getreten, denen gegenüber ein Kind einst Rechenschaft schuldig war.

Die selbstbezogene Scham entstammt dagegen dem ursprünglichen Identifikationsgewissen. Sie führt zu der kränkenden Erfahrung völliger Bloßstellung, Demütigung und Minderwertigkeit. Das eigene Selbst wird als umfassend schlecht erlebt und dabei vergegenständlicht: Es ist der Gegenstand bzw. das Objekt grenzenloser Verachtung. Der Betroffene fühlt sich als Fremder unter Fremden. Er sieht sich selbst als völligen Versager, dem nichts mehr zuzutrauen ist. Die selbstbezogene Scham sei eine »Krankheit der Seele«, meinte der Affektforscher Silvan Tomkins. Diese Scham ist häufig ihrerseits ein Anlaß, sich zu schämen. Aus ihr entspringt der Drang, sich (im sprichwörtlich bekannten Mauseloch) zu verstecken bzw. aus der mitmenschlichen Welt zu »verschwinden« (Wurmser). Damit einher geht ein Gefühl von Leere, Entfremdung und Depersonalisation, das das ganze Leben als völlig sinnlos erscheinen läßt.

Ist die selbstbezogene Scham demnach ein Wesensmerkmal der depressiven Erkrankung? Donald Nathanson bestätigt diese Vermutung nur zum Teil. Er ist überzeugt, daß es – was bislang noch gar nicht beachtet wurde – eine schuldbezogene und eine schambezogene Form der Depression gibt. Die in der Fachliteratur beschriebene klassische Depression ist schuldbezogen. Der Kranke befaßt sich in seinen unentwegten Grübeleien mit schuldhaften Verfehlungen. Er wird von Gewissensbissen und moralischen Skrupeln gepeinigt. Sinn und Ziel seiner Krankheit ist die destruktive Selbstbestrafung. In der schambezogenen Depression kreisen die Gedanken jedoch ausschließlich um Inhalte der eigenen Wertlosigkeit. Die Kranken sind überempfindlich und äußerst kränkbar. Sie reagieren mit größter Betroffenheit auf jegliche Form der Zurückweisung. Sie sehnen sich einerseits nach liebevoller Anerkennung, während sie andererseits allen sozialen Kontakten ausweichen. Diese Menschen sind zutiefst überzeugt, defekt und deformiert zu sein. Sie leiden an nichts anderem als an dem von Alfred Adler beschriebenen »Minderwertigkeitskomplex«, der »einen völligen Stillstand für jede weitere Entwicklung bedeutet« (Dreikurs). Als Beispiel einer schambezogenen Depression möchte ich den Auszug aus einem Brief anführen. Ich habe diesen vor vielen Jahren von einer damals sechsundzwanzigjährigen Frau erhalten. Aus den Zeilen dieses Briefes geht hervor, daß die Schuld dieser Frau darin zu bestehen scheint, überhaupt nur zu existieren:

»Heute habe ich meine ›Schlafphase‹ vor dem Mittagessen beendet. Die Stimmung war ziemlich schlecht, trostlos. Als meine Mutter ihrer Laune Luft machte und mich mit einer Reihe von Vorwürfen bedachte, gab dieses mir den Rest. Sie sagte mir, ich sei faul und bequem und eine einzige Last. Sie hätte nicht vor, sich den Rest ihres Lebens mit mir herumzuplagen. Es ist mir unklar, weshalb sie mich nicht rauswarf. Aber vermutlich deshalb nicht, weil sie genauso unfähig ist wie ich, Nägel mit Köpfen zu machen. Manches von dem, was sie sagte, schlug aber ein wie ein Blitz. Obwohl ich es nicht zum ersten Mal hörte. Ich war zu müde, um mich ihren Vorwürfen und ihrer Kritik zu entziehen. Wozu auch. Hatte sie doch recht mit dem, was sie sagte. Ich schäme mich immer mehr und fühle mich als Zumutung für jedermann. Ich empfinde eine große Leere und Sinnlosigkeit. Ich schäme mich meiner ganzen Person. Es scheint allein meine Schuld zu sein, daß ich mein ganzes Leben versaut und das meiner Familie negativ beeinflußt habe. Im Augenblick wage ich nicht einmal mehr, zu Ihnen zu gehen. Wahrscheinlich ist auch der Gedanke, nicht leben zu wollen, ein sehr bequemer. Aber es kostet mich eine ungeheuere Anstrengung, dagegen anzukämpfen. Denn ich komme mir völlig nutzlos und wertlos vor. Ich möchte nur noch schlafen, niemanden sehen. Aber auch das ist völlig sinnlos.«

Aus diesen Zeilen spricht grenzenlose Selbstverachtung. Die Klientin erlebt sich als eine Zumutung für jedermann. Sie zweifelt ernsthaft an ihrer Menschenwürde. Friedrich Nietzsche hatte einmal gesagt: »Wie arm ist doch der Mensch! Wie häßlich, wie röchelnd, wie voll von verborgener Scham!« Das ist das Lebensgefühl, das die selbstbezogene Scham vermittelt.

Die Tyrannei der Blicke

Man sagt, die Augen seien der Spiegel der Seele. Das Glück läßt sie leuchten, die Trauer ermatten, und die Freude glänzen. Im Zorn blitzen sie auf, während ihr Licht im Tode erlischt. Die Augen eines liebenden Menschen strahlen eine Wärme aus, die schon Säuglinge instinktiv zu erhaschen versuchen, wenn sie, wie der Verhaltensforscher Otto Koenig schreibt, gern nach den Augen der Mutter greifen. Schon nach der fünften Woche können Babys den Blick der Mutter erwidern. Und im ersten Lebensjahr des Kindes sind Guck- und Versteck-Spiele zwischen Eltern und Kind sehr beliebt.

Das Auge ist ein sprechendes Organ. Es kann insofern nicht lügen, als es die emotionalen Botschaften unwillkürlich über die Pupillengröße vermittelt. Der Psychologe Eckhard Hess konnte ermitteln, daß Freude und Begeisterung zu einer Weitung der Pupillen führen, und zwar unabhängig von den Lichtverhältnissen. Geweitete Pupillen verleihen dem Auge einen warmen, empathischen Ausdruck. Mütter, die ihr Kind lieben, haben diese geweiteten Pupillen. Sie vermitteln schon dem Säugling Sicherheit und Geborgenheit. Desinteresse, Ablehnung und Mißmut ziehen demgegenüber eine Pupillenverkleinerung nach sich, die dem Auge einen kalten, abstoßenden Ausdruck verleiht.

Das Auge zeigt nicht nur die emotionale Befindlichkeit eines Menschen an. Es ist auch ein Kontrollorgan, das Furcht einflößen kann. Eine Klientin erinnerte sich, sie sei bis ins Schulalter hinein überzeugt gewesen, ihr strenger Vater könne sie auch in seiner körperlichen Abwesenheit beobachten. Sie fürchtete, er hätte zum Beispiel sehen können, wie sie ihr Pausenbrot wegschmiß. So wörtlich hatte sie seine Drohung genommen: »Meinem Blick entgeht nichts, ich durchschaue dich!« Der magische Blick wird in vielen mythologischen Darstellungen beschrieben. Er vermittelt, wie Nietzsche bemerkte, das beängstigende Gefühl, der Mittelpunkt der Welt zu sein. Dieses Gefühl tritt auf, »wenn man plötzlich von der Schande überfallen wird. Man steht dann da, wie betäubt, inmitten einer Brandung und fühlt sich geblendet wie von einem großen Auge, das von allen Seiten auf uns und durch uns blickt.«

Im Augenkontakt wird eine intime Nähe hergestellt, die oft als sehr bedrohlich erlebt wird. Das kommt in einer Reihe von Redewendungen zum Ausdruck. Ein Mensch wirft seinen Blick auf einen anderen Menschen, er starrt diesen an und fixiert ihn. Ihre Blicke treffen sich, bis der andere den Blick senkt und damit seine Unterlegenheit preisgibt. Damit ist die Befähigung des Auges verdeutlicht, aggressive Machtansprüche zu signalisieren. Das wird besonders dann der Fall sein, wenn der Blick kalt, unnahbar, stechend oder abschätzig ist. Besonders deutlich wird dieses aggressive Vermögen aber in der Aussage: »Wenn Blicke töten könnten!«

Holger T. ist ein achtzehnjähriger Gymnasiast. Vor fünf Jahren ließen sich seine Eltern scheiden. Seither lebt er bei seinem vielbeschäftigten Vater, der inzwischen wieder geheiratet hat. Zu seiner leiblichen Mutter hat er wenig Kontakt, da sie ins Ausland verzogen ist.

Holger leidet unter einer ausgeprägten Schamdepression. Er meidet den Kontakt zu Gleichaltrigen, verkriecht sich in seinem Zimmer, wo er in realitätsfernen Größenphantasien schwelgt. Seine Depression ist »larviert«. Er selbst fühlt sich nicht im eigentlichen Sinne psychisch krank. Vielmehr klagt er über diffuse körperliche Beschwerden. Insbesondere machen ihm seine Schlafstörungen und seine chronische Magenschleimhautentzündung zu schaffen.

Holger träumt fast jede Nacht. Es sind äußerst lebendige Träume, die erfüllt sind von unwirklichen, sehr bedrohlichen Fabelwesen. Fast jedes Kind begegnet solchen Gestalten. Sie sind ein Teil der oft grausamen Märchen- und Sagenwelt, die das aggressive Prinzip im Leben des Kindes versinnbildlichen. Kinder brauchen solche Märchen, meinte der Kinderanalytiker Bruno Bettelheim. Sie brauchen sie, um die beunruhigenden Affekte aus der Tiefe ihres Unbewußten nach außen zu projizieren. So können diese Affekte vergegenständlicht werden. Das Kind muß aber eine gute Bezugsperson zur Seite haben. Solange das vertraute Antlitz der Mutter, ihr liebevoller Blick und die Wärme ihrer Stimme in solche Märchen mit einbezogen sind, kann sich das Kind immer noch sicher fühlen. Fehlt diese Voraussetzung jedoch, so tut sich die grauenhafte Welt des Alptraums auf. Ein Beispiel dafür ist der folgende Traum Holgers:

»Meine Mutter und einige ältere Frauen stehen auf einer Grünfläche unter einem Baum. Sie sind ein paar Schritte von der Straße entfernt und unterhalten sich. Ich bin damit beschäftigt, unseren vollen Mülleimer an den Straßenrand zu stellen. Plötzlich wendet sich mir die Mutter zu und sagt, ich dürfe auf gar keinen Fall zum Himmel hoch schauen. Ich wundere mich zunächst über diese merkwürdige Anordnung und frage verdutzt nach dem Grund. Meine Mutter lacht nur und erwidert: ›Du mußt das tun, was ich dir sage.‹ Als ich dennoch auf einer Erklärung bestehe, sagt sie: ›Oben am Himmel befindet sich ein Ungeheuer. Wenn du zu ihm aufschaust, dann wirst du sterben.‹ Das kann ich nicht glauben. Und so schaue ich in den nördlichen Teil des Himmels und erblicke tatsächlich ein eigenartiges Wesen, das aus dunklen Wolken besteht. Eine große Angst befällt mich. Ich renne schnell zur Haustür. Aber bevor ich diese erreichen kann, merke ich, wie sich das Wesen zu mir herabbeugt, mir in die Augen schaut und mich mit seinem riesigen Maul verschlingt. In diesem Moment wache ich mit großem Schrecken auf.«

Als dieser Traum gedeutet wurde, kristallisierte sich die folgende Szene heraus: Eine Mutter stillt ihr Kind. Dabei blicken sich beide in die Augen. Michael Argyle erwähnt, daß die Primaten die einzigen Säugetiere sind, bei denen das Stillen den Kontakt von Angesicht zu Angesicht fördert. Menschenbabys sind dabei in der Lage, ihren Blick auf die Entfernung von 20 bis 30 Zentimeter einzustellen. Das Kind blickt nach oben – »in den Himmel«, der »nördlich« ist. Von Norden aber kommt die eisige Kälte. Dort auch befindet sich das »eigenartige Wesen, das aus dunklen Wolken besteht«. Es schaut das Kind an. Dieses sieht aus der kurzen Distanz nur die Augen und ein »riesiges Maul«, das es verschlingt. Eine beängstigende Urszene verfließt so mit dem Bild der Mutter, wie sie dem heranwachsenden Holger inzwischen erscheint. Er träumt, daß sie ihm »merkwürdige Anordnungen« erteilt und daß sie ihm seine Fragen nicht gleich beantwortet. Das ist ein Hinweis auf die Realität einer Beziehung, die weder gleichwertig noch sachbezogen ist. Die Mutter lacht über ihn, sie nimmt ihn nicht ernst, und sie verlangt neuerlich, er solle das tun, was sie ihm sagt. Sie vermittelt ihm keine liebevolle Geborgenheit, keine berechenbare Sicherheit. Sie gibt ihn der abgründigen Angst preis. Holger möchte das Unlebendige dieser Beziehung als nutzlosen Abfall beseitigen. Aber es gelingt ihm nicht, »unseren vollen Mülleimer« an den Rand jener Straße zu stellen, über die seine Mutter ins ferne Ausland gefahren ist. Zu sehr steht Holger noch im Bann des bösen Blickes.

Der böse Blick

Die Furcht vor dem »bösen Blick« begleitet den Menschen seit uralten Zeiten. Die Verhaltensforschung hat eine Vielzahl von magischen Abwehrsymbolen und -ritualen erfaßt. Sie werden teilweise noch in der Gegenwart verwendet, um den bösen Blick zu bannen. Für Otto Koenig ist das ein Beweis für die »untrennbare Doppelfunktion« des Blickes. Diese besteht darin, anzulocken und abzuwehren, Interesse zu wecken und auf Distanz zu halten, Liebe zu vermitteln und Aggressivität zu signalisieren.

Für die Entstehung von Scham sind gerade die aggressiven Anteile des Blickes von Bedeutung. Eine selbstbezogene Mutter kann sich primär nicht auf die Bedürfnisse ihres Kindes einstellen. Sie geht vielmehr davon aus, daß ihr Kind seine Daseinsberechtigung erst dadurch erhält, indem es für sie allein existiert. Das Kind soll von Anfang an ein Teil ihrer Welt sein. Es soll ihr bestätigen, daß sie gut, lieb und mächtig ist. Solange und soweit das Kind diese Bestätigung erbringt, wird die selbstbezogene Mutter für gewöhnlich mit liebevoller Zugewandtheit reagieren. Sie wird dem gleichen Muster entsprechen wie Pinocchios Feenmutter, die unter bestimmten Bedingungen sehr fürsorglich und sehr warmherzig sein kann. Wenn sich eine solche Mutter in ihrem narzißtischen Anspruch jedoch enttäuscht fühlt, wird sie sehr wahrscheinlich mit unverkennbaren Anzeichen von Gekränktheit reagieren. So kann sie sich etwa abrupt von ihrem Kind abwenden und ihm durch viele nonverbale Signale mitteilen, daß es böse ist. Kürzlich habe ich von einer fraglos intelligenten Mutter Kenntnis bekommen, die ihr einjähriges Kind durch stundenlange Nichtbeachtung strafte. Der Grund dafür war, daß ihr Kind einer Nachbarin (und nicht der Mutter selbst) auf den Schoß gekrabbelt war!

Docht erinnerte sich an die eigene Wut und Verzweiflung, die durch den abschätzigen Blick seiner Mutter hervorgerufen wurde:

»Der Standardspruch meiner Mutter war: Geh' mir aus den Augen! Danach wurde ich stundenlang nicht beachtet. Es blieb mir nichts anderes übrig, als zu bitten und zu betteln, auf den Knien vor ihr zu liegen, bis sie mich endlich wieder beachtete. Das war sehr erniedrigend. Im abweisenden Blick kam so vieles zum Ausdruck: ihre Enttäuschung über mich, ihre Verachtung, ihre Wut. Vor diesem Blick wäre ich am liebsten zum Zwerg geworden, nein: am liebsten wäre ich verschwunden. Nur so hätte ich dem ständigen Druck, anders sein zu sollen, als ich war, entgehen können. Manchmal wünschte ich mir tatsächlich, so eine Marionette zu sein, wie sie meine Mutter haben wollte. So hätte ich nichts mehr falsch machen können. Doch das ging nicht. Ich konnte keine Marionette sein! Deshalb verschwand ich in meinem Zimmer, wo ich mir selbst gehörte, wo ich vor mich hinträumen konnte, wo ich in einer anderen Welt lebte. Dann kam mir der Gedanke: Das sind doch gar nicht deine richtigen Eltern. Deine richtigen Eltern werden noch kommen und dich mitnehmen.«

Die Abwendung und Nichtbeachtung ist eine indirekte Form der Bestrafung für ein Verhalten, das objektiv eigentlich gar nicht zu beanstanden wäre. Aus der subjektiven Perspektive eines selbstbezogenen Erziehers erscheint es aber deshalb als böse, weil es ihn in seiner grenzenlosen Empfindsamkeit verletzt und in seinem unstillbaren Verlangen nach Selbstbestätigung enttäuscht. Das alles läßt sich rational, aus der Perspektive der Erwachsenenvernunft, weder logisch begründen noch argumentativ in Worte fassen. Bestimmend ist allein die irrationale Privatlogik des »verletzten Kindes« im Erzieher selbst. Deshalb müssen die entsprechenden Mitteilungen wortlos und indirekt kommuniziert werden. Das versteinerte Gesicht und die dazugehörigen bösen Blicke sind, neben weiteren körpersprachlichen Signalen, die Mittel der durchaus unbewußt getroffenen Wahl. Bewußt ist freilich die Absicht, das Kind durch Blicke zu lenken, es einzuschüchtern, zu strafen – es zu erziehen. Friedrich Nietzsche hat das klar erkannt: »Ein kalter Blick, ein verzogener Mund von seiten derer, unter denen und für die man erzogen ist, wird auch von Stärksten noch gefürchtet.« Dieser Blick wird von den betroffenen Kindern in seinem kalten und feindseligen Ausdruck als zutiefst beschämend erlebt. Übereinstimmend haben sich viele meiner Klienten erinnert, wie erbärmlich klein und wertlos sie sich dabei zu fühlen pflegten – und wie sehr sie diesen Blick gefürchtet haben! Der französische Philosoph Maurice Merleau-Ponty meinte, daß ein Mensch unter solch einem Blick zum bloßen Gegenstand herabsinkt und nicht mehr als Person zählt. Der Betroffene macht die bedrückende Erfahrung »einer fremden Bemächtigung seiner selbst«. Ein Kind, das diese Erfahrung immer wieder von neuem machen muß, verliert allmählich seine natürliche Unbefangenheit. Es beginnt zu verschüchtern. Kürzlich erzählte mir ein Klient, er sei in der Grundschule überzeugt gewesen, vom Rektor ständig durch ein unheimliches magisches Fernsehauge beobachtet zu werden.

Im Bewußtsein, von anderen kritisch beobachtet zu werden, erlebt sich das Kind, wie Jean-Paul Sartre es formulierte, »als mitten in der Welt erstarrt, als in Gefahr, als unheilbar.« Zunächst wird es vielleicht nur verlegen reagieren. Es wird sich dem beschämenden Blick zu entziehen versuchen, indem es den Kopf senkt oder die eigenen Augen mit den Händen verdeckt. Der Psychoanalytiker Erik Erikson schreibt:

»Der sich Schämende nimmt an, daß er rundherum allen Augen ausgesetzt ist, er fühlt sich unsicher und befangen. Er ist den Blicken der Welt noch dazu höchst unvorbereitet ausgesetzt; so träumt man in Schamträumen, daß man unvollständig bekleidet, im Nachthemd, ohne Hosen, dasteht. Scham drückt sich frühzeitig in dem Impuls aus, das Gesicht zu verstecken, am liebsten jetzt und hier in der Erde zu versinken. Im Beschämen des Kindes wird sein immer stärker werdendes Gefühl mißbraucht, klein zu sein …«

Klara M. ist eine aufopferungsvolle Krankenschwester, die vor kurzem 42 Jahre alt geworden ist. Eine mehrjährige Beziehung zu einem verheirateten Mann wurde von diesem vor einigen Monaten aufgelöst. Klara erlebte dies unbewußt als eine Retraumatisierung, als eine Wiederholung schmerzlicher Zurückweisung durch ihre Mutter und Großmutter. Klara war als nichteheliches geborenes Kind ohne Vater aufgewachsen. Die Großmutter, die sie aufzog, lehnte Klara als Kind der Sünde und Schande für die Familie offen ab. Die menschenscheue, sozial isoliert lebende Mutter war nicht fähig, ihrer Tochter eine emotional zuverlässige Stütze zu sein. »Sie hat sich zu sehr mit ihrem eigenen Elend beschäftigt, als daß sie sich um mich hätte kümmern können«, erinnerte sich Klara. »Außerdem war ich auch der Grund, weshalb sie ihr Leben als verpfuscht ansehen konnte.«

Klara leidet unter einer typischen Schamdepression. Sie verkriecht sich in ihrer Freizeit in ihrer Wohnung und grübelt über die angeblichen Verfehlungen und Mißgriffe ihres sinnlosen Lebens. In die 28. Therapiestunde brachte sie den folgenden Traum mit:

»Ich war umgezogen in eine dunkle Wohnung, in der sich okkulte Gegenstände befanden und widerliche Ratten herumliefen. Es waren drei ältere Frauen anwesend, die mich mit giftigen, kalten und abweisenden Blicken fixierten. Ihre Gesichter waren dominierend, hart und leblos. Sie signalisierten mir: › Was hast du hier überhaupt verloren!‹ Diese Gesichter erschreckten mich so sehr, daß ich davon aufwachte. Ich hatte ein grauenvolles Gefühl.«
Klara fiel zu der Zahl drei ein: »Wie meine schreckliche Familie: Großmutter, Mutter und (frühzeitig gealtertes) Kind. Eine Familie, in der das Kind immer allein war und gehaßt wurde. Die Mutter ging arbeiten. In der Freizeit war sie isoliert und ungesellig. Die Großmutter war genauso. Sie spielte aber die Starke. Sie beherrschte meine Mutter und mich vollständig. Sie gönnte mir nichts. Sie haßte meine Lebendigkeit und meinen (damals noch vorhandenen) natürlichen Charme. Sie ertrug es nicht, wenn ich mich von zu Hause wegorientierte und Umgang mit anderen Menschen hatte. Nur mit meinen beiden Vettern durfte ich gelegentlich spielen. Einmal hatten wir uns auf ein recht harmloses Doktorspiel eingelassen – und natürlich platzte meine Großmutter mitten hinein. Es gab einen fürchterlichen Krach, und ich durfte nie wieder mit meinen Vettern zusammenkommen.«

Im Traum war Klara umgezogen. Dazu fiel ihr ein, daß sie in ihrem Leben ständig umherzog:

»Ich bin dauernd auf der Flucht vor Verachtung, Mißtrauen, Enttäuschungen und dem Abgelehntwerden. Ich wechselte meine Arbeitsstelle deswegen und bin den Männern weggelaufen, weil ich Nähe gefürchtet habe. Nur mit verheirateten Männern konnte ich mich einlassen, weil ich sie nur stückchenweise abbekam. Wie oft bin ich auch in Wirklichkeit umgezogen, weil ich die Kälte und die Feindseligkeit meiner Nachbarn nicht mehr ertragen konnte.«

Klara kommt im Traum in ein okkultes Rattenloch. Die Atmosphäre beschrieb sie als schrecklich kalt und finster:

»Dort herrschte keine Ordnung und kein liebevoller Zusammenhalt. Es war wie in meiner ganzen Kindheit. Meine Großmutter gönnte mir nichts. Wenn ich nicht aufs Wort parierte, wurde ich stundenlang in ein dunkles, muffiges Zimmer eingesperrt. Zwischendurch gab es Schläge. Und dann die bösen Blicke! Die Großmutter machte mir unaufhörlich ein schlechtes Gewissen, weil ich angeblich zu faul und zu frech war. Ich fühlte mich wie verhext. Schließlich habe ich mich nur noch geduckt.«

Wird ein Kind über einen längeren Zeitraum hinweg dem kalten Blick der beschämenden Verachtung ausgesetzt, so wird sein Selbstwertgefühl erschüttert. Eine unsichere Einstellung dem Leben gegenüber beginnt sich zu entwickeln. Sie ist gekennzeichnet durch eine Neigung zur Betretenheit, Schüchternheit, Verlegenheit, Befangenheit, Kränkbarkeit und ganz allgemein zur Menschenscheu. Ein besonderes Kennzeichen ist aber die Furcht vor öffentlicher Bloßstellung sowie die Unfähigkeit, mit anderen Menschen einen Blickkontakt herzustellen. Peter Schellenbaum führt ein Beispiel an:

»Nehmen wir an, ein Mann sieht auf der Straße eine Frau, die ihm sofort sympathisch ist. Er schaut sie kurz an, die Frau schaut ihn ebenfalls an, sofort schaut er wieder weg, vielleicht schon bevor ihre Blicke sich treffen. Er fühlt sich von soviel plötzlicher Nähe überwältigt. Gleich faßt er sich wieder, schaut in der Hoffnung hin, die Frau habe ihren Blick noch nicht abgewandt. Selbst wenn sie dies nicht getan hat, sitzt in seinem Blick noch der Schreck von vorhin: Er ist starr und gläsern geworden. Der Mann möchte mit seinem Blick Kontakt aufnehmen, doch ist sein Auge zur Scheibe geworden, an der der Blick der Frau wie ein Vogel abprallt und tot zu Boden stürzt.«

Hier handelt es sich um ein Vermeidungsverhalten. Der Mann erwartet nichts Gutes, denn er glaubt, für seine Mitmenschen nur ein Objekt kritischer Mißbilligung zu sein. So versucht er unbewußt, der beschämenden Vergegenständlichung seiner selbst im Blick des anderen auszuweichen. Stets kommt ein Gefühl von Angst und Schmerz auf, wenn man sich, wie Léon Wurmser schreibt, »in irgendeiner Art von Versagen, Schwäche oder Beschmutzung den Blicken eines anderen (oder dem › inneren Auge‹ des eigenen Gewissens) preisgegeben sieht und

80

die Antwort in Form von Mißachtung, Entwertung oder Hohn erwartet und fühlt«. Fritz Zorn beschrieb diese Erfahrung so:

»Jedes Mal, wenn mir einer nachblickte, war es für mich selbstverständlich, daß er mir mit Kritik und Tadel nachblickte und daß er an mir etwas auszusetzen hatte. Da ich aber jeden Blick so interpretierte, begann ich zu fürchten, daß man an mir tatsächlich eine Menge auszusetzen haben müsse. Ich fürchtete, daß ich, ohne es zu merken, ein öffentliches Ärgernis mit mir herumtrüge. Als Junge drückte ich diesen Zustand sehr treffend aus, daß ich mich fühlte, als ob ich eine › tote Krähe am Hals hätte‹. Es schien, als sehe jedermann, wie diese tote Krähe von meinem Hals herabbaumelte, und als sei nur ich mir dieser skandalösen Tatsache nicht bewußt. Auch die guten Blicke konnte ich immer nur als Ausdruck der Kritik und des Mißfallens auffassen. Jedes Lächeln schien mir spöttisch und abschätzig zu sein; daß ich nicht zurücklächelte, versteht sich von selbst.«

Ein Kind, das sich einem beschämenden Blick ausgesetzt fühlt, erlebt sich vor diesem Blick als schlecht. In den meisten Fällen versteht es die Hintergründe dieser Mangelerfahrung nicht. Das verunsichert in hohem Maße. Das Kind muß deshalb versuchen, sich so zu sehen, wie es von seinen Eltern wahrscheinlich gesehen wird. Es muß ihre Perspektive einnehmen, ihre Bewertungen nachvollziehen, damit es verstehen kann, warum es schlecht ist. Wir bezeichnen diesen Vorgang auch als das »doppelte Denken«. Es bestimmt das Leben schamgebundener Kinder in hohem Maße (siehe Kapitel 6). Damit macht sich das Kind aber seinerseits zu einem Gegenstand, betrachtet es sich, seine körperlichen, seelischen und sprachlichen Funktionen mit fremden Augen. Jean-Paul Sartre hat es so formuliert: »Ich schäme mich meiner, wie ich dem anderen erscheine.« In diesem Zustand von Selbst-Entfremdung ist das Kind buchstäblich »außer sich«, gleichzeitig aber auch auf der Lauer. Es beobachtet sich selbst überkritisch, so wie sich von den Bezugspersonen beobachtet fühlt.
Noch im Erwachsenenalter kann diese frühe Thematik ihren Ausdruck finden. Ich denke an eine fast fünfzigjährige Klientin, die unter einer Schamdepression litt. Sie kam innerlich überhaupt nicht mehr zur Ruhe, denn sie lebte in der beständigen Angst, etwas falsch zu

machen. Obwohl sie eine sehr willige und äußerst verantwortungsvolle Mitarbeiterin war, hatte sie gegenüber ihrem Chef ständig ein
schlechtes Gewissen. Nachts hatte sie häufig Alpträume wie den folgenden:

»Es ist Morgen. Ich muß zur Arbeit und will mich in aller Eile anziehen. Ich
schaffe es aber einfach nicht. Ich bringe alles durcheinander, ziehe mir den
Schlüpfer falsch rum an usw. Erst um 10 Uhr – oder ist es schon 14 Uhr? –
komme ich mit ganz schlechtem Gewissen im Büro an. Mein Chef blickt
schrecklich vorwurfsvoll und herabwürdigend. Ich bin völlig zerknirscht und
schäme mich ganz fürchterlich. Im Traum sehe ich plötzlich das Gesicht meiner Mutter. Sie ist jung, mindestens vierzig Jahre jünger als heute. Sie schaut
mich voller Verachtung an. So war ihr Blick, wenn sie mir zeigen wollte, daß
ihr etwas an mir nicht paßte, vielleicht, weil ich ihr bei der Hausarbeit nicht
geholfen habe.«

Ähnliche Träume hatte diese Frau schon in ihrer Kindheit. So träumte
sie häufig, nur mit einem kurzen Unterhemd bekleidet auf dem Weg
zur Schule zu sein.

Verlegenheit

Viktor Frankl hat die übermäßige Selbstbeobachtung als »Hyperrefle-
xion« bezeichnet. Er sieht diese als eine ganz wesentliche Voraussetzung für die Entstehung von nervösen Spannungszuständen an, und
zwar insbesondere im Rahmen eines angstneurotischen Symptomge-
schehens. Die meisten dieser pathologischen Erscheinungen können
auf beschämende Erlebnisse im Kindesalter zurückgeführt werden.
Wenn ein Kind den kritischen Blicken seiner Bezugspersonen ausgesetzt ist, reagiert es gewöhnlich mit Anzeichen von Verlegenheit. Denn
schon das bloße Angeschautwerden ist eine hinreichende Bedingung,
um Verlegenheit auszulösen. Die Philosophin Gabriele Taylor erklärt:
»Der Betreffende, zum Beispiel ein Heranwachsender, kann sich nun

nicht mehr so ›natürlich‹ verhalten wie zuvor, als er sich noch nicht angeschaut fühlte«.

Der amerikanische Sozialpsychologe Erving Goffman bezeichnet die Verlegenheit als eine »emotionelle Verwirrung«. Er führt einige ihrer wichtigsten Anzeichen an: linkische Tölpelhaftigkeit, Stottern, Geistesabwesenheit und Unpäßlichkeit, Blinzeln und Händezittern, Schwitzen, eine ungewöhnlich hohe oder tiefe Stimme, Zögern und unschlüssige Bewegungen, Zusammenziehen des Zwerchfells, Schwindelgefühle, das Bewußtsein angespannter und unnatürlicher Gebärden, ein verwirrtes Gefühl, Trockenheit im Mund und Anspannung der Muskeln. Das wichtigste Erkennungsmerkmal der Verlegenheit ist aber das Erröten. Es zeigt gewöhnlich einen Zustand peinlicher Selbstunsicherheit an. Im Bewußtsein, die Kontrolle über die eigenen Körperfunktionen verloren zu haben, möchte man am liebsten im Erdboden versinken. Kinder bedecken ihre Augen mit den Händen, sie wenden das Gesicht ab, um nicht die zu sehen, die Zeugen ihrer Verlegenheit sind.

Oskar K. suchte mich wegen einer schweren Schamdepression auf. Seit seiner Kindheit leidet er unter einer quälenden Errötungsangst, die ihn immer mehr in die soziale Isolation trieb. Bis zu seinem achten Lebensjahr war Oskar ein durchaus normaler Junge. Seine sehr strengen und wenig einfühlsamen Eltern hatten ihm, wie er sich ausdrückte, das Leben zur Hölle gemacht, nachdem er begonnen hatte, sich selbst zu befriedigen. Oskar war sichtlich verlegen, als er folgendes berichtete:

»Ich onanierte unter der Bettdecke. Da kam mein Vater auf leisen Sohlen herein. Er riß mir die Decke weg und versohlte mir meinen nackten Hintern. Sein Gesicht war wutverzerrt. Dann brachte er mich ins Wohnzimmer, wo meine Mutter und meine Oma saßen. Er zwang mich, ihnen zu erzählen, was ich getan hatte. Damals spürte ich zum ersten Mal die Schamesröte in meinem Gesicht brennen. In den folgenden Jahren wurde die Selbstbefriedigung zu einer Sucht, der ich machtlos gegenüberstand. Immer wieder wurde ich von meinen Eltern erwischt. Sie konsultierten unseren alten Hausarzt, der sie wohl in der Meinung bestärkt haben muß, daß ein zwanghaftes Onanieren gesundheitsschädlich sei. Er hatte ihnen aber geraten, mich deswegen nicht zu schlagen, sondern es mit ›psychologischen Methoden‹ zu versuchen.

Zunächst drohte mir mein Vater an, er würde mir beim nächsten Mal das ›Spätzle‹ abschneiden. Dann begannen meine Eltern, sich über mich lustig zu machen. Wenn sie mich sahen, riefen sie: ›Allez-hop‹. Bis heute ist mir nicht klar, wie sie auf dieses blöde Wort gekommen waren. Aber es war das Signal, das mir die Schamesröte ins Gesicht trieb.

Die eigentliche Katastrophe kam aber erst bei der Konfirmationsfeier. Ich sollte meinen Spruch öffentlich aufsagen. Da wurde ich unvermittelt rot. Furchtbare Angst und Spannung traten auf. Ich fühlte mich von allen angeschaut. Ich betete zum lieben Gott um Hilfe. Da schoß mir der Gedanke in den Kopf: Das ist die Strafe für deine Selbstbefriedigung! Von da an ließ mich die Angst nicht mehr los.«

Einmal schrieb Oskar in sein Tagebuch:

»Montagmorgen: Aufgestanden. Angst in mir. Angst vor dem Tag. Angst vor der Angst. Ich werde rot, weil ich Angst habe. Und weil ich oft Angst habe, werde ich oft rot. Ich erröte, weil ich mich meines Errötens schäme. Die Scham hat sich eingegraben.«

Selbstbezogene Erzieher nehmen an den Folgeerscheinungen der kindlichen Verlegenheit häufig Anstoß. Sie schämen sich ihres Kindes vor den Augen der Welt. Sie schämen sich, weil sie das Kind als ihr Eigentum ansehen, als Bestandteil ihrer selbst. So soll sich das Kind gemäß ihren eigenen Idealvorstellung verhalten. Und das heißt: nur positiv auffallen, keinesfalls aber Schande machen.

Docht berichtete vom skeptisch angespannten Gesicht seiner Mutter und ihren weit geöffneten Augen, mit denen sie ihn kritisch beobachtete, wenn er vor anderen Menschen auftrat. Er erinnerte sich, wie er in der Grundschule am Nikolaustag vorturnen mußte. Seine Eltern saßen in der ersten Reihe. »Ich spürte«, erzählte er, »daß sie mir nichts zutrauten. Ich wußte, daß ich mich deshalb unheimlich anstrengen mußte. Es kam eine fürchterliche Angst auf. Ich wurde unsicher, begann zu zittern, wurde immer unruhiger und angespannter. Schließlich blieb mir die Luft weg. Ich sah nur das erstarrte Gesicht meiner Mutter. Dann führte mich die Lehrerin weg.«

Selbstbezogene Erzieher sind kaum in der Lage, sich in die seelische Befindlichkeit ihres Kindes einzufühlen und seine Not wahrzunehmen. Deshalb nehmen sie die körperlichen Manifestationen der kindlichen Verlegenheit häufig zum Anlaß einer höhnischen Verspottung. Damit erlebt sich das Kind aber neuerlich als vergegenständlicht. Es beginnt die entsprechenden Anzeichen seiner Verlegenheit als Mängel seiner selbst zu verstehen. So ist der verhängnisvolle Teufelskreis der selbstbezogenen Scham wiederhergestellt. In einer Erzählung von Leonhard Frank findet sich dieses Beispiel:

»Michael, ein empfindsamer Knabe, der vor der Schulzeit fließend gesprochen und unter dem Hammer des Lehrers plötzlich gestottert hatte, ein Leiden, das er erst nach Jahrzehnten wieder überwand, wurde nicht mehr aufgerufen, da er so dumm sei, daß nichts von ihm kommen könne und sowieso nie im Leben etwas aus ihm würde. Der Lehrer hatte den Stotterer in die letzte Bank gesetzt, ihn allein. Nur zur Belustigung der Klasse rief er ihn manchmal auf, und sie durften zusammen mit dem Lehrer über Michael lachen, wenn er seine falsche Antwort stotternd herauspreßte.«

Verachtung und Herabsetzung

In der Scham »erfriert« man, schreibt Léon Wurmser. Im Bewußtsein, verachtenswert zu sein, fühlt man sich unbeweglich, gelähmt, zu Eis erstarrt und versteinert. Man hat das Gefühl, ein Nichts oder ganz leer zu sein. Scham wirkt häufig ausgesprochen dehumanisierend, denn sie kann sich in der Überzeugung niederschlagen, nicht nur die Menschenwürde verloren zu haben, sondern überhaupt kein menschliches Wesen mehr zu sein. Wenn ein Kind immer wieder in verächtlicher Weise als »Esel«, »(dumme) Kuh«, »(faules) Schwein« oder »Sauhund« beschimpft wird, mag es tatsächlich glauben, nicht mehr wert zu sein als solche Tiergestalten. In manchen Fällen kann sich ein Betroffener selbst einem Tier gegenüber unterlegen fühlen. So richtete ein Psychiatriepatient die folgenden Worte an einen kleinen Hund, den er an der Leine führte: »Nun kommen Sie doch bitte, wir können nicht hier bleiben, wir müssen im Garten spazierengehen!« Dieser Patient hatte die Aufgabe, mit dem Hund einer Oberärztin regelmäßig Gassi zu gehen. Ich fragte ihn verwundert, weshalb er den Hund siezte. Worauf er mir voller Verlegenheit zur Antwort gab: »Weil ich es nicht schaffe, ›Du‹ zu ihm zu sagen.«

Carlo Collodi beschreibt diesen Prozeß der Dehumanisierung sehr anschaulich. Pinocchio beginnen zunächst Eselsohren zu wachsen. »Und da es ihm peinlich war, sich so in der Öffentlichkeit zu zeigen, was tat er da? Er nahm eine große Baumwollmütze und zog sie sich bis zur Nasenspitze über den Kopf.« Und als ihm schließlich hinten auch noch ein Schwanz zu wachsen beginnt, ist er von Schmerz und Scham so überwältigt, daß er weinen und über sein Schicksal jammern will. Doch er bringt keine menschlichen Laute mehr hervor. Es gelingt ihm nur noch ein Eselswiehern! Dann wird Pinocchio zu einem wirklichen Esel transformiert. Von einem Zirkusdirektor, hinter dem sich unschwer ein unnachgiebiger Erzieher erkennen läßt, wird er mit der Peitsche dressiert. Pinocchio muß alles tun, was der Direktor von ihm verlangt: Und alle Kinder, die das sehen, krümmen sich vor Lachen! Pinocchio wird so geschunden, daß er schließlich an seinen Hinterbeinen lahmt. Nun ist er ein nutzloser Esel, der an einen Musikanten für eine Lira verkauft wird. Dieser will ihm das Fell über die Ohren ziehen, um sich daraus eine Trommel für die Dorfmusik zu machen. So wird Pinocchio nicht nur das Menschliche, sondern das Lebendige insgesamt genommen. Er wird auf sein Fell reduziert, dessen Nutzen sich allein aus der Vergegenständlichung zum Trommelfell ergibt. Pinocchio wird zu einem bloßen Ding entwertet.

Léon Wurmser schreibt: »Wenn der Mensch zum Ding entwertet und seines Selbstzwecks beraubt wird, so ist das äußerste Verachtung.« Diese Entwertung geht immer mit einem Akt großer Lieblosigkeit einher. Der betroffene Mensch gelangt schließlich zu der Überzeugung, als Person nichts mehr wert zu sein. Schmerzhaft ist ihm bewußt geworden, daß sich sein Dasein auf die Erfüllung bestimmter Funktionen reduziert. Er soll etwas leisten, den anderen etwas bieten.

Gelingt ihm das nicht, so wird er – im wahrsten Sinne des Wortes – immer weniger, bis er schließlich ein nutzloser, verachteter Gegenstand ist, den man wegwirft. Viele meiner Klienten haben mir berichtet, wie sie diese existentielle Nutzlosigkeit ihren Eltern gegenüber erlebt hatten. Bei Spaziergängen im Wald fürchteten sie, entsprechend dem Hänsel-und-Gretel-Motiv, von den Eltern verlassen zu werden. In manchen Fällen weigerten sie sich, auf Parkplätzen das Auto zu verlassen. Sie fürchteten, die Eltern würden ohne sie weiterfahren.

Selbstbezogenen Erziehern fällt es unendlich schwer, ihr Kind als eigenständige Person anzunehmen. Sie können sich kaum in seine individuellen Bedürfnisse einfühlen bzw. sich auf die betreffenden Neigungen einstellen. Sie orientieren sich an dem, was das Kind ihnen »bringt«. Dabei setzen sie hohe Maßstäbe an. So überfordern sie das Kind ständig, sie erwarten von ihm ein unrealistisch hohes Ausmaß an Anpassungsfähigkeit und Leistungsbereitschaft. Als Maßstab dienen dabei gewöhnlich die eigenen Perfektionsideale. Das Kind darf einfach keine Fehler machen. Unvollkommen oder auch nur durchschnittlich zu sein, ist mit dem narzißtischen Größenideal dieser Eltern nicht vereinbar. Jede Form von Minderwertigkeit erscheint allein schon deshalb bedrohlich, weil sie Anlaß zur Scham ist. Sie muß daher abgewehrt, der Verachtung preisgegeben werden. In diese Abwehr ist auch das eigene Kind einbezogen, sobald es den Eltern, in welchem Zusammenhang auch immer, Schande macht.

»Die Verachtung ist die Waffe der Schwachen«, schreibt Alice Miller, »und der Schutz gegen eigene unerwünschte Gefühle der Ohnmacht; sie ist Ausdruck der abgespaltenen Schwäche.« Nicht selten wird die Verachtung »humorvoll« bemäntelt, wenn das Kind lachend oder grinsend auf seine Fehler aufmerksam gemacht und als Dummerchen bloßgestellt wird. Alice Miller erwähnt in diesem Zusammenhang ein Elternpaar, das sich vor Lachen schüttelte, nachdem ihr kleiner Sohn versucht hatte, an einem Stiel ohne Eis zu schlecken: »Und ein tiefes einsames Aufschluchzen erschütterte sein Körperchen.« In diesem Zusammenhang wird übrigens deutlich, wie die aggressive Komponente des Lachens gerade im Auslachen zum Ausdruck kommt.

Selbstbezogene Erzieher beurteilen das spöttische Verlachen als eine durchaus legitime, ja sogar humane pädagogische Maßnahme. Sie sind überzeugt, mit ihren ironischen Bemerkungen die Beziehung zum Kind weit weniger zu belasten, als dies diejenigen tun, die ein Kind anschreien, schlagen oder durch Versagungen strafen. Diese Argumentation läßt die Unfähigkeit erkennen, sich mit dem Seelenleben des Kindes empathisch zu identifizieren, sein existentiell zentrales Bedürfnis nach Achtung zu respektieren.

Ein Erzieher, der sich über ein Kind offen ärgert, läßt sich auf einen Kampf ein, in dem das Kind sein Gegner ist. Die Anzeichen von Wut und Ärger verweisen auf »heiße Affekte«, wie Léon Wurmser bemerkt. Auch wenn sie bedrohlich sind, zeigen sie doch an, daß das Kind »als Objekt existiert, wenngleich auch in einem eklatant negativen Licht.« Es wird so eine durchaus emotionale Beziehung zwischen dem Erzieher und dem Kind hergestellt. Dieses kann dabei seine Angst und seine eigene Wut spüren. Es kann sich grundsätzlich entscheiden, sich dem Aggressor zu unterwerfen, auf dessen Wünsche einzugehen oder ihm zu trotzen und ihn weiter herauszufordern. Auf jeden Fall wird es selbst dann, wenn es sich ganz ungerecht behandelt fühlt, seine Menschenwürde und Selbstachtung nicht grundsätzlich verlieren.

Anders verhält es sich bei der Verachtung, die Wurmser als einen »kalten Affekt« bezeichnet. In diesem Fall wird das andere Wesen dehumanisiert. Der Betroffene wird »so behandelt wie Dreck, den man beseitigen, wegschaffen will. Er wird behandelt, als ob er nicht existierte. Es kommt keine auch nur einigermaßen gleichwertige Beziehung zustande. Die Verachtung stellt eine sehr starke Form der Zurückweisung dar.« Sie gibt das Kind der Verlassenheit und der Isolation preis. Peter Schellenbaum erinnert sich:

»In meiner Volksschulklasse befand sich ein Waisenknabe. Er war unscheinbar und verschüchtert, trug lange Wollstrümpfe und dunkle Pullover, die nach Mottenkugeln stanken, und blinzelte mit den Augen. Eines Tages bekam ich vom Lehrer eine Strafaufgabe auferlegt, die ich vom Vater hätte unterschreiben lassen sollen. Um ihm nicht zu mißfallen, fälschte ich die Unterschrift. Der Lehrer, der dies sofort bemerkte, sprach darauf einen Satz, der sich mir für mein ganzes Leben wie ein Schandmal einbrannte: ›Jetzt bist du für mich nicht mehr wert als dieser da‹, nämlich der Waisenknabe. – Nie in meinem Leben haben Worte in mir so viel Scham geweckt.«

Der beißende Spott

Was geschieht mit einem Kind, das sich wiederholt als Objekt spöttischer Mißachtung und Geringschätzung erlebt? Gerade im schulischen Bereich ist es in den letzten beiden Jahrzehnten zu einer deutlichen Abkehr von gewalttätigen Disziplinierungsmaßnahmen gekommen. Noch zu Beginn der siebziger Jahre war es Lehrern in manchen Bundesländern gestattet, Schüler »maßvoll« körperlich zu züchtigen. Viele Eltern akzeptierten das ausdrücklich. Seither fand, nicht allein in den Kultusministerien, ein grundlegender Sinneswandel statt. Prügelnde Lehrer haben in aller Regel mit Disziplinarverfahren zu rechnen. Und auch in weniger handfesten Fällen aggressiven Lehrerverhaltens legen heutzutage viele Eltern Protest ein. Eine negative Konsequenz dieser ohne Zweifel im Prinzip sehr positiven Entwicklung ist, daß sich viele Pädagogen in der Unterrichtssituation unsicher, ja bedroht fühlen. Ein Lehrer, mit dem ich kürzlich sprach, verglich sich mit einem Soldaten ohne Gewehr! Er erlebte viele seiner Schüler als gefährliche Gegner, gegen die er sich nur gewaltsam wehren zu können glaubte. Diese Angst vor dem bösen Schüler kann zu einer starken Verunsicherung führen. Deshalb ist es manchen Lehrern ein existentiell wichtiges Anliegen, ihre Schüler »niederzumachen«. Nur so glauben sie, sich im Unterricht behaupten zu können. Ein Beispiel dafür findet sich in einem autobiographischen Bericht des bekannten niederländischen Psychoanalytikers Piet Kuiper:

»Es ist nun ungefähr 60 Jahre her, daß ich diesen Lehrer zum letztenmal gesehen habe, aber er steht mir so lebendig vor Augen, als ob er gerade den Raum verlassen hätte. Sein runder Kopf war fast kahl, und er hatte einen leicht grausamen Zug um den Mund.

Wenn ich einen Klecks in mein Rechenheft gemacht hatte, konnte ich fast die ganze Nacht nicht schlafen. Ab und zu mußte ich zu Hause bleiben, weil ich schon als Kind Migräneanfälle hatte, und außerdem kaute ich zum großen Ärger meiner Eltern und zu meinem eigenen Kummer an den Fingernägeln. Man erfand allerlei Mittel dagegen, unter anderem schmierte man mir eine bittere Tinktur auf die Fingerspitzen.

Scham ist ein schreckliches Gefühl. Manchmal wurde ich in der Schule gehänselt. Ich fürchtete mich davor, schämte mich über die Angst und schämte mich über die Scham, und dies in einem ewigen Kreislauf. Scham ist ein Feuer, das sich selbst nährt. Auch wenn ich versuchte, nicht aufzufallen, so war das Nägelkauen dem Lehrer doch nicht entgangen. Einmal, ich werde diesen Tag nie vergessen, sah ich, daß er eine Tüte bei sich hatte, in der Süßigkeiten hätten sein können. Er legte die Tüte so hinter sein Pult, daß man sie nicht sehen konnte.

Während ich aus dem Fenster starrte, meinen eigenen Gedanken nachhängend, hörte ich, wie der Lehrer einen anderern Jungen vor die Klasse rief und sagte: ›Das Nägelkauen, diese widerwärtige Angewohnheit, muß jetzt aufhören.‹ Dann steigerte er die Spannung noch, indem er zögerte – so wie der Einsatz der Singstimme durch die instrumentale Einleitung verzögert wird. ›Und dann haben wir hier noch in der Klasse einen Jungen, der immer so gekleidet ist, als ob es Sonntag wäre, und der nicht zur Schule kommt, wenn er ein bißchen Kopfschmerzen hat, das Söhnchen eines Vaters, der nichts zu tun hat, während eure Eltern sich für euren Lebensunterhalt abplagen müssen und euch sicher nicht wegen jeder Kleinigkeit zu Hause bleiben lassen ...‹ Und dann erklang es, mit erhobener Stimme, fortissimo: ›Den Nägelkauer Piet Kuiper. Komm mal nach vorn, Junge! Du scheinst ja wohl nie genug davon zu bekommen, und darum habe ich dir etwas mitgebracht, worauf du noch eine ganze Weile kauen kannst.‹ Er griff nach der Papiertüte und brachte ein Hufeisen zu Vorschein. ›Nimm mal! Mach den Mund auf!‹ Gejohle und Gelächter der Kinder. Ich machte den Mund nicht auf, ich preßte die Lippen aufeinander, nicht aus Trotz, sondern aus Angst. Ich hätte im Erdboden versinken mögen, als ich so ausgelacht wurde, ich wurde purpurrot vor Scham. Ich hatte dieses schreckliche Gefühl, mir wurde schwarz vor Augen, ich konnte nichts mehr sehen, ich fühlte nur mein brennendes Gesicht. ›Du kannst doch nicht wissen, ob dir das schmeckt, du mußt es erst probieren.‹ Er stieß mit dem Eisen gegen meine aufeinandergepreßten Lippen. ›Los, Mund auf!‹ Gejohle. Noch ein Stoß. Ich fühlte den lauen Geschmack von

Blut im Mund, ein Rinnsal lief mir über das Kinn. Den Rest weiß ich nicht mehr. Wohl, daß ich zu meiner Bank zurücklief mit dem intensiven Gefühl, lächerlich zu sein und immer zu bleiben, als ob der Kern meines Wesens aus Lächerlichkeit bestünde, aus etwas, das es nur verdiente, verhöhnt zu werden. Ich konnte zu Hause nicht erzählen, daß ich mich so geschämt hatte, und ich schämte mich, daß mir etwas widerfahren war, wofür ich mich so schämte.«

Oft sind es gerade aggressionsgehemmte, selbstunsichere Schüler, die der um sein Ansehen kämpfende Lehrer aufs Korn nimmt. Das ist insofern verständlich, als sie kaum Reaktionen einer bedrohlichen Gegenaggression befürchten lassen. Es sind nicht selten Kinder, die im Klassenverband keinen Halt haben, die als Außenseiter gelten und überall anecken. Sie sind nicht die geborenen, sondern die gemachten Opfer. Oft waren sie schon in ihrer frühen Kindheit die Zielscheibe für den verächtlichen Spott ihrer Bezugspersonen.

Ferdinand S. stammte aus einem Geschäftshaushalt. Die Eltern besaßen eine große Fleischerei mit einem angeschlossenen Speiserestaurant. In seiner Kindheit wurde Ferdinand ständig hin- und hergeschoben. Zeitweilig wurde er von einer Großmutter versorgt. Nachdem diese verstorben war, hielt er sich an den Nachmittagen bei der Schwester seiner Mutter auf. Später war er in verschiedenen Pflegefamilien untergebracht. Seine Eltern hatten nicht einmal am Wochenende Zeit, sich um ihn zu kümmern.

Als Ferdinand zehn Jahre alt geworden war, kam er in ein von Ordensgeistlichen geführtes Internat. Obwohl er eher praktisch begabt war, sollte er dort ein humanistisches Gymnasium besuchen. Er mußte Latein und Griechisch lernen. Doch das machte ihm keinen Spaß. Im Unterricht zeigte er sich unkonzentriert und lernunwillig. So mußte er schon die erste Klasse wiederholen. Die Erzieher gaben sich viel Mühe mit Ferdinand. Doch er blieb immer mehr hinter den Anforderungen zurück. So wurde den Eltern nahegelegt, ihn umzuschulen. Mit dreizehn Jahren kam Ferdinand wieder in die Heimatstadt zurück. Er war inzwischen zu einem hochaufgeschoßenen, schlaksigen Jungen geworden. Seine Eltern eröffneten ihm, er sei nun erwachsen und müsse sich daher selbst um seine Schulangelegenheiten kümmern. Er sollte die örtliche Realschule besuchen, was er selbst als einen Abstieg erlebte. Schon am ersten Schultag fühlte er sich sehr unwohl und vollkommen fehl am Platze. Die Klassenkameraden waren alle einen Kopf kleiner als er, sie hatten Verbindung untereinander und waren ihm in einigen Fächern weit voraus. Insbesondere im Englischen hatte Ferdinand keinerlei Vorkenntnisse. So kam er schnell wieder in die Position des Schlußlichts in der Klasse.

Dem Klassenlehrer war Ferdinand bald ein Dorn im Auge. In jeder Unterrichtsstunde holte er Ferdinand an die Tafel und gab ihm Aufgaben, die dieser nicht zu lösen wußte. Das kommentierte der Klassenlehrer regelmäßig mit zynischen Bemerkungen. Die gesamte Klasse verfiel bei solchen Gelegenheiten gewöhnlich in ein spöttisches Gelächter.

Ferdinand versagte immer mehr. Am schlechtesten waren seine Leistungen natürlich im Englischen. Oft zeigte der Klassenlehrer sein Heft in der Klasse herum. Er kommentierte die einzelnen Fehler mit den üblichen sarkastischen Bemerkungen, und er vergaß nie zu erwähnen: »Es wäre das Beste, du kämst in die Hilfsschule!« Bei einer bestimmten Gelegenheit hielt sich dieser Lehrer das Heft theatralisch vor die Augen. Er erklärte, er wollte versuchen, sich für eine Weile in Trance zu versetzen und einen »Zeitsprung« zu machen. Unter dem Gelächter der Klasse fuhr er dann fort:

»Wir sind zwanzig Jahre in der Zukunft. Ich sehe den stolzen Besitzer dieses Heftes, wie er die österreichischen Nationalfarben trägt: rotweiß-rot. Unser Freund und Kupferstecher arbeitet nämlich bei der Gilde der Straßenfeger! Wie er so seinen Besen schwingt, fährt dicht vor ihm eine große Limousine vor. Der Theo (Klassenprimus) steigt aus, doch unser Freund sieht nur die gewienerten Schuhe, so gesenkt ist sein müdes Haupt, so sehr muß er sich schämen!« Darauf knallte er Ferdinand das Heft voller Verachtung auf dessen Pult.

Einige Monate später begann Ferdinand die Schule systematisch zu schwänzen. Von seinen Eltern bekam er große Vorwürfe zu hören. Doch er änderte sein Verhalten nicht. Schließlich mußte er die Realschule verlassen; er besaß nicht einmal den Hauptschulabschluß. Er half im elterlichen Betrieb aus. Doch auch hier war seine Leistung unergiebig. Am liebsten hielt er sich in Gastwirtschaften auf, wo er bald als Großmaul bekannt war. Niemand nahm ihn wirklich ernst. An seinem achtzehnten Geburtstag erklärte er den Anwesenden, ihnen heute etwas ganz besonderes bieten zu wollen. Er lud sie zu sich nach Hause ein. Einige folgten ihm. Vor dem elterlichen Hause erklärte er ihnen, sie sollten eine Weile auf ihn warten. Dann erschien er mit dem Jagdgewehr seines Vaters und schoß sich unvermittelt eine Kugel in den Mund. Ferdinand war auf der Stelle tot.

Wie Selbstverachtung entsteht

Verachtung führt zu Selbstverachtung: Wenn ein Kind ständig verspottet und lächerlich gemacht wird, beginnt es allmählich daran zu glauben, wirklich nichts wert zu sein. Es erlebt sich als komisch. Es betrachtet sich selbst mit scheelem Blick. Es traut sich immer weniger zu, und es mag sich selbst immer weniger leiden. Diese Selbstverachtung wird über die Jahre hinweg eingeübt. Als ein höchst kreativer Architekturstudent von seinem Professor hörte, daß er bei einem Wettbewerb den ersten Preis gewonnen hatte, sagte er ungerührt: »Die dümmsten Bauern ernten eben die größten Kartoffeln!«
Eine derartige Selbstverachtung wirkt einerseits befremdlich, andererseits aber auch provozierend. Kate Millett hat in ihrem Tatsachenbericht *Im Basement* den unvorstellbaren Leidensweg einer Heranwachsenden geschildert, die im Hause der Pflegemutter auf bestialische Weise umgebracht worden war. Dieses Mädchen wurde in einem Keller (Basement) monatelang gefangen gehalten, ohne sich dagegen zu wehren. Sie wurde abscheulich perversen Torturen ausgesetzt, die sie widerspruchslos über sich ergehen ließ. In Briefen, die im Rahmen des Strafprozesses gegen ihre Mörder verlesen wurden, beschuldigte sie sich selbst. Sie hatte also ihren eigenen Anteil daran, von ihren Peinigern als verachtenswertes Opfer wahrgenommen und entsprechend behandelt zu werden. Und was war der Grund dafür? Die Scham. Kate Millett schreibt:

»Die Antwort auf die Frage – warum hat sie es zugelassen? Zugegeben, während der letzten Wochen ihres Lebens war sie in einem Basement gefesselt und hatte die unaussprechlichsten Qualen hinter sich. Aber (in den Gerichtsakten) steht, daß sie vorher noch frei war, zwar psychischem Druck und Einschüchterungen ausgesetzt, aber dennoch frei, zu kommen und zu gehen. Zumindest zur Schule, solange sie sie noch besuchen durfte. Und da gab es einen Pastor, an den sie sich wenden konnte: Verwandte, Nachbarn, Sozialarbeiter. Die ganze Bürokratie der Helfenden, wie skeptisch auch immer sie angesichts der erstaunlichen Dinge gewesen sein mochte, die sie ihnen erzählen müßte. Und sie sagte nichts. Und sie lief nicht davon, oder vielmehr, sie versuchte so lange nicht davonzulaufen, bis es zu spät war, versuchte es niemandem zu sagen, bis sie nur mehr eine Schaufel hatte, mit der sie auf den Boden schlug und einen Nachbarn störte, einfach nur so sehr störte, daß er fast die Polizei gerufen hätte – er war wirklich gerade soweit, als das Geräusch aufhörte.

Es muß nicht nur der Körper gewesen sein, der gebrochen wurde, sondern der Geist. Und das ist die volle Bedeutung von Scham.«

Der Kreuzweg

Der Weg in die Selbstverachtung ist lang. Oft gleicht er einem Kreuzweg. Docht erinnerte sich, wie er eines Tages, mit einem Röckchen bekleidet, im Kindergarten auftauchte. Seine Mutter hatte ihm am Abend zuvor aus einem Buch vorgelesen, in dem das Leben eines Knaben im letzten Jahrhundert beschrieben wurde. Dieser Knabe hatte wohl ebenfalls Röckchen getragen, was Dochts Mutter sehr niedlich fand. Das Kind, das gelernt hatte, sich mit den Vorstellungen seiner Mutter zu identifizieren, zog sich darauf den Rock eines Nachbarmädchens an. Und tatsächlich: Die Mutter war begeistert! Sie war es auch noch, als Docht am folgenden Morgen diesen Rock wieder anziehen wollte. Ob sie es bewußt zuließ, daß er so bekleidet in den Kindergarten ging, daran konnte sich Docht nicht mehr erinnern. Die Reaktion der Erzieherinnen war ihm hingegen sehr genau im Gedächtnis geblieben: »Sie lachten mich aus«, berichtete er. »Eine nahm mich an der Hand und führte mich durch die Gruppenräume, damit mich die anderen Kinder auch auslachen konnten. Ich schämte mich fürchterlich!«

Dochts Lebensweg war ein Kreuzweg. Er selbst stellte diesen Zusammenhang her, als er auf die »Stationen der Verspottung« hinwies, die er zu durchlaufen hatte. (Daß er damit indirekt auf die Passion Jesu Bezug nahm, war ihm zunächst nicht bewußt.) Dochts Beschreibung einiger dieser »Stationen« übernehme ich im folgenden wörtlich:

1. »Wenn Besuch da war, wußte ich, daß meine Mutter es gerne sah, wenn ich mich produzierte. Ich hatte die Wahl, ein Gedicht aufzusagen, ein Lied zu singen oder zu turnen. Letzteres war mir besonders unangenehm, da ich in Strumpfhosen einen Spagat machen und ein Rad schlagen sollte. Das gelang mir zwar einigermaßen, rief aber auch allgemeine Heiterkeit hervor.« (6 Jahre)

2. »In der ersten Klasse habe ich mir in die Hosen gemacht. Der Lehrer holte mich vor. Ich mußte auf einen Stuhl stehen, so daß mich alle auslachen konnten.« (7 Jahre)

3. »Meine Mutter hatte mir den Sambaschritt beigebracht. Beim Kinderfasching sollte ich ihn im überfüllten Lokal vorführen. Ich versuchte es, aber es mißlang. Alle lachten, nur meine Mutter war enttäuscht und beachtete mich nicht mehr.« (9 Jahre)

4. »Es war wieder Besuch da. Meine Mutter machte in meiner Gegenwart ihre Bekannten auf ein Foto aufmerksam, auf dem ich als Baby abgebildet war: Darunter stand geschrieben: ›Stolz bringt Romeo sein erstes Gedrücktes.‹ Jemand fragte mich unter allgemeinem Gelächter: ›Machst du das heute auch noch so?‹« (10 Jahre)

5. »Eine wesentlich ältere Cousine war zu Besuch da. Ich hörte, wie meine Mutter ihr erzählte, ich hätte einen zu kurzen Penis. Beide prusteten vor Lachen.« (12 Jahre)

6. »Ich hatte ins Bett gemacht. Zur Strafe hängte mein Vater das Bettlaken zum Fenster hinaus. Als ich von der Schule nach Hause kam und das sah, wäre ich am liebsten im Erdboden versunken.« (13 Jahre)

7. »Es war wieder Besuch da. Während alle Kaffee tranken, erzählte meine Mutter mit breitem Grinsen, ich hätte ihr als Baby die Brust wund gebissen.

Außerdem wäre ich einmal im Laufstall gesessen und hätte alles mit Kot verschmiert.« (14 Jahre)

8. »Ein Mädchen aus der Parallelklasse schrieb mir einen ganz harmlosen › Liebesbrief‹. Ich zeigte ihn stolz meiner Mutter. Als ich sie beim Lesen beobachtete, wurde mir schnell klar, daß dies falsch gewesen war! Sie zog sich den Mantel an, steckte sich den Brief in die Tasche und forderte mich auf, mit ihr zu kommen. Dann marschierte sie schnurstracks zur elterlichen Wohnung des Mädchens. Dort machte sie den betroffenen Eltern den größten Krach. Ich stand wie ein begossener Pudel daneben.« (15 Jahre)

9. »Ich hatte mir einen breitkrempigen, auffälligen Hut gekauft. Als ich damit in die Schule kam, wurde ich von allen ausgelacht.« (16 Jahre)

10. »Beim gemeinsamen Duschen nach dem Schulsport machten sich zwei Klassenkameraden über meinen Penis lustig. Sie nannten ihn › Gürkchen‹.« (17 Jahre)

11. »Es war die Zeit, wo ich mich für Mädchen zu interessieren begann. Nachdem ich einmal zum Mittagessen nach Hause gekommen war, überfiel mich meine Mutter unvermittelt mit den Worten: › Ist es wahr, daß du mit einer Buckligen gehst?‹ Obwohl es nicht stimmte, schämte ich mich sehr. Ich dachte, die Mutter würde denken, daß ich was Besseres nicht abkriege.« (18 Jahre)

12. »Zwei Mädchen › interessierten‹ sich gleichzeitig für mich. Wir schrieben uns glühende Liebesbriefe. Ich war im siebten Himmel. Endlich schlug mir eine von ihnen ein Treffen in einem verschwiegenen Café vor. Nachdem ich dort mit ihr einige Zeit gesessen hatte, erschien das andere Mädchen mit einigen Freunden und Freundinnen. Sie stellten sich vor unseren Tisch auf und lachten sich schief. Alles war nur eine abgekartete Sache gewesen.« (19 Jahre)

Aus diesen Erinnerungen geht hervor, wie die Selbstachtung des Kindes und späteren Heranwachsenden aufgrund von scheinbar harmlosen Verspottungen geschädigt wird. Verachtung vergiftet die kindliche Seele. Docht glaubte schließlich, ein Kainsmal auf der Stirn zu tragen. Er formulierte es auch so: »Ich kam mir vor, als würde ich ein unsichtbares Schild um den Hals tragen, auf dem die Worte stehen: Mit mir stimmt etwas nicht!«

Dochts selbstbezogene Mutter war unfähig, sich auf die seelische Situation ihres Kindes einzustellen. Sie war nicht in der Lage, sein elementares Bedürfnis, geliebt oder zumindest geachtet zu werden, einigermaßen zu befriedigen oder dem Kinde wenigstens neutral gegenüberzustehen. Sie wäre auch gar nicht wirklich dazu bereit gewesen: Unbewußt projizierte sie eigene Gefühle der Selbstverachtung auf ihren Sohn. So konnte sie sich seiner so schämen, wie sie sich ihrer selbst ein Leben lang insgeheim geschämt hatte. Nur aus dieser Identifikation heraus konnte zwischen ihr und ihrem Sohn eine »Pseudogemeinschaft« (Wynne) hergestellt werden. Und unter dieser Voraussetzung konnte Dochts Mutter später daran gehen, für ihren Sohn die Rolle der starken, fürsorglichen und liebevollen Mutter zu spielen. Denn nur, wenn er so beschämt war, wie sie selbst es insgeheim war, brauchte sie seine »böse« Lebenskraft nicht zu fürchten. Diese Lebenskraft, die das Kind trotzen und aufbegehren läßt, ist die große Bedrohung im Leben selbstbezogener Eltern. Ihr Kind ist deshalb erst dann gut, wenn es schwach und hilfsbedürftig wird, wenn es nicht lebensfähiger ist als die selbstbezogenen Eltern selbst.

Unterdrückte Wut

Die Lebenskraft, die ein Kind trotzen läßt, die ihm den Mut gibt, sich gegenüber seiner Umwelt zu behaupten, ist die natürliche Aggressivität. Sie ermöglicht dem Kind, einen ihm angemessenen Platz in der Gemeinschaft zu finden. Diese natürliche Aggressivität ist Lebensenergie. Henri Bergson sprach von »élan vital«, von »Lebensschwungkraft«. Wir können dies auch als »ungestüme Lebendigkeit« bezeichnen. Die natürliche Aggressivität zeigt stets ein fröhliches Gesicht, und sie äußert sich häufig in einem unbeschwerten Lachen. Wir brauchen nur an das Balgen und Raufen kleiner Kinder zu denken oder an das Imponiergehabe von Heranwachsenden: Stets geht es dabei um das lustvolle Erleben kraftvollen Könnens. Daraus erwächst die Gewißheit der Machbarkeit – Ich kann etwas aus meinem Leben machen! In dieser Überzeugung wurzelt das Gefühl der Macht, aus dem sich wiederum der Wunsch nach weiterer Macht herleitet. Dieser »Wille zur Macht« ist ein Ausdruck des affektiven Selbsterhaltungsstrebens, wie Friedrich Nietzsche feststellt: »Meine Theorie wäre: daß der Wille zur Macht die primitive Affekt-Form ist, daß alle anderen Affekte nur seine Ausgestaltungen sind; daß alle treibende Kraft Wille zur Macht ist, daß es keine physische, dynamische oder psychische Kraft außerdem gibt.«

Die Aggressivität des beschämten Außenseiters wird demgegenüber in ganz andere Bahnen gelenkt. Sie ist nicht nach außen gerichtet. Denn die Furcht, dadurch als böse zu erscheinen und die anderen böse zu machen, ist von Kindheit an sehr groß. So wird diese Aggressivität destruktiv. Sie wird zu einer ohnmächtigen Wut, die in sich hineingefressen, mit allen Mitteln unterdrückt wird. Sie kommt nur unterschwellig zum Ausdruck: in einem mürrisch-unfreundlichen Gehabe, einem abweisenden Gesichtsausdruck, in zynischen Bemerkungen und einer Vielzahl von versteckten Handlungen, die die bittere Mißgunst, den nagenden Neid gegenüber den »glücklicheren anderen, die Verbindung unter sich haben« (Speer) spürbar werden lassen.

Auch der schamgebundene Mensch strebt nach Macht. Es ist dies aber nicht der lustvolle Versuch, sein Können zu erproben, um sich an den Früchten des eigenen Machens zu erfreuen. Dieses Machtstreben ist, was Alfred Adler scharfsinnig erfaßte, nichts anderes als der Versuch, das bedrohte Selbstwertgefühl mit unsachlichen Mitteln zu sichern. Die Scham läßt das Machtstreben verschlungene, oft abstoßende Wege gehen.

Albert T. ist ein ungeliebtes Kind. Sein Vater ist ein bekannter Industrieller, der mit einer jungen Angestellten, Alberts Mutter, ein kurzes Verhältnis hatte. Nachdem diese schwanger geworden war, brach Alberts Vater sofort mit ihr. Er weigerte sich fortan, auch nur ein einziges Wort mit ihr zu wechseln. Über seinen Anwalt ließ er die Unterhaltsfrage jedoch großzügig regeln. So fehlte es Albert in materieller Hinsicht an nichts. Für seine Mutter war er jedoch zeitlebens die Frucht einer enttäuschenden und beschämenden Beziehung. Sie behandelte ihn wie einen Fremden. Er wuchs bei Pflegeeltern auf und kam schon mit acht Jahren in ein Internat. Dort entwickelte er sich schnell zu einem bockigen Außenseiter, mit dem niemand umgehen wollte. Von den Mitschülern wurde er oft verspottet, nicht selten sogar grausam gequält.

Mit fünfzehn Jahren wurde Albert dabei beobachtet, wie er in der Toilette eines Cafés Kondompackungen aus einem Automaten zog und diese öffnete. Dann schnitt er die zum damaligen Zeitpunkt noch nicht versiegelten Kondome am oberen Ende leicht an, tat sie in die Packung zurück und legte diese in das Schubfach des Automaten, das er dann wieder schloß.

Dieses destruktive Handeln eröffnete Albert die Möglichkeit, seine angestaute Wut nach außen zu richten, also auf eine bösartige Weise Macht zu gewinnen. Seine Absicht war es, Liebespaaren einen Strich durch die Rechnung zu machen. Er wollte sie zwingen, Eltern zu werden. Denn er hatte ja am eigenen Leib erfahren, daß seine bloße Existenz eine Zumutung für seine eigenen Eltern war. Deshalb wollte er alle Menschen zur Elternschaft zwingen. Das vermittelte ihm ein ungeheures Machtgefühl. So war er, der verachtete Sonderling, zu einem allmächtigen Rächer geworden, der Leid und Elend über die vom Schicksal Begünstigten brachte.

Dieses Beispiel zeigt, welch verworrene Wege die Aggressivität nimmt, wenn die Scham sie in ihrer natürlichen Entfaltung hemmt. Auch in diesem Zusammenhang möchte ich an die Metapher von Ernst Kretschmer erinnern: Die Fensterläden einer römischen Villa sind geschlossen. Die äußere Fassade vermittelt den Eindruck völliger Ruhe. Aber im Innenhof werden Orgien gefeiert … Auch aggressionsgehemmte Menschen wirken nach außen hin ruhig, doch ihr Innenleben ist wild bewegt. Oft ergehen sie sich in grausamen Phantasien. Eltern stellen sich vor, wie sie ihre kleinen Kinder zum Fenster hinausschmeißen oder eine Treppe hinunterstoßen. Eheleute entwickeln Tagträume, in denen sie sich mit einem Messer auf ihren Partner stürzen und diesen erstechen. Auch viele sadistische Phantasien aus dem sexuellen Bereich können auf diese Voraussetzung zurückgeführt werden. Das erzeugt natürlich Schuldgefühle. Die Betroffenen leiden unter ihren Phantasien, und doch können sie nicht von ihnen lassen. So müssen sie einen Ausweg finden, um diese Anzeichen menschenverachtender Grausamkeit vor ihrem Gewissen zu rechtfertigen. Das gelingt nicht selten durch eine Identifikation mit entsprechend aggressiven Autoritätspersonen. So ist zu vermuten, daß viele Nazi-Verbrecher ihre Grausamkeiten nur deshalb begehen konnten, weil sie sich aufgrund einer solchen Identifikation mit dem allmächtigen Führer im wahrsten Sinne des Wortes ent-schuldigten. Denn vor ihrem Identifikationsgewissen konnten sie dabei jederzeit bestehen. Die Philosophin Hannah Arendt hat diesen Vorgang an der Person Adolf Eichmanns eindrucksvoll veranschaulicht.

Schon bei Kindern läßt sich diese autoritätsbezogene Identifikation beobachten. Der Individualpsychologe Josef Kramer beschrieb entsprechende kindliche Phantasien im Hinblick auf die Berufswahl:

»Wenn ein Schüler Lehrer werden wollte, um › seine Klasse durchzuprügeln‹, oder › mit dem Rohrstaberl die Fingerknöchel der Schüler bearbeiten zu können‹, so heißt das, neben dem leicht verständlichen Streben, über seine Kameraden zu herrschen und seine sadistischen Regungen zu befriedigen, nicht gerade, daß er seinen Lehrer nachahmen will; denn er hat wohl in den seltensten Fällen solche Erfahrungen gemacht, er weiß vielmehr sehr gut, daß derartige Dinge dem Lehrer verboten sind. Er aber möchte einer sein, der es sich erlauben kann.«

Aus solchen aggressiven Phantasien leiten sich häufig Allmachtsgedanken ab, die in der Vorstellung gipfeln:»Wenn ich einmal so groß und mächtig bin wie mein Lehrer, dann werde ich es allen heimzahlen!« So berichtete Docht unter Tränen, wie er einmal von seinem Vater wegen einer schlechten Schulnote so ins Gesicht geschlagen wurde, daß er aus der Nase blutete. Schlimmer als den körperlichen Schmerz empfand Docht aber die tiefe Erniedrigung, sein eigenes Blut vom Fußboden aufwischen zu müssen, während sein Vater ihn als »Fünferkönig« verhöhnte. In dieser zutiefst beschämenden Situation begann Docht zu phantasieren, in Wirklichkeit das Kind eines mächtigen Fabrikbesitzers zu sein, der in der gleichen Stadt wohnte. Nach der Geburt war er im Krankenhaus nur vertauscht worden … Wenn es endlich herauskäme, wer er wirklich war, wollte er es seinem Vater heimzahlen. Er wollte dafür sorgen, daß dieser seinen Arbeitsplatz verlieren und in Not und Elend sterben würde!

Da das Minderwertigkeitsgefühl allgemein als
ein Zeichen von Schwäche und als etwas Beschämendes angesehen wird, besteht natürlich
eine starke Tendenz, es geheim zu halten.

Alfred Adler

5 Die Empfindlichkeit

Beschämende Minderwertigkeitsgefühle

Minderwertigkeitsgefühle gehören zum Menschsein, hat Alfred Adler
festgestellt. Von klein auf erleben wir unsere Unvollkommenheit und
Schwäche angesichts von Problemen, denen wir machtlos gegenüber-
stehen. Minderwertigkeitsgefühle entstehen, wenn wir uns mit anderen vergleichen, die diese Probleme bewältigen können. Sie erweisen
sich damit als tüchtiger, kompetenter, besser, als wir selbst es zu sein
glauben. Minderwertigkeitsgefühle entsprechen dem Erleben eigenen
Nicht-Könnens im Vergleich zum Können der anderen. In diesem
Vergleich offenbart sich die eigene Schwäche. Und dafür schämen sich
viele
Ernst Kretschmer hatte schon vor bald achtzig Jahren das Erleben eigenen Minderwertes als »beschämend« bezeichnet. Er schrieb, die Betroffenen seien durch eine gesteigerte Eindrucksfähigkeit im allgemeinen sowie durch eine besondere Empfindsamkeit, Feinfühligkeit und
Verletzbarkeit (Sensitivität) im besonderen gekennzeichnet. Bereits in
der Goethezeit wurde die Bezeichnung »sensitiv« von einer Mimo-
senart (mimosa sensitiva) abgeleitet, um einen besonders empfindsamen Charakterzug zu beschreiben. Die moderne Psychiatrie verwen-

102

det in diesem Zusammenhang auch den Begriff der »Vulnerabilität«. Damit wird Bezug genommen auf die besondere Verletzbarkeit sensitiver Menschen. Die Schizophrenieforscher Joseph Zubin und Bonnie Spring erwähnen, daß jeder Mensch irgendwie verletzbar ist. Dies sei ein angeborener Sicherungsreflex gegenüber aggressiven Umwelteinwirkungen, die das Selbstgefühl erschüttern. Die Reizschwelle ist aber individuell unterschiedlich. Sie wird vor allem durch die Anzahl und Intensität von Kränkungen, die der betreffende Mensch im Verlauf seiner Lebensgeschichte ertragen mußte, beeinflußt. Die jeweilige Vulnerabilitätsschwelle ist ein Indikator für die spezifische Streßtoleranz eines Menschen. Diese Schwelle ist um so niedriger, je empfindsamer jemand auf Stressoren reagiert. Wer sich wegen jeder Kleinigkeit gekränkt fühlt, wer schnell beleidigt ist und wer alles krumm nimmt, der hat im wahrsten Sinne des Wortes kein dickes Fell! Solche Menschen signalisieren ihrer Umwelt, daß ihre individuelle Verletzbarkeit hoch ist. Sie zeigen damit aber auch an, daß sie keinen Spaß verstehen. Gerade dadurch können sie sich lächerlich machen: Der Psychotherapeut Wolfgang Krüger berichtet von einem Referenten, der in einem Vortrag meinte, unser Hauptproblem wäre die große Empfindlichkeit. Wir alle verhielten uns gelegentlich wie eine beleidigte Leberwurst. Daraufhin sei eine ältere Dame aufgestanden, um durch den ganzen Saal zu stapfen. Dann schmiß sie die Tür zu und hinterließ eine lachende Zuhörerschaft.

Den Typus des überempfindsamen Menschen hat schon Fjodor Dostojewski in seiner Erzählung *Aus dem Dunkel der Großstadt* eindrucksvoll beschrieben. Ein fiktiver Berichterstatter erzählt aus seinem elenden Leben, das aus einer Verkettung beschämender Kränkungen besteht. Gelegentlich rafft sich der Berichterstatter aber in seiner Zurückgezogenheit dazu auf, um mit der bösen Welt in Kontakt zu treten. Dabei verhält er sich so uneinfühlsam und verkrampft, daß er auf seine Mitmenschen komisch wirkt. Einmal entschließt er sich, an einem Treffen von ehemaligen Klassenkameraden teilzunehmen, mit denen er seit der Schulzeit keinen Umgang mehr hatte. Dostojewski beschreibt diese Situation aus der Perspektive des Berichterstatters. Dabei wird die projektive Dynamik des »doppelten

Denkens« nachvollziehbar. Denn der Berichterstatter unterstellt den anderen unentwegt das Motiv, ihn selbst herabsetzen und damit kränken zu wollen:

»Meinem Eintritt schenkte keiner von ihnen merkliche Beachtung, was recht seltsam war, da wir uns schon seit Jahren nicht gesehen hatten. Offenbar hielten sie mich sozusagen für eine gewöhnliche Fliege. So hatten sie mich nicht einmal in der Schule behandelt, obgleich mich dort alle gehaßt hatten. Ich begriff natürlich, daß sie mich jetzt verachten mußten: wegen meines Mißerfolges in der dienstlichen Laufbahn, und weil ich schon sehr heruntergekommen war und in schlechten Kleidern ging und so weiter, was in ihren Augen ein Beweis meiner Unfähigkeit und Geringwertigkeit war. Aber eine so weitgehende Verachtung hatte ich doch nicht erwartet. Simonow brachte sogar seine Verwunderung über mein Kommen zum Ausdruck. Alles dies machte mich stutzig.«

Sensitive Menschen leben unter einem starken Gewissensdruck, sie erleben sich vor den Augen der Welt als schlecht. Ihre gesamte Existenz wird durch das Gefühl einer beschämenden moralischen Minderwertigkeit erschüttert. Daraus leitet sich, wie Ernst Kretschmer bemerkt, eine Neigung zu »verfeinerter Selbstbeobachtung« und Selbstkritik her. Unerbittliche Selbstvorwürfe und ethische Skrupel führen in diesem Zusammenhang zu einer wahren Selbstquälerei. Diese gewissensbedingte Selbstkontrolle ist nach Kretschmer als eine verzweifelte Vorsichtsmaßnahme, als eine Absicherung gegenüber einer beschämenden »ethischen Niederlage« zu verstehen. Ein sensitiver Mensch lebt so in der beständigen Angst, sittlich zu versagen, unverzeihliche Fehler zu begehen und sich vor aller Welt bloßzustellen.
Das Leben sensitiver Menschen wird durch Scham vergiftet. Sie kommen nicht zur Ruhe. Ihre Schamangst wird auf die Umwelt projiziert, so daß sie sich von dieser ständig beobachtet, kontrolliert und gnadenlos verurteilt fühlen. Kretschmer hat diesen Prozeß am Beispiel einer »altjüngferlichen« Frau beschrieben, die eine sehr fleißige und erfolgreiche Kontoristin war. Nachdem sie sich in einen wesentlich jüngeren Kollegen verliebt hatte, kam ein zunehmend schlechteres Gewissen auf. Mit aller Macht kämpfte sie daher gegen ihre Verliebtheit

an. Denn sie konnte sich nicht vorstellen, den geliebten Mann durch eine Heirat glücklich zu machen. Erotische oder sexuelle Regungen wies sie aufgrund ihrer strengen sittlichen Prinzipien ohnehin weit von sich. Dennoch gelang es ihr nicht, dieser Regungen völlig Herr zu werden. Obwohl sie eine peinliche Zurückhaltung wahrte und dem jungen Mann nie die geringste Annäherung gestattete, glaubte sie doch bald, daß er ihre Neigung erwiderte. Sie überwachte eifersüchtig seine Schritte und war gekränkt, sobald er etwas länger mit einer anderen Kollegin sprach. Unverhohlene Haßgefühle traten auf, wenn er dem Bilde, das sie sich von ihm gemacht hatte, nicht entsprach. Durch jedes nicht ganz überdachte Wort von ihm konnte sie sich tief verletzt fühlen. Und trotzdem liebte sie ihn. In der täglichen Konfrontation mit ihm spürte sie zunehmend, daß sie seinen Blick nicht mehr ertragen konnte. So kämpfte sie, zwischen Widerwillen und Neigung hin- und hergeworfen, jahrelang unter Aufbietung aller Kräfte gegen ihre Gefühle. Gleichzeitig wurde ein nie ganz vergessenes Jugenderlebnis mit erneuter Stärke in ihr wachgerufen: Als sie zwölf Jahre alt gewesen war, hatte sich ein Onkel ihr genähert, ohne daß es dabei zu eindeutigen sexuellen Handlungen gekommen wäre. Dennoch hatte sie sich schon damals Selbstvorwürfe gemacht, die mit der unklaren Besorgnis einhergingen, schwanger zu werden. Diese Erinnerung bestärkte sie in der Überzeugung, daß sie ein schlechtes Geschöpf sein müsse. Sie glaubte, einen sinnlichen Blick zu haben, der jedermann auffallen müsse.

»Ich vertraute mich zunächst meiner Tante an«, schrieb sie an Kretschmer. »Ich ließ mich jedoch nicht beruhigen. Als ich immer und immer wieder mit meiner Sorge an sie heran trat, wurde sie ungeduldig und schrie eines Abends, als alles ruhig war, bei offenen Fenstern von dieser Sache. Was sie eigentlich sagte, ist mir nicht mehr erinnerlich, aber das weiß ich, daß es einen furchtbaren Eindruck auf mich machte und ich mir sagte: Nun ist alles verloren, nun bin ich zugrunde gerichtet! Ich bemerkte nun, wie die Leute auf der Straße mich forschend anschauten, hörte auch gelegentliche Bemerkungen, als ob ich schwanger sei. Ich bekam tatsächlich einen breiteren Umfang, wog aber dabei samt den Kleidern nur noch 92 Pfund. Ich aß nicht mehr genügend vor Angst, stärker zu werden, und auch deshalb, weil ich sehr mit Verdauungsbeschwerden zu kämpfen hatte. Ich machte mich wohl selbst auffällig in meiner Angst. Sobald man mir aber mit derartigen Anspielungen kam, wußte ich ganz genau, daß das, was ich befürchtete, nicht der Fall sein konnte; da konnte ich mir sagen, daß ja dann das ganze Naturgesetz umgestoßen werden müsse.«

Dieses Beispiel zeigt, wie das »doppelte Denken« der Scham entsteht. Aus einer Mücke wird der sprichwörtliche Elefant gemacht, und dieser ist es dann, der die Schamangst auslöst. Die Betroffenen leiden unter dem prüfenden Blick der anderen, von denen sie sich unentwegt belauert fühlen. Sie legen jedes Wort auf die Goldwaage; sie warten förmlich darauf, daß sie auf ihre Verfehlung angesprochen werden. Sie sind überzeugt, wie Kretschmer schreibt, ihre »Beschämung müsse ruchbar geworden sein, jedermann wisse um ihr peinliches Erlebnis, man sehe sie sonderbar an, drehe sich auf der Straße um, wenn sie vorbeigehen, man lächle, man gebe Zeichen; in harmlosen Tagesgesprächen, selbst in der Zeitung finden sie überall Anspielungen auf sich selbst.«

Hier wird die Bedeutung der Selbstbezogenheit von neuem ersichtlich: Es ist die gnadenlose Bloßstellung eines empfindsamen Menschen inmitten einer grausamen Welt. Léon Wurmser schreibt: »Alle Augen scheinen auf den Beschämten zu starren und ihn wie mit Messerstichen zu durchbohren. Jeder scheint voll von Spott und Hohn. Jeder weiß unzweifelhaft von der tiefen Schande.«

Empfindsame Menschen wirken nach außen hin oft unnahbar kühl und überheblich. Sie werden als arrogant wahrgenommen, wodurch sie sich häufig unbeliebt machen. So fühlen sie sich neuerlich zurückgewiesen und abgelehnt, so daß der Teufelskreis der Scham wieder und wieder bestärkt wird.

Heiner D. ist 48 Jahre alt. In seinem Beruf als Ingenieur hat er sich bewährt. Bei seinen Vorgesetzten ist er aufgrund seiner Zuverlässigkeit und seines immensen Fleißes anerkannt. Seine Kollegen lehnen ihn jedoch ab. Sie schneiden ihn, machen sich hinter seinem Rücken über ihn lustig, und seit einiger Zeit schikanieren sie ihn sogar offen. Heiner fühlt sich als Mobbing-Opfer.

In der ersten Zeit der Psychotherapie war Heiner zunächst sehr verhalten. Er mied den Blickkontakt. Er wirkte desinteressiert und unzufrieden. Er sparte nicht mit kritischen und zuweilen ausgesprochen patzigen Bemerkungen. Er ließ mich auflaufen. Ich war mir der Gefahr aber bewußt, mich von meinem anfänglichen Gefühl spürbarer Antipathie (ver-)leiten zu lassen. Denn offensichtlich machte Heiner unbewußt das gleiche mit mir, was er seit seiner Kindheit mit so vielen Menschen getan hatte: sie alle davon zu überzeugen, daß er nicht liebenswert war!

Eine Kindheitserinnerung verdeutlicht das. Der kleine Heiner war zusammen mit seinen Eltern und Verwandten bei einer Wanderung unterwegs. An einem Kiosk winkte ihn ein Onkel freundlich lächelnd zu sich heran. Er wollte von Heiner wissen, was er ihm kaufen solle. »Obwohl ich furchtbar gern eine Cola oder Süßigkeiten gehabt hätte, machte ich ein böses Gesicht und dazu eine ablehnende Handbewegung«, erinnerte er sich. »Ich weiß bis heute nicht, warum. Mein Onkel schaute sofort weg, rief nach meinem Vetter, und der bekam all das, was ich selber so gern gehabt hätte. Von da an beachtete mich mein Onkel kaum noch. Ich hätte vor Schmerz und Scham schreien können!«

Heiner wurde sich allmählich bewußt, daß er den arroganten Stolz benötigte, um das unerträgliche Gefühl der Scham abzuwehren. Es wurde ihm klar, weshalb er einer Frau, in die er sich verliebt hatte, um keinen Preis der Welt zeigen konnte, was er für sie empfand. »Ich hatte Angst«, berichtete er, »daß meine Liebe nicht erwidert werden könnte.« Folgerichtig war Heiner immer derjenige gewesen, der ein Liebesverhältnis beendet hatte: »Ich machte rechtzeitig Schluß, damit nicht ich sitzengelassen wurde. Mit Frauen, die ich wirklich liebte und begehrte, ließ ich mich erst gar nicht ein. Ich fühlte mich nur sicher, wenn ich eine Partnerin hatte, die mir eigentlich gar nicht gefiel.« Und er bemühte sich auch nicht um die Frauen, die er insgeheim mochte und begehrte: »Ich bin noch nie einer Frau nachgelaufen. Sobald ich den geringsten Eindruck hatte, einer Freundin lästig zu sein, zog ich mich sofort zurück. Es gab für mich nur eine Möglichkeit: Die Frauen mußten von sich aus auf mich zukommen. Denn nur so konnte ich mir sicher sein, daß ich mich nicht aufdrängte.«

Heiner blieb unverheiratet. Seine letzte Partnerin hatte – vielleicht unbewußt – versucht, ihn eifersüchtig zu machen. Doch Heiner war zu stolz, ihr zu zeigen, wie sehr er darunter litt. So trennte er sich auch von ihr.

Alles auf sich selbst beziehen

Docht spürte früh, wie unsicher seine Mutter in Gegenwart fremder Menschen war. Zu Hause erlebte er sie als mächtig, bestimmend, ja nicht selten als tyrannisch. Doch wenn sie bei anderen Leuten zu Besuch war, änderte sich ihr ganzes Verhalten. Ihre überlegene Ruhe und Selbstsicherheit waren wie weggeblasen. Sie wirkte dann angespannt und unsicher, wippte nervös mit den Fußspitzen, und sie griff sich immer wieder fahrig ins Haar. Sie sprach in einem gereizten Ton, während ihre Augen unruhig hin und her schweiften. Docht wußte im voraus, daß die Mutter nach solchen Begebenheiten über die Leute schimpfen würde: schon im Auto bei der Heimfahrt und dann bis in die späten Nachtstunden hinein hinter den verschlossenen Türen des Elternhauses. Docht hörte die erregte Stimme noch in seinem Zimmer, wenn er schon im Halbschlaf lag. Und der Vater war ein geduldiger Zuhörer. Docht verstand zwar nie ganz, um was es jeweils ging. Doch er war sich gewiß: Die Mutter hatte recht, die Leute wollen einem dauernd etwas Böses. Als Docht heranwuchs, lehrte ihn die Mutter, so achtsam zu sein, wie sie selbst es war. »Ist dir auch aufgefallen«, pflegte sie etwa zu sagen, »daß die ... oder der ... (und hier fügte sie jeweils den Namen eines übelwollenden Menschen ein) mich nicht gegrüßt haben?« (Oder: So dreckig grinsten, einander Blicke zuwarfen, absichtlich auf die andere Straßenseite gingen usw.) Docht bestätigte das gerne, wußte er doch, daß seine Mutter dann günstig gestimmt war und eine harmonische Atmosphäre zwischen ihm und ihr entstehen konnte. Er tat es selbst dann, wenn die Argumentation seiner Mutter gar nicht mehr einleuchtend war. So hatte einmal eine

Nachbarin, die ohnehin »böse« war, karierte Bettwäsche zum Trocknen aufgehängt. Dochts Mutter war außer sich vor Empörung, denn dies konnte nur eines bedeuten: Die Nachbarin wollte ihr damit bedeuten, daß sie, Dochts Mutter, »kariert aus der Wäsche guckte«!

Docht begann intuitiv zu begreifen, daß solche Klagen über die angeblichen Gemeinheiten der Leute im Grunde nur ein Ausdruck der Unsicherheit und Schwäche seiner Mutter sein konnten. Das war ihm aber weit angenehmer als die andere Seite, die er an seiner Mutter auch kannte: ihre Herrschsucht, ihre Besserwisserei, ihr Nörgeln und Herumkommandieren. Wenn die Mutter über die bösen Leute schimpfte, hatte er nichts zu befürchten. Er durfte ihr eben nur nicht widersprechen.

Allmählich lernte Docht, ähnlich selbstbezogen zu denken wie seine Muttter. Er begann sich selbst als der Brennpunkt zu fühlen, auf den sich die Bosheit der Welt konzentrierte. Wenn hinter ihm gelacht wurde, spürte er, daß über *ihn* gelacht wurde. Wenn ein Lehrer nett zu anderen Schülern war, tat er das nur deshalb, um Docht zu zeigen, daß er *ihn* nicht mochte. Und wenn sich seine Klassenkameraden nach Schulschluß zum gemeinsamen Spiel verabredeten, taten sie das nur deshalb, um *ihn* zu ärgern. (Docht bemühte sich deshalb auch wohlweislich nicht um Anschluß, sondern machte sich mit einem beleidigten Gesicht aus dem Staub.)

Sensitive Beziehungsideen entstehen, wenn sich ein Mensch im Stich gelassen fühlt, wenn er ein Leben wie in Feindesland führt. Fühlt sich dieser Mensch bedroht und verunsichert, reagiert er auf alle Umwelteinflüsse höchst empfindsam. An einem Beispiel möchte ich diesen Zusammenhang näher erläutern: Stellen wir uns zunächst einmal eine Gruppe von Jugendlichen bei einer Nachtwanderung im Wald vor. Der Mond verschwindet immer wieder hinter den Wolken, gelegentlich ist der Ruf eines Käuzchens zu hören. Die Wipfel der hohen Tannen schwanken leise im Wind. Die Jugendlichen beachten das alles aber kaum: Sie scherzen miteinander, sie unterhalten sich, und sie empfinden lediglich die Müdigkeit und die Blasen an ihren Füßen als unangenehm. Sie gehen zügig voran, weil sie sich auf das Bett in der nahen Jugendherberge freuen.

In der gleichen Nacht geht ein einzelner Jugendlicher ebenfalls durch diesen Wald. Er ist hellwach, und er achtet sorgsam auf die vielen Geräusche um sich herum: Hier hört er ein Knacken von Zweigen, dort ein Wispern und Zischen. Die rechte Hand des Jungen umklammert fest einen Knüppel, der seiner Selbstverteidigung dienen soll. Denn er fühlt sich bedroht. Sind dort im dunklen Dickicht nicht zwei funkelnde Augen, die ihn anstarren? Atmet nicht jemand schwer in seinem Rücken? Die Schritte des Jungen werden schneller, sein Herz pocht, und die Muskeln sind angespannt. Der Jugendliche sieht sich in Gefahr. Er fühlt sich bedroht.

Diese Beispiele zeigen zunächst, wie die Zugehörigkeit zu einer Gruppe Sicherheit vermitteln kann. Im Schutze der Gemeinschaft fühlen sich einzelne von außen kaum bedroht. Ganz anders empfindet der Einzelgänger. Ihm fehlt die beschützende Geborgenheit der Gruppe. Er ist auf sich allein gestellt, und daher fühlt er sich gefährdet und angreifbar. Er muß ständig auf der Hut sein. Er muß seine Ohren spitzen, er muß auf alles achten, was ihm zur Gefahr werden könnte. Er muß die Vorgänge in seiner Umgebung deshalb sorgsam auf sich selbst beziehen. So ergeht es im Grunde allen Menschen, die den freundschaftlichen Bezug zur Gemeinschaft nicht herstellen konnten. In ihr Leben hat sich, oft schon in der Kindheit, ein allgemeines Mißtrauen eingeschlichen. Sie trauen niemanden, fühlen sich wie in Feindesland. Sie glauben, stets mit dem Schlimmsten rechnen zu müssen.

Giorgio Manganelli beschreibt am Beispiel des einzelgängerischen Pinocchio, wie gefährlich das Leben außerhalb der Gemeinschaft sein kann: »Pinocchio flieht: Er verläßt die Straße und läuft querfeldein; es führt keine Straße zu dem Ort, der ihn erwartet. Die Mörder sind hinter ihm her › wie zwei Hunde hinter einem Hasen‹: Seit eh und je flieht Pinocchio auf dieselbe Art und Weise wie ein winziges schlaues Tierchen, und sein Lauf führt vorbei an Schatten, Träumen, Alpträumen, Todeslarven ...«

Die meisten einzelgängerischen Menschen glauben, auf der Hut sein zu müssen. Dabei sind sie empfindlich und verschlossen. Fritz Zorn verglich sich mit einem Einsiedlerkrebs:

»Der Einsiedlerkrebs ist vorne hübsch gepanzert und stabil, aber sein Hinterleib ist nackt. Deshalb muß er seine verletzliche Blöße in leeren Schneckenhäusern bergen, wobei der bewehrte Vorderleib aus dem Schneckenhaus herausschaut. Wenn der Einsiedlerkrebs aber wächst, wird ihm mit der Zeit sein gemietetes Gehäuse zu eng, und er muß notgedrungen in ein größeres umziehen. Welche Qualen muß nicht solch ein Einsiedlerkrebs ausstehen, wenn er sich mit seinem allen Fressern preisgegebenen nackten Hinterleib zu einem neuen Haus vorwagen muß! Wie furchtbar muß die Zeitspanne für ihn sein, wenn er sein schützendes Haus bereits auf Nimmerwiedersehen verlassen hat und noch nicht weiß, wo er eine neue Behausung findet. Es leuchtet ein, daß man diesen Krebs als Einsiedler bezeichnet, denn die Unentblößtheit ist asozial.«

So gerät das Leben des beschämten Einzelgängers oft zu einem Spießrutenlaufen. Die Mitmenschen erscheinen als unerbittliche Wächter über die Einhaltung von verwirrenden Man-muß-Vorschriften, die nur derjenige befolgen kann, der sich frühzeitig mit den Spielregeln außerhalb des Elternhauses vertraut gemacht hat. Kindern selbstbezogener Eltern gelingt das für gewöhnlich kaum. Sie beherrschen zwar die privaten Spielregeln ihrer Familie, wissen, was Mutter und Vater jeweils von ihnen erwarten. Doch das, was sich im allgemeinen schickt, wissen sie kaum. Sie spüren lediglich, daß sie im Leben häufig etwas falsch machen und sich komisch benehmen.
Schon der Schulweg war für Docht eine Tortur. Er fühlte sich beobachtet und wußte nie, wie er sich zu verhalten hatte, wenn ihm jemand begegnete. Sollte er grüßen, ohne hinzuschauen? Dies wäre ihm das einfachste gewesen: Grüßen mußte er, das verlangte die Höflichkeit. Dem Betreffenden ins Gesicht zu sehen, fiel ihm jedoch schwer. Aber mit abgewandtem Gesicht zu grüßen, das war doch zu komisch! Also mußte er Blickkontakt herstellen. Doch was war, wenn ihm das Gesicht zuckte oder wenn ihm die Schamesröte ins Gesicht fuhr? Also gar nicht grüßen? Die Straßenseite wechseln? Sich hinter einer Hausecke verstecken? Docht tat dies gelegentlich, aber er fühlte sich unwohl dabei. Er überlegte sich nämlich, wie dieses Verhalten auf die Leute wirken mußte, was sie über ihn denken würden.

Docht ging gerne mit seinen Eltern spazieren. Man schaute sich Geschäfte an oder besuchte das Museum. Am liebsten ging Docht zusammen mit seinen Eltern ins Kino. Doch er spürte dabei stets ein Unbehagen. Traf man unterwegs gleichaltrige Bekannte oder Klassenkameraden, so grinsten diese entweder spöttisch oder sie beachteten Docht überhaupt nicht. Das kränkte ihn. Irgendwie ahnte er, daß es sein Äußeres und sein Auftreten war, das die anderen bewog, ihn so zu behandeln:

»Ich hatte immer einen sauber gezogenen Scheitel, wenn ich mit meinen Eltern ausging. Darauf legte meine Mutter besonderen Wert. Auch meine Kleidung mußte immer picobello sein. Mir war schon klar, daß ich damit aus dem Rahmen fiel. In der kalten Jahreszeit trug ich ein Pepita-Hütchen, das mir meine Mutter zum Geburtstag geschenkt hatte. Kein anderer Junge hätte sich so etwas auf den Kopf gesetzt. Aber ich war ein folgsames Kind und tat das, was meine Eltern von mir verlangten. Dadurch wurden die sonntäglichen Spaziergänge zu einem Spießrutenlaufen. Ich hoffte inständig, daß wir niemandem begegnen würden, der mich kannte. Doch leider war fast immer das Gegenteil der Fall.«

Das doppelte Denken

Sensitive Beziehungsideen sind ein Anzeichen der Scham. Sie nehmen das vorweg, wovor ein empfindsamer Mensch sich fürchtet: die Bloßstellung seiner Fehlerhaftigkeit. Denn Scham entsteht im Spannungsverhältnis zu einer Öffentlichkeit, die den Maßstab für Wertschätzung oder Mißachtung unnachgiebig setzt. Diese Öffentlichkeit ist nichts anderes als eine normative Fiktion, die den unreflektierten Idealvorstellungen des Identifikationsgewissens entspricht. Sobald ein Mensch aber über die konkrete Bedeutung dieser Fiktion nachzudenken beginnt, ist er buchstäblich »außer sich«: Er beginnt sich selbst mit öffentlichen Augen zu betrachten und macht sich so zu einem Objekt beschämender Bewertung. Jean-Paul Sartre veranschaulicht dies so:

»Ich habe mich ungeschickt benommen: Dieses Benehmen haftet an mir, ich beurteile und tadele es nicht, ich lebe es einfach. Aber plötzlich hebe ich den Kopf: jemand war da und hat mich gesehen. Mit einem Mal realisiere ich die ganze Grobheit meines Benehmens und schäme mich. Ich schäme mich meiner, wie ich dem anderen erscheine. Und eben durch das Erscheinen anderer werde ich in die Lage versetzt, über mich selbst ein Urteil wie über ein Objekt zu fällen, denn als Objekt erscheine ich dem anderen.«

Die anderen, das sind ursprünglich die selbstbezogenen Erzieher eines schamgebundenen Kindes. Sie akzeptieren seine spontanen Bedürfnisse und natürlichen Affekte nur dann, wenn diese mit ihren eigenen Erwartungen zu vereinbaren sind. Und häufig verhalten sie sich dabei uneinfühlsam. Ihrer eigenen Bedürftigkeit verhaftet, sind sie nicht fähig, sich in das emotionale Leben ihres Kindes einzufühlen und seine Wünsche und Abneigungen zu erspüren. Ganz im Gegenteil sind sie davon überzeugt, das Kind müsse in jeder Hinsicht das tun, was man, und das sind an erster Stelle die Eltern selbst, von ihm erwartet.

Mit zunehmendem Alter beginnt das »man« von innen her die Erziehungsgewalt zu übernehmen. Dieses »man« bringt sich über die Stimme des Gewissens zu Gehör. Und eben diese Stimme fürchtet der schamgebundene Mensch. Deshalb stellt er in seinem Denken und in seinen Vorstellungen ständig eine Beziehung zum »man« her.

Anita T. ist achtundvierzig Jahre alt. Sie ist Lehrerin und alleinstehend. Ihr ganzes Leben war beherrscht von Man-muß-Vorstellungen. So steht sie unter dem Zwang des doppelten Denkens. Als Kind war sie nicht in der Lage, ihrem ehrgeizigen Vater in die Augen zu sehen, ohne sich dabei zu denken, er würde denken, »daß ich nicht die bin, die er eigentlich haben wollte«: eine Musterschülerin, eine herausragende Musikerin oder eine vorzügliche Sportlerin. Sie empfand die Tatsache, daß sie nur eine durchschnittliche Schülerin war, als eine einzige Schande.

In der Kindheit hatte sie sich immer ihres Äußeren geschämt. Sie berichtet:

»Ich saß in der Straßenbahn. Eine jüngere Frau schaute mich unentwegt an. Ich begann mich immer unwohler zu fühlen. Was denkt die wohl über mich, dachte ich mir. Denkt die, was ich für einen Fetzen anhabe oder daß ich zu dick bin? Ich bekam keine Luft mehr. Jetzt dachte ich mir, was passiert, wenn ich umfalle und die Straßenbahn wird angehalten? Wird sich der Fahrer denken, daß ich verrückt bin? Ich schaffte es dann nur mit größter Mühe, schließlich nach Hause zu kommen.«

In der Pubertät schämte sich Anita ihres Dickseins. Sie gewöhnte es sich deshalb an, beinahe zu allen Gelegenheiten einen langen, weiten Mantel zu tragen. Unter diesem Mantel wollte sie ihre »vermatschte« Figur verbergen. Natürlich erregte sie mit dieser Verkleidung erst recht Aufsehen, was ihre Überzeugung, einfach unmöglich zu sein, nur noch mehr verstärkte.

Wenn Anita allein in ein Restaurant geht, fühlt sie sich regelmäßig unwohl: »Ich sehe die Leute, die zu mehreren an den Tischen sitzen. Ich denke mir, wenn sie dich so sehen, denken sie, mit der stimmt doch etwas nicht! Warum hat die keine Begleitung? Ich spüre auch sofort, daß die Bedienung mich kaum beachtet. Sie denkt sicher dasselbe.«

In den Schulferien stellt sich Anita grundsätzlich den Wecker auf 6 Uhr: die übliche Zeit zum Aufstehen. Dann zieht sie sich einen Jogging-Anzug an, öffnet die Fensterläden, wirft gelegentlich auch das Bettzeug über den Fenstersims, um alsdann wieder ins Bett zu gehen. Damit will sie verhindern, daß ihre Nachbarn denken könnten, sie sei eine »Faulenzerin«. Und sollte es zufällig bei ihr klingeln, braucht sie sich nicht mehr anzukleiden. Sie hatte sich ja schon den Jogging-Anzug angezogen. So kann der Besucher denken, sie sei im Begriff, Frühsport zu machen.

Das doppelte Denken quält selbstbezogene Menschen auch in der Folge von allgemeinen Schicksalsschlägen. Dazu gehört an erster Stelle die Arbeitslosigkeit. So äußerte sich ein 43jähriger Arbeitsloser in der Zeit der großen Weltwirtschaftskrise:

»Wie hart und erniedrigend ist es, den Namen Arbeitsloser zu tragen. Wenn ich ausgehe, schlage ich meine Augen nieder, weil ich mir ganz und gar minderwertig vorkomme. Wenn ich die Straßen entlanggehe, scheint mir, daß ich nicht mit einem Durchschnittsbürger verglichen werden kann, daß jedermann mit dem Finger auf mich zeigt. Ich vermeide instinktiv, irgend jemanden zu treffen. Frühere Bekannte und Freunde aus besseren Zeiten sind nicht mehr so herzlich. Sie grüßen mich gleichgültig, wenn wir uns treffen. Sie bieten mir keine Zigarette mehr an, und ihre Blicke scheinen zu sagen: ›Du bist es nicht wert, du arbeitest nicht.‹«

Das doppelte Denken steht ganz im Banne von Idealnormen. Die anderen sollen keinesfalls denken, man sei nicht normal! So gibt es Menschen, die das Lokal wechseln, wenn sie mehr als ein Bier trinken möchten. (Der Kellner könnte sich vielleicht denken, man sei ein Alkoholiker!) Andere stehen unter dem Zwang, ansehnliche Trinkgelder zu geben, auch wenn sie knapp bei Kasse sind. (Die Bedienung könnte sich denken, man sei geizig!) Oder es bestehen Bedenken, über öffentliche Plätze zu gehen, weil die Betreffenden Angst haben, beim Gehen zu schwanken. (Die Leute könnten sich denken, man sei besoffen!) Diese Aufzählung ließe sich unbegrenzt fortsetzen. Es gibt fast nichts, was das doppelte Denken nicht zum Gegenstand nehmen kann, sei es der nicht gemähte Rasen, das zweite Stück Kuchen, das man ißt, der Mundgeruch, den man haben könnte, der am Wochenende noch nicht gewaschene Wagen, das Rotwerden, Stottern oder das Augenzwinkern. Kurzum: Alles, was der Idealnorm des »man« nicht entspricht, kann Anlaß für beschämende Beziehungsideen sein.

Hanna R. ist 33 Jahre alt. Sie lebte sechs Jahre mit einem Mann zusammen, der sie kürzlich wegen einer anderen Frau verließ. Sie erlebte diese Trennung als eine große Kränkung. In die 49. Therapiestunde brachte sie den folgenden Traum mit.

»Ich werde von mehreren Monstren (halb Mensch, halb Bär) verfolgt. Sie wollen mich umbringen. Ich gelange in ein Gebäude und versuche, die Türen hinter mir abzuschließen. Es gelingt mir aber nicht. Dieses Gebäude besteht aus durchsichtigem Glas, so daß mich alle beobachten können. Eines der Monstren streckt mir seinen Arm entgegen. Ich ergreife zwei Küchenmesser, die extrem scharf und spitz sind. Mit diesen haue ich auf das Monster so lange ein, bis der Arm weg ist.«

Hanna gibt diesem Traum die Überschrift: »Die Verfolgung«. Dazu fällt ihr ein, daß sie sich seit der Trennung von ihrem Lebensgefährten wie Freiwild vorkommt. Die Nachbarn würden sie nicht mehr grüßen und mit ihren höhnischen Blicken verfolgen. Ältere Männer würden sie »lüstern angaffen«. Hanna denkt doppelt: »Die denken bestimmt, das ist ein › spätes Mädchen‹, mit der kann man es machen!«

In diesem Zusammenhang fällt ihr ein frühes Schamerlebnis ein:

»Als ich im Kindergarten war, machten wir mit unserer Erzieherin einen Waldspaziergang. Einige von uns rückten aus, ich vorneweg. Später wurde ich von der Mutter meiner Freundin darauf angesprochen. Ich log, als ich sagte, die Erzieherin hätte nicht auf uns aufgepaßt. Diese Mutter ging sich dann sofort beschweren, so daß alles aufflog. Als ich am nächsten Morgen in den Kindergarten kam, schaute mich die Erzieherin böse und voller Verachtung an. Danach beachtete sie mich überhaupt nicht mehr. Ich mußte am Katzentisch sitzen und schämte mich ganz schrecklich.«

Hier wird deutlich, wie sich das schambesetzte Thema »Sitzengelassenwerden« durch die ganze Lebensgeschichte von Hanna hinzieht: Im Kindergarten wird sie von der Erzieherin am Katzentisch sitzen gelassen, weil sie gelogen hatte und damit böse war. Und nun, als nicht mehr ganz junge Frau, wird sie von ihrem langjährigen Freund sitzengelassen. Und wiederum schämt sie sich.

Im Traum fühlt sie sich wie in einem Glasbau. Sie sagt: »Dieses gläserne Gebäude war hell erleuchtet, während es draußen Nacht war. So konnte ich von den Monstren beobachtet werden, ohne diese selbst zu sehen.« Ich frage Hanna, ob es ihr in Wirklichkeit auch so ergangen sei. Sie zögerte lange, dann erklärte sie, mit allen Anzeichen deutlicher Verlegenheit: »Mein Freund machte sich nie etwas aus den Nachbarn. Er war oft monatelang arbeitslos, lud sich alternative Typen ein, mit denen er Hasch rauchte und viel trank. Und das alles bei geöffneten Fenstern! Einmal machten alle zusammen Sex: und ich war mit dabei!« Hanna hält sich die Hände vor das gesenkte Gesicht. Leise fährt sie fort: »Solange er noch bei mir war, fühlte ich mich sicher. Doch jetzt …«

Sie beginnt zu weinen.

Ich will wissen, wie die Monstren auf sie gewirkt hätten. Es fallen ihr Eigenschaftswörter wie »stark«, »vernichtend« und »absolut bedrohlich« ein.

»Auf wen trifft das ebenfalls zu?« frage ich sie. Sie nennt der Reihenfolge nach ihre Mutter, ihre Schwestern und zuletzt die Nachbarn. Zur Mutter fällt ihr die folgende Erinnerung ein:

»Es war in den Sommerferien. Ich war sieben oder acht Jahre alt. Ich spielte vor dem Haus mit einigen Nachbarskindern. Ein Junge wollte uns Mädchen zeigen, wie stark er war. Er hielt sich mit der Hand am Geländer der Außentreppe fest und spannte die Muskeln seines Oberarms an. Dann forderte er uns Mädchen auf, sich da drauf zu setzen. Alle taten das kichernd, auch ich. Als ich auf seinem Arm im Reitersitz saß, stieg ein ganz wohliges, bisher unbekanntes Gefühl in der Bauchgegend auf. Ich war fasziniert. Doch da fiel mein Blick zum Küchenfenster hin, aus dem meine Mutter herausschaute. Ihr Gesicht zeigte Abscheu und Empörung. Der Schrecken fuhr mir so in die Glieder, daß ich völlig erstarrte und zu Boden plumpste. Meine Mutter hatte mich dabei ertappt, wie ich etwas fürchterlich Schlechtes tat. Ich schämte mich so entsetzlich!«

Dann spricht Hanna über ihre Schwester, die so viel stärker war, und die mit anderen Kindern zusammen so oft über sie gelacht hat:

»Meine Schwester war der Liebling von Tante Ruth, die immer gut drauf war. Die beiden lachten viel zusammen. Ich selbst wurde von der Tante kaum beachtet. Am meisten lachte die Tante, wenn sie sah, wie meine Schwester im Reitersitz auf mir saß und mich ›totküssen‹ wollte. Dies tat sie so lange, bis mein Gesicht voller Spucke war und ich nach Luft rang. Dann sagte die Tante, prustend vor Lachen: ›Jetzt braucht Hanna nicht mehr aufgeklärt zu werden. Jetzt darf sie heiraten!‹«

Hanna ist nicht wütend. Sie wirkt hilflos und traurig, wie sie still vor sich hinweint. Ich mache sie darauf aufmerksam, daß sie im Traum eine scharfe und spitze Waffe geführt hatte. Spontan gibt sie zur Antwort: »Scharf und spitz – das bin ich wohl selber! Jedenfalls denken die Leute das von mir. Aber ein solches Messer habe ich eigentlich nicht.«

»Es waren zwei Messer«, gebe ich zu bedenken.

»Ja, zwei. Ich wünsche mir zwei Kinder, das gäbe mir Sicherheit. Dazu fehlt mir aber der Vater.«

»Und damit ist auch geklärt, wen Sie ›eigentlich nicht haben‹.«

»Einen Mann, der … (Hanna beginnt verlegen zu lachen) … der ›scharf‹ und ›spitz‹ ist!«

»Da werden die Nachbarn schon dafür sorgen, daß der nicht ins Haus kommt«, gab ich zu bedenken. Hanna lachte jetzt lauthals. In diesem Lachen distanzierte sie sich von der Tyrannei ihres doppelten Denkens.

Zum Versager werden

Auf seiner ruhelosen Wanderschaft sieht Pinocchio eine Menge erbärmlicher Gestalten: kahle Hunde, geschorene Schafe, Hühner ohne Kamm und Koller, flügellose Schmetterlinge, Pfauen ohne Schwanz, »die sich vor Scham überhaupt nicht mehr sehen lassen wollten«, und Fasanen, »die ganz still und verschämt einhertrippeln und um ihre glänzenden Goldfedern trauern«. Bettler, verschämte, arme, stille, unscheinbare Wesen machen den frechen Kutschen der Mächtigen Platz. Carlo Collodi hat hier das große Problem schamgebundener Menschen angesprochen: ihr äußeres Erscheinungsbild.

Der mißbilligende Blick der Eltern trifft das kleine Kind leibhaftig. Dieses kann noch nicht unterscheiden zwischen dem, was »man« tut, und zwischen dem, was »man« ist. Vielleicht hat sich das Kind in die Hosen gemacht, weil es seinen Schließmuskel nicht richtig kontrollieren konnte. Die verärgerte Reaktion der Eltern zeigt ihm an, daß seine körperliche Beschmutzung Hinweis auf ein viel größeres Versagen ist! Ähnliche Erfahrungen wird dieses Kind machen, wenn seine ungeschickten Hände Milch verschütten, wenn seine ungeübte Zunge die gesprochenen Worte verballhornt oder seine ungelenken Beine zu stolpern beginnen: Stets erlebt das Kind zunächst ein körperliches Versagen, das seinen Selbstwert insgesamt einschränkt – sofern ihm von

118

seinen Eltern nicht konsequent gespiegelt wird, daß es als Person unter allen Umständen liebenswert ist. Nur unter dieser Voraussetzung wird sich jener optimistische Lebensmut entwickeln, der dem heranwachsenden Menschen erlaubt, das eigene Tun humorvoll zu relativieren. Wer hingegen jede Fehlhandlung katastrophiert, wird sich selbst dann schämen, wenn er nur das Geringste falsch gemacht hat.

Ich habe in den Anfangskapiteln die Entstehungsbedingungen der Scham ausführlicher diskutiert. Sie lassen sich insgesamt auf die Erfahrung zurückführen: Ich bin nichts wert, weil man mich immer dabei ertappt, wie ich etwas falsch mache! Daraus leitet sich schließlich die Überzeugung ab: Ich bin nur dann kein vollkommener Versager, wenn ich meine körperlichen Funktionen hundertprozentig beherrsche! So muß der schamgebundene Mensch ständig darum bemüht sein, seine körperlichen Bewegungen, seinen Gesichtsausdruck, sein Sprechen und sein Tun im Griff zu haben, damit »man« keinen Anstoß an ihm nimmt.

Pinocchio trifft es besonders schlimm: Sobald er lügt, wird ihm – auf Geheiß seiner Feenmutter – seine Nase, »die ohnehin schon lang genug war«, noch ein Stückchen länger: »Und die Fee schaute ihn an und lachte ... Pinocchio aber wußte nicht, wohin er sich vor lauter Scham verkriechen sollte ...«

Es ist mehr Vernunft in deinem Leibe
als in deiner besten Weisheit. Und wer
weiß denn, wozu dein Leib gerade
deine beste Weisheit nötig hat?

Friedrich Nietzsche

6 Die Selbstkontrolle

Mißtrauen gegen den eigenen Körper

Ein Mensch, der seinem lebendigen Körper mißtraut, kann nicht mehr spontan handeln. Er redet weniger bedenkenlos, und er gibt sich im Umgang mit anderen befangener. Er kontrolliert sich selbst in dem Maße, als ihn die anderen vermeintlich kontrollieren. Er denkt doppelt. Damit denkt er aber vom Körper weg, wie Peter Schellenbaum erklärt, und dieses Wegdenken ist ein »Denken gegen das Leben«. Die fremdbezogene Selbstkontrolle scheitert indes nicht selten gerade an der Eigenmächtigkeit des Körpers, der so zu einer unversiegbaren Quelle entmutigender Peinlichkeit wird. Beispiele wären das Bettnässen, der Dummstellreflex bzw. das Blackout, eine panikartige Form von Lampenfieber, ferner das schon erwähnte Stottern, aber auch verschiedene Formen linkischer Tölpelhaftigkeit und motorischen Ungeschicks. Der Betroffene fühlt sich seinem Körper zunehmend entfremdet. Er erlebt sich, wie Jean-Paul Sartre es einmal formuliert hat, »als mitten in der Welt erstarrt, als in Gefahr, als unheilbar«. Der schamgebundene Mensch lebt in der ständigen Furcht vor einer öffentlichen Bloßstellung seines körperlichen Ungeschicks. Er ist überzeugt, sich fürchterlich lächerlich zu machen. Daß Lächerlichkeit

120

tödlich wirkt, zeigt auch Carlo Collodi. Er entwirft eine bizarre Szenerie: Pinocchio will über eine abscheuliche Schlange hinwegklettern, die ihm den Weg versperrt. Dabei stolpert er und schlägt zu Boden: »Und er fiel so übel, daß ihm der Kopf im Straßenschlamm steckenblieb und seine Beine kerzengerade in der Luft standen. Als die Schlange sah, wie der Hampelmann kopfüber feststeckte und seine Beine mit einer unglaublichen Geschwindigkeit in der Luft herumstrampelten, da bekam sie einen solchen Lachkrampf, daß ihr schließlich vor lauter Lachen eine Ader in der Brust platzte und sie mausetot war.« So rettete Pinocchios Lächerlichkeit paradoxerweise sein Leben.

Wenn die Selbstkontrolle nicht gelingt

Schamgebundene Menschen leben in der ständigen Angst, ihre körperlichen Funktionen nicht mehr kontrollieren zu können. Sie fürchten, die Fassung zu verlieren, unangenehm aufzufallen und sich vollkommen lächerlich zu machen. Deshalb bemühen sie sich angestrengt um ein ganz unauffälliges und lockeres Auftreten. Ihnen schwebt das Ideal einer »vollkommenen Schmiegsamkeit, Anmut und Geschmeidigkeit des Körpers« vor, wie Henri Bergson es formulierte. Diese Geschmeidigkeit läßt sich aber nicht willkürlich erzwingen. Wer es versucht, dem dürfte es wie jenem Tausendfüßler ergehen, der gefragt wurde, wie er es einrichte, nicht wenigstens mit einem Bein zu stolpern. Da begann sich der Tausendfüßler zu kontrollieren – und stolperte mit jedem Bein!
Der schamgebundene Mensch traut seinem Körper nicht viel zu. Er stellt sich auf diesen so ein, als hätte er es mit einer defekten Maschine zu tun. In diesem Zusammenhang denke ich an eine Urlaubsfahrt, die mich vor vielen Jahren in ein unwegsames Gebiet mitten in Zentralspanien führte. Ich fuhr ein uraltes Auto, das sehr pannenanfällig war. Ich war schon mit einem recht unguten Gefühl losgefahren, hatte mich aber damit getröstet, im Bedarfsfall die nächste Werkstatt aufzu-

suchen. Doch jetzt befand ich mich in einer verlassenen Gegend, weit entfernt von der nächsten größeren Ortschaft. Ein Gewitter war aufgezogen, es wurde immer dunkler – und nun begann es im Motor verdächtig zu klopfen! Die Fahrleistung ließ bedenklich nach. Ich begann angestrengt nachzudenken: Hatte ich noch genügend Motorenöl? Funktionierte die Lichtmaschine? Ich wurde mir meiner eigenen Hilflosigkeit bewußt. Meine technischen Fähigkeiten sind nie groß gewesen. Ich führte keine Ersatzteile mit mir, und der Gewitterregen begann gegen die Windschutzscheibe zu peitschen. So hoffte ich inständig, bis in die nächste Stadt zu gelangen, um mich nach einer Werkstatt umsehen zu können.

Ganz ähnlich fühlen sich Menschen, die ihrem Körper nicht vertrauen. Sie fürchten, keine funktionsfähigen Organe zu besitzen. Sie achten auf den Herzschlag und die Durchblutung der Haut. Sie messen ihre Temperatur, betrachten den Belag auf ihrer Zunge im Spiegel. Sie überlegen sich, ob sie vor Schwäche ohnmächtig werden, oder ob sie gar im Schlaf ersticken könnten, weil ihr Atmungsmechanismus versagt. Im Umgang mit anderen hoffen sie, nicht durch übermäßiges Zittern, Schwitzen oder wirres Sprechen aufzufallen, und manchmal wünschen sie sogar inständig, nicht auszurasten oder in einen Veitstanz zu verfallen!

Hoffen heißt aber auch zweifeln. So, wie der schamgebundene Mensch in seiner Kindheit das Urvertrauen zu seinen Bezugspersonen verloren hat, so schwindet allmählich auch sein Vertrauen zu seinem eigenen Körper. Hilflos muß er immer wieder erleben, wie sich dieser in einer beängstigenden Weise verselbständigt.

Deshalb muß der schamgebundene Mensch ständig auf der Hut sein. Er kann seine Aufmerksamkeit nicht mehr unbefangen auf das Leben schlechthin ausrichten, denn sein eigener Körper ist ihm zum Problem geworden. Dieser ist nicht mehr vertrauenswürdig. Er ist das Objekt einer selbstkritischen Beobachtung und Kontrolle geworden. Ich will meinen Körper perfekt unter Kontrolle haben, lautet der verzweifelte Wunsch schamgebundener Menschen, damit er mir vor den anderen keine Schande macht. Léon Wurmser macht darauf aufmerksam, daß das Leben in der Gemeinschaft ohnehin eine gewisse Selbstkontrolle voraussetzt. Dazu gehört die Kontrolle über Affekte (sexuelle Erregung, Angst, Wut, Zutrauen), über Körperlichkeit und Bewegung im allgemeinen, über Ausdrucksbewegungen und Gestik im besonderen sowie über Triebimpulse: Das Versagen solcher Kontrolle führt zur Einbuße des Respekts durch die anderen. Dabei ist es ganz besonders der plötzliche Kontrollverlust, der einem zu Schimpf und Schande gereicht.

Felix A. hat vor kurzem sein Abitur mit Auszeichnung bestanden. Er ist hochaufgeschossen, schlaksig und nicht besonders sportlich. Dennoch ist er freiwillig zur Bundeswehr gegangen, weil er Offizier werden möchte. Er glaubt, dies sei im Hinblick auf seine angestrebte Karriere im diplomatischen Dienst von Vorteil.

Zum Ende seiner Grundausbildung ist ihm eine große Peinlichkeit widerfahren. Die Rekruten mußten die Grußabnahme üben. Das ist eine feierliche Zeremonie, mit der die Rekrutenzeit des jungen Soldaten abgeschlossen wird. Alle Angehörigen einer Ausbildungskompanie müssen vor dem angetretenen Bataillon einzeln am Kommandeur vorbeimarschieren und diesem den militärischen Gruß entbieten. Diese Handlungsabfolge wurde in der Ausbildungskompanie tagelang geübt. Felix gab sich besondere Mühe, weil er vor den vielen Menschen, die ihre Augen auf ihn richten würden, auf keinen Fall unangenehm auffallen wollte.

Doch dann geschah es: Felix marschierte zwanzig Schritte voran und führte auftragsgemäß die gestreckte rechte Hand zur Stirn hoch. Dann schwang er die Hand an der Hüfte vorbei abwärts, um zügig weiter zu marschieren. Doch zu seinem Entsetzen mußte er feststellen, daß die Armbewegung auf der linken Seite nicht gegenläufig, sondern parallel zur Armbewegung auf der rechten Seite verlief. Felix mußte das Ganze wiederholen, doch auch dieses Mal kam ein »Parallelschwung« zustande. Die Kameraden bogen sich vor Lachen, der Ausbilder brüllte vor Wut – und Felix selbst? Er erstarrte vor Scham! Er konnte in der Folge überhaupt nicht mehr normal gehen, so sehr kontrollierte er sich selbst. Als seine ehrgeizigen Eltern von diesem Mißgeschick erfuhren, mußte Felix hinter den geschlossenen Türen seines Elternhauses das üben, was er als kleines Kind schon problemlos gekonnt hatte.

Ohnmächtig sein

Eine der vielen unangenehmen Konsequenzen übermäßiger Selbstkontrolle ist die – psychogene – Striktur (d.i. Harnröhrenverengung).
Ein Mann versucht in einer öffentlichen Bedürfnisanstalt zu urinieren,
doch je mehr er sich willentlich bemüht, desto weniger geht es! Das
ist für Betroffene äußerst beschämend, offenbaren sie doch allen Anwesenden ihre eigene Ohnmacht (Impotenz)! Oft suchen sie ihr Heil
deshalb in Täuschungsmanövern. Sie warten ab, bis die anderen gegangen sind. Um nicht aufzufallen, waschen sie sich umständlich die Hände am Waschbecken, oder sie kämmen sich ausgiebig vor dem Spiegel.
Das Gefühl, das sie dabei empfinden, ist eine entmutigende Versagens-
angst. Erving Goffman führt als Beispiel einen Mann an, der sich an
seine Kindheit erinnert:

»Als ich im Alter von zehn wegging, zur Internatsschule, gab es neue Schwierigkeiten, und neue Weisen, mit ihnen fertig zu werden, mußten gefunden
werden. Allgemein gesagt: Es ging niemals darum, Wasser zu lassen, wenn man
wollte, sondern darum, es zu tun, wenn man konnte. Ich hielt es für notwendig, meine Unfähigkeit vor den anderen Jungen geheimzuhalten, da auf irgend eine Weise ›anders‹ zu sein, das Schlimmste ist, was einem Jungen in
seiner Schule passieren kann; so ging ich zu den Schulklosetts, wenn sie es
taten, obwohl dort nichts geschah als das Anwachsen meines Neids auf die
Freiheit meiner Kameraden, sich natürlich zu benehmen und sogar einander
herauszufordern, um zu sehen, bis zu welcher Höhe sie kommen könnten.
Ich hätte gerne mitgemacht, aber wenn mich irgend jemand aufforderte, war
ich immer ›gerade fertig‹. Ich gebrauchte verschiedene Listen. Eine war, während des Unterrichts um Erlaubnis zu bitten, wenn die Klosetts aller Wahrscheinlichkeit nach menschenleer waren. Eine andere war, nachts wach zu
bleiben, und den Topf unter meinem Bett zu benutzen, wenn die anderen
Insassen des Schlafsaals schliefen oder es wenigstens dunkel war und ich nicht
gesehen werden konnte.«

Dem gleichen Muster entspricht die sexuelle Impotenz: Ein Mann »versagt« gerade dann, wenn er voll leistungsfähig sein möchte, gleichzeitig aber von seiner eigenen Minderwertigkeit überzeugt ist. Diesen Selbstzweifel projiziert er in seiner Phantasie in die Partnerin: Er sieht sich selbst mit ihren kontrollierenden Augen und beurteilt sein Nicht-Können aus ihrer vermeintlich verächtlichen Perspektive. Er kann nur zu dem einen Schluß kommen, daß sie ihn ebenso beurteilen muß, wie dies seine frühen Bezugspersonen taten: als einen armseligen Schlappschwanz. So wird eine Schamangst hervorgerufen, die sich bis zur Panik steigern kann. In diesem Zustand erlebt sich der impotente Mann als absolut ohnmächtig. Er ist buchstäblich außer Kontrolle, er ist in seiner beschämenden Unfähigkeit vollkommen bloßgestellt.

Diese Ohnmacht ist der Fixpunkt schamgebundenen Lebens. Sie kann inhaltlich auf eine Vielzahl von Versagenszuständen bezogen sein. Stets wird es dabei um den Verlust der Fähigkeit gehen, Herr im eigenen Haus zu sein, also selbstverantwortlich zu handeln. Vor den Augen der Welt wird nunmehr die eigene Wertlosigkeit endgültig nicht mehr zu verheimlichen sein. Diese Katastrophe versucht der impotente Mann durch eine unablässige Selbstkontrolle aufzuhalten. Hier offenbart sich der eigentliche Sinn von Selbstbezogenheit einmal mehr.

Sozialangst und Schamangst

Viele psychosomatische Symptome sind Ausdruck der Angst vor den katastrophalen Folgen eines totalen Verlustes von Selbstkontrolle. Sie sind daher Folgeerscheinungen von Schamangst. In der psychopathologischen Literatur wird in diesem Zusammenhang häufig von Sozialangst gesprochen. Der Psychiater Friedrich Strian bemerkt, daß sich diese Form der Angst »auf die mitmenschliche Kommunikation oder auf die bloße Gegenwart anderer Menschen bezieht. Sozialangst ist stets mit der Befürchtung negativer Bewertungen durch andere verbunden und führt damit zwangsläufig zu Rückzug und sekundärer Angstverstärkung.« Strian beschreibt auch die Unfähigkeit, sich »in sozialen Situationen adäquat zu verhalten«, sowie einen »Mangel an sozialer Aktivität«, Ängste vor Fremden, Autoritätspersonen und Öffentlichkeit. Er erwähnt daneben die Furcht vor Kontrollverlust und einer »Verletzung der Normen und Anstandsregeln«. Ausdrücklich weist er auch auf die Angst vor »Situationen mit Selbstdarstellungen und vor Verletzungen des Selbstwertgefühls« hin. Die betreffenden Patienten neigten im übrigen dazu, »leise, langsam, undeutlich und mit monotoner Stimme« zu sprechen. Sie benutzten »kaum mimische und gestische Ausdrucksweisen«. Blickkontakt und sprachliche Mitteilungen seien stark verringert, während die »räumliche Distanz zum Gegenüber« vergrößert sei.

Sozialängstliche Menschen werden in der psychopathologischen Literatur als introvertiert, wenig gefühlsbetont, kaum durchsetzungsfähig sowie als besonders empfindlich gegenüber Beurteilungen und Kritik beschrieben. Sie leiden unter Nervosität, Blockaden, Spannung, Verkrampfungen, Zittrigkeit, innerer Unruhe und entsprechenden körperlichen Reaktionen (Herzklopfen, Schwitzen, Erröten, Atemnot, Enge im Hals, Sprech- und Schreibstörungen, Kopf- und Magenschmerzen, Stuhl- und Harndrang). Es wird ferner auch bemerkt, daß es sozialängstlichen Menschen schwerfällt, Freundschaften herzustellen oder sich in eine Gruppe einzufügen. Aus den »vielen negativen Konsequenzen der kommunikativen Vermeidungen« resultiere gewöhnlich eine »zunehmende Isolierung«, die wiederum Probleme in vielen Lebensbereichen nach sich ziehe. Hervorgehoben wird schließlich auch das niedrige Selbstwertgefühl sozialängstlicher Menschen. Sie seien vor allem um ihr »Erscheinungsbild in den Augen anderer« bemüht. Denn sie fürchten ständig, Fehler zu machen, zu versagen oder sich zu blamieren und dadurch Ablehnung, Spott, Mißerfolg und Kränkungen hervorzurufen.

Sozialangst ist demnach Schamangst. Sie zeigt sich in verschiedenen Formen. Im folgenden werden ihre häufigsten Erscheinungsweisen beschrieben.

1. Platzangst / Straßenangst

Fast jeden Tag sehe ich Menschen in meiner Praxis, die ganz konkret fürchten, in der Öffentlichkeit, etwa im Theater, in der Straßenbahn, auf offenen Plätzen, ohnmächtig zu werden. Oft sind sie wetterfühlig und leiden unter Kreislaufproblemen, vor allem unter niederem Blutdruck. Dies allein ist aber nicht die Erklärung für das Entstehen von Platzangst. Der eigentliche Grund ist die Vorstellung, wie katastrophal peinlich es sein muß, vor den Augen der Mitmenschen total die Kontrolle über sich selbst zu verlieren.

Friedrich Strian charakterisiert Menschen, die unter Platzangst leiden, als »ängstlich«, »scheu«, »abhängig bis passiv«, gleichzeitig aber auch als »ungewöhnlich angenehm«. Es sind Menschen, die als Kinder offensichtlich dazu erzogen wurden, sich ganz auf die Erwartungen selbstbezogener Bezugspersonen einzustellen, also gut zu funktionieren und keine expansiven Ansprüche anzumelden: Die Psychologen Rita und Rüdiger Ullrich schreiben: »Sie ergreifen nicht von sich aus die Initiative und meiden Konkurrenzsituationen und riskante Unternehmungen. Kommunikative Situationen wünschen und befürchten sie gleichermaßen. Häufig zeichnen sich die Patienten durch gute Arbeitsleistungen mit einer Tendenz zu Ordnungssinn und Perfektionismus aus. Obwohl sie die Verantwortlichkeit für Familie und Kinder gerne dem Ehepartner auferlegen, sind sie dem Partner wegen ihres angenehmen Wesens liebenswert.«

Die Symptomatik von Menschen, die unter Platzangst leiden, ist ein unverkennbarer Ausdruck ihrer Selbst-Unsicherheit. Selbst der Boden, auf dem sie stehen, scheint ihnen keinen Halt zu geben. Sie erleben ihn als schwankend, als nicht tragfähig. Sie können ihm daher ebensowenig vertrauen wie ihren Bezugspersonen. Dieses Unsicherheitsgefühl ist schwindelerregend. Es läßt den Kranken eben jenes Grauen spüren, das einen jeden befällt, vor dem sich unmittelbar ein tiefer Abgrund auftut. Der Psychologe Willi Butollo beschreibt eine Klientin mit Platzangst:

»Sie hat sich an die Hauswand gelehnt, ihre an sich sanften Gesichtszüge sind angespannt. Die Augen weit geöffnet, klammert sie sich mit ihrer linken Hand förmlich an ihre Handtasche. Die Lippen sind zusammengepreßt, das Gesicht blaß. Der Atem kommt stoßweise, mit langen Pausen dazwischen; es scheint, als würde sie nur ein-, aber nicht ausatmen. Sie geht noch zwei Schritte weiter, eckig und steif, nach ihren eigenen Worten wie ein › Zinnsoldat‹, lehnt sich dann wieder an die Mauer, dreht sich hilfesuchend um und sagt gepreßt: › Es geht nicht mehr, das ist alles, was ich machen kann.‹

Ihr Problem besteht – zumindest vordergründig – darin, daß es ihr nicht möglich ist, allein aus einem Haus weg und durch eine Straße oder über einen freien Platz zu gehen. Versucht sie es dennoch, treten dabei die geschilderten Zustände auf.

Sie beschreibt ihre Angstgefühle mit eigenen Worten so: › Bereits bei dem Gedanken, allein aus dem Haus gehen zu müssen, werde ich sehr nervös. Ich verspüre eine Beklemmung in der Magengegend, Appetitlosigkeit, bin sehr reizbar, nervös und reagiere fahrig auf die geringste Ablenkung. Mein Herz droht zu zerspringen, ich spüre den Schmerz in der gesamten Brustgegend, und im Hals klopft der Puls wie rasend.

Dann wage ich kaum zu atmen. Ich habe einfach Angst, daß ich, wenn ich mich noch mehr bewege, irgendwie auseinanderfalle. Ich nehme mir dann meist wieder vor, gar nicht wegzugehen, selbst wenn es sich um den Gang zum Milchladen um die Ecke handelt.

Wenn ich wirklich einmal weggehe, so geht es schon im Stiegenhaus los. Am deutlichsten ist das Herzklopfen und die verkrampfte Atmung, aber es geht damit ein Gefühl einher, als würde der Boden unter meinen Füßen wanken und sich ein Nebel zwischen mich und die Umwelt schieben. Ich bin am ganzen Körper verkrampft, die Arme und Beine sind wie › eingehängt‹, als würden sie nicht zu mir gehören. Ich verspüre eine Leere im Kopf, kann keinen klaren Gedanken mehr fassen. In diesem Augenblick drehe ich mich einfach um. Da ist mir alles egal, ich brauche keine Milch und keine Butter mehr, sondern will nur noch zurück in meine Wohnung.‹«

2. Entpersönlichungsangst

Ähnlich verhält es sich bei der Angst, verrückt zu werden, nicht mehr Herr seiner Sinne zu sein. Beherrschend ist dabei die Einbildung, etwas tun zu müssen, das völlig unmöglich und abnorm ist. Viktor Frankl führt einen Mann an, der zwanzig Jahre lang unter der Zwangsvorstellung litt, Männern ans Genitale fassen zu müssen und sich dadurch für den Rest seines Lebens völlig unmöglich zu machen! Dieser Mann hatte erklärt: »Die Befürchtung, jemandes Penis zu ergreifen, überkam mich beispielsweise, wenn ich einen Friseurladen aufsuchen mußte. Jeweils malte ich mir dann schon aus, nicht nur gesellschaftlich erledigt zu sein, sondern auch meinen Posten verloren zu haben.«

Entpersönlichungsangst kommt auch in Befürchtungen zum Ausdruck, die Kontrolle über die eigene Aggressivität zu verlieren. So befürchten Mütter, ihre Kleinkinder zum Fenster hinauszuwerfen, sie die Treppe hinunterzustoßen oder sie mit dem Küchenmesser abzuschlachten. Eine Mutter litt jahrelang unter der Vorstellung, im schlafwandlerischen Zustand in das Zimmer ihrer Kinder zu gehen und diese dort zu erwürgen. Ein Vater befürchtete, sein rechtes Bein könnte sich verselbständigen, so daß er seine Kinder ungewollt tottrampeln würde. Daher war er stets darauf bedacht, räumliche Distanz zu ihnen zu halten. Wenn er nachts am Kinderzimmer vorbeigehen mußte, ging er in die Knie und lief auf allen vieren vorbei. Dadurch glaubte er, mehr Kontrolle über seine beschämenden Impulse zu haben.

Andere Menschen fürchten, sich in der Öffentlichkeit zu übergeben oder in vollbesetzten Kirchen unflätige und blasphemische Obszönitäten herauszuschreien. Ein Klient, der seit Jahren an sexueller Impotenz litt und deshalb auch in urologischer Behandlung war, hatte bei rektalen Untersuchungen in der Arztpraxis unvorstellbare Angst. Er befürchtete, paradoxerweise in diesem Augenblick eine Erektion zu bekommen und – im schlimmsten Fall – sogar vor dem Arzt zu ejakulieren.

3. Tics

Die katastrophierende Selbstkontrolle bezieht sich auch (und gerade!) auf die Kommunikationsorgane. Dazu gehört zunächst die Gesichtsmuskulatur. Sie lenkt den mimischen Ausdruck und signalisiert den Gesprächspartnern die eigene emotionale Befindlichkeit. Eine verhängnisvolle Folge schamgebundener Selbstkontrolle ist die Verkrampfung bestimmter Muskeln des Gesichts und des Halses. Das Antlitz erstarrt dabei vielfach zu einem Verlegenheitsgrinsen, das oft als dümmlich und betreten empfunden wird. Verstärkt sich die Anspannung weiter, so kann es zu nervösen Muskelzuckungen kommen, die man als »Tics« bezeichnet. Sie werden subjektiv als ein willentlich nicht zu beherrschender Drang empfunden. Dieser zwingt den Betroffenen zum Zwinkern, Blinzeln, Schnüffeln, Schnäuzen, Schnalzen, Spucken, Kratzen, Kauen, Schlucken, Gähnen, Springen oder Auf-der-Stelle-Treten. Manche Tics nehmen auch den Kehlkopf, das primäre Kommunikationsorgan, in Anspruch. Dies ist der Fall, wenn jemand zwanghaft hüsteln oder sich räuspern muß. Besonders peinlich ist natürlich der Schrei- oder Brülltic.

Der Kinderpsychiater Gerhardt Nissen zählt Tic-Erscheinungen auf, die bei Kindern besonders häufig vorkommen, nämlich Mund- und Augenaufreißen, Augenbrauenhochziehen, Stirnrunzeln, Augenblinzeln, Schulterzucken, Lachen, Nasewackeln, Schniefen und Pfeifen. Er schreibt: »Bemerkenswert ist, daß Tics vorzugsweise dort lokalisiert sind, wo sie am meisten auffallen, daß sie sich bei Hinwendung der Aufmerksamkeit verstärken, schlecht willkürlich reproduziert werden können und bei innerer Erregung zunehmen. Eine willkürliche Unterdrückung gelingt nicht. Tics werden wie andere psychische Phänomene durch Hinlenkung der Aufmerksamkeit verfestigt.«

Unter Kinderpsychiatern besteht eine weitgehende Übereinstimmung im Hinblick auf die Entstehungsbedingungen von Tics. So wird auf »die fehlende emotionale Befriedigung in der Kindheit« hingewiesen. Dies ist der Fall, wenn die Mutter im Umgang mit dem Kind kühl und distanziert ist oder wenn sie sich ihm überhaupt nur wenig zuwendet. Eine weitere Auslösebedingung sind »zwanghaft-perfektionistische Züge der Eltern«. Wenn Kinder ständig mit überhöhten Anpassungs- und Leistungsnormen überfordert werden, wenn sie in ihrer expansiven Lebendigkeit behindert werden, »kann der Tic als Signal, als eine Spannungsabfuhr dienen, durch das die Umwelt auf die innere Notsituation aufmerksam gemacht werden soll« (Nissen). Damit wäre der Tic sowohl Hinweis für als auch Ausdruck von gehemmter Aggressivität. In jedem Fall trägt ein Tic aber wesentlich zu einem komischen Erscheinungsbild bei. Gerade für Schulkinder stellt er ein Stigma dar, einen Beweis für ihre beschämende Minderwertigkeit.

4. Errötungsangst

Auch die Gesichtshaut besitzt eine kommunikative Funktion. Die unterschiedliche Intensität der Durchblutung läßt sie ihre Farbe wechseln. Unvermittelt kann ein Mensch knallrot oder totenblaß werden. Gerade hier äußert sich die Schamangst auf eine unmittelbare Weise: Im Erröten zeigt ein Mensch an, daß er sich schämt, und dieser Offenbarung seiner Scham schämt er sich zusätzlich. Ein wahrer Teufelskreis hat sich geschlossen. Fritz Zorn schreibt in diesem Zusammenhang:

»Wie alle schamhaften Menschen schämte ich mich natürlich auch entsetzlich darüber, daß ich immer schamrot wurde und somit meine intimste Verfassung für jedermann sichtbar und deutlich zutage trat. Aufgrund der Angst, rot zu werden, provozierte ich diese Röte dann erst recht, und immer, wenn ich in einem Gespräch oder in einer Schulstunde ein Thema auf mich zukommen sah, das mich erröten lassen würde, führte ich einen verzweifelten Kampf mit dem Taschentuch, um mir den imaginären Schweiß abzuwischen oder Niesanfälle zu simulieren. Nachdem ich in dieser Hinsicht einmal hypersensibilisiert war, ereigneten sich diese für mich qualvollen Zwischenfälle natürlich immer häufiger, und ich begann in vielen Fällen rot zu werden, in denen es selbst für meine Schamhaftigkeit noch nicht nötig gewesen wäre.«

5. Zitterangst

Auch mit den Händen läßt sich kommunizieren. Sie sind das Werkzeug der Gebärdensprache. Deshalb sind auch sie ein Objekt schamgebundener Selbstkontrolle. Denn die menschliche Hand kann ein peinliches Eigenleben führen. Sie kann merklich zittern, und sie kann, ähnlich wie die Gesichtshaut, übermäßig Schweiß absondern. Schamgebundene Menschen hassen ihre Hände nicht selten, weil sie sich von diesen im Stich gelassen fühlen. Wie oft berichten mir meine Klienten verzweifelt, das Leben von Analphabeten führen zu müssen! Sie sind nicht in der Lage, den Scheck am Banktresen oder den Krankenschein in der Arztpraxis zu unterschreiben. Sie können nicht das Meldeformular beim Hotelportier ausfüllen, nicht der gemeinschaftlich verfaßten Ansichtskarte ihre eigenen Urlaubsgrüße beifügen. Und warum nicht? Weil die Hand zittern könnte – und die Umstehenden es sehen würden!

Doch die Hand läßt diese Menschen auch in anderen Situationen im Stich. Sie läßt die Kaffeetasse erzittern, die zum Mund geführt wird. Sie bringt die Kanne zum Überschwappen, wenn man seinen Gästen Tee nachschenken will. Und sie versetzt das Tablett in Erschütterung, auf dem das Geschirr weggetragen wird. Die Hand wird so zu einem fremden, unzuverlässigen Objekt, auf das sich der schamgebundene Mensch nicht mehr verlassen kann.

6. Sprechangst

Das gesprochene Wort stellt eine unmittelbare kommunikative Verbindung zum Mitmenschen her. Doch es dauert viele Jahre, bis ein Kind so zu sprechen gelernt hat, wie es den normativen Idealvorstellungen des Erwachsenenlebens entspricht. Zur normalen Sprachentwicklung des Kindes gehören Phasen des Stotterns. Das Kind verfügt in dieser Zeit noch nicht über einen Wortschatz, der es ihm ermöglicht, sich fließend auszudrücken. So ringt es nach Worten, kommt ins Stammeln und wiederholt einzelne Silben, wenn seine Gedanken dem Sprachfluß davonzulaufen beginnen. Man spricht in diesem Zusammenhang von »Iterationen«. Es handelt sich dabei um durchaus harmlose Erscheinungen, die zur normalen Sprachentwicklung gehören.

Selbstbezogene Eltern schenken diesen entwicklungsbedingten Sprechauffälligkeiten nicht selten eine übermäßige Beachtung. Sie verbessern das Kind, halten es dazu an, schwierige Worte bewußt richtig auszusprechen. Oft bringen sie dabei spöttisch ihre Geringschätzung zum Ausdruck. Wenn das stotternde Kind in dieser Weise dazu angehalten wird, Sätze ordentlich zu wiederholen, oder wenn es in seinem Sprechfluß aufgrund der elterlichen Maßregelung unterbrochen wird, so beginnt es über kurz oder lang sein Sprechen bewußt zu kontrollieren. Das führt zu einer zunehmenden Verunsicherung.

Der Logopäde Theo Schoenaker schreibt in diesem Zusammenhang: »Für das eigene Erleben wird das Stottern zur alles beherrschenden Kraft; die › unwillkürlich‹ auftretenden Symptome zur unkontrollierbaren Angstquelle und Ursache allen Versagens.«

Die beschämende Sprechangst greift auf viele andere körperliche Funktionen über. Das betroffene Kind wirkt dabei häufig angespannt und verkrampft, in seinen zwischenmenschlichen Beziehungen gibt es sich unsicher. Das wiederum kann Anlaß sein, von anderen Kindern verhöhnt und verspottet zu werden. So schließt sich der Teufelskreis der Schamangst. Die Folge kann sein, daß das stotternde Kind zunehmend vor sozialen Situationen zurückweicht und den Kontakt mit Gleichaltrigen meidet.

Docht war nie ein Stotterer im eigentlichen Sinn. Er sprach im allgemeinen zwar leise und bedächtig, doch er verhedderte sich kaum einmal. Aber in Gegenwart seiner Mutter traten seit seiner Kindheit regelmäßig Sprechstörungen auf. Docht erinnerte sich an die vielen Situationen, in denen sie ihn vor anderen Leuten korrigiert und dadurch bloßgestellt hatte. Es gab einige wenige Menschen, in deren Gegenwart Docht ebenfalls Sprechangst empfand. Es wunderte ihn zunächst, daß dies ausgerechnet bei jenen Frauen der Fall war, in die er sich zu verlieben begann!

Nicht immer führt Sprechangst zum Stottern. In vielen Fällen äußert sie sich in rein psychosomatischen Symptomen: Das Herz beginnt zu rasen, die Atmung wird immer schneller, die Hände zittern, und die Stimme versagt. Diese Symptomatik ist um so ausgeprägter, je nachteiliger die Folgen für das Selbstwertgefühl des betroffenen Menschen sind. So kann ein Lehrer im Unterricht durchaus souverän auftreten und flüssig sprechen; beim Elternabend bricht jedoch die versteckte Schamangst hervor. Sie baut sich panikartig mit dem Gedanken auf, was die Eltern wohl über »so einen Versager wie mich« denken werden! In jedem Lampenfieber ist dieser doppelte Gedanke am Werke. Deshalb verfallen viele schamgebundene Menschen gerade dann in eine Sprechangst, wenn sie sich vor den Augen vieler, wichtiger oder besonders kritischer Beobachter exponieren. Sie erleben sich als ähnlich ohnmächtig und wertlos wie in bestimmten Kindheitssituationen, in denen sie von ihren selbstbezogenen Erziehern bedenkenlos bloßgestellt wurden.

Nicht selten gibt es in diesem Zusammenhang Schlüsselszenen. Sie beinhalten ein besonders beschämendes Ohnmachtserlebnis, das in der weiteren Folge wie ein Damoklesschwert über dem natürlichen Sprechfluß hängt. Ein Betroffener erinnerte sich noch viele Jahrzehnte später an eine entsprechende Szene:

»Ich war ungefähr vierzehn Jahre alt, als ich der einzige Augenzeuge eines Autounfalls wurde. Aus einem Abstand von etwa hundert Metern sah ich, wie ein Auto auf glatter Straße ins Schleudern kam und umstürzte. Ich sah zu, wie sich die Insassen mühsam befreiten, ohne irgendwelche Hilfe zu leisten. Ich hätte auch gar nicht gewußt, wie ich helfen sollte. Deshalb entschied ich mich, weiterzugehen. In der Folge hatte ich aber ein ungutes Gefühl, ob ich auch richtig gehandelt hatte. Mit schlechtem Gewissen berichtete ich zu Hause von diesem Unfall. Einige Zeit später stellte der betreffende Fahrer an die zuständige Gemeindeverwaltung Schadensersatzansprüche, weil die Straße nicht gestreut gewesen war. In einer Gemeinderatsitzung kam dieser Vorfall zur Sprache. Mein Vater, der selbst Gemeinderat war, berichtete in diesem Zusammenhang, daß ich Augenzeuge dieses Unfalls war. Deshalb besuchte mich der Bürgermeister in der Firma, in der ich damals meine Lehre absolvierte. Das geschah zu einem Zeitpunkt, als ich überhaupt nicht mehr an diesen Vorfall dachte. Im Beisein meiner Chefin wollte der Bürgermeister nun von mir wissen, wie sich der Unfall genau ereignet habe. Ein Gefühl der

Unsicherheit stieg in mir auf. Ich fragte mich angstvoll, ob ich damals auch alles richtig gemacht hätte, oder konnte man mir nun unterlassene Hilfeleistung unterstellen? Ich war so aufgeregt, daß meine Stimme zwischendurch versagte. Ich bemerkte die Betroffenheit in den Gesichtern meiner Chefin und des Bürgermeisters. Nun begann ich mich ganz auf meinen stockenden Atem und die versagende Stimme zu konzentrieren. Eine wahre Panik stieg in mir auf. Ich brachte kein einziges Wort mehr hervor!

Von diesem Vorfall berichte ich deshalb so ausführlich, weil das Symptom der versagenden Stimme mich hinfort, bis auf den heutigen Tag, verfolgt hat. Von diesem Zeitpunkt an hatte sich der Gedanke in mir festgesetzt: Hoffentlich zittert meine Stimme nicht mehr, hoffentlich bleibt mir die Luft nicht weg! Sobald ich in der Folge vor anderen Menschen, zum Beispiel auf einem Amt oder in der Öffentlichkeit sprechen mußte, schoß mir dieser Gedanke in den Kopf. Ich ging dann mit dem Vorsatz in die ›Schlacht‹, daß ich dieses Mal auf keinen Fall versagen dürfte! Ich wollte unbedingt so normal reden wie alle anderen. Doch fast immer war das Gegenteil der Fall. Ich fühlte mich danach unendlich klein, erniedrigt, niedergeschlagen und lebensunfähig.«

Bei chronischen Sprechstörungen hat sich ein verhängnisvoller Teufelskreis etabliert. Die Dauerwirkung nervöser Anspannung, als Konsequenz der Selbstbeobachtung und Selbstkontrolle, soll durch weitere Selbstkontrolle eingedämmt werden. Dies führt nur zu einer zusätzlichen Anspannung, deren Wirkungen weiterer wachsamer Selbstkontrolle unterworfen werden müssen. Der Betroffene befindet sich in einem Alarmzustand. Er kommt nicht mehr zur Ruhe, wenn er mit anderen Menschen sprechen soll. Denn es geht darum, die Katastrophe der völligen Blamage aufzuhalten. So berichtete ein Stotterer:

»Wir haben viele kunstvolle Tricks, um unsere Blockierungen zu verstecken und zu minimieren. Wir halten Ausschau nach Zungenbrecher-Lauten und -Wörtern. Wir gehen ›Zungenbrechern‹, wo wir können, dadurch aus dem Wege, daß wir nichtgefürchtete Worte an ihre Stelle setzen oder hastig unsere Gedanken verändern, bis der Zusammenhang unserer Rede so verworren wird wie ein Teller Spaghetti.«

Wir müssen das Leben eines Individuums nicht
nur als Einheit betrachten, sondern auch im
Zusammenhang mit seinen sozialen Beziehungen.

Alfred Adler

7 Die Brücke zur Gemeinschaft

Nachahmung von Vorbildern

Der amerikanische Soziologe Erving Goffman vergleicht die soziale
Welt mit einer großen Theateraufführung, deren dramatische Gestaltung auf sorgfältig einstudierten Rollen beruht. Jeder Darsteller auf
dieser Weltbühne will einen möglichst vorteilhaften Eindruck erwek-
ken. Er greift auf genau festgelegte und allgemein anerkannte Handlungen und Worte zurück, und er verwendet eine ganz bestimmte
Rhetorik und Gestik. Dabei wird der Darsteller von einer unsichtbaren Regie und der Technik der Hinterbühne unterstützt. Nur unter
diesen Voraussetzungen kann der Darsteller sicher sein, nicht aus der
Rolle zu fallen.
Die Dramaturgie sozialen Lebens stößt bei jedem Kind auf ein natürliches Interesse. Zunächst bieten sich ihm die Personen seiner Eltern
als naheliegende Vorbilder an. Das Kind beobachtet, wie sich Mutter
und Vater verhalten, und es versucht zu verstehen, was sie jeweils be-
absichtigen. So kann das Kind die Eltern imitieren: Das kleine Mädchen spielt das Verhalten seiner Mutter nach, der kleine Junge das
Verhalten seines Vaters. Dabei identifiziert sich das Kind mit den idealisierten Eltern. Das Kind findet in seiner Umgebung aber noch weitere Einzelpersönlichkeiten, die es imitieren kann: einen bestimmten

Onkel oder den Briefträger, der täglich kommt, die Nachbarin oder einen Kranführer, der in der Nähe arbeitet, den großen Bruder usw. Daneben begegnen dem Kind viele Figuren, mit denen es sich identifizieren kann: Märchengestalten, die vielen Helden aus Comic-Heften und Fernsehfilmen sowie Kino- bzw. Videostars. Ihnen eifert das Kind in seinen privaten Phantasiespielen nach, an denen es mit zunehmendem Alter aber auch andere Kinder teilhaben läßt.

Dieses Teilhaben stellt einen Wendepunkt im Leben des Kindes dar. Voraussetzung ist dafür der Spracherwerb. Je besser ein Kind sprechen kann, desto eher gelingt ihm das, was wir als soziale Kommunikation bezeichnen: ein gegenseitiger Austausch von Sprachsymbolen, die Gemeingut sind. Indem sich ein Kind sprachlich mit anderen Kindern verständigt, kann es sich mit Vorstellungen identifizieren, die allgemeingültig, abstrakt und rein begrifflich sind. Es kommt so zu einer sozialen Identifikation, die nicht mehr auf einer bloßen Nachahmung von idealisierten Vorbildern beruht. Allgemeingültige, abstrakte Leitideen ersetzen konkrete Leitbilder. Damit ist der Weg für die Herausbildung eines sozialen Vernunftgewissens geebnet (vgl. Kapitel 3).

Rollenspiele und soziale Identifikation

Der amerikanische Philosoph George Herbert Mead ist der Begründer der Rollentheorie. Er zeigte die Bedeutung der außerfamiliären Sozialisation am Beispiel gemeinschaftlicher Regelspiele auf: Verschiedene Kinder kommen zusammen. Sie verständigen sich sprachlich über gemeinsame Spiele. Jedes einzelne Kind bekommt dabei seine entsprechende Rolle zugewiesen. So lernt es ganz zwanglos zu beachten, was sich gehört, was – im Hinblick auf die entsprechenden Spielregeln – richtig und falsch ist.

Spielregeln gibt es viele: Sie beziehen sich nicht nur auf formale Spiele, zum Beispiel Fußball spielen, sondern auf sämtliche Gemeinschaftsaktivitäten. Wenn sich mehrere Kinder zu einer Spielgruppe zusammenschließen, sind sie Teil eines ganzheitlichen Gefüges, das eine eigene Dynamik entwickelt und eigenen Regeln folgt. Diese Regeln können mit den familiären Rollenzuweisungen des Kindes völlig unvereinbar sein: So kann ein kleiner Junge für seine Mutter weiterhin das niedliche Bärchen sein, das sich entsprechend lieb verhält. In seiner Spielgruppe muß dieser Junge sein familiäres Rollenverhalten aber aufgeben, wenn er ein typischer Lausbub sein soll. Das Kind muß also lernen, flexibel zu sein, indem es sich situationsentsprechend auf die jeweiligen Erwartungen seiner Bezugsgruppen einstellt. Diese Flexibilität könnte man auch als eine Fähigkeit zur Relativierung der verschiedenen Rollenzuweisungen und der damit zusammenhängenden Regeln verstehen. Daraus leitet sich eine Einstellung ab, die von einer starren Angepaßtheit an bestimmte Verhaltensweisen locker abzusehen vermag. Wer immer in der Rolle des lernwilligen, folgsamen Schülers verharrt, wird in den Augen Gleichaltriger leicht zum Streber oder »Schleimer«. Ein solches Kind fügt sich nicht in die Regelhaftigkeit außerschulischer Gruppenaktivitäten ein. So muß es häufig Ablehnung und Mißachtung erleben, was sehr entmutigend wirken kann. Wenn sich dieses Kind in der Folge den Gruppenaktivitäten gekränkt zu entziehen beginnt, läuft es Gefahr, in seinem Rollenverhalten immer unflexibler zu werden. Es kann allmählich in die Position des komischen Außenseiters gelangen.

Ein flexibles Rollenverhalten ist daher die Voraussetzung für eine erfolgreiche Teilhabe am Gemeinschaftsleben. Es baut auf der Fähigkeit zur sozialen Identifikation auf. Diese nimmt nicht mehr auf bestimmte Menschen Bezug. Sie relativiert und abstrahiert die einzelnen (partikulären) Beziehungen, die in den Rollenspielen von Kleinkindern nachgeahmt werden. Die soziale Identifikation baut auf der Verallgemeinerung dieser Einzelbeziehungen auf. Sie bringt sie in einen übergreifenden (generalisierten) und unverbindlichen Beziehungszusammenhang. George Herbert Mead spricht deshalb von der Einstellung des »Generalisierten Anderen«, für Alfred Adler ist es die Fähigkeit, mit den Augen eines beliebigen Mitmenschen zu sehen, mit dessen Ohren zu hören und mit dessen Herzen zu fühlen. Diese Fähigkeit läßt sich durchaus spielerisch erwerben. Dies ist der Fall, wenn sich ein Kind von klein auf an Gemeinschaftsaktivitäten beteiligen kann, die ihm Spaß und Freude bereiten. Damit kann sich ein Zugehörigkeits- bzw. Gemeinschaftsgefühl entwickeln, das das eigene Selbstwertgefühl stärkt.

Fremd in der Gemeinschaft

Wenn ein Kind die vielen gemeinschaftlichen Aktivitäten außerhalb des Elternhauses nicht richtig einüben kann, wird ihm eine soziale Identitätsfindung schwerlich gelingen. Dieses Kind wird vielleicht mit einzelnen Spielkameraden zurechtkommen. Innerhalb einer Gruppe fühlt es sich jedoch buchstäblich fehl am Platz. Gründe dafür gibt es viele. Zu denken wäre zunächst an Krankheiten, die die kindliche Bewegungsfähigkeit eingeschränkt haben. Solche Kinder wachsen häufig in die Rolle des bemitleideten und nicht selten verhätschelten Kranken hinein. Im Umgang mit anderen Kindern verharren sie häufig in einer passiven Anspruchshaltung. Wenn sie versuchen, bei den Regelspielen der anderen mitzumachen, so erweisen sie sich oft als unflexibel und störrisch. Sie benehmen sich komisch. Die Folge ist, daß solche Kinder im allgemeinen Zurückweisung und Ablehnung erfahren, so daß sie sich schließlich auf ihre ursprüngliche familiäre Rolle zurückziehen oder die vielzitierte »Flucht in die Krankheit« antreten.
Daneben gibt es auch Kinder, die isoliert aufwachsen müssen, weil die Eltern selbst keinen sozialen Anschluß gefunden haben. Dies betrifft jene Entwurzelten, die ihre angestammte Heimat aus politischen, religiösen oder wirtschaftlichen Gründen verlassen mußten. Sie leben mit ihren Kindern in der Fremde, und sie bleiben als Fremde stigmatisiert, solange sie die Sprache und die Gebräuche der neuen Umgebung nicht zu beherrschen lernen. Ihren Kindern, die sich in die normale Gemeinschaft integrieren wollen, sind sie häufig ein peinliches Ärgernis, Grund sich ihrer schämen zu müssen. So ist die Entfremdung von den Eltern häufig überhaupt erst Voraussetzung dafür, eine angemessene soziale Identität zu finden.

139

Wir können schließlich auch an Kinder denken, deren Eltern, zum Beispiel aus beruflichen Gründen, oft umziehen müssen. Dies betrifft nicht zuletzt Militärangehörige. Ihre Kinder können schwerlich Wurzeln fassen. Sie sprechen vielleicht eine Mundart, die am neuen Standort des Vaters nicht verstanden wird. Damit erleben sie sich immer wieder als Fremde, die sich einen Platz in der Gemeinschaft der Eingesessenen erst mühsam erkämpfen müssen.

Ilona M. ist 26 Jahre alt. Sie ist alleinstehend und arbeitet in einem Verlag, wo sie als ein Arbeitstier gilt. Sie ist wegen ihrer unnahbaren, kühlen Art aber allgemein unbeliebt. Sie wird von den Kollegen geschnitten, zuweilen sogar offen angefeindet. Darunter leidet sie sehr. Sie fühlt sich dauernd unwohl: Nachts kann sie nicht schlafen, weil sie unentwegt darüber nachdenkt, »was die am nächsten Tag wieder mit mir machen«. In die Arbeit geht sie mit Magenkrämpfen und einem Druck in der Brustgegend. Oft wird sie von migräneartigen Kopfschmerzen überfallen. Bislang hat sie sich mit einer eisernen Selbstdisziplin über Wasser gehalten. Doch sie spürt, daß es so nicht mehr weitergehen kann. Sie hat sich daher entschlossen, mit einer Psychotherapie zu beginnen.

In der zweiten Sitzung berichtet sie über ihre ruhelose Kindheit. Als einzige Tochter eines Bundeswehroffiziers mußte sie innerhalb weniger Jahre dreimal umziehen. Das bedeutete, sich von der vertrauten Umgebung, den Kameraden und auch den bekannten Lauten eines Dialekts zu trennen, den sie gleichwohl nicht perfekt beherrschte. Denn sie mußte immer dann umziehen, wenn sie es fast schon geschafft hatte, so zu sprechen wie die anderen.

Ilona erinnerte sich an ihren ersten Umzug:

»Der Möbelwagen stand vor der Tür, als ich von der Schule nach Hause kam. Aber jetzt war es nicht mehr mein Zuhause. Meine Mutter sagte mir, wir würden umziehen. Ich war wie gelähmt. Ich hatte mich für den Nachmittag mit meiner Freundin verabredet. Am Tag zuvor hatte ich meine Barbiepuppen bei ihr gelassen. Wir wollten heute mit ihnen spielen. Ich flehte meine Mutter an, wenigstens so lange zu warten, bis ich die Puppen, an denen ich so hing, geholt hatte. Sie lächelte aber nur und sagte, der Möbelwagen kann nicht warten. Dann schob sie mich auf den hinteren Sitz und gab dem Fahrer ein Zeichen. Er fuhr los, und ich saß da: völlig erstarrt in einem Schmerz, den ich gar nicht beschreiben kann.«

In der gleichen Sitzung schilderte Ilona ihre Einschulung am neuen Wohnort. Inzwischen war sie zum zweiten Mal umgezogen. Sie erzählte mit leiser Stimme:

»Wir gingen zum Schulleiter. Dort war auch schon die neue Klassenlehrerin. Alle taten freundlich, ich aber zweifelte daran. Sie kamen mir falsch vor. Sie sagten: ›Das kriegen wir schon hin.‹ Was hieß aber ›wir‹? Ich wußte genau, daß ich ihnen gleichgültig war, daß sie sich nicht um mich kümmern würden. Dann wurde ich in der neuen Klasse abgeliefert. Alle gucken dich an! ›Die spricht komisch‹, hörte ich jemanden flüstern. Ich sehe ihre primitiven Gesichter, sehe, wie sie ihre Köpfe zusammenstecken, sehe, wie sie blöd grinsen. Ich hatte eine fürchterliche Angst, aufzufallen, etwas falsch zu machen. Deshalb kontrollierte ich mich krampfhaft. Ich wurde neben eine gesetzt, mit der sowieso niemand sprach, wie ich bald feststellen konnte. Auch mich sprach kaum jemand an. Ich war die ›Reingeschmeckte‹. Ich war distanziert, sagte wenig, weil ich mich meiner Aussprache schämte. ›Meinst wohl, du bist was Besseres, weil du anders sprichst‹, hörte ich sie lästern. Ich verstand ohnehin nur die Hälfte von dem, was sie in ihrer fürchterlichen Mundart sagten. Der Deutschlehrer bildete sich ein, astreines Hochdeutsch zu sprechen. Ich verstand ihn trotzdem nicht. Ich sagte ihm das auch. Alle lachten, und er war fürchterlich gekränkt! Von da an drangsalierte er mich. Er sagte mir mehrfach, ich gehörte auf die Sonderschule.
Wegen meiner Unsicherheit zog ich mich immer mehr zurück. Fast drei Jahre lang hatte ich zu den anderen fast keinen Kontakt. Ich fühlte mich fremd, als totale Außenseiterin. Das ganze Leben erschien mir befremdlich. Was will ich denn überhaupt hier? fragte ich mich immer wieder. Nachts im Bett machte ich mir Gedanken, wie ich den nächsten Tag überstehen würde. Die Dunkelheit der Nacht erschien mir als ein großes Loch, das mich aufsaugen wollte. Das Schlimmste aber war, daß ich als Streberin abgestempelt wurde, weil ich aus lauter Verzweiflung so viel lernte. Einmal sagte meine Nebensitzerin: ›Ich kann dich zwar nicht leiden, weil du so komisch bist. Aber danke, daß ich bei dir abschreiben kann!‹

Ich fing an, bewußt Fehler in Klassenarbeiten zu machen. Ich wollte schlechte Noten kriegen, um nicht mehr als Streberin zu gelten. Aber das half mir überhaupt nicht weiter. Im Gegenteil! Ich wurde nur noch mehr gehänselt und beschimpft: ›Blöde Kuh‹ hieß es und ›Arschloch‹. Man beachtete mich kaum noch, ließ mich links liegen. Manchmal fragte ich sie kleinlaut: ›Warum seid ihr bloß so zu mir?‹ Und sie sagten, das mache eben Spaß. Schließlich habe ich auf ihre Beschimpfungen überhaupt nicht mehr reagiert, obwohl es so weh tat.

Ich fühlte mich – damals wie heute noch – fremd. Das ist so ein Gefühl: Ich könnte mich in Luft auflösen, und keiner merkt es! Ich möchte einfach normal sein. Je mehr ich mich aber bemüht habe, desto mehr wurde mir von den anderen vermittelt, daß ich komisch bin. Und je weniger ich ich selbst bin, desto mehr verkrampfe ich mich, desto angreifbarer und verletzlicher werde ich. Und dann machen sich alle über mich lustig, weil sie sich mir überlegen fühlen.«

Der Sozialphilosoph Alfred Schütz beschreibt, wie schwierig die Annäherung des Fremden an eine festgefügte Gruppe (»in-group«) sein kann. Der Fremde kann sich nicht in selbstverständlicher Weise auf den (typischen) Generalisierten Anderen einstellen. Ihm fehlt das erforderliche Regelwissen. So muß er sich zunächst auf die einzelnen Mitglieder der Gruppe individuell beziehen. Er muß sich diesen gegenüber so verhalten, als wüßte er über die jeweiligen Spielregeln schon Bescheid. Dabei kann er leicht anecken, sich auffällig verhalten, ja, sich der Lächerlichkeit preisgeben: »Daher kommt beim Fremden das mangelnde Gefühl der Distanz, sein Hin- und Herschwanken zwischen Reserve und Intimität, sein Zögern und seine Unsicherheit, und sein Mißtrauen in alles, was so einfach und unkompliziert jenen erscheint, die sich auf das Funktionieren der nicht hinterfragten (sozialen) Rezepte verlassen, denen man einfach folgen muß und die man nicht weiter (bewußt) zu verstehen braucht.«

Sobald sich ein Kind in der Gemeinschaft fremd fühlt, beginnt es gewöhnlich an sich zu zweifeln. Es fühlt sich wie in Feindesland. Überall drohen Gefahren, die Mitmenschen sind unberechenbar und undurchschaubar. Sie belauern das Kind. Ihrem prüfenden Blick entgeht keine Fehlhaltung und keine Übertretung von Normen und Regeln, die nur sie allein kennen und festlegen. Das ruft zuweilen eine große Angst und Verzweiflung hervor. In seiner autobiographischen Erzählung *Ein Kind* schildert Thomas Bernhard die Nöte eines Schülers, der aus der Fremde (in diesem Fall Österreich) nach Bayern kam. Diesem Jungen gelang es nicht, sich zu integrieren. Denn er hatte niemanden an seiner Seite, der ihm Stütze gewesen wäre, weder die Lehrer noch die eigene Mutter:

»Als Österreicher hatte ich es schwer, mich zu behaupten. Ich war dem Spott meiner Mitschüler vollkommen ausgeliefert. Die Bürgersöhne in ihren teueren Kleidern straften mich, ohne daß ich wußte, wofür, mit Verachtung. Die Lehrer halfen mir nicht, im Gegenteil, sie nahmen mich gleich zum Anlaß für ihre Wutausbrüche. Ich war so hilflos, wie ich niemals vorher gewesen war. Zitternd ging ich in die Schule hinein, weinend trat ich wieder heraus. Ich fand keinen einzigen unter den Mitschülern, mit welchem ich mich hätte anfreunden können, ich biederte mich an, sie stießen mich ab. Ich war in einem entsetzlichen Zustand. Zu Hause war ich unfähig, meine Aufgaben zu machen, bis in mein Gehirn hinein war alles in mir gelähmt. Daß mich meine Mutter einsperrte, nützte nichts. Ich saß da und konnte nichts tun. So fing ich an, sie zu belügen, ich hätte die Aufgabe fertig. Ich enteilte in die Stadt und ging heulend und angsterfüllt durch die Straßen und Gassen und suchte Zuflucht in den Parks und auf den Bahndämmen. Wenn ich nur sterben könnte! war mein ununterbrochener Gedanke ... Ich hatte überhaupt keinen Ausweg.«

Auch Kinder, die aus der Abgeschiedenheit von Familien selbstbezogener Eltern kommen, erleben sich in der Gemeinschaft häufig als Fremde. Es ergeht ihnen wie jemandem, der in einen anderen Kulturkreis gerät.

»Irgendwann merkte ich«, sagte Docht, »daß der Zug für mich abgefahren war. Auf dem Schulhof gab es eine Rangordnung, die ich nie ganz durchschaute. Die Klassenkameraden grüßten sich in einer bestimmten Weise. Sie wirkten irgendwie lässig, und sie wußten genau, was sie sagen sollten und wie sie es formulieren, aussprechen und betonen mußten. Ich sagte entweder zuviel oder sprach über Themen, die für die anderen nicht interessant waren. Ich spürte immer wieder, wie wenig gut das ankam. Ich fand kein Gehör, ich wurde übergangen und nicht beachtet. Schlimm war es, wenn ich ein mitleidiges Lächeln erntete oder gar nachgeäfft wurde. Dann durchfuhr mich ein heißer Schauer, und ich spürte, wie sich meine Muskulatur anzuspannen begann. In solchen Augenblicken dachte ich an die Geschichte von Lots Weib, das zur Salzsäule erstarrt war.«

Docht gehörte nicht dazu. Er fand nicht den Zugang zu einer Welt, in der so viele komplizierte Sitten und Gebräuche gelten und in der Rituale und festgeschriebene Rollen gespielt werden müssen. Docht beherrschte nicht einmal die spezielle Sprache seiner Klassenkameraden: Wenn er sich so ausdrückte, wie er es von seinem Elternhause her gewohnt war, stieß er auf Unverständnis, zuweilen auch auf beißenden Spott. Irgendwann hatte Docht den Anschluß verloren. Er war nicht in die Gruppen der Gleichaltrigen hineingewachsen, weil er sich zu sehr mit seiner familiären Rolle identifizierte, weil er zu stark auf die Erwartungen und Wünsche der Eltern bezogen war. Die Identifizierung mit den Idealen und Leitbildern anderer junger Menschen gelang ihm nur unvollständig.

Der Philosoph und Psychiater Wolfgang Blankenburg hat in diesem Zusammenhang den Begriff »natürliche Selbstverständlichkeit« geprägt. Er definiert diesen als »das Gefühl für das, was sich ziemt, was ein anderer verlangt« – kurz die »Spielregeln« mitmenschlichen Verhaltens. Blankenburg führt eine Patientin an, der dieses Gefühl mehr oder weniger fehlte. Sie hatte erklärt:»Jeder Mensch muß wissen, wie er sich verhält, hat eine Bahn, eine Denkweise. Sein Handeln, seine Menschlichkeit, seine Gesellschaftlichkeit, alle diese Spielregeln, die er ausführt: Ich konnte sie bis jetzt noch nicht so klar erkennen. Mir haben diese Grundlagen gefehlt.«

Wenn Kinder immer wieder spüren, daß sie anecken und es mit den anderen nicht können, wird ihr Selbstwertgefühl auf eine beschämende Weise beeinträchtigt. Deshalb sehen sie sich gezwungen, nach Möglichkeiten einer Kompensation zu suchen. Aufgeweckte Kinder können etwa beginnen, in einer unangemessenen Weise Aufmerksamkeit zu erregen. Sie stören den Unterricht. Sie mischen sich patzig und vorlaut in die Spiele anderer Kinder ein. Manchmal geraten sie aber auch in die Rolle des Klassenclowns. Insgesamt ist ihr unverschämtes

Verhalten als eine aggressive Reaktionsbildung gegenüber der Scham zu verstehen. Viele Erzieher erkennen diesen Zusammenhang nicht. Sie fühlen sich herausgefordert. Sie reagieren mit Härte oder auch mit beschämenden Maßnahmen, die das Kind nur noch mehr in Abseits bringen.

Marga O. kann seit Jahren keine Nacht durchschlafen. Sie leidet unter Kopfschmerzen, diffusen Angstgefühlen und einer tiefen Niedergeschlagenheit. Jeden Morgen geht sie mit Herzklopfen zur Arbeit. Auf dem kurzen Weg dorthin raucht sie vor lauter Aufregung eine Zigarette nach der anderen. Dabei geht ihr unentwegt der Gedanke durch den Kopf: Hoffentlich läßt man mich heute in Ruhe, hoffentlich macht mich niemand fertig! Marga leidet unter Schamangst.

In den Gesprächen mit ihr stellte sich bald heraus, daß sie ursprünglich ein sehr lebendiges Kind gewesen war. Ihre strengen Erzieher hatten aber dafür gesorgt, daß sie sich deren Forderungen widerspruchslos unterwarf, auch wenn diese zuweilen völlig ungerechtfertigt waren. Dabei verlernte Marga allmählich, sich zu wehren. Sie berichtete, wie ihr ein bestimmter Lehrer in der achten Klasse endgültig den Rest gab:

»Er sagte ›dumme Gans‹ zu mir und machte höhnische Scherze, wenn ich irgend etwas Falsches gesagt hatte. So brachte er die Lacher auf seine Seite. Dadurch schüchterte er mich unheimlich ein. Ich zog mich immer mehr zurück und wurde so vorsichtig, daß ich den Mund gar nicht mehr aufmachte. Das nahm der Lehrer zum Anlaß, mich mit einer Weidenrute auf den Oberarm zu schlagen. Zu Hause habe ich nichts erzählt. Ich wußte, meine Eltern würden mir noch zusätzliche Vorwürfe machen. Von da an habe ich mich auch außerhalb der Schule immer weniger gewehrt. Ich habe alles in mich reingefressen. Dennoch geriet ich immer wieder an Leute heran, die mich ähnlich lieblos behandelten wie dieser Lehrer. Ich glaube fast, von mir geht eine magnetische Anziehungskraft aus, die die Leute dazu bringt, mich schlecht zu behandeln.«

Rückzug in eine private Phantasiewelt

Beschämte Kinder versuchen sehr häufig, eine weitere Beschädigung ihres Selbstwertgefühls durch einen konsequenten Rückzug zu vermeiden. Sie neigen dazu, vor gemeinschaftlichen Aktivitäten zurückzuweichen und sich in einer Phantasiewelt einzurichten.

Diese Kinder genügen sich selbst. Häufig schwelgen sie geradezu in Tagträumen. Und zuweilen versetzen sie sich derart intensiv in eine märchenhafte Phantasiewelt, daß sie Traum und Wirklichkeit nicht mehr zu trennen wissen. In ihrer privaten Welt ist alles schöner, bunter, angenehmer als im wirklichen Leben. Und die Kinder selbst sind die Prinzen und Prinzessinnen, die in dieser Welt geliebt und bewundert werden, weil sie hier grenzenlos stark und mächtig sind! Michael Ende hat in seiner *Unendlichen Geschichte* diese Größenphantasien eindrucksvoll beschrieben. Die Märchenwelt, die Ende entwirft, ist ganz auf die narzißtischen Wünsche eines kleinen, verachteten Außenseiters zugeschnitten. Waltraud Anna Mitgutsch faßt das in ihre Worte:

»Das Haus hielt meine Einfriedungen aufrecht. Ich durchbrach sie nach innen. Da gab es ungeahnte Freiräume, das Meer, das ich nie gesehen hatte, schimmerte unirdisch im Mondlicht, Brücken liefen in andere Länder, sogar in den Dschungel drang ich ein, in das lärmende Zwielicht. Im Spiegelkabinett der Einsamkeit war eine Tür, die galt es zu finden. Ein Druck mit der Hand genügte, und ich trat in die Freiheit.«

Alle Kinder besitzen die Fähigkeit, sich eine eigene Phantasiewelt aufzubauen. Das ist ein Ausdruck ihrer großartigen schöpferischen Kraft und ihres spontanen Erfindungsreichtums. Im gemeinsamen Spiel öffnen sich jedoch die Tore dieser inneren Welt. Die phantasierten Bilder werden in Worte gefaßt, mit den allgemeinverständlichen Mitteln der Sprache beschrieben – und damit entprivatisiert. Im mitmenschlichen Erfahrungsaustausch lernt das Kind, seine Einbildungskraft zu mäßigen und auf die Vorstellungen anderer Menschen abzustimmen.

Wenn ein Kind diese soziale Korrektur nicht erfährt, weil es sich auf sich selbst zurückgezogen hat, so wird es sich gewöhnlich in einer unwirklichen und doch so bunten Welt einzurichten beginnen. Es wird eingebildete Spielkameraden besitzen, die dem Vorbild von Märchengestalten, den Helden von Fernsehserien oder bestimmten Comic-Figuren entsprechen. Ihnen kann das tagträumende Kind, im Gegensatz zu den wirklichen Menschen, bedenkenlos vertrauen. Sie sind seine idealen Partner. Mit zunehmendem Entwicklungsalter erschließt sich dem zurückgezogenen Heranwachsenden häufig auch die Welt der Literatur. Während andere Jugendliche in Freizeiteinrichtungen, Jugendclubs oder in Kneipen Fühlung zueinander halten, schmökert der zurückgezogen lebende Jugendliche in der Abgeschiedenheit seiner selbstbezogenen Welt. Auch Docht berichtete, wie großartig die Träume seiner Jugendzeit gewesen waren:

»Immer war ich derjenige, der etwas Besonderes war, größer als alle anderen. Ich war der Held, der positiv auffiel, der andere vom Tode rettete und eine ganz tolle Frau eroberte. Ich stellte mir vor, wie ich einmal berühmt sein würde, Nobelpreisträger, Erfinder oder Bestsellerautor. Wenn ich Schlager hörte, so war ich überzeugt, irgendwann einmal selbst einen Hit zu komponieren und so bekannt zu werden wie Bob Dylan. Ich glaube, ich konnte nur überleben, weil ich mich in diese Träume gerettet habe. Da war ich stark. Da wurden die schlechten Menschen bestraft, und die schwachen und hilfsbedürftigen verwöhnte ich mit meinen Wohltaten. Meine Feinde konnte ich allein mit meinen Worten vernichten. Ich habe Kriege verhindert und Politiker gestürzt. Ich habe die Welt verändert. In meinem Bett war ich für zwei, drei Stunden ein anderer.«

In diesen Phantasien findet auch die große Sehnsucht nach dem Geliebtwerden ihren Ausdruck. Fjodor Dostojewski läßt den vereinsamten Verfasser eines fiktiven Lebensberichts sagen:

»Aber wieviel Liebe, o Gott, wieviel Liebe erlebte ich manchmal in meinen Träumereien, wenn ich mich › in das Schöne und Erhabene rettete‹; wenn es auch eine phantastische Liebe war und wenn sie auch niemals auf etwas Menschliches in Wirklichkeit angewendet wurde, so war diese Liebe doch in einer solchen Fülle vorhanden, daß sich später in Wirklichkeit gar kein Bedürfnis fühlbar machte, sie darauf anzuwenden. Alles endete übrigens immer in glücklichster Weise. Ich triumphiere zum Beispiel über alle; alle liegen selbstverständlich vor mir im Staube und sehen sich genötigt, freiwillig alle meine vorzüglichen Eigenschaften anzuerkennen; ich aber verzeihe ihnen allen. Ich bin ein berühmter Dichter und Kammerherr und verliebe mich; ich nehme zahllose Millionen ein und verwende sie unverzüglich zum Besten des Menschengeschlechtes ...«

Derartige Phantasien sind durchaus kein spezifisches Anzeichen einer Wahnkrankheit. Sie sind das Wesensmerkmal einsamer Menschen, Ausdruck der schöpferischen Kompensationskraft ihrer Psyche. Alle Menschen werden sich eine solche Phantasiewelt schaffen, sobald sie den Bezug zur sozialen Wirklichkeit verloren haben. Dies trifft auf Strafgefangene in langer Einzelhaft ebenso zu wie auf isoliert lebende Menschen im Alter. Freilich sind diese Phantasien kein Anzeichen völliger Selbstgenügsamkeit. Die Welt der Mitmenschen bleibt stets mit eingeschlossen. Denn das große Ziel aller dieser Tagträume ist die Erlangung der großen Machtposition, die alle Welt beeindruckt. Dahinter steht der Wunsch, von den anderen bewundert, geachtet und damit – endlich! – geliebt zu werden. Léon Wurmser zitiert in diesem Zusammenhang einen seiner Klienten: »In meinem Leben war die wichtigste, dominierendste Macht der Wunsch zu beeindrucken. Ich will auf (alle Menschen) den Eindruck machen, daß ich etwas Besonderes bin. Ich kann diese Phantasie nicht aufgeben.«

Besser sein als alle anderen

In seinem autobiographischen Frühwerk *Unterm Rad* schildert Hermann Hesse das kurze Leben von Hans Giebenrath, der so anders war als die Gleichaltrigen. So, wie Hesse ihn beschreibt, erinnert er uns an Pinocchio. Denn Hans sah anders aus als die übrigen: Er war »sehr mager, schmalgliedrig und zart, auf Brust und Rücken konnte man ihm die Rippen zählen, und Waden hatte er fast gar keine.«

Wie Pinocchio war Hans ein Sonderling. Er vertiefte sich in seine Bücher, während die anderen ihren altersentsprechenden Aktivitäten nachgingen. Sie hatten ihn geplagt und verspottet, doch solange er ihnen geistig weit voraus war, brauchte er sie nicht besonders zu fürchten. Ja, er konnte sie sogar verachten: »Er verachtete sie so sehr, daß er einen Augenblick zu pfeifen aufhörte, um den Mund zu verziehen.« Verachtung aber ist, wie Léon Wurmser schreibt, »die Kehrseite der Scham«. Sie ist eine Reaktionsbildung gegenüber dem quälenden Gefühl, wertlos und nichtswürdig zu sein. Hans Giebenrath konnte diejenigen, die ihn verachtet hatten, nur deshalb seinerseits verachten, weil er ihnen geistig überlegen war. Voraussetzung für diese Überlegenheit war freilich ein ungeheurer Kraftaufwand. Hans verbrachte einen Großteil seiner Freizeit in seinem Studierzimmer, wo er konzentriert paukte und büffelte. Hans war ein leistungsbesessener Streber.

Viele schamgebundene Menschen sind leistungsorientiert. Denn nur aufgrund der Überbietung eines normalen Leistungsniveaus lassen sich jene hochgesteckten Ziele erreichen, die den phantasierten narzißtischen Größenidealen entsprechen. Nicht immer freilich sind diese Größenphantasien private Erscheinungen. Oft werden sie dem Kind auch von außen vorgegeben: zunächst von ehrgeizigen Eltern, die sich von den Erfolgen ihres Kindes einen Prestigezuwachs erhoffen, dann aber auch von einer sozialen Umwelt, die auf leistungsorientierte Werte ausgerichtet ist.

Stolz auf Höchstleistung

Als Leistung läßt sich ein Können verstehen, das an gesellschaftlich verbindlichen Sollensnormen orientiert ist und das in seinem Resultat eine allgemeine Anerkennung findet. Der vergleichende Bezug zu den Mitmenschen ist damit vorausgesetzt. Erfolg und Mißerfolg individuellen Bemühens leiten sich vom entsprechenden Abstand zum Durchschnitt her. In der schulischen Notengebung und in der Bewertung sportlicher Aktivitäten wird der durchschnittlichen Leistung aber eine Belobigung versagt. »Gut« oder gar »sehr gut« sind nur solche Leistungen, die über das Mittelmaß hinausreichen. Sie stellen die eigene Überlegenheit im Vergleich zu anderen unter Beweis. Die Gewißheit, besser zu sein als der größere Teil der Bezugsgruppe, ruft Stolz hervor, ein Gefühl, das in direktem Gegensatz zur Scham steht.

Dem leistungsbezogenen Stolz kommt gerade während der Sozialisation eine große Bedeutung zu. Ein wichtiger Grund ist, daß eine überdurchschnittliche Leistungsfähigkeit in unserer Überbietungsgesellschaft grundsätzlich Anerkennung findet. Unterdurchschnittliche Leistungen werden demgegenüber geächtet. Unser schulisches System bedient sich nach wie vor ausgeklügelter Entwertungsstrategien, um Kinder zu motivieren, sich mehr anzustrengen und bessere Leistungen zu erbringen. So werden Fehler in den Schulheften exklusiv rot angestrichen. Kein Lehrer käme ernsthaft auf die Idee, Richtiges etwa grün anzustreichen. Überdies gehört die systematische Hervorhebung individueller Spitzenleistungen im schulischen und sportlichen Bereich zur festen Methodik unserer Gesellschaft. Das führt nicht selten zu unheilvollen Folgen. Waltraud Anna Mitgutsch schreibt:

»Im täglichen Kampf um Anerkennung zerstörte ich meinen Körper und trieb meinen Geist zu Spitzenleistungen an. Sechzehn Stunden Arbeit ohne Unterbrechung, hunderte von Büchern, bis mir die Buchstaben vor den Augen tanzten, bis mich das Sonnenlicht blendete, das ich mir manchmal schuldbewußt gönnte. Selbstzerstörung hieß mein Forschungsprojekt. Mein Verstand sprang gewandt über meinen schwindenden Körper hinweg, täglich ließ ich meinen Körper über seine Klinge springen, der perfekte Vollstrecker des Willens meiner allmächtigen Mutter.«

Kurzfristig bannt der leistungsbezogene Stolz das Gefühl beschämender Selbstunsicherheit und Ohnmacht, befreit von den Bürden sozialer Anpassungszwänge und Rücksichtnahmen. Der stolze Mensch empfindet im Bewußtsein seines überwertigen Könnens das berauschende Gefühl einer unbegrenzten Selbststeigerung. Er ist wie der Feldherr, der nach errungenem Sieg über das Schlachtfeld blickt und sich bewußt wird: Ich habe gesiegt! Ähnlich fühlt sich Hans Giebenrath, der in seinem kleinen Studierzimmer sitzt, in dem er so viel Entsagung geübt und so viel Selbstbeherrschung an den Tag gelegt hat. Auch er fühlt sich den anderen gegenüber als stolzer Sieger. Hermann Hesse schreibt:

»Das eigene Zimmer, in dem er Herr war und nicht gestört wurde. Hier hatte er im Kampf mit Ermüdung, Schlaf und Kopfweh lange Abendstunden über Cäsar, Xenophon, Grammatiken, Wörterbüchern und mathematischen Aufgaben verbrütet, zäh, trotzig und ehrgeizig, oft auch der Verzweiflung nah. Hier hatte er aber auch die paar Stunden gehabt, die mehr wert waren als alle Knabenlustbarkeiten, jene paar traumhaft seltsamen Stunden voll Stolz und Rausch und Siegesmut, in denen er sich über Schule, Examen und alles hinweg in einen Kreis höherer Wesen hinübergeträumt und gesehnt hatte. Da hatte ihn eine freche, selige Ahnung ergriffen, daß er wirklich etwas anderes, etwas Besseres sei als die dickbackigen, gutmütigen Kameraden und auf sie vielleicht auch einmal aus entrückter Höhe überlegen herabsehen dürfe.«

Friedrich Nietzsche hat das Ideal leistungsbezogener Selbststeigerung in unnachahmlicher Weise in Worte gefaßt. Der von ihm beschriebene Übermensch ist grenzenlos einsam. Er besitzt nur den »Einsiedler- und Adler-Mut«. Er sieht den Abgrund, »aber mit Stolz«. So läßt Nietzsche Zarathustra sagen: »Ich lehre euch den Übermenschen. Alle Wesen bisher schufen etwas über sich hinaus: Und ihr wollt die Ebbe dieser großen Flut sein und lieber noch zum Tiere zurückgehn, als den Menschen überwinden? Was ist der Affe für den Menschen? Ein Gelächter oder eine schmerzliche Scham. Und eben das soll der Mensch für den Übermenschen sein: ein Gelächter oder eine schmerzliche Scham.«

Ein Gipfel in der Ebene

Docht schrieb in seinen jungen Jahren viele Gedichte. Als er mir seine abgegriffene Mappe zum ersten Mal zeigte, lächelte er verlegen. Ich spürte aber deutlich, wieviel ihm diese Gedichte bedeuten mußten,

151

wie stolz er auf sie war. Als er sie schrieb, waren sie Ausdruck seiner Sehnsucht nach einer stolzen Überlegenheit, die aller Beschämung trotzen sollte. Voraussetzung war aber schon damals der überwertige Erfolg. So trug ein Gedicht die Überschrift »Mein Werk«. Ich führe es im folgenden an:

Hier bin ich,
bereit,
bereit und doch voll Furcht
vor deinem Ruf!

Komm, Werk,
zeige dich,
laß' mich nicht zu lange warten!

Komm, Werk, komm,
gib dich mir zu erkennen,
weise mir meine Taten!

Komm, Werk, komm,
erwecke mich aus meinem Schlummer,
sei mir die Treppe,
die mich aus dem Grau der Masse emporführt
in die Sphären der Ausgezeichneten!

Komm, komm bald, Werk!
der Drang in mir,
ein Gipfel zu werden
in der Ebene,
wird unerträglich!

Komm, Werk,
laß' mich bitte nicht im Stich.
Denn bleibst du im verborgenen,
so bin ich verdammt, ein sandfarbener Stein zu sein,
immer begraben
im Sand der unendlichen Wüste,
nicht zu unterscheiden
von all den winzigen,
unzählig vielen Sandkörnern,
verdammt zur ewigen Unbedeutsamkeit!

Komm, mein Werk,
ich bitte dich,
bewahre mich
vor diesem leeren Schicksal!

Als gesunden Stolz bezeichnet man das positive Gefühl, das eintritt, wenn ein Mensch eine Aufgabe bewältigt hat. Er hat dabei sein Können unter Beweis gestellt, hat erlebt, daß er kompetent ist, daß das Leben machbar ist. So entsteht ein realitätsbezogenes Machtgefühl, das Francis Broucek als »Kompetenzvergnügen« bezeichnet hat. Dieses Hochgefühl läßt den betreffenden Menschen selbstbewußt und mutig werden. Er genießt es, sich den anderen gegenüber zu exponieren, denn er braucht jetzt ihr Urteil nicht zu fürchten. Schamgebundene Menschen sind geradezu süchtig nach diesem Hochgefühl. Doch es ist kein gesunder Stolz, den sie ersehnen. Es ist ist nicht das Gefühl, gut genug zu sein, das sie anstreben. Sie wollen besser sein als alle anderen. Dieser Stolz zielt auf eine Selbstüberhebung hinaus, die Michael Lewis als Hybris bezeichnet. Lewis bemerkt, es sei sehr schwierig, dieses Gefühl aufrechtzuerhalten, weil es nicht auf bestimmten realen Handlungen aufbaut, sondern Folge von fiktiven Vorstellungen ist. So muß die Hybris als ein selbstbezogener Stolz verstanden werden, dessen Bestimmung in der Kompensation beschämender Minderwertigkeitsgefühle liegt. Auch wenn der selbstbezogene Stolz zeitweilig das Gefühl grenzenloser Freiheit vermittelt, so ist er doch unauflöslich mit dem Gegenpol der Scham verschränkt.

E.T.A. Hoffmann läßt in seinen *Elixieren des Teufels* die frevelhafte Selbstüberhebung des Mönchs Medardus ein beklemmendes Ende finden. In einem alptraumhaften Wald wird Medardus von seinem Doppelgänger angefallen, der ihm in den Rücken springt und ihn nicht mehr losläßt. So sehr Medardus auch läuft, er kann dem Doppelgänger nicht entkommen. Er trägt ihn mit sich fort:

»Es war schon finstre Nacht geworden, als ich, wie aus tiefer Betäubung, erwachte. Nur der Gedanke, zu fliehen wie ein gehetztes Tier, stand fest in meiner Seele. Ich stand auf, aber kaum war ich einige Schritte fort, als, aus dem Gebüsch hervorrauschend, ein Mensch auf meinen Rücken sprang und mich mit den Armen umhalste. Vergebens versuchte ich ihn abzuschütteln. Der Mensch kicherte und lachte höhnisch; da brach der Mond helleuchtend durch die schwarzen Tannen, und das totenbleiche, gräßliche Gesicht des Mönchs – des vermeintlichen Medardus, des Doppelgängers, starrte mich an mit einem gräßlichen Blick.- ›Hi … hi … hi … Brüderlein … Brüderlein, immer, immer bin ich bei dir … lasse dich nicht … lasse … dich nicht …‹«

Und ebenso sitzt die Scham dem Stolz im Nacken. Sie ist allgegenwärtig. Sie hält sich im Hintergrund, solange der Vergleich zu den anderen positiv ausfällt, solange diese überboten werden können. Doch sobald dies, aus welchen Gründen auch immer, nicht mehr gelingt, verändern die anderen ihre Gestalt: Sie werden wieder zu den übermächtigen »schwarzen Riesen« (Künkel), deren gnadenlosen Blicken keine Schwäche und Unvollkommenheit verborgen bleibt.

Uta B. ist gelernte Goldschmiedin. Sie ist eine phantasievolle, kluge Frau. Sie wuchs als Jüngste in einer sehr leistungsorientierten Familie auf, in der sie mit ihrer drei Jahre älteren Schwester heftig konkurrierte. Den Vater beschrieb sie als einen mürrischen, unglücklichen Mann, der seiner Arbeit nachging und sich wenig um die Kinder kümmerte. Er stand im Schatten der selbstbezogenen Mutter, die kühl und unnahbar war und sich nur dann einigermaßen freundlich zu ihren Kindern verhielt, wenn diese sich durch besondere Leistungen hervortaten. Nachdem Uta ein Kind von einem verheirateten Mann bekommen hatte, war sie für ihre Familie »gestorben«. Sie lebt allein und zurückgezogen und leidet unter starken Selbstzweifeln und einem Gefühl innerer Leere. In die 43. Therapiestunde brachte sie den folgenden Traum mit, dem sie die Überschrift »Der große Türkis« gab:

»Mein früherer Freund wollte mir eine fertige Kette verkaufen. Doch sie gefiel mir nicht, weil sie sehr zerbrechlich wirkte. So sagte ich ihm: ›Ich kann mir das gerade nicht leisten!‹ Nun wollte ich mir eine eigene Kette machen. Doch ich kam nicht dazu, weil ich wieder einmal zu spät dran war. Ich mußte aufräumen und vieles im Haushalt erledigen. Die Zeit, Ketten zu machen, war um.
Als ich aus dem Fenster schaute, sah ich ein Bankgebäude. In der Eingangshalle stand ein riesiger Türkisstein, der ganz naturbelassen war. Er machte einen mächtigen Eindruck auf mich. Er zog mich magisch an. Ich ging auf ihn zu, mein früherer Freund begleitete mich. Die grüne Farbe des Steines wirkte sich sehr wohltuend auf mich aus, so daß ich alles um mich herum vergaß. Ich berührte den Stein und streichelte ihn. Er fühlte sich einfach wunderbar an. Nun sah ich, daß der Stein an seiner Unterseite schmäler war, so daß er nicht fest auf dem Boden auflag. Ich befürchtete, daß er umkippen könnte. Ein fremder Mann kam hinzu. Er verbot uns, den Stein anzufassen. Dann begann er, an dem Stein herumzuschleifen. Plötzlich hatte der Stein seine Form verändert. Er sah aus wie ein Tier mit vier Beinen. Ich war sehr enttäuscht. Alle Faszination war verflogen.
Die Eingangshalle, in der wir standen, wurde plötzlich zu einer Kirche mit einem riesigen steinernen Altar. Noch immer hielt uns der Mann an, den Stein nicht anzufassen. Ich entgegnete ihm: ›Ein Stein geht doch vom Anfassen nicht kaputt!‹ Doch er gab mir keine Antwort. Und so taten wir, was er uns gesagt hatte.«

Dieser Traum bringt Utas Einsamkeit zum Ausdruck. Ihr früherer Freund ist zurückgekehrt, aber er ist nicht selbstlos. Er will ihr eben das verkaufen, was sie von Berufs wegen selbst anfertigen kann: eine Kette. Diese ist so zerbrechlich wie ihre Beziehungen zu den Menschen. Und obwohl sie sich seit ihrer Kindheit nach tragfähigen Beziehung sehnt, erklärt sie: »Ich kann mir gerade das nicht leisten!« Uta möchte sich nun diese Kette, das Symbol einer Partnerschaft, selbst machen. Doch sie hat keine Zeit dafür. Zu sehr ist sie mit ihren ungeliebten alltäglichen Verpflichtungen beschäftigt.

Ihr Blick fällt auf eine Bank, die später zu einer Kirche wird: Beide Gebäude kommen ihr kühl und unnahbar vor – so, wie ihre Mutter es ist und die Menschen, »die sich nicht um mich kümmern«. Es fällt ihr spontan auch der Begriff »Leistung« ein: »Die Leute kümmern sich nur dann um mich, wenn ich Leistung bringe, meine Mutter war nur dann freundlicher zu mir, wenn ich etwas geleistet habe!« Allmählich beginnt Uta zu verstehen, weshalb sie sich – als alleinstehende Mutter ohne beruflichen Erfolg – keine partnerschaftliche Beziehung leisten kann: »Weil ich nichts leiste ...«

Nun taucht der Türkisstein auf, der Uta magisch anzieht: Dies sind auch die Gedanken, sich beruflich fortzubilden, die Reifeprüfung nachzuholen, auf eine Kunsthochschule zu gehen, erfolgreich und berühmt zu werden. Der Türkis macht einen mächtigen Eindruck auf sie – so wie alle Menschen, die als Künstler erfolgreich sind.

Doch dann kommt ein Mann, der ihr verbietet, den Stein anzufassen, also sich mit dem Gedanken zu »befassen«, eine Karriere als Künstlerin anzustreben. Dieser Mann ist anonym, er symbolisiert das öffentliche »man«. Dieses »man« erwartet von einer Mutter, nicht nur mit beiden Beinen auf dem Boden zu stehen, sondern nachgerade mit vier Beinen: wie das Tier, das der Mann aus dem naturbelassenen Türkis macht. Uta fällt dazu ein, daß ihre Mutter sie nie so haben wollte, wie sie eigentlich von Natur war: »Sie wollte mich zu einem Arbeitstier, einem Esel machen, der ohne Sinn und Zweck für andere Leistung bringt. Und jetzt komme ich tatsächlich auf allen vieren daher!«

Und in diesem Zusammenhang wurde Uta auch bewußt, weshalb der Türkis nicht fest auf dem Boden lag. Denn in ihrem Gefühlsleben und in ihren Beziehungen hatte sie ebenfalls keinen festen Halt. Uta begann zu weinen. Sie fühlte, wie eine große Wut in ihr hochkam. Gleichzeitig empfand sie aber auch ihre Ohnmacht. Erinnerungen kamen hoch. Uta war von ihrer Schwester und von Nachbarskindern ausgelacht worden. In ihrer beschämten Hilflosigkeit hatte sie nach der Mutter geschaut. Doch diese lachte ebenfalls.

»Da riß ich ihr die Halskette runter. Das machte sie so böse, daß sie mich gnadenlos verhaute und dann tagelang nicht mehr mit mir sprach. Ich hatte etwas getan, was man niemals tun darf. Ich hatte trotz der Ungerechtigkeit meiner Mutter ein ganz schlechtes Gewissen!«

Uta schwieg eine Weile, dann fuhr sie fort:

»Dieses ›man‹ verfolgt mich mein ganzes Leben. Es macht mir die Freude am Leben kaputt. Ich habe noch heute ein schlechtes Gewissen, weil ich mir damals im katholischen Kindergarten etwas ganz Furchtbares geleistet habe. Es war Nikolaustag. Ich bekam einen Berliner, in den meine Mutter reinbiß. Ich schrie darauf in Gegenwart des Pfarrers ›Heilands Sack!‹, was ich später nie wieder über die Lippen bekam. Der Pfarrer war empört und die Mutter ganz außer sich: Ich hatte sie so in der Öffentlichkeit blamiert! Von da an war ich für sie erledigt. Ich schäme mich dafür bis heute.«

Damit wird die Bedeutung des anonymen Mannes im Traum noch einmal klar. Er versinnbildlicht die Man-muß- und Man-darf-nicht-Vorschriften der Mutter, die Eingang in Utas Gewissen fanden. Um ihr schlechtes Gewissen zu besänftigen, hätte Uta das leisten müssen, was den Idealen der Mutter entsprach: einen ordentlichen Beruf erlernen, einen anständigen Mann heiraten und es zu etwas bringen. All das widersprach freilich Utas natürlichen Bedürfnissen. Sie wollte keine konventionelle Partnerschaft und keinen bodenständigen Beruf. Sie wollte das tun, was sie faszinierte. Doch das widersprach dem »man«, das sie zu Boden zwang, so daß sie auf allen vieren daherkam, wie ein Lastesel …

Wenn Können keine Leistung ist

Leistung zu erbringen, setzt Selbstdisziplin voraus. Das bedeutet, sich dort Versagungen aufzuerlegen, wo das kindliche Lustprinzip bestimmend ist. Im tiefenpsychologischen Sinne folgt das Kleinkind zunächst den Zielen seiner Triebhaftigkeit. Es strebt unbewußt und instinktiv nach der Verwirklichung seiner natürlichen Bedürfnisse. Diese stehen grundsätzlich in einem Spannungsverhältnis zu entsprechenden Mangelzuständen, die Unlust erzeugen. So dient das orale Bedürfnis nach Essen und Trinken der Vermeidung von Hunger und Durst. Das Bedürfnis nach Wärme und Geborgenheit, das mit dem Zärtlichkeitsbedürfnis in enger Verbindung steht, folgt dem Ziel, einer lebensfeindlichen Kälte und Verlassenheit auszuweichen. Das Bedürfnis nach spielerischer und motorischer Betätigung, das sich im Erlebnishunger und Wissensdurst äußert, entwickelt sich vor dem Hintergrund einer antriebslosen Langeweile, die einem Stillstand geistiger Produktivität entspricht. Und das soziale Interesse, das Streben nach Zugehörigkeit und geselliger Aktivität, bewahrt das Kind vor dem beängstigenden Gefühl des Verlassenseins. Denn aus sich selbst heraus ist das Kind nicht lebensfähig. Es bedarf, wie Alfred Adler feststellte, der Zuwendung seiner Mitmenschen, damit sein biologisches und geistiges Wachstum gewährleistet ist.

Sigmund Freud hat die Triebkraft, die allem bedürfnishaften Streben innewohnt, als »Libido« bezeichnet. Er verstand sie als die »Energie solcher Triebe, welche mit all dem zu tun haben, was man als Liebe zusammenfassen kann«. Damit ist die Libido auch ein Ausdruck sexuellen Bedürfens. Doch sie sollte nicht ausschließlich auf den Bereich des Geschlechtstriebs reduziert werden. Für C.G. Jung entspricht die Libido der psychischen Energie an sich. Er umschreibt sie mit dem lateinischen Begriff »appetitus«, der im Deutschen mehrere Entsprechungen hat: ein Greifen und Streben nach etwas, ein Verlangen und Trachten, eine Neigung und Sehnsucht und schließlich auch ein Trieb als solcher. Henri Bergson spricht in diesem Zusammenhang von Lebenselan. Bergson vergleicht das Leben dabei mit einem Drang, der eine unendliche Vielzahl von Möglichkeiten einschließt, der »ein Übergriff von tausend und abertausend Tendenzen« ist. Insgesamt erscheint ihm das Leben »als eine Anstrengung, um Energie anzusammeln und dann loszulassen«.

In jeglichem aktiven Wirken findet die Lebensenergie ihren Ausdruck. Wenn wir ein gesundes Kleinkind beobachten, werden wir sehen, wie es sich fast unentwegt um eine lustvolle Selbststeigerung aufgrund seines Könnens bemüht. Es versucht zu laufen, auf andere zuzugehen, mit Stiften zu zeichnen oder Knetmasse zu modellieren. Wird das Kind in dieser Aktivität bestätigt, so kann es allmählich ein positives Verständnis für Leistung entwickeln. Doch vielfach geschieht etwas ganz anderes. Die Entfaltung der kindlichen Lebensenergie wird erzieherisch eingeschränkt. Sie wird nur soweit akzeptiert, als sie mit den Man-muß- und Man-darf-nicht-Idealen zu vereinbaren ist. Dabei macht das Kind die Erfahrung, daß sein spontanes Können nur dann als Leistung akzeptiert wird, wenn es den normativen Erwartungen der Bezugspersonen entspricht.

Selbstbezogene Eltern lassen ein Kind früh spüren, wie schwierig es ist, Leistung zu bringen. Die Zeichnungen, die das Kind freudig anfertigt, werden kritisch kommentiert und die mühsam aufgebauten Figuren aus Legosteinen lediglich mit einem knappen Kopfnicken zur Kenntnis genommen. Allmählich wird sich das Kind seines Tuns zu schämen beginnen. Anstelle der lustvollen Lebensenergie wirken sich hemmende Selbstzweifel aus, die mit Unlust und Angst einhergehen. Im Bewußtsein des Kindes beginnt eine fatale Selbsteinschätzung Raum zu gewinnen: Ich vermag nichts Richtiges zu leisten.

Nehmen wir als Beispiel ein Kind, das in einem Restaurant lauthals ein Lied zu singen beginnt, dessen Text es einwandfrei beherrscht. Im Kindergarten hatte dieses Kind seine Spielkameraden und die Erzieherinnen damit erfreut und eine entsprechende Anerkennung gefunden. Doch nun erregt es bei seinen Eltern deutliches Mißfallen: Sie schauen sich verunsichert nach den anderen Leuten im Lokal um und zischeln dem Kind mit finsterer Miene zu, endlich still zu sein. Das Kind spürt, daß sein Können nicht ankommt, daß es etwas falsch gemacht hat. Es fühlt sich nun gehemmt, und es beginnt sich zu schämen.

Dieses Kind wird wahrscheinlich noch viele ähnliche Erfahrungen machen. Schließlich wird es begreifen, daß es sich seines Könnens nur dann nicht schämen muß, wenn seine Bezugspersonen ausdrücklich damit einverstanden sind.

159

Der Zwang zum Erfolg

Dem großen Soziologen Max Weber verdanken wir eine scharfsinnige Analyse des Leistungsprinzips. Ihr Gegenstand sind die ökonomischen und ethischen Voraussetzungen erfolgsorientierter Arbeit.

Seit den Tagen der Reformation befindet sich ein Teil des christlichen Abendlandes auf stetigem Erfolgskurs. Es sind dies die Länder Mittel- und Nordeuropas sowie Nordamerikas. Hier entwickelte sich der Merkantilismus und Frühkapitalismus, hier nahm die industrielle Revolution ihren Ausgang. In kurzer Zeit wurden fast alle außereuropäischen Kulturen, aber auch Süd- und Osteuropa wirtschaftlich weit überflügelt. Die Erklärung für diesen ungeheueren Erfolg ist nach Max Weber die protestantische Prädestinationslehre. Sie besagt, daß das menschliche Dasein schon bei der Geburt durch den unerforschlichen Ratschluß Gottes vorherbestimmt sei, und zwar entweder zu Seligkeit (ohne Verdienst) oder zu Verdammnis (ohne Schuld). Gott gibt dem Menschen aber einen Hinweis dafür, ob er zu den Auserwählten gehört. Das sind die sichtbaren Früchte seiner Arbeit, die »Talente, die er mehrt«. Sie zeigen aller Welt, wozu Gott gerade diesen einen Menschen bestimmt hat. So muß der beruflich Erfolglose grundsätzlich mit seiner ewigen Verdammnis rechnen!

Insbesondere Calvin hat diese Lehre so interpretiert, daß sie zu einem Ansporn rastloser Berufsarbeit wurde. Wer seine Güter mehrt, wer erfolgreich ist, den hat Gott gewiß auserwählt. So schafft sich der Calvinist die Gewißheit seiner Seligkeit selbst. Um sich auf diesen beruflichen Erfolg ganz einzustellen, muß er aber allen weltlichen Genüssen asketisch entsagen. Anstelle des Lustprinzips tritt das rationale Prinzip des Utilitarismus: Gut ist nur das, was mir materiellen Erfolg bringt. Diesen darf ich aber nicht für meine persönlichen Wünsche, sondern nur für den Gedeih meiner geschäftlichen Interessen nutzen. Weber schreibt: »Die Heiligung des Lebens konnte so fast den Charakter eines Geschäftsbetriebs annehmen.«

Diese Geisteshaltung (die übrigens von Walt Disneys Onkel Dagobert verkörpert wird) ermöglichte den calvinistischen Gebieten in der

Schweiz, in Holland, Teilen Deutschlands und vor allem an der Ost-
küste Amerikas ein wirtschaftliches Wachstum ungeahnten Ausmaßes.
Der persönliche Erfolg des Selfmademans wurde zunächst zum Ideal
des puritanischen Amerika und später der gesamten westlichen Welt.
Max Webers Analyse der »protestantischen Ethik« erklärt so den Zusammenhang eines grenzenlosen Erfolgsstrebens und einer lustfeind-
lichen Selbstentsagung.

Erik Erikson beschreibt die emotionalen Konflikte der Calvinisten,
die in Amerika Puritaner genannt werden. Er erörtert die Frage, weshalb gerade bei diesen Menschen eine »affektive Spannung zwischen
Mutter und Kind« zu beobachten ist. Wir können vermuten, daß die
Prädestinationslehre ihren Teil zur Selbstbezogenheit einerseits und
zur Schamgebundenheit andererseits beigetragen hat. Denn wer von
klein auf dazu erzogen wurde, auf seinen Erfolg und sein Ansehen vor
Gott und den Menschen zu achten, der wird sein Augenmerk zwangsläufig auf das eigene Selbst ausrichten müssen. Und wer darin erzogen
wurde, seine affektiven Bedürfnisse als sündhafte Fleischeslust zu sehen, der wird seinen Körper als die Quelle beschämender Impulse
wahrnehmen müssen: »Allmählich griff der Puritanismus auf die ganze
Sphäre körperlichen Lebens über, verdächtigte jede Form der Sinn-
lichkeit – einschließlich der ehelichen – und breitete seine Frigidität
über Aufgaben wie Schwangerschaft, Geburt, Stillen und Kinderpflege
aus. Als Folge dessen wurden Männer geboren, die von ihren Müttern
nicht lernen konnten, das Sinnenglück zu lieben, bevor sie lernten,
seinen Mißbrauch zu vermeiden. Statt die Sünde zu hassen, lernten sie
dem Leben zu mißtrauen.«

Auch in Europa orientieren sich viele Menschen nach wie vor am
calvinistischen Leistungsideal, ohne freilich über die entsprechenden
Voraussetzungen Bescheid zu wissen. Sie arbeiten ohne Unterlaß, um
ihrer Umwelt zu beweisen, wie rechtschaffen und tüchtig sie sind. Sie
mehren ihre Güter, sie schaffen sich aufwendige Eigenheime und teu-
re Autos an, ohne diese Früchte ihrer harten Arbeit wirklich genießen
zu können. Sie streben auf der Karriereleiter nach oben, um aller Welt
zu beweisen, daß sie zu den Auserwählten gehören. In Amerika wurde
ein neuer Begriff für dieses suchtartige Erfolgsstreben geprägt: »wor-

koholism«. Wir haben Grund zu der Annahme, daß es Schamangst ist, die zu dieser übermäßigen Leistungssteigerung antreibt. Sie geht einher mit der oft ganz unbewußten Überzeugung: Nur wenn ich etwas ganz Herausragendes leiste, zeige ich Gott und der Welt, daß ich etwas wert bin und mich meiner selbst nicht zu schämen brauche!

Docht wird zum Leistungsversager

Schon mit vier Jahren konnte Docht seinen Namen schreiben und bis dreißig zählen. Bei Familienfeiern spielte er regelmäßig auf dem Klavier einige Melodien vor. Oft sagte er auch kleinere Gedichte fehlerfrei auf. Alle waren begeistert, und das Gesicht seiner Mutter bekam bei solchen Gelegenheiten einen warmen, gütigen Ausdruck.
Dochts Eltern waren ehrgeizig und leistungsbezogen. Ihr ganzes Sinnen und Trachten war darauf ausgerichtet, es im Leben zu etwas zu bringen. Sie gaben sich nicht damit zufrieden, gut zu sein. Sie wollten, und das nach Möglichkeit in jeder Hinsicht, besser sein als ihre Mitmenschen.
Dochts Vater hatte sich durch seinen besonderen Arbeitseifer und sein ausgeprägtes Pflichtbewußtsein bei den Kollegen nicht unbedingt beliebt gemacht. Das hatte ihn aber wenig gestört. Es ging ihm nicht um Beliebtheit, sondern ausschließlich um Leistung. Und da konnte ihm so schnell niemand etwas vormachen! Ganz ähnlich eingestellt war Dochts Mutter. Ihren Haushalt führte sie vorbildlich. Sie war sowohl in der Küche als auch bei der Gartenbestellung oder der Verrichtung vieler Handarbeiten einfach perfekt. Die versteckten Äußerungen von Neid und Mißgunst von seiten der Nachbarn und Bekannten nahm sie gelassen hin. Sie waren ihr nur ein Beweis ihrer Tüchtigkeit und Leistungsfähigkeit.
In dieser Familienatmosphäre erlebte Docht von klein auf, daß ein Anspruch auf positive Zuwendung und Anerkennung – und damit auf Selbstachtung – ganz von seiner Leistungsfähigkeit abhing. So fügte er

sich zunächst in sein Los. Seine angeborene Intelligenz, sein Talent, sich sprachlich zu artikulieren, trugen ein übriges dazu bei. In der Grundschule lernte Docht fleißig. Seine Leistungen waren überdurchschnittlich, so daß er gute Zeugnisse nach Hause bringen konnte. Und er ging gerne zur Schule, denn er fühlte sich von seiner Klassenlehrerin angenommen und gemocht. Sie war eine warmherzige, mütterliche Frau, die viel Geduld mit ihren Schülern hatte. Wenn Docht nachmittags über seinen Schularbeiten saß, ging ihm alles flink von der Hand. Er stellte sich dann vor, wie er seiner Lehrerin mit schöngeschriebenen Aufsätzen Freude bereiten würde.

Doch nach der Umschulung fühlte sich Docht zunehmend unwohl. Im Gymnasium war die Atmosphäre kühl und sachlich, und keiner der neuen Lehrer zeigte ein besonderes Interesse an ihm. Docht empfand sich in seiner neuen Klasse ganz fehl am Platz. Vielleicht hing es auch damit zusammen, daß er schon am ersten Tag peinlich aufgefallen war: Der Klassenlehrer hatte ihn als ersten seiner neuen Schüler angesprochen und ihn nach dem Namen gefragt. Docht verschlug es nicht nur die Sprache, er vergaß tatsächlich auch seinen Nachnamen! Doch dann fiel sein Blick zufällig auf das neue Heft, das vor ihm lag. Da konnte er seinen Namen ablesen. Der Lehrer bog sich vor Lachen, und die ganze Klasse stimmte mit ein. »So etwas wie dich habe ich noch nicht da gehabt«, sagte der Lehrer. »Glaubst du wirklich, daß du bei uns am richtigen Platz bist?« Docht schämte sich unbeschreiblich.

Von da an entwickelte sich Docht allmählich zu einem Leistungsversager. Er konnte sich nicht mehr auf den Unterricht konzentrieren, weil er vor sich hin träumte und geistesabwesend war. Wurde er aufgerufen, stand er da wie ein »Ölgötze« (eine Formulierung seines Klassenlehrers). Seine Eltern erhielten zum Halbjahresabschluß einen »Blauen Brief«. Sie reagierten darauf so, wie sie es immer taten, wenn sie sich von ihrem Sohn enttäuscht fühlten: mit endlosen entwertenden Beschimpfungen, mit Verhöhnungen und schließlich mit Nichtbeachtung. Dazu kam ein monatelanger Stubenarrest. Docht wurde nach dem Mittagessen in seinem Zimmer eingeschlossen. Dort sollte er seine Hausaufgaben machen und Vokabeln lernen. Aber es ging einfach nicht. So sehr sich Docht auch bemühte, er konnte sich nicht

konzentrieren. Sein Körper befand sich in Aufruhr. Mit schlechtem
Gewissen schmökerte er in Indianerheften, die er heimlich in seinem
Zimmer versteckt hatte. Abends schlossen die Eltern das Zimmer auf.
Sie kontrollierten die Hefte, und sie waren über das Ergebnis – wie
üblich – entsetzt. Dann schimpften sie mit Docht, manchmal bekam
er Schläge, und er mußte sich erneut an den Schreibtisch setzen. Am
nächsten Morgen kam er mit teilweise verschmierten, teilweise leeren
Heften in die Schule. Manchmal ließen ihn mitleidsvolle Kameraden
in der Pause aus den eigenen Heften abschreiben.
Docht fühlte sich eingeengt. Er empfand das Leben als unwirklich.
Überall stieß er auf Sperren, die seine Lebendigkeit hemmten. Wurde
er im Unterricht aufgerufen, so konnte er nicht mehr richtig denken:
Er verstand weder die Worte des Lehrers, noch war er fähig, flüssig zu
sprechen. Die Klassenkameraden gaben ihm den Spitznamen »Äh-äh«.
Oft mußte er unwillkürlich zwinkern und sein Kinn vorstrecken, so
angespannt war seine Gesichtsmuskulatur! Wenn die anderen ihn
nachäfften, fühlte er die Schamesröte in seinem Gesicht brennen. Er
ärgerte sich, aber nicht über diejenigen, die ihn verspotteten, sondern
über sein eigenes Nichtkönnen. Das, was ihm seine Eltern immer vermittelt hatten, empfand er nun sich selbst gegenüber: Er mochte sich
nicht, ja, er begann sich selbst zu hassen!

Hörmann, der Gegenteiler

Docht fühlte sich völlig im Stich gelassen. »Ich kam mir vor, als würde
ich auf einem fremden Planeten leben«, berichtete er mir. Docht hatte
aufgehört, an seine Lebensberechtigung zu glauben, weil er sich nur
noch als Versager empfand. In dieser Rolle manifestierte sich eine so
große Wertlosigkeit, daß Docht jegliche Selbstachtung verlor. Und die
Menschen um ihn herum, seine Bezugspersonen, waren nicht fähig,
ihn diese Selbstachtung wieder finden zu lassen. Sie begriffen nicht,
daß die Voraussetzung hierzu nicht der gesteigerte Leistungsdruck sein

164

konnte, nicht die entwertende Kritik und nicht die höhnische Verachtung.

Mitten im Schuljahr trat ein neuer Lehrer seinen Dienst an, der schon bald als komischer Kauz galt. Schon sein Äußeres wirkte auffällig. Er war spindeldürr, hatte eine große Hakennase, und er ließ sein Haar über den Hemdkragen hinunterwachsen. Seine Anzüge entsprachen nicht den modischen Normen. Das Sakko, das er trug, war zerknittert, die Hose ausgeblichen. Dieser Lehrer hieß Hörmann, und er unterrichtete Latein und Geschichte. Hörman besaß einen uralten Kombiwagen, an dessen Seitenfenstern dunkelblaue Gardinen hingen. Als die Scheiben einmal etwas heruntergedreht waren, hatte Docht einen Blick hinter diese Gardinen werfen können. Er erinnerte sich, eine aufgeblasene Luftmatratze, mehrere leere Flaschen und Konservendosen sowie achtlos liegengelassene Kleidungsstücke gesehen zu haben. Docht fühlte sich einerseits irritiert, andererseits empfand er diese Unordnung aber auch als wohltuend.

»Zu Hause bei meiner Mutter mußte alles peinlich aufgeräumt sein«, berichtete er. »Manchmal erinnerte mich unsere Wohnung an einen sterilen Operationssaal. Und jetzt war ich jemandem begegnet, der sich überhaupt nicht um Ordnung bemühte. Hörmann war es offensichtlich auch ganz egal, was die anderen über ihn dachten. Ich schloß ihn ins Herz, obwohl er für die meisten in der Schule ein sehr unfreundlicher und unangenehmer Mensch war.«

Hörmann tat das genaue Gegenteil von dem, was man von einem Lehrer erwartete. Den erfolgsgewohnten Vorzugsschülern, vielfach Söhne der lokalen Honoratioren, setzte er unentwegt zu. Er stellte ihnen knifflige Fragen, und wenn sie diese nicht sofort richtig beantworten konnten, wurden sie von Hörmann an die Tafel gerufen. Dort begann er sie fertigzumachen, wie es Docht mit einem leisen Lächeln formulierte. Für ihn ereignete sich etwas ganz Unglaubliches. Die Welt, in der er unten und die anderen oben waren, wurde von Hörmann auf den Kopf gestellt. Denn so gnadenlos streng, wie Hörmann die Musterschüler behandelte, so waren die meisten Lehrer bisher mit

Docht und den anderen »Versagern« der Klasse umgegangen! Hörmann verhielt sich paradox. Wenn er mit den leistungsschwachen Schülern sprach, bekam sein mürrisches Gesicht einen milden, väterlichen Ausdruck. Er übte sich in großer Geduld. Er ließ auch den entmutigsten Schülern so viel Zeit zum Überlegen, bis sie schließlich die richtige Antwort fanden. Dann lobte er sie ausgiebig. Und zu guter Letzt stellte er sie auch noch den erschütterten Vorzugsschülern als leuchtendes Beispiel hin! Docht mußte bei der Schilderung dieser Vorgänge immer wieder lachen. Es war ganz offensichtlich, daß Hörmanns widersinniges Verhalten eine befreiende und ermutigende Wirkung auf Docht ausgeübt hatte.

Hörmann hatte Docht tatsächlich von Anfang an ins Herz geschlossen. Er zwinkerte ihm im Unterricht kameradschaftlich zu, und fast regelmäßig nahm er sich in den Pausen die Zeit, mit ihm zu sprechen. Docht begann zu spüren, daß er von Hörmann sehr gemocht wurde. Und je mehr dieses Gefühl zu einer Gewißheit wurde, um so mehr begann ein neuer Lebenswille in Docht zu keimen. Das Lernen machte ihm allmählich wieder Spaß. Er fand die schon ganz verloren geglaubte innere Ruhe wieder, wenn er über seinen Hausaufgaben saß.

So, wie er sich in der Grundschule für seine Klassenlehrerin angestrengt hatte, gab er sich nun für seinen Hörmann Mühe. Im Unterricht meldete er sich immer häufiger, um sich mit seinem Wissen hervorzutun. Die große Genugtuung, die er damit bei Hörmann auslöste, war ihm ein Beweis dafür, daß dieser zu Recht an ihn geglaubt hatte. So entwickelte sich Docht innerhalb weniger Monate zu einem erfolgreichen Schüler.

Eines Morgens trat der Direktor vor die Klasse. Er erklärte, daß der Studienrat Hörmann ab sofort keinen Unterricht mehr geben würde. Ein hörbares Aufatmen ging durch den Raum. Einige der Musterschüler lachten höhnisch. Docht aber war fassungslos. In der großen Pause lief er zum Parkplatz, um nach Hörmanns Kombiwagen zu sehen. Doch dieser war fort.

Docht wird zum Streber

Innerhalb kurzer Zeit hatte sich Docht zu einem lernwilligen und leistungsfähigen Schüler entwickelt. Der Klassenlehrer, der ihm noch vor wenigen Monaten einen gesunden Menschenverstand abgesprochen hatte, zeigte sich zunächst verwundert. Er spürte zwar, daß Docht seinen Mut wiedergefunden hatte. Doch er begriff nicht, woher dieser Mut gekommen war. Sein eigenes pädagogisches Konzept orientierte sich nur an der Logik des Leistungsprinzips: diejenigen zu loben, die erfolgreich sind, und diejenigen zu kritisieren, die erfolglos sind. Alles andere erschien dem Klassenlehrer widersinnig.

Nachdem Docht weiterhin auf Erfolgskurs blieb, sparte der Klassenlehrer deshalb auch nicht mehr mit anerkennenden Bemerkungen. Auch die anderen Lehrer zeigten sich im Umgang mit Docht zunehmend wohlwollend. Und natürlich waren auch die Eltern vom erstaunlichen Wandel ihres Sohnes sehr angetan. Sie ließen ihm nun die Freiheiten, die ihm zuvor versagt geblieben waren. Docht nahm sie aber gar nicht in Anspruch. Er saß ganze Nachmittage über seinen Schulbüchern, und an den Abenden hörte er sich im Radio fremdsprachige Sendungen an. Für Docht, der sich so erfolgreich jedem außengelenkten Leistungsdruck widersetzt hatte, war durch Hörmann ein Tor aufgestoßen worden: Das große Potential seines Könnens stand ihm nun zur Verfügung. Eine Zuversicht begann ihn zu erfüllen, die mit einer zunächst sehr unbestimmten Sehnsucht nach Liebe und Ansehen einherging.

Dochts Klassenkameraden blieben weiterhin auf Distanz. Früher hatten sie ihn überlegen belächelt, wenn er sie anflehte, ihn bei Klassenarbeiten abschreiben zu lassen. Zuweilen hatten sie sich vor Lachen geschüttelt, wenn er mit hochrotem Kopf vor der Tafel stand und außer einem »Äh-äh« nichts zu sagen wußte. Nun erlebten sie ihn anders. Bei allen Fragen, die vom Lehrer an die Klasse gerichtet wurden, wußte Docht die richtige Antwort. Er streckte die Hand ganz weit nach oben, um voller Stolz kundzutun, daß er die Lösung gefunden hatte. Manchmal schnalzte er auch laut mit den Fingern, wenn der Lehrer an ihm vorbeischaute. Und wenn einer der Klassenkameraden die falsche Antwort gab, kicherte Docht im Hochgefühl seiner Überlegenheit. Vielleicht mochte er sich dabei gedacht haben, daß die anderen früher auch über seine Unwissenheit gelacht hatten. Dies freilich war aus der Gruppe heraus geschehen. Docht aber lachte als einzelner über die Niederlagen anderer, und dadurch schloß er sich einmal mehr aus der Gemeinschaft aus.

Früher war Docht ein komischer Versager gewesen. Nun war er ein komischer Streber. Ein komischer Außenseiter blieb er allemal.

Auch Pinocchio ist es so ergangen. Nachdem er sich beinahe von einem Tag auf den anderen zu einem Streber gewandelt hat, muß er erleben, wie seine Kameraden ihn hänseln und verspotten. Aus ihren »ungereimten Antworten und aus dem albernen Gelächter« muß Pinocchio schließen, »daß die Kameraden ihm einen üblen Streich gespielt und einen Bären aufgebunden hatten«. Das ärgert ihn sehr, und wütend fragt er sie nach dem Grund. Einer von ihnen erklärt: »Du hast die Schule versäumt und bist mit uns gekommen. Schämst du dich nicht, jeden Tag so gewissenhaft und aufmerksam beim Unterricht zu sein? Schämst du dich gar nicht, so fleißig zu lernen?«

Pinocchio erklärt trotzig, es sei seine Sache, wenn er lerne. Er fragt die anderen: »Was geht das euch an?«

Und sie geben ihm den Grund an, weshalb ein Streber im allgemeinen unbeliebt ist: »Weil fleißige Schüler unsereinen, die wir keine Lust zum Lernen haben, immer an die Wand drücken. Und wir wollen nicht an die Wand gedrückt werden: Wir haben auch unseren Stolz!«

Pinocchio reagiert auf diese Erklärung stur. Er beharrt auf seinem Recht, ein besserer Schüler zu sein als die anderen. Diese warnen ihn mit den Worten: »Nimm dich in acht, Pinocchio, bei uns kannst du nicht das Großmaul und den Angeber spielen! Wenn du keine Angst vor uns hast, wir haben noch viel weniger Angst vor dir! Überleg dir's gut: Du bist allein, und wir sind sieben!«

So mancher Jugendliche, der von seiner
Umgebung zu hören bekommt, er sei ein
geborener Strolch, ein komischer Vogel oder
ein Außenseiter, wird erst aus Trotz dazu.

Erik Erikson

8 Die Pubertät

Es war die Zeit der beginnenden Pubertät. Docht war schnell gewachsen. Sein hochaufgeschossener Körper wurde ihm zunehmend fremd. Docht mochte die Hautunreinheiten, die sich zu häufen begannen, ebensowenig wie die Körperbehaarung, die zu sprießen begann. Sein Geschlechtsteil schmerzte. Der Grund war eine Phimose, die sich leicht hätte behandeln lassen. Docht hatte sich aber geschämt, darüber zu sprechen. Erst im Alter von zwanzig Jahren wurde er schließlich operiert. Eines Abends stand Docht vor dem Spiegel und sah voller Entsetzen, daß aus seinen geschwollenen Brustwarzen milchig weiße Tropfen heraustraten. Er war völlig außer sich! Sollte er sich etwa zu einer Frau entwickeln? Oder war er ernsthaft erkrankt?
Viele schamgebunde Jugendliche erleben die Zeit der Pubertät als einen erschreckenden körperlichen Einbruch. Ihr Körper, zu dem sie ohnehin ein gespaltenes Verhältnis haben, gerät buchstäblich aus den Fugen. Er macht sich selbständig, entwickelt sich in Formen hinein, die ganz befremdlich wirken. So versuchen diese Jugendlichen ihren Körper zu kontrollieren. Die Körpergröße wird durch eine gebückte Haltung zu verringern versucht, die aufquellenden Wölbungen sollen durch Fasten zum Verschwinden gebracht werden. Léon Wurmser beschreibt diese Jugendlichen wie folgt: »Sie sind Musterkinder. Oberflächlich gut angepaßt und folgsam, ja unterwürfig. In der frühen

Pubertät, mit etwa dreizehn Jahren und um die Zeit der Menarche, beginnen die Entfremdungs- und Angstzustände. Im Alter von vierzehn bis siebzehn Jahren treten die ersten Eßstörungen auf.« In allen pubertären Eßstörungen kommt ein kämpferisches Element zum Ausdruck. Die Betroffenen kämpfen zunächst gegen die Natur, gegen die Macht des Nahrungstriebes. Sie zwingen sich zu drastischem Fasten, was ihnen zumeist aber nur zeitweise gelingt. Immer wieder erleben sie sich angesichts des triebhaften Verlangens ihres Körpers als vollkommen ohnmächtig, so daß es zu zwanghaften Freßanfällen (Bulimie) kommen kann. Léon Wurmser bemerkt, daß diese Freßanfälle »zu extrem starken Schuld-, Scham- und Ekelgefühlen führen«. Willentlich herbeigeführtes Erbrechen soll die gefürchteten Kalorien verschwinden lassen und damit die entsprechenden Schuld- und Schamgefühle verringern.

Der wütende Kampf gegen die Naturgewalt des eigenen Körpers führt zu einer Spaltung. Die bekannte Tatsache, daß »der Geist willig und das Fleisch schwach ist«, kann einen massiven inneren Konflikt hervorrufen. Hilde Bruch beschreibt eindrucksvoll, wie sich dieser Konflikt als ein Widerstreit gegensätzlicher Gedanken manifestiert. Sie nimmt dabei Bezug auf eine Betroffene:

»Sie war außer sich wegen ihrer zwanghaften Nahrungsgedanken, die in allen Formen, Arten und Ausmaßen auftauchten. › Manchmal höre ich Stimmen oder fühle etwas in meinem Kopf, und zuweilen sehe ich erschreckende innere Bilder vor mir.‹ Die Stimmen schienen miteinander in Konflikt zu liegen, einige forderten sie auf: › Iß, iß, iß‹, während andere ihr geboten: › Laß das, laß das, laß das‹. Diese Gedanken an Nahrung füllten ihre Vorstellung so vollständig aus, daß sie ihr früheres Interesse an verschiedenen Aktivitäten ganz und gar verdrängten. Doch weitaus schlimmer war ihre beständige Furcht davor, nicht menschlich zu sein, und ihre panische Angst, sie könne zu existieren aufhören … Sie ängstigte sich maßlos vor der Vorstellung, die Zukunft könne ein großes Nichts, die völlige Leere sein.«

Im Krieg mit dem hungernden Körper stehen gewöhnlich Jugendliche, die – aus der Sicht der Eltern – eine perfekte Kindheit durchlaufen haben. In der überwiegenden Mehrzahl handelt es sich dabei um Mädchen. Sie sollen so sein, wie das Idealbild ihrer selbstbezogener Eltern es verlangt. Diese erwarten von ihrer Tochter, wie Hilde Bruch bemerkt, »das beste, strahlendste, süßeste, gehorsamste und kooperativste Kind« zu sein. Deshalb erleben manche Mädchen die Zeit ihrer Magersucht mehr oder weniger bewußt auch als einen Befreiungskampf. Doch schon lange vor dem Ausbruch manifester Symptome wurden unbewußt Weichen gestellt, die in die Revolte führen. Und wie alle Menschen, die vorbehaltlos kämpfen wollen, spürt auch das magersüchtige Mädchen zuweilen rauschartig, wie sich eine unbändige Lebenskraft entfaltet. Eine heute vierzigjährige Klientin erinnerte sich fast wehmütig an die Zeit dieses Kämpfens, die nun schon ein Vierteljahrhundert zurückliegt:

»Als ich magersüchtig war, war ich voller Kraft und Energie. Ich habe Dinge getan, die ich mir vorher und nachher niemals zugetraut hätte. Ich hatte alles im Griff: Tage im voraus konnte ich mich entscheiden, wie ich meinen Eßplan einhalten wollte und welche Gymnastikübungen ich durchführen würde. Trotz meiner körperlichen Schwäche habe ich diszipliniert gelernt und Leistung gebracht. Und vor allem: Ich war ein gnadenloser Tyrann! Meine böse Oma habe ich gezwungen, mir das zu kochen, was ich haben wollte. Ohne Rücksicht auf die Einwände meiner Umgebung habe ich mir das angezogen, was mir paßte – ganz schwarze Klamotten, in denen ich noch dünner aussah! Ich, die vormals so Liebe und Gehorsame, habe eine Offensive gegen meine Familie geführt – und ich hatte überhaupt kein schlechtes Gewissen dabei! Es gab nur das eine Ziel für mich: weniger, weniger, immer weniger! Heute weiß ich, das bezog sich nicht nur auf die Kalorien. Es bezog sich vor allem auf meine Angepaßtheit, meine Folgsamkeit, meine Normalitätshörigkeit. Es war eine Zeit des Kämpfens. Und ich habe gesiegt! Ich wurde mehr und mehr zum Mittelpunkt. Diejenigen, die zuvor so ganz desinteressiert an mir gewesen waren, bekamen nun Angst: Angst um mich, die ich zum Schluß nur noch 28 Kilo wog. Alles drehte sich um mich. Als man mich ins Krankenhaus steckte, haute ich gleich wieder ab. Und ich sah, wie meine übermächtigen Eltern mehr und mehr zu resignieren begannen. Und trotzdem kämpften sie alle weiter gegen mich. Sie steckten mich in ein anderes Krankenhaus, wo ich an Infusionen gehängt wurde. Dabei hatte ich aber nur den einen Gedanken: Das, was dir da reingepumpt wird, mußt du so schnell wie möglich wieder abbauen! Denn die Kraft war da, obwohl der Körper immer schwächer wurde. Ich war geistig so sauber, so mächtig und vor allem: ich war vollkommen unabhängig von den Zwängen der Umwelt! Paradoxerweise war das die einzige Zeit in meinem Leben, wo ich mich selbst mochte (obwohl ich objektiv häßlich war). Ich mochte mich nur deshalb, weil ich mich wegen meiner einstmaligen Schwäche und Unsicherheit, wegen meines Komischseins und Unbeliebtseins jetzt nicht mehr schämen mußte.«

Das äußere Erscheinungsbild eines Menschen ist natürlich niemals reine Privatsache. Es gibt eine Vielzahl normativer Kriterien, die darüber Aufschluß geben, ob sich ein Mensch als schön oder als häßlich erleben darf. Gerade bei Mädchen übt ein gesellschaftlich vorgegebenes Schönheitsideal einen besonders starken Anpassungsdruck aus. Die Abweichung von diesem Ideal kann zu einer starken Beschämung führen. In der Pubertät geht dem Größenwachstum des Jungen gewöhnlich keine wesentliche Gewichtszunahme voraus. Dies führt dazu, daß männliche Heranwachsende eher mager oder schlaksig wirken. Der Wachstumsprozeß bei pubertierenden Mädchen führt hingegen eher zu einer Gewichtszunahme, zu einem Ausfüllen des Körpers. Da das Schönheitsideal unserer Zeit den schlanken weiblichen Körper favorisiert, wird sich das übergewichtige Mädchen als häßlich und minderwertig beurteilen müssen. Oft ist es der spöttischen Verachtung Gleichaltriger ausgesetzt. So muß es den Körper als Ursache und Quelle schmerzlicher Beschämung erleben. Es fürchtet seine Impulse und seine triebhafte Eigenständigkeit. Daher versucht es, ihn zu kontrollieren und zu bekämpfen. So bahnt sich ein langer Prozeß der Entfremdung an. Hilde Bruch bemerkt, daß es diesen jungen Menschen am Bewußtsein mangelt, über sich selbst bestimmen zu können. Sie schaffen es nicht, eigenständige Menschen zu sein, die ihre Körperimpulse identifizieren und steuern und schließlich ihre Bedürfnisse so bestimmen und so ausdrücken können, daß aus der Umgebung befriedigende Reaktionen erfolgen. Anna R. ist bei ihrer alleinstehenden Großmutter aufgewachsen. Ihre noch sehr jungen Eltern konnten nichts mit ihr anfangen. Dies wurde ihr von der Großmutter immer wieder vorgehalten, dadurch daß diese ihr sagte: »Wenn ich nicht wäre, wärst du bei denen verkommen! Die hätten dich verhungern lassen oder gleich totgeschlagen.«

Lange begriff Anna nicht, weshalb ihr die Großmutter solche beschämenden Schuldgefühle machte. Der uneingestandene Grund war nämlich, daß sie der Großmutter unendlich dankbar sein sollte. Sie sollte begreifen lernen, daß sie das Eigentum der Großmutter war und sich völlig nach deren Willen zu richten hatte. Anna berichtete mir in einer Therapiestunde:

»Für meine Großmutter war ein Kind nur dann gesund, wenn es rund und rotbackig war. Tagtäglich gab es Streit beim Essen: Zum Frühstück mußte ich zwei dicke Stullen Marmeladenbrot hinunterwürgen, obwohl eines davon völlig ausreichend gewesen wäre. Dazu mußte ich zwei Tassen Milch trinken. Für die große Pause erhielt ich noch einmal dieselbe große Stulle und einen Apfel. Das Pausenbrot warf ich immer weg, weil ich noch keinen Hunger hatte und ohnehin dick genug war. Beim Mittagessen wurde mein Teller von meiner Großmutter so vollgeladen, daß mir beim Zusehen schon fast schlecht wurde. Den Tisch durfte ich nicht verlassen, bevor der Teller leergegessen war. Dasselbe geschah beim Abendbrot. Dementsprechend war auch meine Figur. Als ich etwa dreizehn Jahre alt war und die Minimode aufkam, wollte ich auch Miniröcke tragen. Meine Großmutter nähte meine Kleidung immer selber oder änderte Kleider und Röcke, die ich von Nachbarn und Bekannten – älteren Frauen – geschenkt bekam. Meine Großmutter war entsetzt über die neue Mode. › So etwas tragen nur Flittchen und unmoralische Frauen‹, mußte ich mir immer wieder anhören. In der Schule war ich wegen meiner altmodischen Kleidung dem Spott und Hohn meiner Klassenkameradinnen ausgesetzt. Und so wickelte ich die Röcke am Bund ein, damit sie kürzer waren. Für die Kleider band ich mir einen starken Gummi um die Taille und zog den Rockteil ebenfalls ein Stück nach oben. Es kam, wie es kommen mußte: Eines Tages vergaß ich den eingewickelten Bund des Rockes kurz vor dem Haus herunterzulassen. Als Großmutter sah, daß mein Rock viel zu kurz war (es waren gerade die Knie zu sehen), rastete sie völlig aus. Ich wäre viel zu fett für diese Mode und hätte außerdem › viel zu dicke Stampfer‹, so nannte sie meine Beine.

Von da an schämte ich mich meiner Beine derart, daß ich mich nicht mehr traute, die Röcke hochzuwickeln. Im Sportunterricht trug ich keine kurzen Hosen mehr. Und später, als ich ins Berufsleben trat, trug ich nur noch Hosen. Mit diesem Minderwertigkeitskomplex kämpfte ich zwanzig Jahre. Erst seit kurzem bin ich wieder in der Lage, Röcke problemlos zu tragen!«

Soziale Identität und Anpassung

In der Pubertät werden alle Identifizierungen und alle Sicherungen, auf die sich das Kind früher verlassen konnte, aufgrund des raschen Körperwachstums und der physischen Geschlechtsreife in Frage gestellt, schreibt Erik Erikson. Der Körper ändert radikal seine Proportionen, die keimende Sexualität überschwemmt ihn und die Vorstellungswelt mit neuen Triebregungen. Diese werden einerseits als lustvoll erlebt, andererseits können sie Anlaß für neue Beschämungen sein. Docht berichtete mit leiser Stimme über seine sexuellen Träume aus dieser Zeit. Mehrfach war es dabei zu Pollutionen gekommen. Beim Aufwachen hatte er gleich gespürt, daß dies etwas Verbotenes, Schlechtes sein mußte. So hatte er die Bettwäsche auszuwaschen versucht, was seiner Mutter natürlich nicht entgehen konnte. Sie hatte ihn niemals direkt darauf angesprochen, doch ihre Blicke, ihr vorwurfsvoller Gesichtsausdruck sprachen Bände. Einmal fragte sie ihren Sohn, weshalb auf dem Fußboden seines Zimmers Wassertropfen seien. Von einem Augenblick zum anderen lief Docht rot an, obwohl er überhaupt keine Erklärung dafür hatte. Die Schamesröte stieg ihm ins Gesicht, weil das doppelte Denken ihm suggerierte: Die Mutter denkt, daß ich onaniert habe! Und in diesem Augenblick schämte er sich der unkontrollierbaren Möglichkeiten seines Körpers.

Der wachsende und sich entwickelnde Jugendliche erlebt die Zeit der Pubertät im allgemeinen als einen gewaltigen körperlichen Umbruch. Dieser Umbruch wirkt sich auch auf die sozialen Beziehungen aus. Das andere Geschlecht wird mit anderen Augen wahrgenommen. Neue Zweifel keimen auf, die frühe Versagungen schmerzhaft wieder aufleben lassen: Bin ich, so, wie ich bin, wirklich liebenswert? Besitze ich die Anziehungskraft, um nun von einem anderen Menschen das zu bekommen, was mir meine Eltern nicht gegeben haben? Darf ich es mir überhaupt erlauben, das Ziel meiner sexuellen Impulse in einem anderen Menschen zu suchen? So bemüht sich der pubertierende Jugendliche, wie Erikson bemerkt, um eine neue Identitätsfindung: »Er ist in manchmal krankhafter, oft absonderlicher Weise darauf kon-

zentriert, herauszufinden, wie er, im Vergleich zu seinem Selbstgefühl, in den Augen anderer erscheint.«
Die eigene Unsicherheit bewirkt eine starke Neigung, sich auf neue Identitätssuche zu begeben. Es gilt Vorbilder zu finden, die nachgeahmt und nachgelebt werden können. Diese Idole müssen über besondere Eigenschaften verfügen, so daß sie als Repräsentanten eines Größenideals angesehen werden können. Oft sind es Schauspieler oder Schlagersänger, die aus der entrückten Distanz einer unwirklichen Phantasiewelt angehimmelt werden. Ihr Äußeres, ihr Habitus, ihre Haartracht und ihre Vorlieben werden imitiert, so daß der Jugendliche sich, zumindest bereichsweise, mit ihnen identifizieren kann. Daneben besteht die Neigung, sich auch in ideeller Hinsicht auf Vorbilder einzustellen. Sie vermitteln weltanschauliche Leitlinien und Wahrheitsbegriffe, die oft in unkritischer Weise verinnerlicht werden. Erikson sieht darin einen notwendigen Entwicklungsschritt. Denn der Jugendliche muß »seine früher aufgebauten Rollen und Fertigkeiten mit den gerade modernen Idealen und Leitbildern verknüpfen.«
Die wichtigste Voraussetzung, zu einer neuen Identität zu finden, bietet die Bezugsgruppe gleichaltriger Freunde. In diesem Rahmen lassen sich konkrete, realitätsnahe Beziehungen herstellen. Hier läßt sich eine emotionale Nähe erleben, die manche Defizite aus der früheren Beziehung zu den Eltern zu korrigieren vermag. Diese intime Nähe zu gleichaltrigen Freundinnen und Freunden ist von größter Bedeutung. Erik Erikson schreibt: »Wenn ein junger Mensch eine solche intime Beziehung zu anderen in der Jugendzeit oder frühen Erwachsenenzeit nicht fertigbringt, wird er sich entweder isolieren oder bestensfalls nur sehr stereotype und formale zwischenmenschliche Beziehungen aufnehmen können.«

Freisetzung von Affekten

Es gibt keine weitere Entwicklungsphase, in der das Bedürfnis nach Gruppenzugehörigkeit so stark ist wie in der Pubertät. Die Clique tritt an die Stelle des Elternhauses. Mit ihren Werten, Idealen und Idolen beginnt sich der Jugendliche mehr und mehr zu identifizieren. Er übernimmt die dort gängigen Ausdrücke und Gesten. Er gleicht sich geschmacklich den herrschenden Vorlieben im Hinblick auf Kleidung, Musik und Freizeitaktivitäten an. Innerhalb seiner Clique kann der junge Mensch nicht zuletzt auch erotische Gefühle ausleben, ohne sich deshalb schämen zu müssen. Das ist von entscheidender Bedeutung. Denn im schwärmerischen Verliebtsein des Jugendlichen kann sich erneut eine zwischenmenschliche Brücke aufbauen. Liebende Jugendliche suchen nach Bestätigung. Sie wollen von ihrem Partner wiedergeliebt werden. Darin findet sich höchste Selbstbestätigung. Erik Erikson schreibt: »Die Liebe des Jugendlichen ist weitgehend ein Versuch, zu einer klaren Definition seiner Identität zu gelangen, indem er seine diffusen Ich-Bilder auf einen anderen Menschen projiziert und sie in der Spiegelung allmählich klarer sieht. Darum besteht junge Liebe so weitgehend aus Gesprächen.«

Doch es ist nicht nur die schwärmerische Liebe, die sich in dieser Zeitspanne zu entwickeln beginnt. Es sind auch heiße Affekte, die ausgelebt werden wollen. Die erwachende Sexualität verschmilzt dabei mit einer impulsiven Aggressivität zu einem Geltungsstreben und Imponiergehabe, das viele Erwachsene irritiert. Die früheren Halbstarken und späteren Rocker legen ein Zeugnis dafür ab, daß die Gruppen-Identität pubertierender Jugendlicher im gemeinsamen kämpferischen Aufbegehren gegen die vielen Man-muß-Vorschriften der Erwachsenenwelt entsteht. Dabei wird eine triumphierende Lebenslust freigesetzt, die immer auch mit einem fröhlichen Lachen verbunden ist. Manche Autoren sehen den Zweck des Lachens ohnehin in seiner gruppenstärkenden Funktion, während die Verhaltensforscher hinter dem Lachen ein sublimiertes aggressives Imponiergehabe vermuten. Erik Erikson bemerkt, daß die clanhaften Empfindungen junger Leute zu grausamen Handlungen gegenüber Außenseitern führen können. Auch dabei ist das Gelächter allgegenwärtig.

Verlachen von Außenseitern

Für Henri Bergson hat das Lachen eine soziale Bedeutung und Tragweite. Es entsteht seiner Meinung nach auf Kosten derjenigen, die komisch wirken, weil sie ihren eigenen Weg verfolgen, »ohne sich um den Kontakt mit den anderen zu bekümmern«. Das Lachen ist demnach eine soziale Feuertaufe, ein strafendes Erziehungsmittel für den ungeselligen Menschen. Den eigentlichen Zweck des Lachens sieht Bergson darin, diesen Menschen zu demütigen und ihm »eine peinliche Empfindung zu verursachen«. Waltraud Anna Mitgutsch bringt dafür einen Beleg:

»Ich war das Gespött der Klasse; Fettfleck, Statistin, riefen sie beim Turnen und lachten, wenn ich nach dem fünften Anlauf auf dem Bock hängenblieb. Aus unscheinbaren, schlaksigen Kindern waren modebewußte junge Mädchen geworden, wie Knospen sprangen sie auf, hatten heimliche Rendezvous, litten an der ersten Liebe, wurden geküßt und zuckten die Achseln über schlechte Noten. Ich blieb matronenhaft, mit einem Haarknoten auf dem Hinterkopf, der mit dem Ballen ausgefallener Haare ständig wuchs, in Umstandsblusen und losen Röcken, der Fettfleck mit dem fliehenden Kinn, dem zu großen Mund, den abstehenden Ohren und der schwarzen Brille, die das düstere Gesicht noch mehr verfinsterte.«

Natürlich wollen junge Menschen nur ihren Spaß haben, wenn sie den ungeselligen Außenseiter »verarschen«. Es ist seit langem bekannt, daß ein aggressiv getöntes Lachen erheblich zur Stärkung des eigenen Selbstwertgefühls beiträgt. Daneben schweißt dieses Lachen aber auch die Mitglieder der Clique zusammen. Die Zielscheibe ihrer Verspottung ist ein Mensch, der viele von jenen negativen Eigenschaften auf sich vereinigt, vor denen die meisten Jugendlichen sich selbst fürchten und die sie zu überwinden versuchen. Das Selbstwertgefühl des pubertierenden Jugendlichen ist zumeist noch nicht gefestigt. So lebt er insgeheim in der Angst, häßlich, blöd, komisch, das heißt, für die anderen nicht annehmbar zu sein. Diese Angst wird auf den bedauernswerten Außenseiter projiziert. Dieser gibt in seiner äußeren Erscheinung ja klar zu erkennen, daß er derjenige ist, der häßlich, ungeschickt oder eben komisch ist. So wird er, dem biblischen Beispiel entsprechend, zu einem Sündenbock gemacht, auf den die eigene Schamangst abgeladen wird – allerdings um den Preis seiner qualvollen Beschämung.

Helene Z., eine dreißigjährige Versicherungsangestellte, ist seit über zwei Jahren in Psychotherapie. Grundlegendes Thema ist ihre Scham, die sich in massiven Selbstzweifeln, sozialem Rückzug, panikartigen Angstanfällen und Phasen depressiver Antriebslosigkeit und Sinnleere ausgewirkt hat. Helene hat große Fortschritte gemacht. Sie kann sich ihren Arbeitskollegen gegenüber energischer durchsetzen, was ihr nicht die zunächst befürchteten Nachteile eingebracht hat. Im Gegenteil erlebt sie sich erstmals in ihrem Leben als wirklich respektiert. Vor allem mag Helene sich selbst wieder leiden. Jahrelang hatte sie es nicht geschafft, ihr Spiegelbild anzusehen. Eine Zeitlang hatte sie sogar den großen Spiegel im Schlafzimmer mit einem Tuch verhängt. So sehr hatte ihr vor dem eigenen Anblick geschaudert!

Seit der Pubertät hatte sich Helene als abgrundtief häßlich empfunden. Die Tatsache, daß sie stark übergewichtig gewesen war und daß sie auf ihr Äußeres nicht im geringsten geachtet hatte, dürfte diese verheerende Selbsteinschätzung lediglich sekundär begründet haben. Zu Jahresanfang hatte sich Helene entschlossen, etwas für ihren Körper zu tun. Sie aß vor allem Gemüse und verzichtete auf Süßigkeiten und fette Speisen. Gleichzeitig begann sie regelmäßig in ein Fitneßcenter zu gehen.

Nun saß sie vor mir: eine attraktive junge Frau, die mir nach der langen Zeit unserer Zusammenarbeit endlich etwas beichten wollte. Sie wollte mir etwas gestehen, was sie seit ihrer Pubertät tief in ihrem Herzen verschlossen hatte. Sie erzählte:»Es war so schrecklich, daß ich nie mit einem Menschen darüber sprechen konnte. Die Leute, die man in Auschwitz nackt zur Gaskammer getrieben hatte: sie können sich nicht schlimmer gefühlt haben als ich während meines jahrelangen Martyriums!«

Helene entstammt einer frommen Aussiedlerfamilie. Ihre Eltern hielten an den antiquierten Sitten der alten sibirischen Heimat auch in Deutschland fest. Die Töchter mußten ihr langes Haar zu Zöpfen binden und im Winter Kopftücher tragen. Neue Kleider gab es nie. Die Kinder wurden mit abgelegten Sachen aus der Kleidersammlung der Caritas ausgestattet. Und die bibelfesten Eltern führten ein strenges Regiment, das kein Aufbegehren der Kinder zuließ. Die Speisen, die von der Mutter mit viel Knoblauch gewürzt wurden, mußten widerspruchslos verzehrt werden. Es störte die Eltern nicht, daß Helene mehrfach berichtet hatte, ihre Klassenkameraden hätten die Nase über sie gerümpft.

Allmählich geriet Helene in die Rolle des Sündenbocks. Stockend erzählte sie:

»Es begann damit, daß ein Klassenkamerad sich auf mich einzuschießen begann. Er war selbst fettsüchtig und wollte wohl die Aufmerksamkeit von sich ablenken. Er begann mich ›Knofel‹ zu rufen, und die anderen machten bald mit. Sie riefen: ›Iii – pfui Teufel‹, wenn sie mich nur sahen. Das hat sich dann so ausgeweitet, daß selbst Jugendliche, die mich übehaupt nicht kannten, mich zu verspotten begannen. Sie grinsten dreckig, wenn sie mich anguckten und schrien ›igitt‹. Auf dem Schulhof und selbst auf offener Straße wandten sie sich entsetzt von mir ab, oder sie hielten sich die Kapuze oder die Schultasche vors Gesicht, um meinen Anblick nicht ›ertragen‹ zu müssen. Nach der großen Pause machten alle einen Wettlauf, um vor mir im Klassenzimmer zu sein. Wenn ich dann hereinkam, taten sie so, als hätte ich die Türe verseucht. Die nach mir Kommenden ›trauten‹ sich dann nicht, das Klassenzimmer zu betreten. Und die, die schon drin waren, hielten mir gekreuzte Bleistifte entgegen – so, als sei ich ein Vampir!

Ich begann immer mehr zu erstarren. Ich fragte mich ständig: ›Was an mir ist so entsetzlich? Was unterscheidet mich so von den anderen? Bin ich so grundhäßlich? Oder stinke ich so? Bin ich ein ungeschickter Trampel?‹ Ich traute mir bald gar nichts mehr zu, denn tatsächlich wurde ich wirklich immer verkrampfter und komischer. Im Unterricht war ich ganz still und meldete mich nie. Deshalb bekam ich auch noch eine schlechte Note in Mitarbeit! Ich wurde immer empfindlicher und begann selbst Leute zu fürchten, die mich freundlich anlächelten! Über all das sprach ich mit keinem Menschen, schon gar nicht mit meinen Eltern. Sie hätten mir ohnehin nur Vorhaltungen gemacht wie: ›Du mußt eben freundlicher zu den anderen sein, nicht so hochnäsig usw.‹ Ich traute mich nicht, mit meiner Mutter in die Stadt zu gehen, weil sie es nicht mitbekommen sollte, wie ich verspottet wurde. So blieb ich immer zu Hause, täuschte Unwohlsein und Bauchschmerzen vor. Bis vor wenigen Monaten dachte ich, das alles habe mein ganzes Leben verkorkst und mich innerlich gebrochen. Es blieb all die Jahre ein Riesengeheimnis. Niemandem habe ich davon erzählt. Nicht einmal Ihnen, als meinem Therapeuten, wagte ich davon zu berichten. So sehr habe ich mich geschämt. Erst seit ich fähig bin, mich zu wehren, kann ich über dieses Martyrium sprechen.«

In gewisser Hinsicht läßt sich die Pubertät mit dem Trotzalter vergleichen. Gesunde Kleinkinder zeichnen sich dadurch aus, daß sie nicht immer folgen wollen. Und ein normaler Jugendlicher begehrt zumindest zeitweilig gegen die Man-muß-Vorschriften des Erwachsenenlebens auf. Dieser Trotz ist kämpferisch. Er ist ein Ausdruck natürlicher Aggressivität. Deshalb sollte er keinesfalls nur negativ gesehen werden, wie manche Erwachsene es tun. Das trotzige Kind und der »zornige junge Mann« üben gleicherweise ein Verhalten ein, das für eine erfolgreiche Selbstbehauptung in späteren Lebensabschnitten durchaus nötig ist. Kinder und Jugendliche, die aufmucken und sich durchzusetzen versuchen, sind also keineswegs psychisch abnorm. Dafür spricht immer auch die Tatsache, daß sie eine Lebensfreude unter Beweis stellen, die sich in häufigem Lachen kundtut: einem Lachen, das auf den Außenstehenden, wie schon erwähnt, zuweilen recht provozierend wirken kann.
Brave Kinder sind demgegenüber kaum kämpferisch eingestellt. Sie wirken auch weniger lebensfroh. Von früh auf haben sie sich den verbindlichen Regeln der Erwachsenenwelt unterworfen, so daß sie wohlerzogen und angepaßt wirken. Es sind dies eher stille Kinder, die man selten ausgelassen lachen sieht. Sie haben es weder gelernt, das Lachen als eine Waffe lebendiger Selbstbehauptung zu gebrauchen,

noch fühlen sie sich im Lachen mit den anderen verbunden. Diese Kinder haben wenig zu lachen. Andererseits sind sie häufig die Zielscheibe spöttischer Hänseleien durch andere Kinder. Deren Lachen tut weh. Es ist grausam und bedrohlich. So entwickelt sich gerade im Kindesalter eine besondere Form der Angst: die Gelotophobie, das heißt die Angst vor dem Ausgelachtwerden. Diese Angst kann das gesamte spätere Leben schamgebundener Menschen vergiften.

Opfer und Ausgestoßene

Man könnte fast von einer Art Naturgesetz sprechen, demgemäß das Schicksal besonders Wehrloser darin besteht, unausgesetzt Opfer zu sein. Die Viktimologie, eine Teildisziplin der Kriminologie, befaßt sich mit der Frage, über welche besonderen Wesensmerkmale Menschen verfügen, die überdurchschnittlich häufig Opfer (lateinisch »victima«) eines Verbrechens werden. Es sind dies Merkmale, die in ihrer Gesamtheit schambezogen sind: Schüchternheit, Selbstunsicherheit, Bereitschaft zur Unterwerfung und Autoritätshörigkeit. Die Betroffenen sind in ihrer Lebenseinstellung apathisch und gleichgültig; sie setzen den gegen sie gerichteten Aggressionen wenig Widerstand entgegen. Wer aber in eine Opferrolle hineingewachsen ist, der provoziert viele Mitmenschen zu weiteren Akten der Lieblosigkeit: »Die Tendenz, Opfer zu entwürdigen und herabzusetzen, scheint ein allgemeines soziales Phänomen zu sein«, schreibt der Viktimologe Heinz Winnik.
Kinder und Heranwachsende, die zu Opfern werden, lassen sich nach den Beobachtungen des amerikanischen Psychologen David Schwartz folgendermaßen charakterisieren: Sie haben keine eigene Meinung, räumen schnell das Feld, wenn andere ihren Platz beanspruchen. Sie versuchen kaum, andere von etwas zu überzeugen bzw. abzubringen. Beim Spielen verhalten sie sich eher passiv als interaktiv. Sie unterwerfen sich bereitwillig dem Willen eines anderen, wodurch dieser häufig zu aggressiven Handlungen provoziert wird. Angesichts dieser Aggres-

sivität verändert sich das Verhalten des Opfers. Es zieht sich immer mehr zurück, wird noch unbeliebter – und dadurch immer häufiger Angriffsziel. Allmählich erlebt sich das Opfer selbst als komisch. Deshalb verlernt es letztlich sogar, sich über diejenigen (wenigstens insgeheim) zu ärgern, die seine Peiniger sind.

Eine großartige Schilderung dieses Dilemmas finden wir in Robert Musils Erzählung *Die Verwirrungen des Zöglings Törleß*. Der Internatsschüler Basini, ein weicher, willensschwacher Jugendlicher, wird zum Spielball der erwachenden Triebhaftigkeit seiner Kameraden. Basini läßt alles widerspruchslos über sich ergehen. Er setzt sich weder gegen widerwärtige sexuelle Gelüste noch gegen sadistische Übergriffe zur Wehr. Basini ist ein Opfer.

Basinis Klassenkamerad Törleß ist zunächst einer seiner Peiniger. Törleß empfindet Verachtung für ihn: »Solche Menschen wie Basini bedeuten nichts – eine leere, zufällige Form.« Doch als Basini eine besonders grausame Abreibung verabreicht werden soll, versucht Törleß ihm zu helfen. Er kann aber nicht verhindern, daß Basini doch gequält wird:

»Alle versammelten sich hinten bei den Kästen; dann wurde Basini vorgerufen.

Beineberg und Reiting standen wie zwei Bändiger zu seinen Seiten. Das probate Mittel des Entkleidens machte, nachdem man die Türen verschlossen und Posten aufgestellt hatte, allgemeinen Spaß. Reiting hielt ein Päckchen Briefe von Basinis Mutter an diesen in seiner Hand und begann vorzulesen. ›Mein gutes Kind …‹

Allgemeines Gebrülle.

›Du weißt, daß ich von dem wenigen Gelde, über das ich als Witwe verfüge …‹ Unflätiges Lachen, zügellose Scherze flattern aus der Masse auf. Reiting will weiterlesen. Danach stößt einer Basini. Ein anderer, auf den er dabei fällt, stößt ihn, halb im Scherze, halb in Entrüstung zurück. Ein dritter gibt ihn weiter. Und plötzlich fliegt Basini, nackt, mit von der Angst aufgerissenem Munde, wie ein wirbelnder Ball, unter Lachen, unter Jubelrufen, Zugreifen aller im Saale umher – von einer Seite zur anderen –, stößt sich Wunden an den scharfen Ecken der Bänke, fällt in die Knie, die er sich blutig reißt – und stürzt endlich – blutig, bestaubt, mit tierischen, verglasten Augen zusammen, wäh-

rend augenblicklich Schweigen eintritt und alles vordrängt, um ihn am Boden liegen zu sehen.
Törleß schauderte. Er hatte die Macht der fürchterlichen Drohungen vor sich gesehen.
In der nächsten Nacht sollte Basini an ein Bett gebunden werden, und man hatte beschlossen, ihn mit Florettklingen durchzupeitschen.«

Friedfertig wie ein Opferlamm

Carlo Collodi beschreibt eine ähnliche Szene: Pinocchio kommt in die Volksschule, und da er als Hampelmann komisch wirkt, stürzen sich die Kinder gemeinsam auf ihn: »Das Gelächter wollte kein Ende nehmen! Jeder trieb seinen Spott mit ihm: der eine riß ihm die Mütze aus der Hand, der andere zog ihn hinten am Rock, wieder einer wollte ihm mit Tinte einen großen Schnurrbart unter die Nase malen, und einer versuchte sogar, ihm Bindfäden an Füße und Hände zu knüpfen, um ihn tanzen zu lassen.«
Der folgende Bericht schildert das traurige Leben eines aggressionsgehemmten Schulmädchens. Dieser Bericht wurde von einer jungen Frau verfaßt, die sich inzwischen wieder mit dem lausbübisch-frechen Mädchen identifizieren kann, das sie ursprünglich einmal war. Dieses Mädchen lebte ihre lebendige Aggressivität bedenkenlos und voller spontaner Fröhlichkeit aus. Die angeblich herzkranke Mutter nahm daran jedoch Anstoß. Sie redete ihrer Tochter so lange ins Gewissen, bis diese immer stärkere Schuldgefühle entwickelte. Dabei setzte die Mutter den Liebesentzug als ein besonders wirksames Druckmittel ein. Solange der Vater die wilde Lebendigkeit seiner Tochter humorvoll akzeptiert hatte, war ihre Welt aber noch durchaus in Ordnung. Doch nach dem Übertritt ans Gymnasium kam es zu dramatischen Veränderungen. Nun erwartete auch der Vater ein vernünftiges und gewissenhaftes Verhalten von seiner Tochter. Doch je mehr sie sich an die elterlichen Man-muß-Ideale anzupassen suchte, desto weniger

vermochte sie sich im Kreise ihrer Klassenkameraden zu behaupten. So wandelte sich ein fröhliches, freches Kind zu einer unglücklichen Jugendlichen, die sich als ein Opferlamm fühlte:

»Meine früheste Kindheit verlief fröhlich. Ich war ein sehr lebhaftes und temperamentvolles Kind. Die Kindergärtnerinnen beklagten sich laufend über mich. Meine Mutter war (perfekte) Hausfrau, und mein Vater verdiente das Geld. Er mochte meine temperamentvolle Art, während mich meine Mutter stets durch Liebesentzug bändigen wollte. Ich erinnere mich noch sehr genau, wie sie immer wieder zu mir sagte: › Ich mag dich nicht mehr, wenn du so wild bist!‹ Oder: › Irgendwann wirst du mich mit deiner schrecklichen Art noch unter die Erde gebracht haben. Dann kommst du aber ins Heim!‹ Zunächst schienen mich diese Einschüchterungsversuche aber noch wenig beeindruckt zu haben. Auch in der Grundschule war ich ziemlich vorlaut und zuweilen sogar unverschämt. Ich schloß mich damals einer Jungenbande an. Wir lieferten uns mit den Jungen aus dem Nachbardorf regelrechte Schlachten. Ich war als einziges Mädchen dabei, was mich mit riesigem Stolz erfüllte. Mit elf Jahren kam ich ins Gymnasium, das sich in der nächsten Stadt befand. Zunächst freute ich mich, aber die Freude hielt nicht lange an. Ich kam in eine Klasse, in der sich die Kinder schon von der Grundschule her kannten. Es waren durchwegs Stadtkinder. Sie waren moderner gekleidet als ich, manche trugen schon Jeans und durften sich schminken. Ich spürte immer mehr, daß ich nicht mithalten konnte. Und sie ließen es mich auch spüren, daß ich nicht dazugehörte. So gab ich mein Bemühen um Anschluß allmählich auf. Ich hatte jetzt auch keinen Schneid mehr, mich so zu wehren, wie ich das früher getan hätte. Ich war eben vernünftig geworden! Ich konzentrierte mich ganz aufs Lernen und versuchte, mich im Unterricht durch Leistung hervorzutun. Dadurch machte ich mich aber als Streberin bald unbeliebt. Man begann mich zu hänseln und zu verspotten. Ich verlor darauf jegliches Interesse am Lernen und geriet zunehmend ins Abseits. Ich entwickelte mich zur Außenseiterin.

Im Pausenhof stand ich allein und mit gesenktem Kopf in einer stillen Ecke. Ich kam mir wie abgehängt vor. So stand ich da: unsicher und völlig verkrampft, mit den Händen in der Tasche. Aus lauter Unsicherheit wurde mir zuweilen schwindlig. Dies ging jahrelang so. Die anderen standen in Gruppen zusammen, lachten miteinander und waren fröhlich. Ich aber wurde immer ernster und trauriger. Mein Selbstwertgefühl schwand mehr und mehr. Zuletzt war ich völlig unglücklich. Ich war so selbstunsicher, daß ich mich in den großen Pausen in der Toilette oder gar in einem großen Schrank im Klassenzimmer einschloß.

Meine Eltern erfuhren nichts von meiner Not, weil ich mich zu sehr schämte. Aber aufgrund meiner schlechten Schulleistungen merkten sie, daß mit mir etwas nicht stimmte. Doch sie fragten nicht danach. Sie wollten gar nicht wirklich wissen, was mich bedrückte. Sie ließen mich mit meiner inneren Not alleine. Und es ging mir immer schlechter. Ich fing das Nägelkauen an. Ich verschlang Unmengen an Süßigkeiten, so daß ich immer dicker wurde. Nun konnten mich die Mitschüler auch noch wegen meiner Figur hänseln. Sie nannten mich › Walroß‹. Dazu kam noch, daß ich weiterhin die selbstge- nähten Kleider meiner Mutter tragen mußte. Ich trug sie tapfer, obwohl ich mich in ihnen vollkommen unwohl fühlte. Aber ich wollte meiner lieben Mutter nicht weh tun! Das war das wichtigste Gebot. Wie ich mich dabei fühlte, mußte mir zweitrangig erscheinen!

Wegen meines Übergewichts wurde ich immer ungeschickter und träger. Das wirkte sich besonders im Sport sehr nachteilig aus, was wiederum ein neuer Anlaß für den Spott meiner Mitschüler war!

Ich ging durch eine Hölle der Erniedrigung, Scham und Angst. Jahrelang wachte ich regelmäßig in der Nacht mit rasendem Herzklopfen auf. Mein einziger Gedanke war: › Was wird der nächste Morgen dir wieder bringen?‹ Die Angst packte mich panikartig. Doch ich riß mich zusammen, tat meinen Eltern gegenüber so, als sei alles in Ordnung. Ich durfte sie um Gottes willen ja nicht belasten. Wieso ich so dachte? Konnte, durfte ich anders denken bei einer Mutter, die mir seit jeher weismachen wollte, wie schwer herzkrank sie sei und wie sehr sie gerade unter mir leiden mußte, unter mir, die ich sie noch eines Tages ganz sicher unter die Erde bringen würde …

Meine neun Jahre auf dem Gymnasium waren Jahre der Scham, Jahre, in denen mich die Panik voll im Griff hatte. Ich wurde um meine Jugend be- trogen. Früher dachte ich, es seien die anderen, meine Mitschüler und die an mir völlig desinteressierten Lehrer gewesen, die sich an mir schuldig gemacht hatten. Heute sehe ich es anders: Ich hatte aufgrund meines so gut entwik- kelten Gewissens eine erfolgreiche Abwehrschlacht gegen die gesunde Selbst- behauptungsfähigkeit meiner Kindheit gewonnen. Warum? Weil ich ein braves Kind sein sollte, weil ich meine arme, kranke Mutter nicht unter die Erde bringen sollte. So habe ich mir meine ursprüngliche Lebensfreude selbst abgewürgt. Das Lachen war mir vergangen, nicht aber den anderen. Sie fan- den mich in meiner unnatürlichen Angepaßtheit einfach zum Lachen!«

Die Blaue Blume

Der Psychoanalytiker Michael Balint beschrieb einen besonderen Typus von Menschen, die er »Philobaten« nannte. Er sah sie durch die
Tatsache charakterisiert, sich in jenem Freiraum wohl zu fühlen, der
zwischen den Objekten (wozu immer auch Menschen gehören) liegt.
Denn die philobatische Welt besteht aus »freundlichen Weiten«. Sie ist
geprägt von »sicherer Distanz und Fernsicht«. Die tückischen Objekte
wirken bedrohlich und lösen Furcht aus. Deshalb vermeidet der Philobat den engeren Kontakt zu ihnen. Er mißtraut ihnen tief. Er hat
einen Beobachtungsdrang entwickelt, der sich zuweilen »bis zu paranoiden Verhaltensweisen« steigern kann.
Doch gleichzeitig ist der Philobat ein Draufgänger. Er streift durch die
weite Welt, die er als »schön, freundlich gesinnt, liebevoll und hilfreich«
erlebt, solange er nicht mit »häßlichen und gelegentlich als feindlich
empfundenen Objekten« konfrontiert wird. Denn der Philobat hat
mit Objektbeziehungen keine guten Erfahrungen gemacht. Nach Ansicht Balints hat er eine »Regression« zu einer strukturlosen Welt hin
vollzogen, in der es »noch keine oder nur sehr wenige und unwichtige
Objekte gibt«. Es ist dies eine Welt, »die nur aus freundlich gesinnten
Substanzen besteht, die die freundlichen Weiten bilden«. Sie sollen das
ersetzen, was die enttäuschenden Menschen nicht geben konnten:
Wärme, Geborgenheit und Liebe. Die Natur wird so zu einer Ersatz-
mutter, »die ihr Kind sicher in den Armen hält.«
Adelbert von Chamisso hat in *Peter Schlemihls wundersamer Geschichte*
einen Philobaten beschrieben. Sein Held ist ein armer Schlucker, der
sich danach sehnt, von den anderen anerkannt und geachtet zu werden. Doch er spürt, daß er nicht um seiner selbst willen geliebt werden
kann. So muß er reich werden, um dadurch zu Ansehen und Macht
zu kommen. Der Preis dafür ist sein Schatten, den er dem Teufel verkauft. Peter Schlemihl bekommt dafür einen Glücksäckel, der zu einer
nie versiegenden Geldquelle wird. Doch dieser Glücksäckel ist gleichzeitig auch die Ursache einer fortwährenden Beschämung. Peter
Schlemihl muß erkennen, »daß er als Schattenloser außerhalb der Ge-

sellschaft steht, daß er gemieden und verachtet wird.« Er vereinsamt zunehmend, denn er ist anders als die anderen. Adelbert von Chamisso beschreibt somit den Urschmerz eines schamgebundenen Menschen, der sich ständig bewußt werden muß, daß ihm die Voraussetzung fehlt, von seinen Mitmenschen als normal angesehen zu werden. Peter Schlemihl wird zum Objekt der Verspottung und der Bemitleidigung. Verzweifelt versucht er, seine Andersartigkeit zu überspielen. Doch alle seine Versuche scheitern. So bleibt ihm nur noch die Flucht in die Natur, wo er schließlich als Außenseiter zu einem zwar einsamen, aber erfüllten Leben im Dienste der Wissenschaft findet.

Es läßt sich vermuten, daß Adelbert von Chamisso in dieser Geschichte sein eigenes Schicksal beschrieben hat. Denn auch er blieb Zeit seines Lebens ein Außenseiter. Die Ereignisse der Französischen Revolution hatten den 1781 in der Champagne geborenen Grafensohn nach Deutschland verschlagen, wo er im preußischen Heer die Offizierslaufbahn einschlug. Während der napoleonischen Kriege mußte er so gegen seine Landsleute kämpfen. Er stand, wie Lothar Lang bemerkt, »als Mann ohne Vaterland unentschieden zwischen zwei feindlichen Nationen, so daß er mancherlei Anfeindungen ausgesetzt war«. Zusätzlich hatte er sich allmählich auch der Welt seiner aristokratischen Familie entfremdet, ohne jedoch im bürgerlichen Leben Fuß fassen zu können. So geriet er schließlich in eine weitgehende gesellschaftliche Isolierung. 1810 schrieb er: »Ich bin Franzose in Deutschland und Deutscher in Frankreich, Katholik bei den Protestanten, Philosoph unter den Frommen und Mucker unter den Freigeistern, Weltmann unter den Gelehrten und Pedant unter den Leuten von Welt, Jakobiner unter den Aristokraten und unter den Demokraten ein Edelmann. Ich bin nirgends am Platze, ich bin überall fremd.«

Auch Pinocchio ist überall fremd. Er ist auf der Flucht durch eine wunderliche Welt, in der sich ihm immer wieder bösartige Objekte in den Weg stellen. Carlo Collodi läßt sie zum Beispiel die Gestalt von allegorischen Mordgesellen einnehmen. Sie sind unvollkommen wie Pinocchio selbst, und vielleicht sind sie gerade deshalb so bedrohlich. Pinocchio trifft auf einen hinkenden Fuchs und einen blinden Kater, als er durch das »Land der Dummen Käuze« zieht. Diese Bezeichnung ist eine Anspielung auf den verachteten Sonderling, der sich großartigen, aber eben doch auch sehr unrealistischen Phantasien und Sehnsüchten hingibt. Pinocchio umgibt eine Dunkelheit, »die es gar nicht geben kann. Trotzdem bewegt er sich, als gäbe es nur eine einzige Straße, die zu dem trügerischen Wunderfeld führt.« Hier will er ungeahnten Reichtum finden, die Erfüllung seines Traumes. Denn »im Traum stand er mitten auf einem Feld, und das Feld war voller Bäumchen, die über und über mit Trauben behangen waren, und die Trauben waren lauter Goldzechinen, die im Winde gegeneinander schlugen und › klingeling, klingeling‹ machten, als wollten sie damit sagen: › Wer möchte, soll uns pflücken!‹«

Viele einsame Menschen sind Träumer. Ihre Welt ist voll von Phantasiegebilden, die nur ihnen allein gehören. Sie sind die Schöpfungen einer Einbildungskraft, die im eigentlichen Sinne künstlerisch wirkt. Dies kann sich nicht selten in einer lyrischen Produktivität niederschlagen. Wir dürfen annehmen, daß viele der besten Dichter und Schriftsteller auf solche Phantasiereisen gehen, die sie durch die freundlichen Weiten einer Welt führen, die so im übertragenen Sinne beherrschbar wird. Und oft schreiben sie sich dabei den Schmerz von der Seele, den ihnen das reale Leben zugefügt hat. Ihre Neigung, die Welt der Phantasie romantisch zu verklären, ist dabei ein durchaus positives Ergebnis ihres abgeschiedenen Lebens, das den individuellen Neigungen viel Raum zur freien Entfaltung läßt. Docht erinnerte sich: »Während meine Klassenkameraden ihre Freizeit miteinander verbrachten, konnte ich tun und lassen, was ich wollte. Ich mußte keine Rücksicht auf die Vorstellungen und Erwartungen der anderen nehmen. Ich war frei.«

In der Pubertät begeisterte sich Docht für die Werke romantischer Dichter. Das Symbol dieser Epoche war die »Blaue Blume«. Besonders Novalis faßte die schwärmerische Sehnsucht einsamer Menschen nach Liebe und Erfüllung in gefühlvolle Worte. Eine freundliche Natur soll diesen Menschen das geben, was ihnen die schnöde Alltagswelt versagte. Novalis läßt Heinrich von Ofterdingen jenen Überschwang an Gefühlen erleben, wie er bis heute von romantischen Jugendlichen nicht anders empfunden wird:

»Eine himmlische Empfindung überströmte sein Innerstes; mit inniger Wollust strebten unzählbare Gedanken in ihm sich zu vermischen; neue, niegesehene Bilder entstanden, die auch ineinanderflossen und zu sichtbaren Wesen um ihn wurden, und jede Welle des lieblichen Elements schmiegte sich wie ein zarter Busen an ihn. Die Flut schien eine Auflösung reizender Mädchen, die an dem Jünglinge sich augenblicklich verkörperten. Eine Art von süßem Schlummer befiel ihn, in welchem er unbeschreibliche Begebenheiten träumte und woraus ihn eine andere Erleuchtung weckte ... Was ihn mit voller Macht anzog, war eine hohe lichtblaue Blume, die zunächst an der Quelle stand und ihn mit ihren breiten, glänzenden Blättern berührte. Rund um sie her standen unzählige Blumen von allen Farben, der köstlichste Geruch erfüllte die Luft. Er sah nichts als die blaue Blume und betrachtete sie lange mit unnennbarer Zärtlichkeit. Endlich wollte er sich ihr nähern, als sie auf einmal sich zu bewegen und zu verändern anfing; die Blätter wurden glänzender und schmiegten sich an den wachsenden Stengel, die Blume neigte sich nach ihm zu, und die Blütenblätter zeigten einen blauen ausgebreiteten Kragen, in welchem ein zartes Gesicht schwebte.«

Docht durchstreifte häufig die freundlichen Weiten der Natur. Im Wald konnte er seinen phantastischen Gedanken nachhängen. Und von den Höhen seiner heimatlichen Flußlandschaft konnte er den Blick ins Tal schweifen lassen, um lieblichen Gedanken und Sehnsüchten nachzuhängen. Diese romantische Haltung versüßte Dochts freudloses Leben. Friedrich Nietzsche hatte einmal festgestellt, daß alle Menschen, die an der »Verarmung des Lebens« leiden, nach »Ruhe, Stille, glattem Meer, Erlösung von sich durch die Kunst und Erkenntnis suchen, oder aber den Rausch, den Kampf, die Betäubung, den Wahnsinn. Dem Doppel-Bedürfnisse der letzteren entspricht alle Romantik.«
Auf seiner Flucht gelangt Pinocchio an einen Graben, der die Trennlinie zwischen der normalen Welt und einem völlig anderen Ort ist. Zuvor war er über Wiesen, Felder, bebaute Äcker und Weinberge gerannt. Nun liegt ein unheimlicher grüner Wald vor ihm, durch den er zwei Stunden lang läuft. Giorgio Manganelli bemerkt, daß dieses »stille dunkle Grün des Waldes etwas abschließend Friedhofsmäßiges« an sich hat, nicht weniger als das schneeweiße Häuschen, das inmitten dieses Waldes steht und das sich zum Schluß als ein »Depot des Todes« er-

189

weist: »Es erscheint als ein magischer und unwegsamer Ort. Seine Vertrautheit ist illusorisch, seine Gastlichkeit erlogen. Seine Helligkeit mitten im Dunkel der Bäume hat den eiskalten Glanz des Mondes.« Auch Docht war allmählich an diese Trennlinie gelangt. Er begann sich auf seinen Streifzügen durch die Natur allmählich unwohler zu fühlen. Er spürte, daß er sich von der normalen Welt und vom realen Leben zunehmend entfernte. Dunkel ahnte er, daß man in seinem Alter anders leben sollte. Er bemerkte, daß manche Menschen ihn mit ihren mißtrauischen Blicken verfolgten, wenn er alleine durch Wald und Flur streifte. Er erinnerte sich: »Einmal saß ich im Herbst auf einer Bank, hoch über den Weinbergen. Ich blickte hinab auf den Rhein und war vollkommen ruhig und ausgeglichen. Ein stilles Glücksgefühl stieg in mir auf. Da näherte sich mir ein Weingärtner, der mich offenbar schon eine Zeitlang beobachtet haben mußte. Mit einem drekkigen Grinsen blieb er vor mir stehen und fragte mich: › He du, bist du verrückt?‹ Ich erstarrte vor Scham!«

So begann sich Docht allmählich seiner Naturverbundenheit zu schämen. Obwohl er sich auf seinen Wanderungen eigentlich wohl fühlte, plagten ihn Gewissensbisse. Die Tyrannei des doppelten Denkens hatte sich seiner wieder bemächtigt. Und je mehr er sich von konventionellen Man-muß-Vorstellungen beherrschen ließ, um so unwohler fühlte er sich.

Hermann Hesse beschreibt dieses gespaltene Gefühl in seiner Erzählung *Unterm Rad*. Er läßt Hans Giebenrath, den einsamen Vorzugsschüler, durch die schönen Schwarzwaldwälder streifen, »wo es keinen Spaziergänger darin gab als ihn«. Er läßt ihn am Ufer des grünen Flusses sitzen und Fische angeln. Monate später steht Hans wieder an diesem Ufer. Er fühlt sich als Versager, der keinen Anspruch auf Glück oder auch nur Zufriedenheit haben darf. Hans ist im Internat gescheitert, weil er den überhöhten Leistungsanforderungen nicht mehr gerecht werden konnte. Nun kann ihm nicht einmal die Stille und Schönheit der Natur ein Trost sein. Er hat alles verloren:

»Er kam sich so gebrochen und elend vor, als müsse er nun eine Ewigkeit
ruhen, schlafen, sich schämen. Kopf und Augen taten ihm weh, und er fühlte
nicht einmal soviel Kraft in sich, um aufzustehen und weiterzugehen. Plötzlich kam wie eine verspätete, flüchtige Welle ein Anflug (früherer) Lustigkeit
zurück; er schnitt eine Grimasse und sang vor sich hin:

> *› O du lieber Augustin,*
> *Augustin, Augustin,*
> *o du lieber Augustin,*
> *Alles ist hin. ‹*

Und kaum hatte er ausgesungen, so tat ihm etwas im Innersten weh und
stürmte eine trübe Flut von unklaren Vorstellungen und Erinnerungen, von
Scham und Selbstvorwürfen auf ihn ein.«

Alle Stimmen klingen anders in der Einsamkeit.

Friedrich Nietzsche

9 Das Komische

Eine lächerliche Erscheinung

Nachdem Docht innerhalb weniger Monate beträchtlich in die Höhe geschossen war, begann er sich seines veränderten Körpers zunehmend zu schämen. Beim Blick in den Wandspiegel empfand er diesen Körper als deformiert und häßlich: Die dünnen Arme hingen schlaff von den spitzen Schultern, die in einen hageren Rundrücken übergingen. Docht hatte sich, wie viele andere Pubertierende ebenfalls, eine schlechte Haltung angewöhnt. Im unbewußten Bestreben, das beängstigend schnelle Körperwachstum aufzuhalten, hatte er sich zu ducken begonnen. Der Körper war so immer krummer geworden, der Kopf hing kraftlos vornüber, und die nicht durchgedrückten Knie ließen die schlaksigen Beine einige Zentimeter kürzer erscheinen. Docht kam sich selbst ganz und gar hölzern und linkisch vor. Er war eine lächerliche Erscheinung! Und es übermannten ihn die gleichen drei Gefühle, die Giorgio Manganelli auch bei Pinocchio festgestellt hat. Es sind dies »der Schmerz, weil er weiß, daß er eine Beleidigung erdulden muß, die ihn zu einem anderen macht, ihn sich selbst entfremdet; die Scham, weil ihm seine Ohren sagen, daß diese Metamorphose eine Bedeutung hat, nämlich den Hohn der Gesellschaft, zu der er will und vor der gleichzeitig flieht; zuletzt die Verzweiflung, weil er mit Schrecken zu verstehen glaubt, er sei in der Ablehnung des Menschlichen zu weit gegangen.«

Je unzufriedener Docht aber mit seinem Körper war, um so mehr erstarrte dieser in Unlebendigkeit. Ihm ging, wie Henri Bergson es formulierte, »die vollkommene Schmiegsamkeit, Anmut und Geschmeidigkeit« verloren, die aller natürlichen Lebendigkeit innewohnt. Dochts Körper hatte sich verkrampft, und diese Verkrampftheit zog eine Verlangsamung des gesamten Bewegungsablaufs nach sich. Docht wirkte nach außen hölzern und gleichzeitig träge. Doch diese Trägheit wurde ihm zum Verhängnis. Denn sie ist, wie Bergson hervorhebt, Merkmal des Komischen.

Viele Jugendliche, die aufgrund ihres schnellen Wuchses aus der Norm fallen, wirken komisch. Sie wissen nicht, wohin mit ihren Armen. Sie schlingen sie daher um ihren Oberkörper, oder sie versuchen sie hinter ihrem Rücken zu verbergen. Wenn sich diese jungen Menschen in der Öffentlichkeit bewegen, erinnert ihr Gang manchmal an einen langsam stolzierenden Storch. Sofern noch weitere körperliche Auffälligkeiten, zum Beispiel Unreinheit der Haut, Kurzsichtigkeit, Übergewicht, hinzukommen, mag dies nicht selten zu erschütternden Konfrontationen mit dem komischen Körper führen. In diesem Zusammenhang äußerten jugendliche Klienten selbst die Befürchtung, »eine Rippe zuviel« zu besitzen oder die »Haut eines Tieres« zu haben. Erving Goffman führt einen entsprechenden Eigenbericht an:

»Ich fühlte mich betäubt. Diese Person da im Spiegel konnte ich nicht sein. Doch wenn ich mein Gesicht zum Spiegel wandte, waren da meine eigenen Augen, die brennend vor Scham zurückblickten. Ich sah in den Spiegel und war von Grauen gepackt. Ich sah eine kleine, erbarmungswürdige, scheußliche Gestalt und ein Gesicht, das schmerzlich und rot wurde vor Scham, als ich es anstarrte.«

Zuweilen schließt sich in solchen Augenblicken ein Teufelskreis. Er nahm seinen Anfang im Erleben des versteinerten Gesichts einer Mutter, die das Kind spüren ließ, daß es nicht schön, nicht liebenswert, nicht gut war – es war komisch. So setzte sich in diesem Kind die beschämende Überzeugung fest: Mit mir stimmt etwas nicht. Diese Überzeugung wird über Jahre hinweg tendenziös bestätigt – entsprechend dem biblischen Wort »Wer sucht, findet«.

Der Schönheitschirurg Maxwell Maltz führte Hunderte von plastischen Gesichtsoperationen durch. Er war ein großer Könner auf seinem Gebiet, und manchmal berauschte er sich, wie er schreibt, an seinem Erfolg. Doch er mußte immer wieder die ernüchternde Erfahrung machen, daß manche seiner Patienten nicht schön sein konnten. Obwohl ihr häßliches Gesicht oder ein besonders abstoßend aussehender Fehler durch die Operation beseitigt worden war, erlebten sie sich weiterhin als häßlich. Ihr Selbstbewußtsein blieb angeschlagen, und sie konnten ihre Minderwertigkeitsgefühle nicht überwinden. Maltz schreibt: »Kurz gesagt, diese ›Mißerfolge‹ fuhren auch nach der Schönheitsoperation fort, sich so zu fühlen, so zu handeln und sich so zu verhalten, als hätten sie immer noch ein abstoßend häßliches Gesicht.«

Diese Menschen standen im Banne eines Wiederholungszwanges. Irgendwann in ihrem Leben waren sie zu der Überzeugung gelangt, unansehnlich und häßlich zu sein. Diese Überzeugung beginnt in der frühen Kindheit zu keimen. Aber erst in der Zeit der Pubertät kommt sie zur vollen Geltung. Sie vergiftet das Selbstwertgefühl, weil sie ein körperliches Mißbehagen in die Tiefen des Seelenlebens ausufern läßt. Der junge Emil Sinclair sagt in Hermann Hesses Erzählung *Demian*: »Ich war sehr rasch gewachsen, erst im letzten halben Jahre, und sah aufgeschossen, mager und unfertig in die Welt. Die Liebenswürdigkeit des Knaben war ganz von mir geschwunden, ich fühlte selbst, daß man mich so nicht lieben könne, und liebte mich selber auch keineswegs.«

Das doppelte Denken zwingt den schamgebundenen Jugendlichen unaufhörlich zu einem Vergleich mit anderen, die schöner, besser, liebenswerter, das heißt, die nicht komisch sind. In diesem Vergleich verfestigt sich die Gewißheit eigener Minderwertigkeit mehr und mehr. Und gleichzeitig breitet sich Schamangst aus. Es ist die lähmende Angst vor dem vernichtenden Urteil jener, die vom Schicksal begünstigt sind. Der amerikanische Sozialpsychiater Harry Stuck Sullivan beschrieb diese Angst so:

»Die Furcht einer Person, daß andere sie wegen etwas, das an ihr sich zeigt, mißachten können, bedeutet, daß sie in ihrem Kontakt mit anderen Menschen immer unsicher ist; und diese Unsicherheit entsteht nicht aus unsicheren und irgendwie verborgenen Quellen, wie es ein großer Teil unserer Angst tut, sondern aus etwas, von dem sie weiß, daß sie es nicht in Ordnung bringen kann: ›Ich bin minderwertig. Deshalb werden mich die Menschen nicht mögen, und ich kann unter ihnen nicht sicher sein.‹«

Wenn ein Jugendlicher sich selbst als komisch empfindet, teilt er diese Überzeugung unwillkürlich aller Welt mit. Er tut dies selbst dann, wenn er sich bewußt nach Kräften bemüht, das Brandmal seiner Scham zu verbergen. Der ganze Körper bringt diese Mitteilung zum Ausdruck: Der fliehende Blick verrät die Selbstunsicherheit ebenso wie der geduckte Gang und die verkrampfte Körperhaltung. Die errötende Gesichtshaut spricht ebenso Bände wie die gepreßte Stimme, die zitternden Hände, der stockende Atem oder die Blockierung des Denkens. Und je mehr sich der Betroffene bemühen mag, nicht aufzufallen, also ganz normal zu wirken, desto komischer wird er den anderen gewöhnlich erscheinen. Der Psychiater Ernst Speer schrieb dazu: »Die glücklicheren anderen, die Verbindung unter sich haben, sehen ihn mit scheelen Augen an – er ist ›sonderbar‹. Als Einzelgänger ist er verdächtig; sie beargwöhnen ihn, weil er ›anders‹ ist als sie. Er kommt ihnen fremd vor. Aber ›fremd‹ ist in manchen Sprachen auch das Wort für ›Feind‹.«
So entwickelt sich eine komische Erscheinung im Spannungsverhältnis zwischen dem einzelnen und den anderen: »Das Komische entsteht«, schreibt Henri Bergson, »wenn eine Anzahl als Gruppe zusammengehöriger Menschen ihre Aufmerksamkeit alle auf einen lenken.« Und wir können ergänzen, daß dieser eine sich als ohnmächtiges Opfer zu erkennen gibt, als jemand, »mit dem man es machen kann«. Die Angst vor der Aggressivität der anderen lähmt den eigenen Kampfesmut. Sie läßt den Körper zu marionettenhafter Unlebendigkeit erstarren. Es sind die »heißen« Affekte, die einen Menschen lebendig sein

lassen. Und es ist gerade die Aggressivität, die es ihm ermöglicht, aus sich herauszugehen. Im Zorn löst sich jegliche Erstarrung. Die Lebensenergie beginnt sich in geballter Form zu entbinden – was auf Außenstehende nicht selten bedrohlich wirken kann. Ein zorniger Mensch wirkt nicht wirklich lächerlich. Auch wenn sein Verhalten befremdlich erscheinen mag, so wird ihm ein gewisser Respekt im allgemeinen nicht versagt bleiben.

Schamgebundene Menschen haben weitgehend die Fähigkeit verloren, ihre kämpferischen Affekte freizusetzen. Sie verschließen den Zorn in ihrem Innern, und es bedarf nicht selten eines beträchtlichen Kraftaufwandes, ihn unter Kontrolle zu halten. Wer sich seit seiner Kindheit darin geübt hat, sich zusammenzureißen, wird allmählich ganz in einer verkrampften und angespannten Haltung erstarren. Dieser Mensch verhält sich so, wie seine Erzieher dies ihm gegenüber ursprünglich taten: Unbewußt versucht er, seine ungestüme Lebenskraft zu bändigen. Und daraus ergibt sich nicht allein eine selbstzerstörerische, sondern eben auch eine lächerliche Wirkung.

Fritz Zorn mußte am eigenen Leib erfahren, welch unheilvolle Folgen die Unterdrückung der natürlichen Aggressivität nach sich ziehen kann. Er schreibt:

»Mars ist bekanntlich der Gott des Krieges, der Aggression und der schöpferischen Kraft, des Frühlings und des Jahresanfangs. Er ist der Gott des Neubeginns und recht eigentlich der Gott der Schöpfer und Künstler. Die im Zeichen des Widder und unter dem Stern des Mars geborenen Menschen sind ihrer Natur nach zutiefst aggressiv und schöpferisch (wobei ich unter dem Wort ›aggressiv‹ natürlich nicht die fälschlicherweise oft gebrauchte Bedeutung ›gehässig‹, ›streitsüchtig‹, ›bösartig‹ verstehe, sondern die allgemeinere Bedeutung ›fähig und willens, sich mit allem auseinanderzusetzen‹) und benötigen nichts mehr als eine Angriffsfläche, an der sie sich betätigen und bestätigen können. Fehlt einem solchen marsischen Menschen diese äußere Angriffsfläche und ein solcher Widerstand, so wendet er seine natürliche Aggression nach innen und zerstört sich selbst.«

Die Holzpuppe

Schamgebundene Menschen kennen eigentlich nur ein Objekt, das sie – oft gnadenlos! – bekämpfen: ihren eigenen Körper. An ihm zeigen sich all jene lächerlichen Erscheinungen, die Anlaß zur Beschämung sind. Doch Ursache und Wirkung gehen dabei ineinander über. Indem ein Mensch alles tut, um sich seiner selbst nicht schämen zu müssen, ruft er paradoxerweise viele komische Wirkungen hervor, die ihn vor den Augen der Welt lächerlich erscheinen lassen. Léon Wurmser beschreibt eine typische Manifestation dieser Schamverhinderungshaltung. Es ist die exzessive Kontrolle der Gesichtsmuskeln. Das subjektive Gefühl ist das eines gespannten, verkrampften, eisigen Gesichts. Die Physiognomie ist rigide und überkontrolliert. Außerdem kann die Gangart marionettenhaft sein. Auch andere Autoren vergleichen den verkrampften Körper schamgebundener Menschen mit einem komischen Hampelmann. So spricht Henri Bergson in diesem Zusammenhang von einer »Holzpuppe«. Die Stellungen, Gebärden und Bewegungen eines gesunden Menschen sind Bergson zufolge durch eine natürliche Geschmeidigkeit und »vollkommene Schmiegsamkeit« gekennzeichnet. Wird dieser Mensch jedoch zum Objekt einer verächtlichen Betrachtung gemacht, so kann sein Körper zu einem unlebendigen »Mechanismus« erstarren. Die Beweglichkeit seiner Gesichtszüge gerinnt zu einer Maske. So entsteht ein komischer Gesichtsausdruck, der für Bergson »eine einzige eindeutige Grimasse ist. Man möchte sagen, das ganze seelische Leben des Menschen sei in diesen Linien versteinert«.
Den anderen erscheint der komische Mensch als eine Sache, als ein Objekt, das verlacht wird: Denn das Lachen der anderen ist die »Strafe des Komischen«, erklärt Bergson. Dadurch kommt es zur Erstarrung: Das komische Objekt wird seiner menschlichen Lebendigkeit beraubt. Es wird so zu einer Marionette, Holzpuppe, zu einem Automatismus, der befremdlich wirkt. Deshalb darf dieser auch ohne Mitgefühl verlacht werden. Denn das ist für Bergson die Strafe für die »Versteifung des komischen Menschen gegen das soziale Leben«. Hier findet das

Wesensmerkmal des Komischen seinen Ausdruck: Es ist ein Lachen, das keine Sympathie und Güte kennt, das aus einem »anästhesierten Herzen« kommt.

Immer wieder betont Bergson, daß die Ungeselligkeit des komischen Menschen Grund für »die peinliche Empfindung« des Verlachtwerdens ist: »Gleichviel, ob ein Charakter gut oder schlecht ist: wenn er ungesellig ist, so kann er komisch wirken.« Und die Fehler des komischen Menschen erregen das Lachen der anderen »mehr auf Grund ihres ungeselligen als aufgrund ihres unmoralischen Charakters.«

Die eigentliche Ursache der komischen Erstarrung ist aber die Scham. Sie führt zu einer Entfremdung von der Sphäre menschlichen Lebendigseins. Ein komischer Mensch fühlt sich in vielen sozialen Situationen wie gelähmt. Er erstarrt und kann der Aggressivität seiner Mitmenschen, die sich in ihrem verächtlichen Lachen kundtut, nichts entgegensetzen. In seiner lähmenden Schamangst kommt seine Unterlegenheit zum Ausdruck. Heinrich von Kleist hat in seiner Erzählung *Über das Marionettentheater* die komische Erstarrung beispielhaft beschrieben:

»Ich badete mich mit einem jungen Mann, über dessen Bildung damals eine wunderbare Anmut verbreitet war. Er mochte ungefähr in seinem sechzehnten Jahre stehn, und nur ganz von fern ließen sich, von der Gunst der Frauen herbeigerufen, die ersten Spuren von Eitelkeit erblicken. Es traf sich, daß wir grade zuvor in Paris den Jüngling gesehen hatten, der sich einen Splitter aus dem Fuße zieht; der Abguß der Statue ist bekannt und befindet sich in den meisten deutschen Sammlungen. Ein Blick, den er in dem Augenblick, da er den Fuß auf den Schemel setzte, um ihn abzutrocknen, in einen großen Spiegel warf, erinnerte ihn daran; er lächelte und sagte mir, welch eine Entdeckung er gemacht habe. In der Tat hatte ich, in eben diesem Augenblick, dieselbe gemacht; doch sei es, um die Sicherheit der Grazie, die ihm beiwohnte, zu prüfen, sei es, um seiner Eitelkeit ein wenig heilsam zu begegnen: ich lachte und erwiderte – er sähe wohl Geister! Er errötete und hob den Fuß zum zweitenmal, um es mir zu zeigen; doch der Versuch, wie sich leicht hätte voraussehn lassen, mißglückte. Er hob verwirrt den Fuß zum dritten und vierten, er hob ihn wohl noch zehnmal: umsonst! Er war außerstand, dieselbe Bewegung wieder hervorzubringen – was sag ich? Die Bewegungen, die er machte, hatten ein so komisches Element, daß ich Mühe hatte, das Gelächter zurückzuhalten.

Von diesem Tage, gleichsam von diesem Augenblick an, ging eine unbegreifliche Veränderung mit dem jungen Menschen vor. Er fing an, tagelang vor dem Spiegel zu stehen; und immer ein Reiz nach dem anderen verließ ihn. Eine unsichtbare und unbegreifliche Gewalt schien sich, wie ein eisernes Netz, um das freie Spiel seiner Gebärden zu legen, und als ein Jahr verflossen war, war keine Spur mehr von der Lieblichkeit in ihm zu entdecken, die die Augen der Menschen sonst, die ihn umringten, ergötzt hatte. Noch jetzt lebt jemand, der ein Zeuge jenes sonderbaren und unglücklichen Vorfalls war, und ihn, Wort für Wort, wie ich ihn erzählt, bestätigen könnte.«

Das Wesen des Komischen

Für die alten Griechen war die Komödie der Rahmen, in dem sich das Komische entfalten konnte. Das Wort als solches leitet sich von »komos« ab, jener Prozession, in der zu Ehren von Dionysos ein überdimensionaler Phallus getragen und obszöne Lieder gesungen wurden. Dabei wurde ausgelassen gelacht, was sicher auch auf den Einfluß des in Mengen getrunkenen Weins zurückzuführen war! Betrunkene Menschen wirkten schon stets lächerlich – oder eben komisch. Wenn der nüchterne Zuschauer ihre unbeholfenen Bewegungen nachzuahmen begann, wirkte er seinerseits lächerlich. So entwickelte sich allmählich ein Lustspiel, das die alten Griechen als »Komödie« bezeichneten. Aristoteles definierte sie folgendermaßen: »Die Komödie ist die nachahmende Darstellung einer lächerlichen Handlung, welche keine abgeschlossene Größe zu haben braucht, vorgeführt durch Handelnde, nicht durch Berichtende. Ihre Aufgabe ist, durch Lust und Lachen die Reinigung von diesen Affekten zu bewirken. Die Komödie ist die Tochter des Lachens.«

Jean Paul erwähnt, daß bei allen Völkern das Schauspiel mit der spottenden Nachahmung der Komödie anfing. Die Lust am Verlachen des komisch Wirkenden muß daher als eine sehr ursprüngliche Neigung des Menschen angesehen werden. Antike Autoren wie Cicero, Horaz und Quintilian gingen in ihren Ausführungen vor allem auf die Nachahmung von körperlichen Deformierungen, Defekten und Abnormitäten eines Menschen ein.

Auch in der Neuzeit befaßten sich die Philosophen eingehend mit dem Komischen. So knüpfte Thomas Hobbes in seinem gesellschaftsphilosophischen Werk *Leviathan* unmittelbar an die antike Entwertungstheorie des Komischen an. Hobbes meinte, wie später auch der Philosoph Karl Groos, alles Lächerliche offenbare eine Schwäche. Dadurch werde beim Betrachter ein Gefühl von Überlegenheit ausgelöst. Das positive Lebensgefühl eines plötzlichen Triumphs könne so entstehen. Seinen Ausdruck finde dieser Triumph in einem überlegenen Grinsen und Lächeln oder auch in einem lauten Lachen.

Die aggressive Bedeutung des Lachens hob auch der englische Philosoph Charles Morris im 18. Jahrhundert hervor. Für ihn bestand die Absicht des Lächerlichmachens darin, einen Mitmenschen in ein schlechtes Licht zu setzen und ihn mit der Waffe des Witzes zu attakkieren. Auch Theodor Vischer meinte, daß »es im Komischen ohne Zynismus gar nicht abgehen kann«. Noch entschiedener formulierte es Charles Baudelaire, der in diesem Zusammenhang »ein verwerfliches und seinem Ursprung nach teuflisches Element« am Werke sah.

Einübung von Unverschämtheit

Die Pubertät ist die Phase des Umbruchs. Zu denken ist nicht allein an den Stimmbruch, sondern an viele existentielle Brüche. Der normale Jugendliche bricht mit manchen Rollenzuweisungen seines Elternhauses. Er stellt viele Man-muß-Vorschriften, Benimm-Regeln und Erziehungsideale in Frage. Er wird im Umgang mit Erwachsenen zunehmend aufmüpfig und frech. Nicht selten bricht der Jugendliche förmlich aus den alten Ordnungen von Elternhaus, Schule und Kirche aus. Damit bricht er, zumindest bereichsweise, auch mit den Traditionen seiner bisherigen Lebensgeschichte. Und sollte dieser Jugendliche an diesem Ausbruch aus der Welt seiner Kindheit gehindert werden, so wird er gewöhnlich zu revoltieren beginnen.

Viele Erzieher erleben den – durchaus gesunden! – Jugendlichen in dieser Phase als unverschämt. Seit den Tagen der Antike klagen Eltern und Lehrer über das freche Aufbegehren heranwachsender Kinder, obwohl sie selbst einstmals kein Deut besser gewesen sein dürften! Diese Klagen sind aber in den meisten Fällen nichts weiter als Lippenbekenntnisse. In Wirklichkeit erwartet kaum ein Erzieher ernsthaft, daß der Heranwachsende auf Dauer das unselbständige naive Kind bleibt, das er vor der Pubertät war.

Zu Besorgnis geben eher solche Jugendliche Anlaß, die den pubertären Bruch nicht mitvollziehen, die nicht aufbegehren und die sich zumindest gelegentlich nicht unverschämt geben. Der Jugendpsychiater Gerhardt Nissen hebt daher hervor, daß »Unberechenbarkeit, Unverläßlichkeit und innere Disharmonie zum Bild des sich normal entwickelnden Jugendlichen gehören«. Entsprechend sei das Fortbestehen einer kindlichen Harmonie bzw. des inneren psychischen Gleichgewichts während der Pubertät »Kennzeichen einer abnormen Entwicklung«. Jugendliche, denen dieser revoltierende Geist fehlt, sind in den meisten Fällen schamgebunden. Ihr im allgemeinen demütiges und unterwürfiges Gehabe zeigt an, daß sie in der lebendigen Entfaltung natürlicher Antriebe gehemmt sind. So können sie weder ihr erwachendes sexuelles noch ihr aggressives Potential freisetzen, um allmählich zu lernen, damit realitätsgerecht umzugehen. Diese Gehemmtheit bringt sie ins Abseits. Sie wirken auf andere Jugendliche verschämt, unsicher und komisch. Dadurch bieten sie sich als Opfer aggressiver Akte geradezu an. Denn die Gehemmtheit des komischen Jugendlichen wirkt provozierend. Sie reizt diejenigen, die unverschämter und aggressiver sind. Sie verleitet zuweilen zu Attacken, die schwerwiegende Folgen nach sich ziehen können.

Albert N. kam mit 13 Jahren in ein renommiertes Internat. Hier wurden die Schüler bewußt zu körperlicher Abhärtung erzogen. Rangeleien und Machtkämpfe wurden daher von den Erziehern als eine Möglichkeit gesunden Kräftemessens toleriert.

Albert hatte nie gelernt zu kämpfen. Er suchte sein Heil in der Beschwichtigung seiner teilweise wirklich unverschämten Kameraden. Damit goß er aber das sprichwörtliche Öl ins Feuer. Er erinnerte sich: »Wie die anderen merkten, daß ich schwach war, fielen sie wie die Hyänen über mich her. Ich wurde unentwegt ausgelacht, nachgeäfft und sadistisch gequält. Um sie bei Laune zu halten, spielte ich die Rolle des beschränkten Narren. So konnte ich die Aggressionen wenigstens ein bißchen steuern. Dennoch verging kein Tag, an dem ich nicht voller panischer Angst gewesen wäre.«

Albert wagte nicht, sich seinen Betreuern zu offenbaren. Er schämte sich zu sehr. Seinen ehrgeizigen Eltern gegenüber machte er nur ganz vage Andeutungen. Der Vater ging jovial darüber hinweg, während die selbstbezogene Mutter eiskalt reagierte. Sie hatte für emotionale Probleme ihres Sohnes nie Verständnis aufgebracht. Auch als Albert immer wieder ausrückte, kümmerte sich niemand um seine psychische Not. Zuletzt war er aus einem der oberen Stockwerke des Internats zum Fenster hinausgesprungen. Er zog sich dabei eine Querschnittslähmung zu.

Albert hatte keinen anderen Ausweg gesehen, als sich selbst zu schädigen. Er behandelte seinen Körper so, wie dies auch seine unverschämten Kameraden getan hatten. Erst als er im Rollstuhl saß, ließ seine ungeheure Schamangst nach. Heute, nach vielen Jahren, stellt Albert fest: »Eine andere Möglichkeit hat es nicht gegeben, dieser Hölle zu entkommen!«

Das Kaspar-Hauser-Syndrom

Am 26. Mai 1828 erscheint eines Abends ein merkwürdiger junger Mann auf dem Unschlittplatz zu Nürnberg. Er schwankt, strauchelt und scheint gänzlich verloren. So beginnt die Geschichte, die Anselm von Feuerbach in seinem Buch *Beispiel eines Verbrechens am Seelenleben des Menschen* erzählt. Der Unbekannte vom Unschlittplatz trägt einen mit rotem Leder besetzten Filzhut, in dem das halb ausgekratzte Bild der Stadt München zu sehen ist. Die Kleider, die er anhat, sind schäbig und zerrissen. In der Hand trägt er einen Brief, aus dem im wesentlichen das folgende hervorgeht: Der Jüngling heißt Kaspar Hauser, und er ist am 30. April 1812 geboren.

Kaspar wird zunächst in einem Turm für Vagabunden untergebracht. Er verhält sich wie ein kleines Kind. Voller Entzücken spielt er mit hölzernen Pferdchen, die ihm neugierige Besucher schenken. Kaspar ist ungeschickt. Er weiß seine Hände nicht zu gebrauchen. Sein Gang ist torkelnd, er bewegt sich auf nachgebenden Beinen, und er kann fast nicht sprechen. Man konnte sich in die Wahl versetzt glauben, schreibt später Feuerbach, »ob man ihn für einen durch irgend ein Wunder auf die Erde herabversetzten Bürger eines anderen Planeten, oder für jenen Menschen des Plato nehmen solle, der, unter der Erde geboren und aufgewachsen, erst im Alter der Reife zum Licht der Sonne heraufgestiegen«.

Nach einigen Wochen verläßt Kaspar seinen Turm und kommt in das Haus des Doktor Daumer, der sich seiner aus Mitleid annimmt. In Daumers Obhut beginnt sich Kaspar erstaunlich schnell zu entwickeln. Er lernt Treppensteigen und Bilder zeichnen. Langsam gewöhnt er sich an ein geregeltes Leben, wobei er einen fast pedantischen Ordnungssinn an den Tag legt. Kaspar ist von absolutem Gehorsam. Nachdem er allmählich sprechen gelernt hat, kann er seine Andersartigkeit in Worte fassen. Er weiß, daß er komisch ist, daß er nicht so ist wie die anderen. Er wirft Traum und Wirklichkeit durcheinander. Doch Kaspar lernt erstaunlich schnell. Er bekommt Privatstunden, er übt sich im Lesen, Schreiben und Rechnen, und schließlich nimmt er auf dem Gymnasium sogar am Lateinunterricht teil.

Doch Kaspar bleibt komisch. Er kann nicht abstrakt denken. So fragt er zum Beispiel: »Wer hat die Bäume gemacht? Wer zündet die Sterne an, wer löscht sie wieder aus? Was ist meine Seele?« Kaspar glaubt, in Nürnberg auf die Welt gekommen zu sein. Er erzählt, daß er vorher in einem Loch, einem Käfig gelebt und Wasser und Brot gegessen hat. Das spricht sich in der Stadt herum. Es wird gemunkelt, daß Kaspar bald ein großes Geheimnis aufdecken werde. Und das wird ihm zum

Verhängnis. Zweimal hintereinander wird ein Anschlag auf ihn verübt. Beim erstenmal wird Kaspar lediglich schwer verletzt. Nach dem zweiten Anschlag stirbt er.

Kaspar Hauser blieb Zeit seines kurzen Lebens komisch. Es war ihm nicht gelungen, sich nach den vielen ungeschriebenen, aber gleichwohl verbindlichen Regieanweisungen auf der Bühne des gesellschaftlichen Lebens zu richten. Nie war er wirklich fähig, sich auf soziale Regelspiele einzustellen. Anderen Jugendlichen ergeht es ähnlich wie Kaspar Hauser. Auch sie fühlen sich fremd in dieser Welt, zuweilen tatsächlich wie auf einem fernen Planeten. In ihrem Auftreten und Handeln wirken sie deshalb befremdlich, was grundsätzlich Distanz zu den anderen schafft.

Docht beschrieb seine Versuche, in Kneipen und Diskotheken Anschluß zu finden:

»Ich nahm mir fest vor, mich ganz frei und locker zu verhalten. Ich wollte lässig auftreten und zu den Leuten irgend etwas Belangloses sagen. Doch mir war gleichzeitig klar, daß ich gerade das nicht konnte. Schon wie ich das Lokal betrat! Ich spürte sofort, daß mich alle anstarrten und sich dachten: › Guck mal, dieses arme Würstchen. Wie verkrampft der ist, und rot ist er auch schon geworden, der Ärmste! Und guck mal, was der trägt: völlig unpassend! Der weiß wohl gar nicht, was gerade in ist. Und guck mal, der scheint ja überhaupt niemanden zu kennen. Das ist ein Einzelgänger, ein Außenseiter. Der ist isoliert, mit dem möchte niemand etwas zu tun haben!‹

Und nachdem ich mich dann alleine an einen Tisch gesetzt hatte, und nachdem ich sah, daß um mich herum Pärchen, Cliquen, auf jeden Fall Leute herumsaßen, die nicht allein waren, die sich locker bewegten, die lachten und sich ihres Lebens freuten: da wußte ich, daß das nicht richtig sein konnte, wie ich mein Leben führte. Deshalb nahm ich immer wieder diese Anläufe, sprach jemanden an, der an der Theke stand und Bier trank. Oder ich versuchte ein Mädchen anzumachen, das zufällig allein dasaß. Fast immer machte ich dabei die gleiche Erfahrung: Die Leute guckten mich entweder erstaunt oder belustigt an (manche Mädchen prusteten sogar mit dicken Backen los!), oder sie machten mir unwillig klar, wie wenig sie an meiner Gesellschaft interessiert waren. Auf jeden Fall mußte ich bei diesen komischen Anläufen immer etwas falsch gemacht haben, mich nicht an die Spielregeln gehalten haben oder sonst was.«

Diese »komischen Anläufe« unternahm Docht verständlicherweise zunehmend weniger. Denn wer läuft schon gerne seinen Ohrfeigen hinterher, wie es sprichwörtlich heißt! So zog er sich in die Abgeschiedenheit seines Studierzimmers zurück, wo er keine Niederlagen zu fürchten brauchte. Doch das entfremdete ihn der Gemeinschaft nur noch weiter. Docht spürte, daß er etwas ändern mußte. Denn der Gedanke, zunehmend zu vereinsamen, machte ihm angst. Docht fühlte sich als Gefangener in Einzelhaft, wie Kaspar Hauser in seinem Verlies. August Strindberg hat das beklemmende Lebensgefühl einsamer Menschen in einer autobiographischen Erzählung beschrieben:

»Drei Wochen hatte ich mit keinem Menschen gesprochen, und dadurch war meine Stimme gleichsam gehemmt, war klanglos und unhörbar; denn als ich das Dienstmädchen anredete, verstand sie nicht, was ich sagte, und ich mußte es mehrfach wiederholen. Da wurde ich unruhig, empfand die Einsamkeit als einen Bannfluch, kam auf den Gedanken, daß die Menschen nicht mit mir umgehen wollten, weil ich sie verworfen hatte. So ging ich abends aus. Ich setzte mich in eine Straßenbahn, nur um zu fühlen, daß ich mit anderen im selben Raum weilte. Ich versuchte ihre Blicke zu deuten, ob sie mich haßten, fand aber nur Gleichgültigkeit.«

Einsame Menschen erleben sich häufig als wertlos. Sie sind besonders empfindlich gegenüber Kränkungen. Sie achten sehr genau darauf, ob sie gemieden und ignoriert werden. Dadurch wirken sie komisch. Sie werden deshalb tatsächlich gemieden und ignoriert. Sie werden, wie Léon Wurmser schreibt, »außerhalb des menschlichen Umgangs gestellt, ausgeschlossen von der Gemeinschaft der kulturellen Gesellschaft, in die Einöde getrieben wie die Propheten des Alten Testaments«.

Docht erinnerte sich an einen Traum aus dieser Zeit. Er war darin mit einer Menge von Menschen auf einer nächtlichen Schlittenfahrt. Fakkeln und Lampions erhellten die Szenerie. Es herrschte eine ausgelassene Stimmung. Die Schlitten glitten einen langen Abhang hinunter. Docht kam aber nicht mehr hinterher: Sein Schlitten war im Schnee steckenblieben. So sehr er sich auch bemühte, so kam er doch nicht von der Stelle. Die anderen waren schon weit fort. Ihre fröhlichen Stimmen und ihr Gelächter wurden immer leiser. Schließlich befand sich Docht ganz allein in der Dunkelheit der Nacht. Er spürte, wie eine große Kälte aufkam.

Die Agonie

Docht verfiel unaufhaltsam. Er räumte nicht mehr auf und achtete immer weniger auf seine Körperpflege. Sein Zimmer verließ er fast nur noch spätnachts, um ruhelos durch die Straßen zu irren. Kamen ihm Menschen entgegen, so versuchte er ihnen auszuweichen, indem er sich in einen Hauseingang drückte oder rasch um eine Straßenecke bog. Eines Tages hatte ein Bekannter der Familie versucht, Docht zu besuchen. Er hatte mehrfach geklingelt, dann an Dochts Türe geklopft. Doch nichts rührte sich. Bevor er sich auf den Rückweg machte, warf er noch einen Blick durch das Fenster des Zimmers im Erdgeschoß. Dies beschrieb er in einem Brief, den mir Docht zu lesen gab:

»Da saß er doch! An einer Art improvisiertem Schreibtisch! Teekannen, Kochgeschirr um den schmalen Platz, der ihm zum Arbeiten blieb, versammelt. Und er selbst einen das halbe Gesicht verdeckenden Lichtschirm auf der Stirn, während seine noch dürftiger gewordene Gestalt sich halb über den Tisch gebeugt hielt. Wie bei einem, der angstvoll lauscht und nur sich zu verbergen bemüht ist! Ich stand fassungslos vor dem Anblick. Mir war, als müßte ich – und wäre es durchs Fenster – zu ihm dringen, ihn aufrütteln aus seiner peinvollen Ruhe, ihn hinausführen in die sonnige Welt. Da sah ich, wie ein Zittern den Körper des Unglücklichen überfiel und er noch immer auf die Schritte des sich Entfernenden horchte. Ich wandte mich von dannen und fühle heute noch die Traurigkeit nach, die mich auf meinem Rückweg erfüllte.«[18]

So vegetierte Docht viele Monate dahin. Seinen Eltern schrieb er Briefe, in denen er seine angebliche Arbeitsbelastung schilderte. Sie fanden es daher nicht ungewöhnlich, daß ihr Sohn nicht mehr zu

Wochenendbesuchen kam. Dieser wäre zuletzt auch gar nicht mehr dazu in der Lage gewesen. Er hatte sich ganz in sich zurückgezogen. Seine affektive Lebendigkeit war erstarrt. Später berichtete er mir, daß seine Zimmerwirtin ihn behandelt habe, als wäre er ein Außerirdischer: »Sie war sprachlos, sie schaute mich nur an. In ihren Augen sah ich Ablehnung, aber auch ein gewisses Erschrecken.« Léon Wurmser beschreibt das »erfrorene, erstarrte Gesicht« von Menschen, die unter einer schweren Schamdepression leiden. Dieses Gesicht ist wie »eine Maske unbeweglicher eisiger Kälte«. Es trägt den unerforschlichen, rätselhaften Ausdruck einer Sphinx. In der schweren Schamdepression kommuniziert der Körper nicht mehr mit der Umwelt. Er offenbart sich den Mitmenschen nicht mehr: Die Hände zittern nicht mehr, das Gesicht errötet nicht mehr, alles ist erstarrt: »Es ist ein symbolischer Tod, ein höchst archaischer Instinkt (Totstellreflex), der in der traumatischen Scham wiederbelebt wird.«

Der Teufelskreis der Scham führt, falls er nicht durchbrochen wird, zu einer zunehmenden Entfremdung: Man ist aus Scham sich selbst zunehmend fremd und schämt sich dann wiederum wegen seiner Leblosigkeit, Erstarrtheit und Fremdheit. Dieser Teufelskreis setzt mit zwanghafter Selbstbeobachtung ein. Danach kommt die Furcht vor der Abweisung durch die anderen und dem völligen Verlassenwerden. Es ist, wie Léon Wurmser schreibt, die beklemmende Ahnung, aus einer Welt zu verschwinden, »die wie tot aussieht«. So bahnt sich ein Selbstverlust an, der subjektiv als eine innere Erstarrung zur Leblosigkeit, als eine Versteinerung erfahren wird. Am Ende dieses Teufelskreises steht die Depersonalisation, der Verlust persönlicher Identität. Nun gibt es nur noch das eine Ziel: zu verschwinden! Dies kann am einfachsten durch das Verstecken geschehen, »am radikalsten durch die Auflösung (Suizid); am stärksten mythisch durch die Verwandlung in eine andere Gestalt (ein Tier oder einen Stein), am meisten archaisch durch das Erstarren in völliger Lähmung oder Stupor.«

Docht hatte in dieser Zeit zwei Träume, die ihm auch später nicht aus dem Sinn gingen. Beide versinnbilichen den Ekel vor einem Leben, das in die zunehmende Erstarrung führt. Im ersten Traum sah Docht, wie seine Hand plötzlich eine gläserne, durchsichtige Haut bekam.

Das Glas ist ein Hinweis auf die Schamproblematik. Es ist leblos, und gleichzeitig enthüllt es dem Blick der Außenwelt die innersten Geheimnisse. Deshalb empfinden sich Menschen während einer Schamdepression häufig, als säßen sie in einem Glashaus. Docht berichtete weiter: »Ich sah deutlich in das Gebein meiner Hand, in ihr Gewebe, in ihr Muskelspiel hinein. Mit einem Mal sah ich eine dicke Kröte auf meiner Hand sitzen und verspürte zugleich den unwiderstehlichen Zwang, das Tier zu verschlucken.«[19] Dies ist ein Hinweis auf die Depersonalisation Dochts, die er als den vollständigen Verlust seiner freien Entscheidungsfähigkeit erlebt hat. Er muß sich den Zwängen einer Welt fügen, die er als ekelerregend erlebt. Doch er kann sich nicht widersetzen, denn er hat gelernt, alles zu schlucken.

In seinem zweiten Traum sah sich Docht als eine marmorne Statue, durch die ein großer Riß ging. Aus ihr sprudelte Blut. Dies zeigt, daß die Erstarrung zu einem leblosen Objekt nicht vollständig gelingen wollte. Zu stark war der innere Lebensquell. Doch im Traume selbst verspürte Docht die übergroße Angst vor dem Verbluten. Er sagte wörtlich: »Ich wollte nicht blutleer sein. Dennoch wollte ich gleichzeitig die Statue zerschlagen.«

Das Phänomen der Depersonalisation wird auch von Carlo Collodi beschrieben. Pinocchio versucht sich in das schneeweiße Häuschen des Feenmädchens zu retten, das auch seine Mutter ist. Dieses Haus ist aber, wie Giorgio Manganelli es formulierte, ein »Depot des Todes«, der Entfremdung vom Leben. Und die Fee ist die »tote Herrin der Toten«. Sie ist eiskalt, ahnungslos und gleichgültig. Sie gibt Pinocchio der Verlassenheit preis. Sie kann ihm keine Geborgenheit in ihrem Haus schenken, wie Manganelli schreibt, »weil es dieses Haus gar nicht gibt; es ist ein friedhofsmäßiges Gebäude, so weiß wie Schnee. Die Dunkelheit, die dieses Haus aufnimmt, ist unendlich dunkler als die Dunkelheit der Nacht, die Pinocchio auf seiner Flucht erlebt hat.« Nicht wenige Kinder müssen die gleiche Erfahrung machen: Sie finden nicht die Wärme und Geborgenheit, derer sie bedürfen. In einem Elternhaus, in dem nach außen hin alles »in Ordnung« zu sein scheint, spüren sie die Eiseskälte. Auch wenn sie materiell versorgt sind, wenn es ihnen an Spielsachen, elektronischen Geräten und anderen Unterhaltungsmöglichkeiten nicht fehlt, so ist das Terrain, auf dem sie existieren, doch ohne jedes affektive Leben. Ihr Elternhaus ist ein friedhofsmäßiges Gebäude, das nach außen hin in Sauberkeit erstrahlt – aber dieses Strahlen ist das Weiß eiskalten Schnees!

Angesichts des schneeweißen Hauses wird Pinocchio der Agonie ausgeliefert. Er ist vollkommen allein, von Gott und der Welt im Stich gelassen. Das Grauen, das er erlebt, ist auch das große Thema der Passion Jesu. Vor seinem Tod wird Jesus verhöhnt. Er fühlt sich völlig allein gelassen. Er ruft mit lauter Stimme: »Mein Gott, mein Gott, warum hast du mich verlassen?«

Diese abgrundtiefe Verlassenheit empfinden Menschen in einer schweren Schamdepression. Sie fühlten sich schon als Kinder alleingelassen. Später wurden sie von anderen verhöhnt. Und schließlich kam die Zeit, in der sie fühlten, wie das Leben in ihnen schwand, wie sie immer mehr erstarrten.

Eine starke Natur braucht Widerstände,
folglich sucht sie Widerstand: das aggressive
Pathos gehört ebenso notwendig zur Stärke
als Rach- und Nachgefühl zur Schwäche.

Friedrich Nietzsche

10 Die Lebenskraft befreien

Ein Weg aus der Scham

Die psychotherapeutische Behandlung der Scham erfordert viel Takt-
gefühl und vor allem großes Einfühlungsvermögen. Verschiedentlich
wird in der Fachliteratur auf die Gefahren hingewiesen, die manche
Psychotherapieverfahren in sich bergen können. So hat James Anthony gerade die aufdeckende Psychotherapie als eine »Arena der Scham«
bezeichnet. Der Affektforscher Donald Nathanson bestätigt diese Besorgnis. Er schreibt: »Jede Enthüllung – jedes Stück Erinnerung, das
aus dem Verborgenen ins Bewußtsein geholt wird – ruft zwangsläufig
einen jähen Ausbruch von Scham hervor. Erinnerungen sind aus guten Gründen verdrängt worden!« Deshalb wird auf seiten des Therapeuten eine Haltung gefordert, die von einer »bedingungslosen positiven Wertschätzung« (Rogers) des Klienten geprägt ist. Dadurch soll
die Voraussetzung für eine therapeutische Haltung geschaffen werden,
die Nathanson als »Gegenscham« bezeichnet.
In der Behandlung der Scham kommt der Analyse des Identifikationsgewissens eine zentrale Bedeutung zu. Denn dieses stellt unerbittliche
Forderungen. Es läßt das Durchschnittliche nicht gelten, weil es sich
an unrealistischen Idealnormen orientiert; ihm ist nichts gut genug. Es

ist die ewig nörgelnde Instanz, welche die ablehnende Haltung, die vorwurfsvollen Stimmen und die verächtlichen Blicke liebloser, weil selbstbezogener Erzieher wieder und wieder zum Ausdruck bringt. So wehrt es das ab, was Fjodor Dostojewski als das »lebendige Leben« bezeichnet hat. Das lebendige Leben ist aber keineswegs perfekt, es ist in seinem Vollzug nicht bis ins kleinste Detail reglementierend durchdacht. Sobald dieses Leben auf Fehler, Irrtümer und Sünden überprüft wird, gerät sein spontanes Fließen ins Stocken. Es wird gehemmt. Das starre Identifikationsgewissen schamgebundener Menschen trägt zu dieser Hemmung unentwegt bei. Dadurch ist es aggressiv in einem destruktiven Sinne. Denn es lähmt die Lebenskraft, und es vergiftet die Lebensfreude. Deshalb muß sein Einfluß konsequent reduziert werden, damit ein Mut zur Unvollkommenheit entstehen kann, der die gebundene Lebenskraft freizusetzen hilft.

Unter dieser Voraussetzung kann Psychotherapie zu einem »Fest des Lebens« (Kühn) werden. Denn das unverletzte Kind im Klienten ist voller Lebenslust und kreativer Phantasie. Dieses Kind will sich austoben. Es will fröhlich sein, und es will zusammen mit anderen lachen. Deshalb gehe ich davon aus, daß die Psychotherapie der Scham in der Gemeinschaft fröhlicher Menschen stattfinden sollte. Der Therapeutische Humor ist hier nach meiner Überzeugung die Methode der Wahl. Dabei handelt es sich nicht um ein individuelles Verfahren. Therapeutischer Humor kann sich eigentlich erst in einer Gruppe entfalten, in der sich der einzelne aufgehoben und in seinem kreativen Können bestätigt fühlt.

Der Clown, als trotziger Gegenteiler, ist die Leitfigur des Therapeutischen Humors. Er ist das Sinnbild des »un-verschämten« Kindes, das seine aggressive Lebensenergie konstruktiv, im Sinne einer lustvoll-lustigen Selbstbehauptung, nutzen kann. Dieses Können kann freilich erst dann erprobt werden, wenn der hemmende Einfluß des Identifikationsgewissens ausgeklammert wird. Damit wird der unheilvolle (Gedanken-)Zwang zum Bessersein ebenso hinfällig wie die beschämende Angst, etwas falsch zu machen, zu versagen oder zu scheitern. Die rote Nase des Clowns symbolisiert diese Ausklammerung. Sie weist darauf hin, daß eine Reduktion auf die Sphäre unverletzten

Kindseins stattgefunden hat. Hier entfaltet sich ein spielerisches Können, das nur weniger Mittel bedarf und das dennoch Anlaß zu spontaner Lebensfreude ist.

Unter dieser Voraussetzung läßt sich allmählich auch jenes Urvertrauen wiederfinden, das bei allen schamgebundenen Menschen verschüttet wurde. Dieses Wiederfinden geht einher mit einer geänderten Einstellung gegenüber dem Lachen: Wird dieses als ein Ausdruck positiver Lebenskraft und brüderlicher Zusammengehörigkeit wiederentdeckt und wiedererlebt, so wird es allmählich seine negative Bedeutung verlieren. Denn es war die Angst vor dem Ausgelachtwerden (Gelotophobie), die einen Menschen im Laufe seiner Sozialisation dazu brachte, sich hinter der Mauer der Scham zu verschanzen. Diese Angst war es, die zu der unheilvollen Überzeugung führte: Ich bin nicht liebenswert, weil ich lächerlich und komisch bin.

Der Weg, der aus der Schamangst hinausführt, ist lang und beschwerlich. An seinem Anfang steht ein Widerstand, der nur scheinbar negativ ist. Denn in diesem Widerstand kommt schon jene Lebenskraft zum Ausdruck, die sich schließlich im Lachen eines un-verschämten Kindes äußern wird.

Diese Lebenskraft bleibt dem Menschen immer erhalten. Sie wird durch die Schamangst zwar gebunden, so daß sie sich in gewandelter Form äußert, etwa durch erhöhte Reizbarkeit oder gesteigerte Nervosität. Doch sie ist allgegenwärtig. Sie ruft eine (agitierte) Erregtheit hervor, die hinter der versteinerten Fassade einer Schamdepression den gesamten Organismus in Unruhe versetzen kann. Angstattacken, als Folge unkontrollierbaren Gedankenrennens, Schlaflosigkeit und vegetative Dysregulationen sind die Folge. All dies belastet einen ohnehin schon an sich zweifelnden Menschen natürlich enorm. Er sieht solche Symptome als die eigentliche Ursache seines Leidens an. Und deshalb will er sie bekämpfen! Fast nie begreift der Betroffene, daß eben diese Symptomatik ein unmittelbarer affektiver Ausdruck einer Lebenskraft ist, die er aus Scham – oft über viele Jahre hinweg – abgewehrt hat.

In den Träumen von Menschen, die unter Schamdepressionen leiden, kommt diese Lebenskraft symbolisch verschlüsselt unverkennbar zum

Ausdruck. Docht hatte einen Wiederholungstraum, in dem ein Schimmel die Küche in seinem Elternhaus mit den Hufen zerstörte. Diese Küche war der Ort seiner Gewissensvergiftung gewesen. Hierher hatte sich Dochts Mutter zurückgezogen, wenn sie auf ihren Sohn böse war, weil er wieder einmal etwas falsch gemacht hatte. Hier hatte sie – oft stundenlang – leise, für ihren Sohn aber doch unüberhörbar, vor sich hingeschimpft, so daß eine bedrückende Atmosphäre entstanden war. Dagegen hatte sich Docht innerlich stets aufgebäumt. Doch dieses Aufbegehren durfte sich nicht offen äußern, weil es die Mutter noch böser gemacht hätte! So mußte es gebändigt werden. Dies kommt in einem von Dochts Träumen sehr gut zum Ausdruck:

»Ich stand vor einem gepflegten, sehr schön bemalten Haus. Es war umsäumt von schöngewachsenen Bäumen. Vor dem Eingang befanden sich als Dekoration drei offene Kutschen. Daneben lagen Pferde auf dem Boden. Sie waren an ihren Beinen gefesselt. Sie bäumten sich voller Kraft und Stärke immer wieder auf. Schließlich gelang es ihnen, sich von ihren Fesseln zu befreien und an mir vorbeizugaloppieren.«

Das »schöne Haus« war ein Symbol für Docht selbst. Er hatte allmählich zu erkennen gelernt, wieviel Gutes, Starkes und auch Bewundernswertes zu seiner Person gehörte. Vor allem seine Selbstdisziplin, seine Fähigkeit, die vielen Widrigkeiten seines Lebens überdauert zu haben, waren ihm dafür Beweis. Doch das schöne Haus war strukturiert. Docht sagte wörtlich: »übertrieben strukturiert«. Davon ausgehend thematisierte er sein großes Problem: die übertriebene Gewissenhaftigkeit, die Neigung, perfekt zu sein und es allen recht machen zu wollen.

Das Haus war schön bemalt, mit einem dunkelgrünen Anstrich. Im nachhinein wurde Docht aber bewußt, daß dies nicht seine Farbe war. Das Haus war mit einem Anstrich versehen, der vielleicht anderen Leuten gefallen mochte. Ihm selbst gefiel diese Farbe aber nicht. Er empfand sie als störend, so, wie er die äußere Fassade als nicht zu ihm selbst passend empfand.

Die Dekoration im Eingangsbereich war, ebenso wie die schöngewachsenen Bäume, »edel« und »fein«. Docht thematisierte spontan sein Einfühlungsvermögen, seine Fähigkeit, zu wachsen und sich zu entwickeln.

Die Pferde waren »fleischig«, »unheimlich kräftig« und »voller Energie«. Sie waren »temperamentvoll« und »nicht zu bändigen«. Alle diese Eigenschaften zeichneten auch eine Lebenskraft aus, die Docht in sich spürte, die aber gefesselt war. Das Pferd ist, wie C.G. Jung schreibt, »ein weitverbreitetes Symbol des Lebens«. Es symbolisiert »häufig die unkontrollierbaren Triebe, die aus dem Unbewußten hervorbrechen«. Dochts Pferde waren lebendige Wesen aus Fleisch und Blut, die in den Fesseln einer lebensfeindlichen Scham lagen. Der Ausgang des Traumes zeigt schon die Perspektive an, die sich für Dochts zukünftiges Leben abzuzeichnen begann: die Befreiung von diesen Fesseln.

Der Widerstand

Als ich Docht zum ersten Mal begegnete, schien er eine Mauer um sich aufgebaut zu haben. Sein Blick ging ins Leere, sein Körper war zur Unbeweglichkeit erstarrt, und die Fragen, die ich an ihn richtete, fanden keinen Widerhall. Es war, als ob sich eine weite Distanz zwischen ihm und den Menschen aufgebaut hätte. Docht wirkte auf mich wie eine Burg, die von hohen Mauern umschlossen ist. Die Brücke dieser Burg, die die Beziehung zur Umwelt herstellen soll, war hochgezogen. So schien diese Burg uneinnehmbar: Sie war ein Bollwerk, das einer feindlichen Umwelt trotzte.

Und so stand ich vor dieser Burg: Ich spürte den Widerstand, der von der Mauer des Schweigens ausging. Ich spürte, wie sich hier eine versteckte Aggressivität äußerte, die ein Gefühl des Unbehagens in mir hervorrief. Dabei hatte ich den festen Entschluß gefaßt, Docht zu helfen, denn er tat mir leid. Ich teilte ihm das natürlich nicht mit Worten mit. Er muß es aber gespürt haben. Und das hatte ihn gekränkt. Denn nur der Schwache kann bemitleidet werden. Und so ist das Mitleid in seiner Wirkung beschämend!

Friedrich Nietzsche läßt Zarathustra sagen: »Denn daß ich den Leidenden leidend sah, dessen schämte ich mich um seiner Scham willen; und als ich ihm half, da verging ich mich an seinem Stolze.« Als Docht mich damals zurückwies, als er mich seinen Widerstand spüren ließ, tat er dies nicht aus einer Unfähigkeit heraus. Er tat es, weil er nunmehr entschlossen war, sich nicht mehr weiter beschämen zu lassen. Doch dieser Zusammenhang war mir damals noch nicht bewußt. Deshalb wollte ich in bester Absicht daran gehen, die Ursachen dieses Widerstands zu analysieren. Ich tat dies, um den Weg für ein konstruktiveres, weniger selbstschädigendes und damit weniger (auto-)aggressives Verhalten zu ebnen.

In meiner therapeutischen Arbeit bin ich immer wieder mit den verschiedenen Formen aggressiven Verhaltens konfrontiert worden. Nicht immer offenbaren sie sich als ein bloßer passiver Widerstand. Doch in fast allen Fällen war diese Aggression auch gegen das eigene Selbst gerichtet. In den meisten Fällen spielte sich dies im bloßen Phantasiebereich ab. Doch ich bin auch Menschen begegnet, die sich mit scharfen Gegenständen verletzt, manchmal sogar verstümmelt hatten.

Das verborgene Lebenspotential

Der destruktiven Gewaltsamkeit selbstschädigender Aggression steht ein Außenstehender gewöhnlich ohnmächtig gegenüber. Nicht anders ist es auch mir ergangen. Und wenn ich doch therapeutisch intervenierte, motiviert von mitleidsvoller Betroffenheit, so tat ich es aus der Position des Vernünftigen heraus, der die Destruktivität solcher Handlungen nicht akzeptiert. Häufig fühlte ich mich durch die Betroffenen selbst bestätigt, wenn sie sich mit rationalisierenden Selbstvorwürfen überhäuften. Doch dabei spürte ich immer auch ihre verborgenen Anklagen: Anklagen gegen die anderen, Anklagen gegen mich, den wohlmeinenden Therapeuten, der das schleichende Gift der Aggression durch seine Deutungen neutralisieren wollte. Und ich spürte den Widerstand, der aus der Wut des Beschämten, weil im Stich Gelassenen, emporwächst.

Allmählich begann ich zu begreifen, weshalb es mir in diesen Fällen nicht gelang, die zwischenmenschliche Brücke aufzubauen: Schuld war mein Mitleid. Dieses Mitleid enthielt den unheilvollen Zweifel, ob diese Menschen ihr Leben ohne eine äußere Hilfestellung bewältigen könnten. Dieser Zweifel war aufgekeimt, weil ich mich auf das Destruktive, das Defekte, das offensichtlich Kranke eingestellt hatte. So konnte ich nicht mehr den lebendigen Menschen in seiner Ganzheit erkennen, der mit verzweifelter Kraft um seine Würde und Selbstachtung kämpft. Ich sah nur noch seine Symptome, seine pathologischen Fixierungen, seine Abwehrmechanismen und seine regressiven Ausweichmanöver. Dadurch übersah ich das verborgene Lebenspotential, die gebundenen und dennoch uneingeschränkt vorhandenen Ressourcen kraftvollen Könnens. Indem ich die Perspektive des Krankenbehandlers einnahm, stellte ich mich auf ein vordergründiges Nicht-Können ein. Ich verhielt mich damit wie ein Mechaniker, den nur die beschädigten Teile einer Maschine interessieren. Doch der leidende Mensch ist keine Maschine. Er ist ein energievolles, lebendiges Ganzes. Diese Energie will sich aggressiv äußern, denn sie ist eine Bewegung zur Welt hin. Ihr Ziel ist Selbststeigerung.

Ich erinnere mich noch gut an einen Mann, der mich vor vielen Jahren wegen seiner Sprachprobleme aufsuchte. Seit seiner Kindheit hatte er unter Hemmungen gelitten, die sich besonders im kommunikativen Bereich auswirkten. So war es ihm schließlich kaum noch möglich, sich mit anderen frei zu unterhalten oder gar vor einer Gruppe zu sprechen. Dadurch hatte er in allen Lebensbereichen große Nachteile. Seit einiger Zeit hatte er regelmäßig die Treffen der »Anonymen Emotionalen« besucht. Dort fand er Leidensgenossen, die ihn verstanden, und dort hatte er auch seine Lebensgefährtin kennengelernt. Als er zum ersten Mal bei ihr übernachtete, bekam sie mitten in der Nacht eine Hyperventilationstetanie. Dieser an sich ganz harmlos verlaufende Anfall bewirkt eine Verkrampfung der Extremitäten, die mit Atemnot einhergeht und panische Angst hervorrufen kann. Genau dies trat in dieser Nacht ein. Die Lebensgefährtin wimmerte verzweifelt, daß sie sterben müsse. Und da sie nicht mehr gehen konnte, hatte sie mein Klient in eine Decke gepackt und zu seinem Auto getragen. Dann fuhr er geradewegs ins nächste Krankenhaus. Was sich danach ereignete, blieb für ihn unbegreiflich.

Er berichtete:

»Der Schlagbaum wurde vor der Krankenhauspforte nicht hochgezogen, obwohl ich wie wild hupte. So sprang ich aus dem Auto und rannte zum Pförtnerhäuschen. Darin saß ein Mann, der Zeitung las. Ich bekam eine furchtbare Wut. In meinem Auto lag eine Frau im Sterben und hier tat einer so, als ob das Leben ein einziges Vergnügen sei! Und genau das sagte ich ihm – mit einer energischen, klaren Stimme. Erst nachdem er mir Einlaß gegeben hatte, wurde mir bewußt, daß ich nicht gestottert hatte, ja, daß ich gesprochen hatte, als sei ich ein anderer Mensch. Dann kam mir eine Nachtschwester entgegen, eine ältere Frau, über die ich später erzählen hörte, wie sehr sie die Patienten herumkommandierte. Doch auch diese Frau machte ich mit wenigen Sätzen so klein, daß sie tat, was ich wollte. Sie besorgte einen Rollstuhl, zeigte mir zitternd, wo der Lift war, und da sie mir nicht schnell genug war, ließ ich mir von ihr auch noch den Universalschlüssel geben. Alles das tat ich im Bewußtsein, stark, besonnen und sehr energisch zu sein. In diesen Augenblicken konnte ich mir nicht mehr vorstellen, jemals ein anderer gewesen zu sein. Ich spürte: So war ich wirklich!

Nachdem wir das Zimmer des diensthabenden Arztes erreicht hatten, blieb ich auf dem Flur stehen, um mir eine Zigarette anzuzünden. Ich war jetzt ganz ruhig. Ich wußte, daß meine Freundin nicht sterben würde. Ich überlegte mir, ob ich sie noch dieses Jahr heiraten würde und wie wir dann unser gemeinsames Leben verbringen würden …

Im Arztzimmer hörte ich das Schluchzen der Krankenschwester und die Stimme des Arztes. Er sagte sinngemäß, daß meine Freundin nur hysterisch sei, daß ihr nichts fehlen würde. Dann erkundigte er sich, weshalb die Schwester so außer sich sei. Sie erzählte ihm von mir. Sie nannte mich einen Rabauken, der sie fertiggemacht hätte. Siedend heiß stieg nun die Scham in mir hoch: Ich hatte die Krankenschwester grundlos zur Schnecke gemacht. Ich hatte mich schlecht benommen, und meine Freundin war hysterisch! Als sich die

Tür öffnete und der Arzt mich mit finsterer Miene fragte, was ich mit der Schwester angestellt hätte, war all der Zauber dieser Nacht vorbei. Ich erstarrte wie eh und jeh. Über meine verkrampften Lippen brachte ich nur unartikulierte Laute, so daß der Arzt sofort Bescheid wußte. Voller Mitleid und Geringschätzung winkte er ab. Im Weggehen sagte er noch, ich könnte mir meine Dame jetzt holen. Doch sie stand zusammen mit der Schwester schon in der Tür. Als ich meine Freundin wieder in den Rollstuhl setzte, denn sie hatte ja keine Schuhe an, sah ich die grenzenlose Verachtung im grinsenden Gesicht der Krankenschwester.«

Wir sprachen lange über dieses Erlebnis. Meinem Klienten wurde dabei bewußt, wie sehr er von den Fesseln seines schlechten Gewissens umschlungen war. Dadurch wurde seine kämpferische Lebenskraft buchstäblich abgewürgt. Erst als es um Leben und Tod zu gehen schien, gab das Gewissen diese Lebenskraft wieder frei. Jetzt durfte mein Klient so sein, wie er wirklich war. Doch nachdem ihm bewußt wurde, sachlich und moralisch im Unrecht zu sein, hatte ihn sein schlechtes Gewissen wieder im Würgegriff.

Auch in Fällen wie diesem bemißt ein Identifikationsgewissen das eigene Verhalten an den selbstbezogenen Idealen früher Bezugspersonen, denen nichts von dem gut genug war, was das Kind tat. Nicht selten nahmen sie gerade an den Äußerungen kindlicher Selbstbehauptung Anstoß. Sie verstanden den Trotz und die Widerspenstigkeit als Charakterschwächen, die mit allen Mitteln unterdrückt werden mußten. Damit vermittelten sie dem Kind den Eindruck, böse und schlecht zu sein. Schließlich mußte es zu der Überzeugung gelangen, nur dann akzeptabel zu sein, wenn es seine ungestüme Lebenskraft unterdrücken konnte.

Eben dies tut auch der schamgebundene Erwachsene unaufhörlich. Er geht davon aus, nur unter der Voraussetzung einer absolut gewissenhaften Selbstbeherrschung für die anderen einigermaßen akzeptabel zu sein. Er ist überzeugt, daß er vielleicht erst dann geliebt wird, wenn er sich – im Hinblick auf die normativen Erwartungen der anderen – »besser« verhält. Dieser Drang zum Bessersein ist es, der seine aggressive Lebenskraft bindet.

Franz M. ist das einzige Kind wohlsituierter Eltern. Der Vater ist Mathematiklehrer an einem technischen Gymnasium. Franz beschreibt ihn als einen »total rationalen Mann«, der von festen ethischen Grundsätzen ausgeht. »Für ihn zählt nur die Leistung, für ›Gefühlsduselei‹ hat er nur Verachtung übrig. Er konnte mich mit seinem kalten Sarkasmus völlig niedermachen.«

Die Mutter von Franz ist Chefsekretärin. Sie ist sehr selbstbewußt und kontaktfreudig. Doch ihre sozialen Beziehungen bleiben gewöhnlich auf das rein Formale beschränkt. Sie gehen nicht in die Tiefe. »Meine Mutter kann sich stundenlang mit allen möglichen Leuten über geschäftliche Angelegenheiten unterhalten. Sie beherrscht auch die Kunst des Small talk meisterhaft. Doch sie ist unfähig, sich auf Gefühle einzulassen. Für sie zählt nur der Effekt, der gesellschaftliche Erfolg.«

Die Eltern hatten sich entschlossen, zunächst ihre beruflichen und materiellen Angelegenheiten zu regeln, bevor sie ein Kind bekamen. Als Franz zur Welt kam, war die Mutter Enddreißigerin und der Vater Mittvierziger. »Sie hatten nur mich allein eingeplant«, berichtete Franz, »weil sie sich ganz auf meine Erziehung konzentrieren wollten. Ich sollte ihr erfolgreiches Leben abrunden.«

Doch es kam für die Eltern ganz anders, als sie es geplant hatten. Franz war von Anfang an widerspenstig und – zumindest aus der Sicht der Eltern – undankbar. Er versagte in allen Bereichen. In der Schule war er ungesellig und unbeliebt, so daß er nie zu Geburtstagsfeiern eingeladen wurde. Was die Eltern aber vor allem an ihm ärgerte, war sein Desinteresse im Unterricht. Franz zeigte sich so faul und unkonzentriert, daß er, trotz aller Bemühungen der Eltern, den Übergang aufs Gymnasium nicht schaffte. Das brachte den Vater so gegen Franz auf, daß er in der Folge kaum noch ein gutes Wort für ihn übrig hatte.

Nachdem Franz den Realschulabschluß nur durchschnittlich geschafft hatte, absolvierte er eine Banklehre. Aber auch in diesem Fall ließ seine Leistungsbereitschaft zu wünschen übrig. Franz hatte statt dessen ganz andere Dinge im Kopf. Er hatte sich zu einem ansehnlichen jungen Mann entwickelt, der von vielen Mädchen umschwärmt wurde. Dies tat ihm sehr wohl. Er erlebte zum ersten Mal, was es bedeutete, bewundert und begehrt zu werden. So ließ er sich bereitwillig auf einige Liebschaften ein. Doch das war ein weiterer Grund für die Eltern, sich über Franz zu empören! Er bekam für abends striktes Ausgehverbot. Der Vater schloß ihn pünktlich um neun Uhr in seinem ebenerdigen Zimmer ein. Danach kontrollierte er in regelmäßigen Abständen, ob sein Sohn nicht ausgerissen war.

Franz wußte sich aber zu helfen: Er stopfte Kissen unter die Bettdecke, um seine Körperformen vorzutäuschen. Auf das Kissen legte er eine Perücke, die er sich allein zu diesem Zweck besorgt hatte. So mußte der Vater, wenn er seinen prüfenden Blick durch den Türspalt warf, davon ausgehen, daß sein Sohn fest schlief. Doch dieser rückte jede Nacht aus, um sein Leben so zu genießen, wie er es wollte. Irgendwann flog alles auf: Franz war von einem Nachbarn beobachtet worden, der noch am gleichen Abend die Eltern verständigte. Als er in den frühen Morgenstunden zurückkehrte, wurde er schon von seinem Vater erwartet. Dieser war völlig außer sich. Seine ganze Enttäuschung über den mißratenen Sohn entlud sich in einem hemmungslosen Wutanfall. Dabei schlug er Franz mehrmals mit der Hand so stark gegen den Kopf, daß dieser gegen die Bettkante stürzte und sich dabei eine Wange aufschürfte.

Die Folge war, daß Franz kurz vor seinem achtzehnten Geburtstag beschloß, eine seiner Freundinnen zu heiraten. Es war ausgerechnet diejenige, die ihm am wenigsten gefiel. Aber sie war auch die einzige, die ihn auf Dauer haben wollte. Franz selbst machte sich darüber zunächst wenig Gedanken. Denn er wollte einfach weg von seinen Eltern. Wahrscheinlich wollte er seinem Vater auch »eins auswischen«, wie er später bemerkte.

Die Ehe verlief von Anfang an nicht gut. Franz fühlte sich wieder eingesperrt, denn seine Frau war schüchtern und ungesellig. Sie wollte ein ruhiges und zurückgezogenes Leben führen. Franz begann sich zunehmend unwohl zu fühlen. Innerlich kam er überhaupt nicht mehr zur Ruhe. Später, in der Therapie, wurde ihm bewußt, daß diese Unruhe einen Drang anzeigte, sich fortzubewegen, aus der Enge seiner Ehe auszubrechen. Doch wohin sollte er dann gehen? Zu seinen Eltern wollte er keinesfalls zurückkehren. Und sich auf eigene Füße zu stellen, das traute er sich mittlerweile nicht mehr zu. Die Unzahl beschämender Entwertungen aus dem Munde seines Vaters begannen sich nun entmutigend auszuwirken: Franz war inzwischen davon überzeugt, nichts zu können und zu nichts zu taugen. Die einzig vernünftige Konsequenz war, bei seiner Frau zu bleiben.

Doch damit hatte sich Franz auf einen Konflikt eingelassen. Denn sein innerer Freiheitsdrang war stärker als die vernunftgeleitete Entscheidung, ein zurückgezogenes, freudloses Leben zu führen. Eine zunehmende Unruhe erfaßte ihn. Er spürte, wie die Hitze wellenartig in ihm aufstieg. Er fühlte sein Herz pochen, so daß es ihm angst und bange wurde. Aber er verstand nicht, was in ihm vorging. So mußte er annehmen, ernsthaft krank zu sein. Er suchte Ärzte auf, um von ihnen eine Erklärung für den Aufruhr in seinem Körper zu erhalten. Doch jedesmal bekam er das gleiche zu hören: Er war kerngesund! Die einzige Diagnose, die regelmäßig gestellt wurde, war »vegetative Dystonie«.

Eines Tages geschah dann etwas, das Franz fast völlig verzweifeln ließ. In der trockenen Luft eines überbeheizten Kaufhauses wurde ihm plötzlich übel. Alles drehte sich um ihn. Franz fühlte sich vollkommen hilflos. Da schoß ihm der Gedanke in den Kopf: Jetzt kriege ich einen Herzinfarkt! Er wollte zu einem Arzt, ins Krankenhaus. Doch er war nicht fähig, jemanden anzusprechen und um Hilfe zu bitten. Zu stark war selbst in dieser Ausnahmesituation die Angst, sich vor den anderen zu blamieren.

Irgendwie kam Franz nach Hause. Er flehte seine Frau um Hilfe an. Sie fuhr ihn sofort ins Krankenhaus: Doch auch dort wurde die gleiche Diagnose gestellt: vegetative Dystonie …

Fortan traute sich Franz kaum noch aus dem Haus. Nachts häuften sich die Angstattacken, so daß wiederholt der Notarzt gerufen werden mußte. Schließlich wurde er an einen Psychiater überwiesen, der beruhigende Medikamente verordnete. Er war es auch, der Franz riet, eine Psychotherapie zu beginnen. Dieser willigte schließlich ein, obwohl er sich andererseits mit aller Kraft dagegen wehrte, sich zum Verrückten abstempeln zu lassen. In eine der ersten Behandlungsstunden brachte er den folgenden Traum mit:

»Ein Freund meines Vaters war gestorben. Ich mußte mit meiner Frau zur Beerdigung. Alles war dunkel. Wir waren auf dem Weg zum Friedhof. Da hörte ich hinter mir ein lautes Getrampel. Als ich mich umdrehte, sah ich, wie zwei Pferde angerannt kamen. Sie trugen auf ihren Schnauzen einen ästhetisch ansprechenden runden Sarg.

Wir kamen schließlich zum offenen Grab, das einer Höhle glich. Davor loderte helleuchtend ein Feuer. Das Grab war schön anzusehen, es wirkte ebenfalls ästhetisch. Ich fand es überhaupt nicht schlimm.

Plötzlich tauchte meine Großmutter auf. Sie trug ein komisches Nachthemd und laberte wirres Zeug. Die Umstehenden reagierten furchtbar entsetzt.

Nachdem wir wieder zu Hause waren, sagte mir meine Mutter, ich sollte mir nichts daraus machen. Die Oma sei beerdigt.«

Auch hier erscheint wieder das Pferdesymbol. Franz fiel in diesem Zusammenhang ein, daß die beiden Pferde ihre »Pflicht auf anmutige Weise erledigten« – obwohl sie »rücksichtslos ihren Weg gingen und sich von ihrem Ziel nicht abbringen ließen.« Die Pferde erinnerten ihn damit an die eigene Kindheit. Als kleiner Junge war er ebenfalls graziös und anmutig gewesen. Und so hatte er sich auch stets erlebt, wenn ein attraktives Mädchen ihn liebte: »Ich war dann unheimlich gut drauf. Ich fühlte mich so stark und so toll. In diesen Augenblicken war ich so, wie ich wirklich bin«, berichtete Franz mit Tränen in den Augen.

Doch die Pferde symbolisierten auch die rücksichtslose Aggressivität des Vaters: »Er geht stur seinen Weg. Er hat für mich Ziele gesetzt, die ich zu verfolgen hatte: Ehrgeiz, Abitur, studieren …«

Ich fragte, ob der Vater diese Ziele auch wirklich erreicht hätte. Franz begann nach kurzem Überlegen zu grinsen. Es war ihm bewußt geworden, daß er selbst es war, der seinen eigenen Weg ging, auch wenn dieser Weg voller leidvoller Hindernisse war. Franz erkannte, daß die Stärke der Pferde für seine eigene Stärke und Aggressivität stand: »In meiner Jugend war ich immer dann stark, wenn ich mich trotzig verhielt«, erinnerte er sich. »Ich lehnte mich ganz offen gegen die Verbote meiner Eltern auf. Einmal schlug mir mein Vater ins Gesicht, weil ich mit ihm ein Streitgespräch begonnen hatte. Da stürzte ich mich schreiend auf ihn und stieß ihn mit aller Kraft weg. Er kam zu Fall und fiel auf den Küchenschrank.« Als Franz das erzählte, hellte sich sein Gesicht zu einem leisen Lächeln auf.

Franz geht zusammen mit seiner Frau, seiner ständigen Begleiterin, zu der Beerdigung eines Freundes seines Vaters. Dieser Mann besaß einen Schlachthof, der für Franz stets ein Ort des Grauens gewesen war. Er erinnerte sich: »Dort sah ich Rinderhälften und Container, in denen sich die Augen und Ohren von Schweinen stapelten. Es war grauenhaft!« Als grauenhaft erlebte Franz auch seine Panikattacken. Plötzlich mußte er abermals grinsen. Er erinnerte sich nämlich mit sichtbarer Schadenfreude, wie sein Vater einmal irrtümlich für einige Zeit in einem Kühlraum dieses Schlachthofs eingeschlossen worden war.

Der Sarg im Traum war ästhetisch rund. Dazu fielen Franz lebendige, unbeschwerte Kinder ein. Er selbst war als Kind unentwegt angeeckt – und hatte sich dabei dennoch »rund« gefühlt! Der Sarg war ein Symbol dieses runden Kindseins. Obwohl sich Franz oft wie tot vorkam, war ihm das Anmutige und Runde seiner Kindheit doch erhalten geblieben. Denn er besaß nach wie vor die Fähigkeit, anzuecken, sich zu wehren.

Die starken Pferde trugen den Behälter mit den väterlichen Gewissenszwängen fort. Am Grab selbst fühlte sich Franz zunächst unwohl, denn der Sarg war verschwunden. Er konnte sich demnach nicht mehr vorstellen, ohne diese Gewissenzwänge zu bestehen. Er traute sich nicht mehr, so aufzubegehren wie in seinen jungen Jahren: »Inzwischen bin ich nur noch ängstlich und angepaßt«, stellte er traurig fest. Doch neben dem Grab lodert ein helles Feuer. Es ist ein Symbol für die heiße Lebenskraft, die in Franz brennt. Und tatsächlich konnte er sich an verschiedene Lebenssituationen erinnern, die er erfolgreich bewältigt hatte, ohne ihnen freilich bislang Bedeutung beigemessen zu haben. Dabei hatte es sich insbesondere um Erfolge im beruflichen Leben gehandelt. »Es ist vielleicht mehr an mir, als ich manchmal glauben will«, stellte Franz fest. »Mein Vater hat es nicht geschafft, mich wirklich klein zu machen!« Franz begann sich der Sphäre seines lebendigen Kindseins allmählich zu öffnen.

Die Schadenfreude

Die selbstbezogene Scham führt zu einer zunehmenden Einengung, die zunächst den Lebensraum betrifft. Der Selbstmordforscher Erwin Ringel schreibt: »Aus dieser Haltung heraus werden viele Dinge gar nicht erst angestrebt, sondern gleich links liegen gelassen. Solche Menschen lernen z.B. oft weder schwimmen noch tanzen. Das traurige Ergebnis ist schließlich, daß viele Lebensgebiete für den Betreffenden gar nicht mehr existieren.« Die Einengung ist die Folge einer Reduktion der Möglichkeiten eigenen Könnens. Jeder Mensch besitzt natürlich die Disposition, schwimmen oder tanzen zu lernen. Doch er muß Lust dazu haben, er muß motiviert sein, den eigenen Lebensraum auszuweiten. Diese Lebenslust muß in der Psychotherapie unter allen Umständen geweckt werden. Der Weg führt in die Sphäre un-verschämten Kindseins hinein.

Dochts Lebensfreude kam völlig unerwartet zum Ausdruck. Ich hatte ihn eingeladen, mit mir zusammen Kaffee zu trinken. Beim Einschenken widerfuhr mir ein Mißgeschick: Der Deckel der Thermoskanne war nicht richtig festgeschraubt. So kam es, daß dieser sich beim Einschenken löste und ein Schwall Kaffee sich über den Tisch, meine Hose und schließlich auch noch über den Teppichboden ergoß. In diesem Augenblick begann Docht zu lachen! Es war ein leises Lachen. Doch es war voller Leben! Eine Genugtuung war zu spüren, aber auch Sympathie für mich, der ich damals wie der sprichwörtliche begossene Pudel dastand. Dochts Lachen steckte mich an. Ich sah, daß ich für Docht buchstäblich aus der Rolle gefallen war. Ich war nicht mehr der Vertreter eines normativen Systems, das ihn wieder zur Raison bringen sollte. Ich war einfach jemand, der sich die Hosenbeine bekleckert hatte. Ich spürte, wie sich in Dochts Lachen etwas seinen Weg bahnte, das bisher verschüttet war. Es war blanke Schadenfreude, die hier zum Ausdruck kam! Docht freute sich ganz offensichtlich, daß einem anderen – und nicht immer nur ihm selbst! – etwas Peinliches widerfahren war. Einer plötzlichen Eingebung folgend nutzte ich diese Gelegenheit und flüsterte Docht mit übertriebener Besorgtheit zu: »Um

Gottes Willen erzählen Sie niemandem, was mir gerade eben passiert ist! Ich würde mir hier den letzten Rest an Kredit verspielen. Es fällt mir ohnehin ziemlich schwer, mir in dieser Klinik Respekt zu verschaffen.« Während ich sprach, hellte sich Dochts Gesicht immer mehr auf. Schließlich blickte er mir voll in die Augen. Ich spürte ganz deutlich, daß in diesem Blick Sympathie und Wärme lagen.

Lange Zeit verstand ich nicht so recht, was damals geschehen war. Ich war mir zwar bewußt, daß die zwischenmenschliche Brücke zwischen Docht und mir hergestellt worden war. Doch ich begriff erst später, daß ich, ganz ungewollt, ein schadenfrohes Kind zum Lachen gebracht hatte. Natürlich ist Schadenfreude moralisch verwerflich. Wohlerzogene Kinder lachen nicht über das Mißgeschick anderer, insbesondere dann nicht, wenn diese »mächtig« sind! So bleibt ihnen das Lachen nicht selten sprichwörtlich im Halse stecken. Docht erinnerte sich einmal, wie ihm sein gefürchteter Biologielehrer eine entsprechende Lektion erteilt hatte:

»Herr T. regte sich schon bei kleinsten Anlässen auf. Er tobte und schrie. Einmal passierte es, daß ihm sein falsches Gebiß in hohem Bogen zum Mund rausflog. Ich bog mich vor Lachen. Da merkte ich plötzlich, daß alle anderen totenstill waren. Sie schauten gebannt zu, wie Herr T. von mir ganz allein ausgelacht wurde! Von einem Augenblick zum anderen erstarrte ich zur Salzsäule. Und nun war ich dran: Herr T. schlug mir mit der flachen Hand mehrmals ins Gesicht. Er schrie, daß mir das Lachen noch vergehen würde. Und jetzt erst begannen die anderen zu lachen. Sie lachten über mich, weil *ich* den kürzeren gezogen hatte. Von da an habe ich mich nach Kräften bemüht, nicht mehr einfach drauflos zu lachen.«

Viele schamgebundene Menschen haben gelernt, das Lachen als solches zu fürchten. Denn es ist ein unverkennbarer Ausdruck aggressiver Lebensfreude, die in ihrer Kindheit allmählich versiegt ist. Und so erstarrte ihr Leben im Ernst der Erwachsenenvernunft. Doch fast ein jeder vermag sich an Kindheitserlebnisse zu erinnern, in denen das Lachen alle Barrieren der guten Erziehung zum Einsturz brachte. Viele meiner Klienten haben mir berichtet, wie sie gerade dann von Lachkrämpfen überwältigt wurden, wenn ein bedingungsloser Zwang zur ernsthaften Selbstbeherrschung bestand. Beispiele waren Gottesdienste, Beerdigungen oder Festvorträge. Sofern das Mittagessen in einer Atmosphäre feierlichen Schweigens eingenommen wurde, konnte es auch bei dieser Gelegenheit zu Lachanfällen kommen. All dies sind Hinweise auf eine ursprüngliche Lebenskraft, die sich lachend über die Gebote und Verbote des Erwachsenenlebens hinwegsetzt. Und dieses Lachen zeigt an, daß sich das Kind seines Lebens freut. Reinhart Lempp schreibt: »Ein lachendes Kind macht deutlich, daß dieses Kind im Augenblick frei ist von Ängsten, Sorgen, daß seine Bedürfnisse im Augenblick zumindest befriedigt sind und daß es Vertrauen hat.« Es hat vor allem Vertrauen zu sich selbst! Denn das Lachen ist ein Ausdruck von Kompetenzvergnügen. Es kommt nur dann zustande, wenn der Glaube an die eigenen Fähigkeiten, das eigene Können, nicht erschüttert ist. So ist das Lachen ein Kennzeichen des Siegers: »Triumph ist das Stichwort, um das Wesen des Lachens zu beschreiben.« (Hirsch) Der Psychoanalytiker Martin Grotjahn sieht darin eine Äußerung nichtverdrängter Aggressivität, ein Aufbegehren des Lustprinzips gegen die Herrschaft des Gewissens.

Gehemmte Aggression

Der Psychoanalytiker Friedrich Hacker definiert Aggressivität als eine »dem Menschen innewohnende Disposition und Energie, die sich ursprünglich in Aktivität und später in den verschiedensten individuellen und kollektiven, sozial gelernten und sozial vermittelten Formen von Selbstbehauptung bis zur Grausamkeit ausdrückt.« Die ursprüngliche Aggressivität (als eine Disposition zur Aggression) ist nicht destruktiv. Sie umfaßt die vom Baby über die Skelettmuskulatur erlebte Eigenaktivität, die von Funktionslust bzw. Kompetenzvergnügen begleitet wird. Sie ist natürlicher Ausdruck expansiver Lebensenergie und ungestümer Lebensfreude. Und sie zeigt dabei ein lachendes Gesicht.

Wird diese natürliche Aggressivität jedoch gebunden bzw. in ihrer Äußerung gehemmt, so ist ein Aggressionsstau die Folge. Dieser wird subjektiv als unlustvolle Spannung erlebt. Wenn ein Kind aus erzieherischen Gründen seine expansive Lebenskraft nicht äußern darf, entwickelt es sich leicht zu einem nervösen Zappelphilipp. Seine Aggressivität ist nunmehr verhalten. Sie äußert sich indirekt, auf eine komische Weise. Solche Kinder wirken unnatürlich und gehemmt. Auch wenn sie sich nach außen angepaßt und wohlerzogen geben, so ist ihre innere Unruhe und Gespanntheit unverkennbar. Und vor allem scheint diesen Kindern jegliche Lebensfreude zu fehlen.

Heinz Kohut hat sämtliche Formen der Wut auf den Aggressionsstau eines gehemmten Kindes zurückgeführt. Dabei kann es sich um einen flüchtigen Verdruß, um Ärger, Groll, Zorn oder auch um die von Kohut häufig angeführte »mörderische Wut« handeln. Er hat diese Spielarten destruktiver, weil selbstschädigender Aggression von der ursprünglichen, natürlichen Aggression unterschieden. Letztere verstand Kohut als die eigentliche Voraussetzung einer gesunden Selbstbehauptung. Sie »ist eine Funktion des gesunden Selbst, während Wut eine Funktion eines verletzlichen, strukturell defizienten Selbst darstellt.« Beispielhaft hat Fjodor Dostojewski in seiner Erzählung *Aus dem Dunkel der Großstadt* die Wirkungen gehemmter Aggression beschrieben. Gleichzeitig gelang ihm damit auch die eindrucksvolle Darstellung einer schweren Schamdepression. Dostojewski läßt einen fiktiven Verfasser seine Wut schildern, die aus dem Verborgenen kommt und daher um so beklemmender wirkt. Der Verfasser, er ist gerade vierzig Jahre alt geworden, vergleicht sich dabei mit einer Maus, die sich in einem Schlupfloch verkrochen hat:

»Dort in ihrer häßlichen, übelriechenden, unterirdischen Behausung vergräbt sich unsere beleidigte, mißhandelte, ausgelachte Maus in einem kalten, boshaften und vor allen Dingen lebenslänglichen Groll. Vierzig Jahre lang wird sie sich ununterbrochen der ihr angetanen Beleidigung bis auf die geringsten, schmählichsten Einzelheiten erinnern, dabei jedesmal aus ihrem Eigenen noch schmählichere Einzelheiten hinzufügen und auf diese Weise sich mit den Erfindungen ihrer eigenen Phantasie aufreizen und höhnen. Sie wird sich ihrer Erinnerung und ihrer Phantasie selbst schämen, dennoch aber sich alles ins Gedächtnis zurückrufen, alles durchmustern, sich Nichtgesehenes ausdenken mit der Begründung, das hätte sich doch auch noch zutragen können, und wird nichts verzeihen. Vielleicht wird sie auch anfangen, sich zu rächen, aber nur so bei einzelnen Gelegenheiten, in kleinlicher Weise, hinter dem Ofen hervor, inkognito, ohne selbst an ihr Recht zur Rache oder an den Erfolg ihrer Rache zu glauben, und vorherwissend, daß sie selbst von all ihren Racheversuchen hundertmal mehr zu leiden haben wird als derjenige, an dem sie sich rächt ...«

Nur gelegentlich bricht sich diese Wut tatsächlich Bahn. Sie überspringt die Gewissensschranken, um sich in offenen, gewaltsamen und rachsüchtigen Angriffen auf jene zu äußern, deren wirkliche oder eingebildete Kränkungen dem »Verfasser« unendliches Leid bereiten. Dieses Leid ist Kennzeichen seiner Schamdepression, die ihrerseits Folge und Ausdruck der geknebelten Lebenskraft ist. Dabei zeigt sich die selbstschädigende Wirkung der gehemmten Aggressivität, die in dieser Wut steckt. Der »Verfasser« beschreibt Erlebnisse der Demütigung und Entwertung, die nicht nur sein Selbstgefühl erschüttert haben, sondern ihm darüber hinaus auch das Vertrauen in die Verläßlichkeit seiner körperlichen Funktionen geraubt haben. Erfüllt von quälenden hypochondrischen Befürchtungen fühlt sich der »Verfasser« auch aus dem Inneren seines Leibes heraus bedroht. Denn er erlebt sich als das Objekt einer gnadenlosen Aggression, die ihn ganz zu zerstören droht.

Der Psychoanalytiker Paul Ornstein bemerkt in diesem Zusammenhang, welch »gewaltige Energie« verausgabt wird, wenn objektiv gesehen winzige Kränkungen Anlaß zu derartig intensiven Racheplänen sind. Und ich möchte hinzufügen: welche Tragödie der Betroffene dabei aus seinem Leben macht! Denn wütende, von innerem Groll zerfressene Menschen wirken nach außen befremdlich, nicht selten sogar abstoßend. Man geht ihnen aus dem Wege, bis sie schließlich – wie Dostojewskis »Verfasser« – vollkommen aus der Gemeinschaft ausgeschlossen sind. So kommt eine beschämende Kränkung zu der anderen hinzu. Der Aggressionsstau wächst mehr und mehr an. Und der innere Groll und die mörderische Wut werden zu einer unerträglichen Bedrängnis, die nur das eine Objekt findet, dem Schaden zugefügt wird: das eigene Selbst!

Die Kreative Aggressionstherapie von George Bach

Der amerikanische Psychologe George Bach betreute am Anfang seiner Berufskarriere normale Vorschüler. Dabei fiel ihm auf, wie aggressiv diese »kleinen, lieben, normalen Kinder« zuweilen waren. Sie konnten im Spiel mit Puppen eine »erstaunlich intensive Wut zum Ausdruck bringen – und das mit großer Freude«! Allerdings war dies nur dann der Fall, wenn die Erzieher dafür Verständnis hatten. Diese Kinder kamen aus Familien, in denen die gleichen spielrestriktiven Regeln und Vorschriften herrschten wie in der eher friedlichen Vorschule, in der Bach seine Beobachtungen machte. Das war ein erster Hinweis dafür, wie durch normativen Gewissensdruck ein Aggressionsstau entstehen kann. Später bezeichnete Bach Eltern, die bestrebt sind, die natürliche Aggressivität ihrer Kinder systematisch zu hemmen, als »Verrücktmacher«.
Die typische Verrücktmacher-Mutter steht unter dem Druck, in ständiger liebevoller Fürsorge alle Bedürfnisse des völlig von ihr abhängigen Kindes zu befriedigen. Doch dies tut sie vor allem vordergründig. Insgeheim geht sie frustriert und mit innerem Widerwillen ihren mütterlichen Pflichten nach. Sie hat selbst noch eine Menge unbefriedigter kindlicher Bedürfnisse und daher die unbewußte Empfindung, zu kurz gekommen zu sein. Das erzeugt eine versteckte Wut, die unterdrückt wird. Denn diese paßt nicht zu dem idealisierten Mutterbild, das dieser in der eigenen Kindheit vermittelt wurde. Deshalb ist diese Wut ein steter Anlaß für Schuldgefühle und Gewissenskonflikte: »Die

Mutter fühlt sich fortwährend hin- und hergerissen zwischen schuld-bewußter Zuneigung und Sorge und plötzlichen unberechenbaren Anfällen von Feindseligkeit, Wut, krankhafter Zerstreutheit, Depressionen und intensiver Angst, die durch irgendein wie auch immer geartetes Verhalten des Kindes ausgelöst werden können.«

George Bach beschreibt damit präzise die Persönlichkeitsstruktur einer selbstbezogenen Mutter, die ihr Kind nicht wirklich annehmen oder gar lieben kann, weil sie zu sehr von ihren eigenen emotionalen Problemen in Anspruch genommen ist. Doch sie darf dies keinesfalls zugeben, weil sie damit dem Ideal einer perfekten Mutter nicht mehr entsprechen würde. Das Kind merkt natürlich, daß seine Mutter innerlich zerrissen ist. Doch es wird nie darüber sprechen dürfen. Es muß sich der Mutter gegenüber so verhalten, als sei diese tatsächlich die beste Mutter der Welt. Eben dieser Zwang zur Verstellung wirkt frustrierend und ruft versteckte Wutgefühle hervor.

George Bach beschreibt ferner Väter, die ebenfalls Verrücktmacher sind. Auch ihr Handeln ist von normativen Idealvorstellungen geprägt. Sie versuchen gewissenhaft allen Erwartungen zu entsprechen, die ein perfekter Vater zu erfüllen hat. Dabei müssen sie ihre verborgenen Bedürfnisse, ihren eigenen Wunsch nach Abhängigkeit, nach liebevoller Zuwendung und Anerkennung, verschleiern. Denn im Grunde wollen sie eigentlich gar keine Väter sein. George Bach beschreibt den Verrücktmacher-Vater so: »Bei seinem Wunsch nach einem Kind spielte die Erwartung der Gesellschaft eine große Rolle sowie die Wünsche seiner Eltern und seiner Frau. Er wollte auf diese Weise Liebe, Anerkennung, Lob und die Bestätigung seiner Männlichkeit erringen. Aber nun, da er tatsächlich Vater ist, fühlt er sich frustriert, da das Baby alle Aufmerksamkeit bekommt und er selbst weitgehend ignoriert wird.«

Das Kind erscheint diesem Vater insgeheim als ein Ärgernis. Denn es beansprucht die Aufmerksamkeit und Liebe seiner Frau und zwingt ihn selbst dazu, sich in seinen Bedürfnissen einzuschränken. Er kann sich nicht mehr seinen eigenen Vergnügungen hingeben. Er kann nicht mehr mit seinen Freunden ausgehen, Sport treiben oder sich nach attraktiven Frauen umsehen. Tut er es trotzdem, so bekommt er

Schuldgefühle und Gewissensbisse. Also zwingt er sich dazu, ein aufmerksamer, fürsorglicher und liebevoller Familienvater zu sein. Seine versteckte Abwehr kommt aber dennoch immer wieder zum Vorschein, so daß sein Verhalten unbeständig ist: »An einem Tag sucht er die Nähe von Frau und Kind in einem geradezu sentimentalen Liebesbedürfnis, worauf er sie dann tagelang ohne jede Erklärung gar nicht beachtet oder sogar in explosive Wutausbrüche und wilde Vorwürfe verfällt. Dann ist er z.B. nicht zu bewegen, von der Zeitung hochzublicken oder sich einmal vom Fernsehapparat zu lösen. Oder er gerät in finsteres Grübeln oder verliert die Fassung über Kleinigkeiten, wie ein schmutziges Waschbecken, einen fehlenden Strumpf oder ein etwas verspätetes Mittagessen.«

Auch diese Väter lösen bei einem Kind Frustrationen und Wutgefühle aus. Doch es muß sich hüten, diese Gefühle offen zu zeigen, um den Vater nicht zu enttäuschen. Denn es fürchtet seinen beschämenden Liebesentzug, seine bittere Mißachtung und seine versteckten Anklagen. Denn diese Väter geben dem Kind keine faire Chance, sich mit ihnen auf offen aggressive Weise auseinanderzusetzen.

In der Konfrontation mit Verrücktmacher-Eltern entwickelt das Kind allmählich ein »böses Ich«, das George Bach auch als »Quälgeist« bezeichnet. Es handelt sich um nichts anderes als um ein schlechtes Gewissen, das die eigenen natürlichen Affekte in Schach hält. Dieses böse Ich ist als die eigentliche Ursache beschämender Selbstverachtung zu sehen:

»Sein Modus operandi ist folgender: Wenn wir uns selbst schlecht machen, dann kommen wir anderen zuvor, denn wir verletzen uns selbst, bevor andere uns verletzen können. Indem wir uns gegen uns selbst wenden, können wir unser schlechtes Gewissen erleichtern. Wir tun Buße, weil wir gegen den Willen unserer Eltern gehandelt haben, weil wir nicht die sind, die sie sich erhofft und gewünscht hatten, und auch, weil wir vielleicht das erreicht haben, was man uns nie zugetraut hätte. Indem wir unser Ziel nicht erreichen, beweisen wir, wovor wir uns immer gefürchtet haben, nämlich, daß sie recht hatten. Indem wir uns selbst bestrafen, vermeiden wir, daß wir möglicherweise von außen bestraft werden.«

In seinen Therapiegruppen mit aggressionsgehemmten Erwachsenen machte George Bach die Erfahrung, daß die Teilnehmer immer dann in einen Spannungszustand gerieten, wenn ein quasi erzieherischer Druck auf sie ausgeübt wurde. Dies war der Fall, wenn sie »entlarvt, analysiert oder auf die Linie des Therapeuten oder der Gruppennormen« gebracht werden sollten. Sie erlebten sich offensichtlich in einer ähnlichen Situation, wie dies in ihrer eigenen Kindheit der Fall war. Denn damals wurden sie von ihren Eltern ebenfalls reglementiert und im Sinne von Man-muß-Normen gegängelt. Doch sie konnten sich nie wirklich diesem Druck widersetzen. Ihr böses Ich stand ihnen im Weg. Es terrorisierte sie durch Gedanken und innere Selbstgespräche, in denen lieblose Argumente und Vorwürfe zum Ausdruck kamen. Denn das böse Ich redet einem ein, daß die anderen selbst dann im Recht sind, wenn sie das eigene Selbstwertgefühl fortwährend schädigen. Und so setzte sich in diesen Menschen die Überzeugung fest: »Es ist verkehrt, wenn ich wütend werde. Denn nicht die anderen sind im Unrecht, nein, mit mir selbst stimmt etwas nicht.«

George Bach erklärt dazu: »Diese Urteilsübertragung auf das Selbst scheint der einzige Weg zu sein, mit der Situation fertig zu werden, die einzige Möglichkeit, um die Vorstellung davon zu behalten, daß man geliebt wird.« So hat sich der Betroffene seit seiner Kindheit selbst geschwächt. Er hat ein schlechtes Gewissen hochgezüchtet, das zur gedanklichen Quelle unentwegter Selbstvorwürfe wird. Diese lassen nur die eine Möglichkeit offen: die eigenen Aggressionen gegen sich selbst zu richten. Denn die Angst davor, Zuneigung zu verlieren, ist die Macht, die das böse Ich etabliert.

George Bach hat als neue therapeutische Methode die »Kreative Aggressionstherapie« (KAG) entwickelt. Sie zielt darauf ab, die Ursachen von Selbsthaß aufzudecken, die in jenen Schuld- und Schamgefühlen begründet sind, die aus der verrücktmachenden Art der Aggressionsunterdrückung in der Erziehung hervorgingen. Mit Hilfe bestimmter Aggressionsübungen soll deshalb der Selbsthaß aufgelöst werden, so daß allmählich Selbstachtung entstehen kann.

Die » Virginia Woolf«-Übung

In Anlehnung an das Stück von Edward Albee, *Wer hat Angst vor Virginia Woolf?*, sollen sich die Beteiligten auf ein Streitgespräch einlassen, das auch die absurdesten Übertreibungen beinhalten darf und von sarkastischen Grimassen oder drohenden Bewegungen unterstützt wird. Dabei gelten die folgenden Regeln:

1. Gegenseitiges Einverständnis zur Durchführung.
2. Eine Abmachung darüber, daß keinerlei körperliche Gewalt angewendet wird.
3. Das Versprechen, diesen Austausch als inoffiziell zu betrachten. Das heißt, man darf nichts von dem Gesagten wörtlich nehmen, denn gerade, daß es dabei zu den absurdesten, grausamsten und bösartigsten Ausbrüchen kommt, kennzeichnet ein gelungenes »Virginia-Woolf«-Ritual.
4. Eine vorher festgelegte Zeitbegrenzung, auf etwa zwei Minuten, die von beiden Seiten respektiert wird und nach der das Ritual zu Ende ist.

George Bach schreibt, daß die Nachwirkungen dieses Rituals von den Teilnehmern durchwegs als wohltuend empfunden werden:

»Sie fühlen sich wie › gereinigt‹ und enger als vorher mit der Person verbunden, die sie gerade beleidigt haben. Dieses Ritual hat sich auch in solchen Fällen bewährt, da eine Entfremdung zwischen zwei Partnern eingetreten war und sie nicht mehr die Möglichkeit fanden, miteinander zu reden, oder, wenn es doch einmal dazu kam, sie sogleich beide so gereizt wurden, daß sie sich nach kurzer Zeit nur noch anschreien konnten.«

Der Bataca-Kampf

Der Bataca-Kampf ist ein Ritual, das dazu dient, Ärger auf körperlichem Wege loszuwerden. Die Bataca-Schläger sind mit Stoff bezogen und haben eine Füllung aus weichem, nachgebendem Material. Das erlaubt den Kämpfern, ungehemmt aufeinander loszuschlagen. Man kann kaum stärker verletzt werden als bei einer Kissenschlacht.

Auch in diesem Falle gilt ein gegenseitiges Einverständnis als Voraussetzung. Ferner sollte abgeklärt werden, inwieweit bestimmte Körperzonen aus dem Kampfbereich auszuschließen sind, etwa das Gesicht und der Genitalbereich. Außerdem sollten sich die Beteiligten auf eine Ruhezone einigen, in die sie sich flüchten können, wenn eine kurze Verschnaufpause benötigt wird. Schließlich soll auch eine Zeitbegrenzung vereinbart werden, die erfahrungsgemäß bei ein bis zwei Minuten liegt.

Sobald das Zeichen gegeben wird, fangen die Kämpfer an, aufeinander loszuschlagen. Die Teilnehmer können vorher vereinbaren, daß sie ihre Schläge mit beleidigenden Reden begleiten wollen. George Bach schreibt:

»Besonders Menschen, denen es schwer fällt, sich mit Worten auszudrücken und dadurch die Spannung, unter der sie leiden, zu lösen, bietet der Bataca-Kampf eine Möglichkeit, sich auf körperlichem Wege gefahrlos von ihrem aufgestauten Ärger zu befreien. Es ist ein zugleich spielerisches und befriedigendes Ritual, das vielen Menschen Erleichterung verschafft, die physische Aggression normalerweise völlig ablehnen oder fürchten.«

Standpauke mit Wiedergutmachung

Bei dieser Übung nimmt der Akteur die Rolle des Anklägers ein. Er bezieht sich dabei auf Kränkungen und Beleidigungen, die als besonders schwerwiegend empfunden wurden. Die Standpauke kann entweder gegenüber dem wirklichen Beleidiger zum Ausdruck gebracht werden oder gegenüber einer Person, die dessen Rolle spielt.

Voraussetzung ist wiederum das beiderseitige Einverständnis der Durchführung. Auch in diesem Fall wird die Zeitdauer auf etwa eine Minute begrenzt.

Der Beleidiger hört sich für die Dauer der angesetzten Zeit schweigend die Anklage an. Das heißt, er darf sich nicht rechtfertigen oder mit eigenen Vorwürfen reagieren.

Nach Beendigung der Standpauke kann der Beleidiger ein Wieder-gutmachungs-Ritual beantragen. Dabei wird eine bestimmte Buße auferlegt, die vom Ankläger festgesetzt wird und die vom Beleidiger akzeptiert werden muß. Sobald der Ankläger diese Buße angenommen hat, ist klargestellt, daß er die Kränkung als vergessen betrachtet und verziehen hat.

Das sind nur einige der Übungen, die in der Kreativen Aggressionsthe-rapie Verwendung finden. Im Prinzip geht es dabei stets um die Ein-übung von aggressiven Verhaltensweisen, die in der Erziehung un-terdrückt wurden. Dazu gehört auch ein besonderer Kommunikati-onsstil, der die Verwendung von Kraftausdrücken einbezieht. Diese Gossensprache zu verwenden, fällt vielen aggressionsgehemmten Menschen erfahrungsgemäß schwer. Aber dies ist nicht nur die Spra-che der Aggression, sondern auch das Medium des deftigen Humors. (Daher bedienen sich die Vertreter einer humorbezogenen Therapie, wie etwa Frank Farrelly und Albert Ellis, solcher Kraftausdrücke.) Ich zitiere im folgenden den Auszug aus einem »Virginia-Woolf«-Ritual, in welchem der Akteur seinen jüngeren Bruder mit den folgenden Worten angriff:

»Du passives Stück Scheiße, wohnst immer noch zu Hause und nutzt Mutter und Vater aus, weil du meinst, jeder müßte Mitleid mit dir haben und sich um dich kümmern. Wann willst du denn mal ein Mann werden? Statt herumzu-sitzen, such dir lieber einen Job oder wenigstens ein Mädchen und sitz nicht ewig vor dem Fernsehapparat und stopf nicht den ganzen Tag Süßigkeiten in dich hinein. Kein Wunder, daß du dauernd müde bist. Dein Hirn verfault ja langsam – laß es mal ein bißchen durchlüften.«
Sein Bruder gab ihm zur Antwort: »Du aufgeblasener Angeber mit deiner Weste und den Scheißschlipsen und weißen Hemden. Du glaubst, du bist der Größte, nur weil du dir in Beverly Hills als Rechtsanwalt einen Namen ge-macht hast. Ich dachte, du wolltest den Leuten in den Slums und Ghettos helfen; statt dessen hast du dich auf die Seite der reichen Stinker geschlagen. Du Rebell, du. Du Idealist. Ja, ein schöner Idealist bist du mir. Ein Scheißkerl mit der schnellsten Zunge im ganzen Westen!«

George Bach schreibt dazu:

»Unmittelbar nach diesem doppelten Ausbruch, bei dem beide rote Köpfe
bekommen und aus voller Kehle geschrieen hatten, trat ein Moment der Stille
ein. Dann ertönte das spontane Gelächter aus der Gruppe, in das die beiden
sogleich einstimmten. Beide empfanden ein Nachlassen der zwischen ihnen
bestehenden Spannung. Sie hatten einiges › Unaussprechliches‹ ausgesprochen, waren heil daraus hervorgegangen und konnten nun daran denken,
vernünftig und ohne Zorn miteinander zu sprechen.«

Damit wird der Zusammenhang zwischen ordinärer Aggressionsäuße-
rung, ungehemmter Lebensfreude und einem befreiten Lachen deutlich. Der Psychotherapeut Peter Schellenbaum hat dies in seinem autobiographischen Bericht *Tanz der Freundschaft* lebendig beschrieben.
Inmitten eines sintflutartigen Regens steigern sich zwei Knaben in
einen rauschartigen Zustand hinein. Sie vergessen alle guten Sitten
und alle Anstandsregeln. Sie scheren sich nicht um Gut und Böse. Sie
geben sich bedenkenlos der Lebensfreude hin:

»Im Klang und Rhythmus der Flüche, Schimpfwörter und Zoten, deren wir
immer neue fanden und auch erfanden, begannen wir einen irren Tanz. Wir
drehten und verrenkten uns, wie wir es bei den anderen noch nie gesehen
hatten, und heulten immer durchdringender unsere lästerlichen Wortschöp-
fungen in Wald und Naß. Wir sprangen aufeinander zu, als wollten wir uns zu
Boden werfen, hielten aber kurz vor der Berührung inne, warfen die Arme
zum Himmel, wie um den Regen zu schöpfen, senkten sie dann zu obszönen
Gebärden, hoben sie wieder, als wollten wir eine obere Gottheit in uns hin-
einrufen und verschlingen. Jetzt mischten wir ehrwürdige Gebete in unsere
Flüche und tanzten zum Takt dieser heiligen und höllischen Formeln um die
Wette.«

George Bach will die bedenkenlose Lebensfreude zu einem inte-
grierten Bestandteil der Psychotherapie machen. Er geht davon aus,
daß die Psychotherapie der Zukunft zunehmend Gebrauch machen
wird »von spielerischen und humorvollen Wechselwirkungen zwischen dem früher › todernsten‹ Therapeuten und dem Klienten, be-

sonders in der Gruppentherapie.« Ausdrücklich bemerkt Bach, daß er den deftigen Humor in einer spielerischen Weise gerade bei besonders schwer deprimierten Klienten mit gutem Erfolg angewandt hat. Und er fährt fort: »Ein Patient, besonders in schwerer Depression, der fähig ist, über seine Krisensituation nicht nur zu weinen, sondern auch zu lachen, hat nach meiner Erfahrung eine günstige Prognose. Also weg mit der ernsten, leidvollen Miene des traditionellen Therapeuten! Spielen und lachen sollten ihm auch selbst gut tun.«

Als ich jung war, habe ich vergessen zu lachen.
Erst später, als ich meine Augen öffnete und die
Wirklichkeit erblickte, begann ich zu lachen
und habe seither nicht mehr aufgehört.

Sören Kierkegaard

11 Das Lachen

Die Trotzmacht

Als ich Docht zum erstenmal aus seiner versteinerten Einengung
heraus lachen hörte, da erlebte ich ihn nicht mehr als den hoffnungs-
los kranken Erwachsenen. Er lachte unbeschwert wie ein kleines
Kind. Und mit diesem Kinderlachen baute sich die zwischenmenschliche Brücke auf. Es kam eine Kraft zum Ausdruck, die alle Verzweiflung vergessen ließ. Friedrich Nietzsche sagte einmal, daß der
Mensch sich deshalb das Lachen erfand, weil er »das leidendste Tier
auf Erden« sei.
Edith Eger, eine Schülerin Viktor Frankls, wurde im Alter von sechzehn Jahren nach Auschwitz deportiert. Unmittelbar nach ihrer Ankunft wurde sie vom berüchtigten SS-Arzt Mengele selektiert. Zusammen mit den meisten ihrer Familienangehörigen wurde sie nach
links, also in Richtung der Gaskammer, geschickt. Im letzten Augenblick entschied der »Todesengel« aber anders: Er rief die heutige Psy-
chotherapeutin wieder zurück und wies sie in die andere Richtung,
also ins Leben zurück. Doch in welches Leben! Es war der Alltag von
Dantes Inferno, in dem Menschen vollständig ihrer Menschenwürde
beraubt wurden. Aber selbst in dieser Hölle auf Erden erwies sich das

Lachen, wie Edith Eger schreibt, als der »Rettungsanker persönlichen Überlebens«. Rückblickend stellte sie fest: »Die Fähigkeit zu lachen trug ihr Teil dazu bei, eine sinnlose Lebenssituation zu bewältigen und sie erträglich zu machen.« Edith Eger erläutert dies an einem selbsterlebten Beispiel: »Nach der Ankunft in Auschwitz wurden meine Schwester Marga und ich entkleidet, und unser Haar wurde uns vollkommen abgeschnitten. Magda hatte lange, blonde Locken, die sie stets stundenlang aufzudrehen pflegte. Nun standen wir also da in einem Zustand äußerster Erniedrigung. Als sie mich fragte, wie sie jetzt aussehen würde, gab ich ihr zur Antwort: ›Du hast wunderschöne blaue Augen!‹«

Edith Egers Bericht ist ein Beweis dafür, daß sich im Lachen eine »Trotzmacht« (Frankl) äußert, die sich über alle Einschränkungen hinwegsetzt. Diese Trotzmacht hält sich weder an die Regeln der Vernunft, noch beugt sie sich den rigiden Man-muß-Vorstellungen von Anstand und Moral. Ein Beispiel gibt Norman Cousins, der Urvater der »Lachtherapie«. Er trieb trotz einer schweren Erkrankung mit denkbar schlechter Prognose fast jeden Tag mit dem Personal des Krankenhauses, in dem er behandelt wurde, seinen Schabernack.

In der Weltliteratur wird die Trotzmacht des Lachens seit jeher gewürdigt. So beschreibt Hermann Hesse, wie Siddharta im Lachen des Kindes zur Erleuchtung fand. Dies geschah zu einem Zeitpunkt, als er seinem Leben schon ein Ende setzen wollte:

»Tot war der Singvogel, von dem er geträumt. Tot war der Vogel in seinem Herzen. Ekel und Tod hatte er von allen Seiten in sich eingesogen, wie ein Schwamm Wasser einsaugt, bis er voll ist. Voll war er von Überdruß, voll von Elend, voll von Tod, nichts mehr gab es in der Welt, das ihn locken, das ihn freuen, das ihn trösten konnte … Siddharta dachte über seine Lage nach. Schwer fiel ihm das Denken, er hatte im Grunde keine Lust dazu, doch zwang er sich. Nun, dachte er, da alle diese vergänglichsten Dinge mir wieder entglitten sind, nun stehe ich wieder unter der Sonne, wie ich einst als kleines Kind gestanden bin, nichts ist mein, nichts kann ich, nichts vermag ich, nichts habe ich gelernt. Wie ist dies wunderlich! Jetzt, wo ich nicht mehr jung bin, wo meine Haare schon halb grau sind, wo die Kräfte nachlassen, jetzt fange ich wieder von vorn beim Kinde an! Ja seltsam war sein Geschick! Es ging abwärts mit ihm, und nun stand er wieder leer und nackt und dumm in der Welt. Aber Kummer darüber konnte er nicht empfinden, nein, er fühlte sogar großen Anreiz zum Lachen, zum Lachen über sich, zum Lachen über diese seltsame, törichte Welt. › Abwärts geht es mit dir!‹ sagte er zu sich selber und lachte dazu, und wie er es sagte, fiel sein Blick auf den Fluß, und auch den Fluß sah er abwärts gehen, immer abwärts wandern, und dabei singen und fröhlich sein. Das gefiel ihm wohl, freundlich lächelte er dem Fluß zu. War dies nicht der Fluß, in welchem er sich hatte ertränken wollen?«

Carlo Collodi gibt uns ebenfalls ein Beispiel: Pinocchio und sein Freund, der (ursprüngliche) Docht, werden vom bösen Eselsfieber befallen, einer metaphorischen Umschreibung der Scham. Dies ist die Strafe dafür, daß sich die beiden den Leistungsanforderungen der Erwachsenenwelt nicht unterwerfen wollten. Denn »alle faulen Jungen, die nichts von Büchern und Lehrern wissen wollen und ihre Tage mit Spiel und Vergnügen zubringen, müssen früher oder später lauter kleine Esel werden.«

Es beginnen ihnen Eselsohren zu wachsen, schmachvolle Erkennungsmerkmale, die auch von der Kappe des mittelalterlichen Narren herunterbaumelten. Pinocchio ist es peinlich, sich mit den Eselsohren in der Öffentlichkeit zu zeigen.»Was tat er da? Er nahm sich eine Baumwollmütze und zog sie sich bis zur Nasenspitze über den Kopf.« Das gleiche tat auch Docht. Wie sie nun so voreinander stehen, fällt es ihnen vor lauter Scham schwer, ihre Häupter zu entblößen. Sie müssen erst einen Freundschaftspakt schließen. Danach zählen sie bis auf drei, reißen sich dann ihre Mützen vom Kopf und werfen sie in die Luft.

»Und dann geschah etwas, das man kaum hätte glauben können, wenn es nicht wahr gewesen wäre. Es geschah nämlich, daß Pinocchio und Docht nicht etwa von Schmerz und Scham ergriffen wurden, als sie sich von der Krankheit befallen sahen, sondern ihren unmäßig gewachsenen Ohren gegenseitig zuzwinkerten und nach tausenderlei Ausgelassenheiten in ein unbändiges Gelächter ausbrachen. Und sie lachten, bis sie sich die Seiten halten mußten.«

Hier erfolgte also eine vom Standpunkt der Vernunft paradoxe – und dabei doch höchst befreiende Reaktion. Pinocchio und Docht hatten die Trotzmacht des Lachens entdeckt! Sie vermag nicht nur den Schmerz zu lindern. Sie kann auch eine Krankheit heilen.

Die heilende Kraft des Lachens

In den letzten Jahren mehren sich Hinweise in der Fachliteratur, die die positive Bedeutung des Lachens für die Gesundheit hervorheben. Und auch in diesem Zusammenhang wird zuweilen Friedrich Nietzsche als ein weitsichtiger Wegbereiter genannt. Denn er war es, der seinen Zarathustra vor mehr als hundert Jahren sagen ließ: »Zehnmal mußt du lachen am Tage und heiter sein: sonst stört dich der Magen in der Nacht, dieser Vater der Trübsal.«
Daß die heilende Kraft des Lachens auch vom medizinischen Standpunkt nachweisbar ist, hat vor etwa dreißig Jahren Norman Cousins bewiesen. Er erkrankte damals an einer Spondylarthritis, einer degenerativen Entartung der Grundsubstanz des Knochengewebes. Dies war mit starker Schmerzentwicklung verbunden, und die Prognose war denkbar schlecht. In seinem autobiographischen Krankheitsbericht *Der Arzt in uns selbst* spricht Cousins von einer Überlebenschance von 1:500. Dies wollte er nicht akzeptieren. Deshalb suchte er nach neuen Wegen der Therapie. Er hatte in wissenschaftlichen Zeitschriften Berichte über den unheilvollen Einfluß negativer Gedanken auf das innersekretorische System gelesen. Weshalb sollte ein konsequent hervorgerufener positiver Gefühlszustand nicht den umgekehrten Effekt hervorrufen, das heißt das biochemische Gleichgewicht im Körper wiederherstellen helfen?
Cousins wollte nicht nur positiv denken. Er wollte eine Heiterkeit unmittelbar erleben, die aus dem Bauch kommt und die den gesamten Körper erfaßt. Diese Heiterkeit sollte auch die Außenatmosphäre durchdringen. Das war aber im sterilen Krankenhauszimmer nicht ge-

währleistet. (»Krankenhäuser sind der falsche Platz für kranke Leute«, scherzte Cousins nach seiner Genesung.) Deshalb zog er mit Einverständnis seiner Ärzte in ein freundliches Hotelzimmer in der Nähe der Klinik um. Dort ließ er sich von einer Krankenschwester lustige Slapstick-Filme vorführen oder witzige Bücher vorlesen. Außerdem wurde er von Freunden besucht, die mit ihm soviel wie möglich scherzen und lachen sollten. Dabei spürte Cousins recht bald, daß seine Schmerzen weitgehend nachließen, nachdem er etwa zehn Minuten lang lauthals gelacht hatte. Danach konnte er mindestens eine Stunde lang problemlos schlafen. Von besonderer Bedeutung war aber, daß seine allmähliche Genesung auch durch Laborbefunde bestätigt werden konnte.

Diese Erfahrungen regten eine Bekannte von Cousins an, den »Gelächterwagen« zu erfinden. Ihr Name ist Bea Ammidown. Sie ist ebenfalls Journalistin, und sie litt immer wieder unter Depressionen. Eines Tages begann sie, lustige Bücher und Videofilme in einem kleinen Servicewagen durch die Krankenzimmer einer Kinderklinik zu fahren. Sie las mit den Kindern in den Büchern und schaute sich mit ihnen gemeinsam die humorigen Filme an. Regelmäßig brachte sie dadurch die zum Teil schwerkranken Kinder zum Lachen. Die daraus resultierende positive Gemütsverfassung entlastete nicht nur das Klinikpersonal, sondern führte auch zu nachweisbaren therapeutischen Wirkungen. Bea Ammidown gründete schließlich die »HumoRX, Incorporated/Laugh Wagons«, eine Organisation, die es sich zum Ziel gesetzt hat, in allen amerikanischen Krankenhäusern aktiv zu werden.

Nachdem Norman Cousins vollständig genesen war, verfaßte er Zeitschriftenartikel und Bücher über seine Lachkur. Dadurch wurde in der Fachwelt sehr vieles in Bewegung gesetzt. Schon vor Jahrzehnten hatte Erich Kästner die Errichtung eines neuen Zweiges der Wissenschaft angeregt. Er nannte ihn »Lachkunde«. Diese Forderung ist inzwischen eingelöst. Denn als eine Reaktion auf die Publikationen von Norman Cousins entwickelte sich in den letzten Jahren in den USA die »Gelotologie«, die Wissenschaft vom Lachen. Ihre Befunde sind wirklich aufsehenerregend.

So stellte der Neurologe William Fry zunächst fest, daß das Lachen vor allem ein Atmungsphänomen ist: Die Einatmung wird vertieft und verlängert, während die Ausatmung verkürzt, aber dennoch derart intensiviert wird, daß es zu einer vollständigen Luftentleerung in der Lunge kommt. Der Gasaustausch wird dadurch um das Drei- bis Vierfache gegenüber dem Ruhezustand gesteigert. Der französische Arzt Henri Rubinstein spricht dem Lachen deshalb die Bedeutung einer heilgymnastischen Übung zu:

»Viele Menschen wissen nicht, wie man richtig atmet; ihre Atmung ist zu kurz, zu flach. Diese Art der Atmung, mit offenem Mund und ohne Atempause, kann man bei ängstlichen Patienten beobachten. Es ist jedoch gerade diese Atmung, die Angst hervorruft bzw. steigert, indem sie eine respiratorische Alkalose des Atemsystems hervorruft, die für die neuromuskuläre Übererregbarkeit verantwortlich ist. Die Atmung beim Lachen ist im Gegensatz dazu eine ›gute Atmung‹, die gerade durch ihre Merkmale die Alkalose bekämpft und die Angst vermindert.«

Solche Befunde sind für die sich langsam etablierende Lachtherapie von großer Bedeutung. Sie versteht den Lachvorgang als ein Atemtraining. Die Teilnehmer erlernen dabei zunächst das sogenannte Bauchatmen, das das Zwerchfell einbezieht. Dies ist eben jener Hauptmuskel der Atmung, der beim echten Lachen grundsätzlich aktiviert wird. Nachdem diese Art der Atmung – oft erst in der Folge von langwierigen Gruppenübungen – erlernt wurde, kann das sogenannte Reflexlachen (tiefes, intensives Einatmen – kurzes, stoßweises Ausatmen) systematisch geübt werden. In unserer Gruppenarbeit nehmen derartige Lachübungen gewöhnlich etwa dreißig Minuten am Stück in Anspruch. Der psychophysische Effekt ist dabei sehr beeindruckend: Die Teilnehmer fühlen sich nach derartigen Lachübungen nicht nur körperlich wohl. Sie berichten auch über ein gesteigertes Selbstgefühl, das mit einer optimistischen Einstellung zum Leben einhergeht. So schreibt ein Teilnehmer:

»Das gemeinsame Reflexlachen ist meine persönliche Lieblingsübung. Ich liege mit dem Rücken auf dem Boden. Links und rechts neben mir die Köpfe der anderen. Die zuvor durch forciertes Atmen erzeugte Anspannung – sie kommt zu der alltäglichen Spannung noch dazu! – wird buchstäblich weggelacht. Sie löst sich in nichts anderes auf als Wohlgefallen, Lebensfreude und inneren Frieden. Ich hatte zuvor noch niemals so gelacht, vor allem dann nicht, wenn es keinen Grund dafür gab. Ich muß nicht daran denken, worüber ich lache. Es lacht mich, und zwar ohne Unterlaß. Ich will mich unbedingt darin üben, diese Fähigkeit in mein tägliches Leben zu integrieren. Das Lachen macht mich stark.«

Der Grund für diese Aktivierung der Lebensgeister ist folgender: Aufgrund der intensiven Lachatmung wird die Lunge mit reichlich Sauerstoff versorgt. Dadurch ergibt sich einerseits ein kathartischer, also reinigender Effekt für die Inhaltstoffe des Blutes. Andererseits bewirkt die intensivierte Atmung aber auch eine Veränderung im Herzrhythmus: Dieser erhöht sich zunächst, um dann (in einer Entspannungsphase, die durch den beruhigenden Einfluß des Parasympathicus dominiert wird) abzusinken. Dabei verringert sich auch der Blutdruck. Schließlich beginnt sich die gesamte Muskulatur, die in der Anfangsphase der Lachübung stark angespannt war, nachhaltig zu entspannen.

Paul McGhee, einer der bedeutendsten Lachforscher der Gegenwart, vergleicht das Lachen in diesem Zusammenhang mit verschiedenen Entspannungstechniken, einschließlich Meditationsübungen. Sie zielen insgesamt auf eine Streßreduzierung hin. Dem gleichen Zweck dient auch die Lachtherapie. McGhee schreibt:

»In jedem meiner Seminare oder Workshops über Humor veranlasse ich eine Lachübung. Es handelt sich um nichts anderes als ein langanhaltendes Gelächter, das so richtig aus dem Bauch herauskommen muß. Unmittelbar danach frage ich die Leute, wie sie sich fühlen. In den meisten Fällen fühlen sie sich entspannter. Wenn wir richtig fest lachen, spannen sich unsere Bauchmuskeln an wie eine Trommel. Einige unserer Gesichtsmuskeln ziehen sich zusammen. Aber jene Skelettmuskeln, die beim Lachen nicht unmittelbar beansprucht werden, beginnen sich zunehmend zu entspannen.«

244

Experimentelle Untersuchungen erbrachten Hinweise dafür, daß Lachen eine ebenso wirksame Muskelentspannung bewirkt wie ein umfassendes Biofeedback-Training. Andere Untersuchungen zeigten, daß Lachen ein höchst wirksames Mittel für den Streßabbau im allgemeinen und Herzbeschwerden, Kopfschmerzen und chronischer Angst im besonderen ist. Diese Untersuchungen faßt Henri Rubinstein in seinem Buch *Die Heilkraft Lachen* zusammen.

Doch nicht nur das Lachen im eigentlichen Sinne wirkt sich positiv auf die Gesundheit aus. Der amerikanische Psychologe Robert Zajonc konnte experimentell nachweisen, daß die Veränderungen der Gesichtsmuskulatur schon beim Lächeln Auswirkungen auf die Blutzufuhr im Gehirn haben. Während das Gehirn depressiver Menschen weniger gut mit Blut versorgt ist, bekommt es bei lachenden und lächelnden Menschen aufgrund vermehrten Blutzuflusses eine »Sauerstoffdusche«. Dies führt zu einem positiven emotionalen Zustand. Zajonc empfiehlt deshalb ein regelmäßiges Training der Gesichtsmuskulatur. Bewußt sollten sich gerade depressive Menschen dazu anhalten, ihrem Gesicht ein fröhliches Lächeln zu geben. Die Wirksamkeit der »Therapie des bewußten Lächelns« wurde vom bekannten Emotionsforscher Paul Ekman in vielen kontrollierten Untersuchungen nachgewiesen. Er kam dabei zu dem Ergebnis, daß sämtliche Körpersysteme in einen streßbedingten Alarmzustand versetzt werden, wenn negative Emotionen vorherrschen. Andererseits werden diese Systeme aber beruhigt, wenn über das Lächeln positive Emotionen hervorgerufen werden. Ekman folgert daraus, daß es eine direkte und zentrale Verbindung zwischen der Muskelaktivität und den entsprechenden Hirnzentren gibt.

Der Schamangst ins Gesicht lachen

Viktor Frankl, der Begründer der Logotherapie, brach als erster mit der Vorstellung, die therapeutische Atmosphäre müsse von distanzierter Zurückhaltung, würdevoller Ernsthaftigkeit und schmerzvoller

Entbehrung durchdrungen sein. Daher ermutigte er seine Klienten, all dem ins Gesicht zu lachen, was sie ängstigte und beschämte. Dabei stand ihnen Frankl als ein humorvoller Partner ermutigend zur Seite. Frankls (paradoxe) Intention läuft darauf hinaus, den Mut zur Lächerlichkeit zu vermitteln. So schreibt er: »Der Patient soll lernen, der Angst ins Gesicht zu sehen, ja, ihr ins Gesicht zu lachen«. Frankl gehört damit zu den ersten Therapeuten, die das Lachen für die Psychotherapie nutzbar gemacht haben.

Schon vor Jahrzehnten hatte Frankl erkannt, daß die eigentliche Ursache einer Angstneurose im Denken des Betroffenen liegt. Nicht die Angst als solche, nicht der aufwühlende Affekt an sich ist das große Problem. Es ist die (gedankliche) Stellungnahme dazu, die »katastrophierende« (Ellis) Einstellung zu diesem Affekt, die einen Menschen krank macht. Diese Angst vor der Angst ist die Folge eines tiefen Mißtrauens (Frankl spricht von »Urmißtrauen«) gegenüber dem eigenen Selbst, der eigenen Affektivität und Körperlichkeit. Und genau das ist ein Ausdruck der selbstbezogenen Scham! So erweist sich die Angstneurose als der mißglückte Versuch einer affektiven Selbstbeherrschung, ausgehend von der Überzeugung, daß der eigene Körper (als Quelle schlechter Gefühle) jederzeit außer Kontrolle geraten bzw. versagen könnte. Dieses Mißtrauen bezieht sich natürlich auch auf die geistigen (Un-)Fähigkeiten, die diese Selbstbeherrschung gewährleisten sollen. Denn auch sie könnten außer Kontrolle geraten, weshalb der Betroffene in der Angst lebt, durchzudrehen, verrückt zu werden usw. – und sich damit unendlich zu blamieren! So ist die neurotische Angst eigentlich eine Angst vor sich selbst. Sie führt zu einer zutiefst mutlosen Einstellung, und sie bewirkt, daß die Gedanken des Betroffenen unaufhörlich um die Risiken des Lebens kreisen.

Vor einiger Zeit schrieb mir eine fünfzigjährige Frau einen verzweifelten Brief. Sie litt seit ihrer frühen Jugend unter einer massiven Errötungsangst. Diese Angst war für sie der Grund, sich von fast allen sozialen Aktivitäten fernzuhalten. So lebte sie zurückgezogen mit ihrer alleinstehenden Mutter, die die letzten Jahre ihres Lebens pflegebedürftig war. Damit profitierte diese von der Angst ihrer Tochter, der das aber keineswegs bewußt war. Im Gegenteil meinte sie, daß ihre

Mutter es war, die ihr half, ein unendlich schweres Los besser zu ertragen. Nach deren Tod verfiel diese Frau in eine schwere Depression, die von einem quälenden Grübelzwang beherrscht wurde. Hier kam ihr schlechtes Gewissen zum Ausdruck. Die Gedanken kreisten dabei unaufhörlich sowohl um die existenzbedrohenden Auswirkungen ihrer Errötungsangst als auch um die bedrückende Erkenntnis, Schuld auf sich geladen zu haben. Sie beschrieb das in ihrem Brief so:

»Seit Monaten werde ich von einer furchtbaren Panik heimgesucht. Abends habe ich Angst, ins Bett zu gehen, weil ich von Träumen gequält werde. Es sind immer die gleichen Träume. Ich befinde mich in einer fremden Stadt und suche meine Mutter. Ich kann sie aber nicht finden. Dann sehe ich sie aber doch. Sie läuft allein umher. Sie ist ganz einsam. Ich habe Angst um sie, weil ich weiß, daß sie ohne meine Hilfe stürzen muß. Ich sehe, wie krank und elend sie ist, und es zerreißt mir fast das Herz vor Mitleid. In meinem Traum überkommt mich die schwerste Depression. Sie ist fast nicht zu ertragen. Ich weine im Schlaf. Wenn ich aufwache, sind meine Augen tränennaß. Dann erfüllt mich die panische Angst vor dem neuen Tag.
Ich weiß wohl, was die Ursache dieser Gedanken ist. Ich habe meine Mutter jahrelang versorgt. Ich mußte diese schwere seelische Belastung ganz alleine verkraften. Ich mußte mit ansehen, wie ein geliebter Mensch immer weniger wurde ... Dann kam der endgültige Abschied.
Ich habe mich immer an meine Mutter geklammert, weil mich meine Errötungsangst daran hinderte, zu anderen Menschen Kontakt aufzunehmen. Wenn ich allein im Bett liege, wird mir bewußt, daß ich vollkommen allein bin. Dann überfällt mich die Panik. Es wird mir bewußt, daß mich meine Krankheit zwingt, mich vor den anderen zu verstecken.
Zu meiner ohnehin schon unerträglichen Angst kommen täglich neue Ängste dazu. Kürzlich lag ein Schreiben meiner Bank im Briefkasten. Ich habe noch nie etwas besessen. Aber ich habe auch niemals Schulden gehabt. Als ich nun den Brief in der Hand hielt, dachte ich mir sofort, ob ich wohl etwas falsch gemacht haben könnte. Hatte die Bank etwas gegen mich vorzubringen? Und schon stieg die Panik wieder hoch. Natürlich war das Schreiben der Bank völlig harmlos. Ich kann Ihnen versichern, daß ich noch niemals in meinem Leben Unregelmäßigkeiten begangen habe. Und doch plagt mich unentwegt mein schlechtes Gewissen. Wenn ein Nachbar meinen Gruß nicht sofort erwidert bzw. nicht zu mir herüberschaut, dann werde ich innerlich sehr unru-

hig. Ich bin niemandem etwas schuldig, und was brauche ich den Gruß! Und doch habe ich unentwegt dieses schlechte Gewissen ... «

Aus diesem Brief geht hervor, daß die Betroffene vor allem unter ihrem schlechten Gewissen leidet. Dieses ist die unversiegbare Quelle von quälenden Gedanken, die sie überhaupt nicht zur Ruhe kommen lassen – selbst im Schlaf nicht! Diese Gedanken kreisen um angebliche Verschuldungen der Betroffenen. Sie nehmen Bezug auf das Urteil anderer über sie. Und sie suggerieren ihr, vollkommen lebensunfähig zu sein. Ein Brennpunkt dieser Gedanken ist die beschämende Errötungsangst, der Inbegriff ihrer eigenen Minderwertigkeit. Diese Gedanken sind in ihrer Wirkung destruktiv. Denn sie haben zu einer völlig mutlosen und freudlosen Einstellung zum Leben geführt. Aus dieser Einstellung heraus erweist sich die Welt als ein Ort des Schrekkens.

Viktor Frankl versuchte in solchen Fällen, einen heilsamen Einstellungswandel anzuregen: Die beschämende Angst vor den eigenen Symptomen, die immer auch mit einem tiefgehenden Mißtrauen gegenüber der eigenen Person einhergeht, soll allmählich immer mehr der Lächerlichkeit preisgegeben werden! Die Gedanken, die die entsprechende Einstellung hervorgebracht haben, sollen damit systematisch ausmanövriert werden. So wird der Schamangst augenzwinkernd der Wind aus den Segeln genommen. »Denn jede Angst«, schreibt Frankl, »hat ihren Gegenspieler, nämlich den Humor«. Der Therapeut soll an diesem Einstellungswandel aktiv teilhaben, indem er seinen eigenen Mut zur Lächerlichkeit unter Beweis stellt: »Hierzu bedarf es eines Mutes zur Lächerlichkeit. Der Arzt darf sich nicht genieren, dem Patienten vorzusagen, ja vorzuspielen, was sich der Patient selbst sagen soll.«

Die Methode, mit der dieser Einstellungswandel erzielt werden soll, hat Frankl, wie schon erwähnt, als »paradoxe Intention« bezeichnet. Sie regt jenen komischen Optimismus an, der es dem Klienten ermöglicht, »der › Gefahr‹ nicht nur ins Gesicht zu blicken, sondern auch ins Gesicht zu lachen«. Und tatsächlich sprühen die Fallbeschreibungen aus der Franklschen Schule nur so von Humor! Im folgenden führe ich dafür ein Beispiel an:

»P.K. ist 38 Jahre alt, verheiratet, Vater von zwei Teenagern. Er leidet seit mehr als 21 Jahren an einer Reihe schwerer angst- und zwangsneurotischer Symptome. Im Vordergrund steht die Furcht, homosexuell zu werden und sich ein für allemal gesellschaftlich dadurch unmöglich zu machen, daß er nach den Genitalien irgendeines gerade in der Nähe befindlichen männlichen Individuums greife … Als Herr K. seinen neuen Therapeuten, einen Frankl-Schüler, das erste Mal in dessen Praxis aufsuchte, war er äußerst angespannt und in Tränen aufgelöst. ›Durch mehr als 20 Jahre bin ich durch eine wahre Hölle gegangen! Alles habe ich für mich behalten – nur meine Frau weiß davon; aber ich kann Ihnen versichern, die einzige Erleichterung ist mir vergönnt, wenn ich schlafe!‹

Die Befürchtung, jemandes Genitalien zu ergreifen, überkam ihn beispielsweise aufs heftigste, wenn er einen Friseurladen aufsuchen mußte. Jeweils malte er sich dann schon aus, nicht nur gesellschaftlich erledigt zu sein, sondern auch seinen Posten zu verlieren.

Sechs Monate fanden nun zweimal wöchentlich psychotherapeutische Sitzungen statt. Als – um nur das wichtigste Detail hervorzuheben – dem Patienten der Rat erteilt wurde, jede sich bietende Gelegenheit – auf der Straße, in Restaurants oder wo immer – auszunützen, um nach jemandes Penis zu greifen, begann Herr K. – auch über seine Zwangsbefürchtungen – zu lachen, und es dauerte dann nicht mehr lange, bis sie aufhörten, ihn überhaupt noch zu belästigen …«

Hier war es dem Klienten also tatsächlich gelungen, seiner Schamangst ins Gesicht zu lachen! Dies war ihm nur möglich, weil er sich entschlossen hatte, bewußt unverschämt zu agieren. Das aber setzt voraus, sich von den starren Man-muß- und Man-darf-nicht-Idealen des schlechten Gewissens zu distanzieren. Der betreffende Mensch reduziert sein Denken und Handeln so auf die trotzige Lebenslust eines ungezogenen Kindes. Dessen pfiffiger Humor wirkt oft ansteckend. Ein Beispiel gibt uns jener Schuljunge, der zu spät zur Schule kommt und sich folgendermaßen entschuldigt: »Auf der Straße gibt es ein so arges Glatteis – wann immer ich einen Schritt vorwärts gemacht hab', bin ich zwei Schritte rückwärts gerutscht.« Woraufhin der Lehrer triumphierte: »Wenn dem wirklich so gewesen wäre – wie hättest du dann überhaupt zur Schule kommen können?« – »Ganz einfach: Ich hab mich umgedreht und bin nach Hause gegangen …«

Walter K., ein achtundvierzigjähriger Angestellter, ist als Kind in einer tiefreligiösen Familie aufgewachsen. Sein Vater erzog ihn äußerst streng. Er verlangte von seinem Sohn bedingungslose Folgsamkeit und duldete nicht das geringste Aufbegehren, nicht die kleinste Widerrede. Vor allem ging es ihm darum, seinen Sohn zu einem rechtschaffenen Lebenswandel zu erziehen. Die Leute sollten sehen, daß ihm der Erstgeborene keine Schande machte! Das bedeutete in erster Linie, fleißig und ordentlich zu sein. Der Vater wußte seinen Sohn mit bissigen Bemerkungen und höhnischen Gesten entsprechend zu lenken. Schläge gab es nur, wenn Walter wirklich frech war – und das kam so gut wie nie vor!

Im Elternhaus lebte noch die Mutter des Vaters, die Walter als eiskalte Herrscherin beschrieb: »Ihrem prüfenden Blick entging absolut gar nichts«, erinnerte er sich. Vor allem wachte sie über die pedantisch genaue Einhaltung moralischer Vorschriften. Walters eigene Mutter, eine stille, verhärmte Frau, stand ganz unter dem Einfluß der Schwiegermutter: »Sie hatte keinen eigenen Willen. Sie tat alles, um es der Oma recht zu machen. Denn sonst hätte ihr der Vater die Hölle heiß gemacht. Denn auch er stand im Grunde unter der Fuchtel der Oma, was er aber nie zugeben wollte.«

Walters Familie war katholisch. Man ging regelmäßig in die Kirche, und die Kommunion war eine selbstverständliche Pflicht. Zur damaligen Zeit bestand noch das Gebot, die Hostie nüchtern einzunehmen. Deshalb durfte Walter am Sonntagmorgen nicht das geringste essen. Er erinnerte sich lebhaft daran, wie er dieses Gebot ein einziges Mal gebrochen hatte: Im Alter von zehn Jahren hatte er unbemerkt, wie er zunächst meinte, ein kleines Weihnachtsplätzchen vor dem Kirchgang gegessen. Das hatte die Großmutter aber beobachtet.

»Sie begann fürchterlich zu schimpfen«, erinnerte sich Walter. »Als meine Mutter dazukam, machte sie dieser gleich den Vorwurf, mich zu lasch erzogen zu haben. Dann kam sie auf die Idee, daß ich das Gegessene erbrechen müßte. Denn das war für sie die einzige Alternative zu der anderen Möglichkeit, nämlich nicht zur Kommunion zu gehen. Aber was hätten sich da die Leute gedacht! Also wurde ich aufs Klo gezerrt, wo sich die Oma und die Mutter mit vereinten Kräften darum bemühten, mir ihre Finger so lange in den Hals zu stecken, bis ich schließlich erbrach. Dann ließ man mich in Ruhe. Ich hörte sie aber noch eine Weile darüber diskutieren, ob ich auch wirklich alles erbrochen hatte ... «

Dieses Erlebnis hinterließ lebenslange Spuren. Denn jedesmal, wenn Walter unter Spannung geriet, und das war häufig der Fall, begann es ihn zu würgen. Dies kulminierte schließlich in einer Eßphobie, nachdem es zuvor zu belastenden ehelichen Konflikten gekommen war. Walter beschreibt diese Entwicklung in einem Bericht, auf den auch Viktor Frankl Bezug nahm.[20] Aus diesem Bericht geht die Wirkung der paradoxen Intention hervor. Dabei wird ersichtlich, wie sich ein übergewissenhafter Erwachsenen zu einem »un-verschämten Kind« zurückverwandelt:

»Schon in jungen Jahren plagten mich hin und wieder Angstzustände, die immer dann auftraten, wenn ich in Gesellschaft essen sollte. Im Bereich des Sonnengeflechts spürte ich starken Druck. Auch würgte es mich so stark im Hals, als ob ich mich übergeben müßte. Meistens ließen diese Angstzustände nach dem ersten Schluck oder Bissen etwas nach.
Als die Symptome immer wiederkehrten, ging ich zu einem Arzt der Allgemeinmedizin, dem ich die Sache schilderte. Er wertete die Angstzustände als › vegetative Dystonie‹ und verschrieb mir Psychopharmaka. Diese Medikamente brachten mir aber keinen Erfolg. Ich beschloß deshalb einen Nervenarzt aufzusuchen. Dort wurde ich gründlich untersucht und erlernte das Autogene Training. Danach hatte ich für einige Jahre Ruhe, das heißt, die Angstzustände traten nicht mehr so stark auf. Mit 32 Jahren brach das Angstgefühl wieder in seiner vollen Stärke aus, als ich im Urlaub im Hotel in einem beengten Speisesaal das Essen einnehmen wollte. (Kurz zuvor hatte mir meine Frau eröffnet, daß sie schwanger war.)
Ich möchte nun die Symptome dieses Angstgefühls näher beschreiben: Es begann mit einer inneren Unruhe, leichtem Schwindelgefühl, meistens noch verbunden mit Durchfallneigung. Die Hände wurden eiskalt, es überkam mich ein leichtes Zittern. Dazu würgte es mich heftig.
Das Würgegefühl trat immer dann auf, wenn ich in einem Restaurant, also in der Öffentlichkeit, essen sollte. Dort selbst war ich dann kaum in der Lage,

einen Bissen hinunterzuschlucken, weil der Mund total trocken wurde. Allmählich vermied ich es, öffentliche Lokale zu besuchen, denn die Angst vor dem Essen und dem peinlichen Würgen in Gegenwart anderer wurde immer stärker. Das machte mich völlig mutlos und deprimiert. Aus diesem Grunde entschloß ich mich zu einer psychotherapeutischen Behandlung.

Als ich dann beim Psychotherapeuten war, begann für mich eine ganz neue Phase der Selbsterkenntnis. In vielen tiefgehenden Gesprächen wurden mir verschiedene Dinge bewußt, die ich hier niederschreiben möchte. So erkannte ich zum Beispiel, welchen Zwängen ich mich selbst aussetze und wieviel Rücksicht ich auf andere Menschen nehme. Ich erkannte auch, daß ich mich voller Angst schämte, andere Leute könnten mein Würgen sehen und sich etwas Negatives dabei denken. Aufgrund meiner übergroßen Gewissenhaftigkeit wollte ich mich zum Perfektionismus zwingen. Daß man aber einen Kampf gegen sich selbst nicht gewinnen kann, das habe ich an mir selbst zu Genüge erfahren! Allmählich erkannte ich, daß es die Angst vor der Angst war, welche meine Symptome hervorrief. Jetzt begriff ich endlich, daß ich nicht essen mußte, wenn ich nicht wollte! Ich begriff also, daß ich mich mehr von meinen Gefühlen – dem kleinen Kind in mir – leiten lassen sollte.

Nun bekam ich die Aufgabe, die Konfliktsituationen, denen ich bisher ängstlich ausgewichen war, ganz bewußt aufzusuchen. Ich sollte mich also möglichst oft in Lokale begeben, um zwischen Menschen zu sitzen und dabei etwas zu essen. Der Psychotherapeut sagte mir, ich solle mir im Lokal vornehmen, über den ganzen Tisch zu kotzen.

Im folgenden suchte ich diese gefährlichen Situationen also auf. Bei einer Wanderung kam ich in ein abgelegenes Dorf, in dem nur ein Gasthof offen war. Er machte von außen einen unwirtlichen Eindruck. Es würgte mich heftig. Trotzdem sagte ich mir, ich gehe da hinein und esse etwas! Die Wirtin war eine schmuddelige Person, dies aber bestärkte mich nur noch mehr in dem Gedanken, im Lokal auf den Tisch zu kotzen. Ich bestellte einen Wurstsalat und wartete – trotz meiner Angstgefühle – auf die Dinge, die nun mit mir passieren würden. Das Essen kam, und ich fing an, den ersten Bissen zu mir zu nehmen. Natürlich merkte ich, wie das Angstgefühl in mir hochkam. Da nahm ich mir vor, auf den Tisch zu kotzen! In diesem Moment, als ich mit Leib und Seele dahinter stand, verschwand das Angstgefühl, und ich konnte den Wurstsalat aufessen!

In der nächsten Zeit machte ich diese Versuche öfters und öfters. Der Therapeut sagte mir, ich sollte meine Angstgefühle nicht nur akzeptieren, sondern darüber hinaus versuchen, sie auch noch zu verstärken. So ging ich also in die verschiedensten Lokale und nahm mir vor, dort möglichst viel Angst zu haben. Ich gab mir den Befehl: › Ich will Angst haben, sie soll stärker und stärker werden, damit ich über den Tisch kotze und den Leuten ganz den Appetit verderbe!‹ Als ich mir einmal ein Schnitzel mit Beilagen bestellte, merkte ich gleich, daß ich nicht mehr so nervös war. Die Hände waren nicht mehr so kalt. Und als das Essen dann kam, stand ich wieder mit Leib und Seele hinter meinem Vorsatz. Ich konnte es dann tatsächlich ruhig einnehmen und genießen! Als ich fertig war, stieg ein unbeschreibliches Glücksgefühl in mir auf – und ich mußte unwillkürlich lachen! Es war mir doch wirklich gelungen, das scheinbar Unmögliche möglich zu machen, nämlich den Teufelskreis zu durchbrechen!«

Am allervernünftigsten ist es,
nicht allzu vernünftig sein zu wollen.

Viktor E. Frankl

12 Der Sinn im Widersinn

Das Wesen der Paradoxie

Es war einmal eine Mutter, die ging mit ihrem Kind am Nil spazieren. Und eh' sie sich versah, hatte ein Krokodil ihr Kleines gepackt und wollte es verschlingen. Oh, wie die Mutter da weinte und jammerte! Schließlich war das Krokodil ganz gerührt und, indem es ein paar dicke Krokodilstränen zerdrückte, sprach es: »Liebe Mutter, ich habe zwar schrecklichen Hunger und würde dein Baby gar zu gerne auffressen, aber du sollst es wieder haben, wenn du erraten kannst, was ich tun werde: fressen oder zurückgeben.«
Da besann sich die Mutter lange und sagte schließlich: »Du wirst mein Kind auffressen.« Denn sie dachte: Dann muß mir das Krokodil mein Kind zurückgeben – denn: habe ich seine Absicht erraten, so bekomme ich es sowieso zurück, nach der Verabredung. Habe ich aber falsch geraten, so wird es mir also das Kind nicht fressen, sondern zurückgeben. Das Krokodil aber sagte: »Du magst meine Absicht erraten haben oder nicht – ich werde dein Kind auf jeden Fall auffressen. Denn: Hast du richtig geraten, nun, so werde ich dein Baby fressen. Hast du falsch geraten, so fresse ich es ebenfalls, entsprechend der Verabredung.«
Und so streiten sich die beiden noch heute.

Das war der berühmte »Krokodilschluß«, ein antikes Dilemma, das eine Paradoxie, also eine logische Widersinnigkeit behandelt. Die alten Griechen waren ganz fasziniert davon. Im 6. Jahrhundert v. Chr. ersann Epimenides von Megara die folgende Paradoxie:

»Alle Kreter sind Lügner. Epimenides ist selbst ein Kreter. Also ist es auch nicht wahr, daß alle Kreter Lügner sind. Also sagt auch Epimenides die Wahrheit, wenn er sagt, daß alle Kreter lügen. Da er aber selbst ein Kreter ist …«

Diese Behauptung enthält einen logischen Widerspruch – sofern vorausgesetzt wird, daß Lügner immer lügen, während Nicht-Lügner immer die Wahrheit sagen. Unter dieser Voraussetzung kann die Behauptung »Alle Kreter sind Lügner« nicht wahr sein, weil Epimenides dann ein Lügner wäre. Sie kann aber auch nicht falsch sein, da in diesem Fall alle Kreter Nicht-Lügner wären und Epimenides folgerichtig die Wahrheit sagen würde.

Mit dem Aufkommen des Christentums verblaßte im folgenden das Interesse für paradoxe Widersprüche im Abendland. Einer der Gründe dafür könnte die ablehnende Haltung der Kirchenlehrer gewesen sein, die um die Verkündigung eindeutiger Wahrheiten bemüht waren. So ließe sich auch der bissige und merkwürdig humorlose Kommentar von Paulus erklären: »Es hat einer gesagt, ihr eigener Prophet: Kreter sind allezeit Lügner, böse wie Raubtiere, müßige Fresser. Das ist wahr!«

Erst im vergangenen Jahrhundert begannen sich die Logiker wieder ausdrücklich für Paradoxien zu interessieren. Einer von ihnen, der englische Mathematikdozent Lewis Caroll, hat sogar ein paradoxes Märchen geschrieben: *Alice hinter den Spiegeln.* Dort begegnet Alice dem Roten König. Dieser schläft. Jemand erklärt Alice, daß der König von ihr träumte: Und wenn er aufwachen würde, dann ginge Alice aus – peng! – »wie eine Kerze!« Doch all dies ist nur ein Traum: Alices eigener Traum … »Ist nun der König ein ›Ding‹ in ihrem Traum, oder ist sie ein ›Ding‹ in seinem?« fragt der Logiker Martin Gardner.

Der große Philosoph Arthur Schopenhauer führte das Wesen der Paradoxie auf die fehlende Übereinstimmung, »Inkongruenz«, verschiedener Abstraktionsebenen zurück, die – widersinnigerweise – miteinander gleichgesetzt (identifiziert) werden. Für Schopenhauer ist das der Ursprung des Lächerlichen. Als Beispiele zitiert Schopenhauer paradoxe Wortspielereien:

Ein Mann führt eine häßliche Braut zum Traualtar. Ironisch-inkongruenter Kommentar: »Der hat sich aber ein schönes Schätzchen ausgesucht!«

Nach einer anderen Trauung hält ein Freund eine Ansprache. An das junge Paar, dessen weibliche Hälfte diesmal aber recht hübsch ist, richtet er die Schlußworte der Schillerschen Ballade »Die Bürgschaft«: »Ich sei, erlaubt mir die Bitte, in euerm Bunde der Dritte.«

Durch Inkongruenz zeichnet sich auch der folgende Witz aus, den ich von Eike Christian Hirsch übernehme: »Im Oberhaus begegnen sich zwei Lords auf dem Korridor. ›Wie ich höre‹, sagt der eine, ›waren Sie gezwungen, Ihre verehrte Gattin zu beerdigen, mein Freund.‹ ›Ja‹, seufzt der andere, ›was sollte ich tun? Sie war tot …‹«

Weshalb derartige Wortspiele zum Lachen anregen, hatte schon Immanuel Kant scharfsinnig erläutert: »Es muß in allem, was ein lebhaftes, erschütterndes Lachen anregen soll, etwas Widersinniges sein (woran also der Verstand an sich kein Wohlgefallen finden kann).«

Im Fernen Osten entsprach der Widersinn der Paradoxie stets einem zentralen Wesenszug von Religion und Philosophie. Insbesondere in der buddhistischen Zen-Praxis werden paradoxe »Kôans« seit langer Zeit systematisch verwendet, um die rationale Sphäre zu durchbrechen. Es handelt sich dabei um eine faszinierende Methode zum Zwecke der Auflösung logischen Denkens. Ein Kôan entspricht nämlich einer Formulierung, die in einer verwirrenden Ausdrucksweise abgefaßt ist. Nur scheinbar weist diese Formulierung auf eine Letztwahrheit hin. Denn kein Kôan läßt sich mit Hilfe des logischen Denkens auflösen!

Einmal fragte ein Mönch den berühmten Zen-Meister Jôshû: »Sag mir, was für eine Bedeutung hat die Reise der ersten Patriarchen aus dem Westen (das heißt: Was ist die letzte Wahrheit des Zen-Buddhismus)?«

Jôshû antwortete: »Die Zypresse im Hof!«

Ein anderer Mönch fragte Jôshû: »Hat ein Hund Buddha-Wesen oder nicht?« Der Meister versetzte: »Mu!« Das heißt im Chinesischen »nichts«.

Dieses »Mu« ist für die Zen-Praxis von einer ganz besonderen Bedeutung. Der japanische Philosoph Izutsu Toshihiko erläutert dies: »Im Zustand der tiefen, zugespitzten Konzentration muß der Student das MU dauernd und intensiv anschauen, dabei das Wort MU laut oder still für sich wiederholen, bis endlich sein ganzer Geist und Körper verlorengeht und sich in den Zustand begibt, der mit dem Wort MU bezeichnet wird, das heißt, bis er endlich den Bewußtseinszustand jenseits der Entzweiung in Objekt und Subjekt erreicht, in dem sich Jôshû selbst befand, als er das Wort MU aussprach.«

Der berühmte Zen-Meister Yasutani Rôshi schließt sein *Kommentar zum Kôan Mu* mit den folgenden Worten ab: »Wer zu denken beginnt, ›hat‹ oder ›hat nicht‹, hat das Leben verloren.« So wird das Spiel mit den Worten und den Gedanken zu einem paradoxen Verwirrspiel. Dies ist auch in diesem Zen-Gedicht veranschaulicht:

> *Wenn ich denke,*
> *daß ich nicht mehr an dich denke,*
> *denke ich immer noch an dich.*
> *So will ich versuchen,*
> *nicht zu denken,*
> *daß ich nicht mehr an dich denke.*

Die Auflösung des rationalen Denkens durch die Kôan-Praxis ruft regelmäßig einen Zustand inneren Friedens hervor. Häufig entbindet sich dabei die von der Tyrannei der Gedanken befreite affektive Lebenskraft in einem unbändigen Gelächter. Der Zen sucht diese affektive Befreiung gezielt durch spezielle Lach-Meditationen herbeizuführen. Wolfgang Blankenburg, der als Gastprofessor an japanischen Universitäten lehrte, erinnerte sich an Begegnungen mit Zen-Meistern, die bei allen möglichen Gelegenheiten lachten, selbst bei solchen, die für den Europäer überhaupt nicht erheiternd zu sein schienen.

Eine beeindruckende Form der Kôan-Praxis hat die deutsch-österreichische Lachtherapeutin Devi Euler entwickelt. In ihren Seminaren und Workshops wendet sie unter anderem eine einfache und doch höchst wirksame Methode paradoxen Verwirrspiels an. Diese Methode zielt darauf ab, den Übenden von seinem diskursiven und rationalisierenden Denken abzubringen. Es handelt sich also um die konsequente Auflösung eines logischen Universums, das die Lebensprobleme ausschließlich kausal erklären will.

So müssen die Seminarteilnehmer zum Beispiel eine Reihe von besonders schwerwiegenden Anliegen auflisten. Dabei kann es sich um kränkende Erfahrungen oder beschämende Mängel handeln, die oft Anlaß für endlose, selbstquälerische Grübeleien sind. (Beispiele wären: »Warum mag mich niemand?« – »Warum hat mein Mann mich verlassen?« – »Warum grüßen mich die Leute nicht?« – »Warum habe ich nicht mehr aus meinem Leben gemacht?«) Die Antworten auf derartige Fragen entsprechen der Kôan-Praxis: Es sind kausale Pseudo-Begründungen oder verwirrende Aufforderungen zu einem aktiven Handeln. So verwendet Devi Euler etwa die folgenden Stereotypien:

»Weil hinter dir Bananen stehen.«

»Frier oder spring! Du hast nur drei Eimer.«

»Das Wasser von K 3.«

Zuweilen genügt auch das einfache Wort: »Blödsinn!«

In Rollenspielen werden nun Dialoge praktiziert, in denen abwechselnd ein Teilnehmer seine Probleme einbringt, während der andere nur mit den genannten Stereotypien antworten darf. Ich habe selber erlebt, welchen durchschlagenden Effekt diese Methode haben kann: Nach einer Weile löste sich die Spannung der Teilnehmer gänzlich auf, die Stimmung wurde heiterer, und schließlich kam spontan ein frenetisches Lachen auf!

Der amerikanische Humortherapeut Waleed Salameh untersuchte diese befreiende Wirkung. Zen ist für ihn lediglich eine Spielart des Humors. Denn in der Zen-Praxis wird ein Mensch von den Fesseln des Denkens befreit, so daß er zum »einfachen Idioten« werden kann. Für Salameh ist das eine unerläßliche Voraussetzung, um emotionale Freiheit zu erfahren. Er schreibt:

»Ich habe eine Menge von Leuten gesehen, die sich etwas darauf eingebildet haben, perfekt zu sein. Sie schienen es geschafft zu haben, den › Idioten in sich‹ zu unterdrücken. Sie schafften es zwar, diese Seite ihrer Persönlichkeit vor den Augen der anderen zu verbergen. Doch es gelang ihnen nicht, sich gegenüber den entsprechenden Auswirkungen abzuschotten. Diese Menschen wollten sich nach außen perfekt geben, doch ihre menschliche Natur stand ihnen im Wege. Die Jünger des Zen sollen nichts anderes erkennen, als daß sie vom vernunftlastigen Perfektionismus besessen sind. Mit Hilfe der unsinnigen Kôans sollen sie den Beitrag der Idiotie im Hinblick auf das Ziel der Erleuchtung würdigen lernen.«

Beispiele dafür sind die »Lee(h)rformeln« des »Zen-Meisters Tofu Roshi«:

> *Ich akzeptiere den Schmerz, der meine Knie aufsucht*
> *Wie ein Kolibri die Geißblattblüte.*
> *Wir leiden, egal was wir tun oder sind,*
> *Einschließlich Kalifornier.*
> *Sitzen ist Leiden.*
> *Mit allen Wesen akzeptieren wir unseren Schmerz.*

> *Einem griechischen Tempel gleicht mein Mund,*
> *Meine Zähne den Karyatiden.*
> *Einem Marken-Mixer gleicht mein Mund,*
> *Meine Zähne den Rotor-Klingen.*
> *Mit allen Wesen nehm ich Faden fein*
> *Und bring diese Klingen und Säulen zum Schein.*

Auch Ernst Kiphard plädiert dafür, »Unordnung in unsere festgelegten Vorstellungen und gewohnten Denkweisen« zu bringen. Ein Vorkämpfer ist für ihn der »innere Clown«, der die Worte, Begriffe und Erscheinungen munter verdreht und vermischt: »Da wird der Schmetterling zum Schletterming oder Metterschling. Da steht mitten im Sommer ein lamettaschwerer Weihnachtsbaum hilflos am Strand zwischen Sonnenanbetern und Badenden. Da schreibt oder adressiert einer Postkarten an sich selbst. Oder er steht bei strömendem Regen mit Schwimmflossen und Tauchermaske vor irgendeiner Haustür und fragt den verdutzt Öffnenden nach dem nächsten Leuchtturm.« Ganz in diesem Sinne verfuhr auch Mulla Nasrudin. Einmal wurde er dabei beobachtet, wie er etwas auf dem Boden suchte. »Was hast du verloren«, wurde er gefragt. »Meinen Schlüssel«, sagte der Mulla. Da wollte ihm der andere beim Suchen helfen. Als sie beide schon eine ganze Weile gesucht und immer noch nichts gefunden hatten, wurde Nasrudin gefragt, wo er den Schlüssel eigentlich verloren habe. Seine Antwort: »In meinem Hause.« Und als der andere voller Befremden ausrief, warum er dann hier draußen nach dem Schlüssel suchen würde, entgegnete der Mulla trocken: »Weil es hier heller ist.«

Die strategische Paradoxie

Im Jahre 1953 rief der amerikanische Anthropologe Gregory Bateson ein Forschungsprojekt ins Leben, das eine revolutionierende Wirkung auf die moderne Psychotherapie ausüben sollte. Zunächst ging es ganz allgemein um die Erforschung paradoxer Kommunikationsformen. Doch die Forschergruppe um Bateson kam in diesem Zusammenhang auch dem Phänomen logischer Zwickmühlen auf die Spur. Es wurde erkannt, daß unser Bewußtsein gespalten ist: Wenn wir Entscheidungen treffen, um Probleme zu bewältigen, nehmen wir nicht allein Bezug auf das logische System unseres vernunftgeleiteten Denkens. Dieses System liegt uns zwar nahe, weil es durch die allgemeine Sprachsymbolik aufgebaut wird. Was wir als inneres Sprechen kennen, ist ein Ausdruck dieses rationalen Denksystems, das unser soziales Regelwissen umfaßt. Die Psychoanalyse sah hier seit jeher die Domäne der sogenannten Sekundärprozesse, das heißt bewußter Denkvorgänge, die nicht ursprünglich sind, sondern sich erst allmählich entwickeln müssen.

Doch es gibt ein weiteres Denksystem, das keine sprachliche Symbolik und keine vernunftgeleitete Regelhaftigkeit kennt. Dies ist die Sphäre ursprünglichen Kindseins. Hier entfalten sich die von Sigmund Freud beschriebenen »Primärprozesse«, die nicht den rationalen Gesetzen der aristotelischen Logik folgen, zu welcher vor allem das Prinzip der Abstraktion und Verallgemeinerung von Eigenschaften konkreter Objekte gehört. Dieses primäre Denksystem ist voll von Phantasiebildern, die von der Tiefenpsychologie als Symbolik des Unbewußten verstanden werden. Dieses System wird beherrscht von einer »Affektlogik« (Ciompi), deren einziges Motiv die Vermeidung von Unlust ist. Hier ist der »Wille zur Macht« (Nietzsche), das heißt die Bewegung von »unten nach oben« (Adler) bestimmend.

Doch diese Urmotivation, deren eigentlicher Zweck die unmittelbare Selbststeigerung ist, ist mit den moralischen Prinzipien des Gewissens nicht ohne weiteres zu vereinbaren. Sie wird daher mehr oder weniger schamhaft »verdrängt«. Die Folge ist, daß die bewußten verbalen Bekenntnisse eines Menschen dessen eigentlichen affektiven Bedürfnissen widersprechen können. Dies ruft häufig ambivalente Gefühle hervor. Als Beispiel können wir eine Mutter nehmen, die ihr Kind insgeheim als eine Belastung, als ein affektives Ärgernis erlebt. Denn sie muß, um eine gute Mutter zu sein, auf vieles verzichten, das für ihr unmittelbares Wohlbefinden von primärer Bedeutung wäre: berufliche Erfolge, Selbstbestätigung bei sozialen Aktivitäten, Lustgewinn bei erotischen Affären usw. Vielleicht hat das Kind auch etwas an sich, das die Mutter an eine Person erinnert, die ihr unsympathisch ist. Dadurch werden Gefühle von Antipathie ausgelöst. Eine gute Mutter darf derartige Gefühle aber keineswegs haben! Ihr Kind *muß* ihr eine einzige Quelle der Freude sein. Und das wird sie sich deshalb auch einreden müssen.

Im Umgang mit dem Kind bleibt diese Mutter aber »doppelgebunden«. Sprachlich teilt sie diesem mit: »Ich habe dich lieb!« Nonverbal, das heißt in ihren unwillkürlichen körpersprachlichen Äußerungen, vermittelt sie ihm aber die Botschaft: Ich kann dich nicht ausstehen! Das Kind würde auf diese unbewußte affektive Botschaft folgerichtig reagieren, wenn es sich von der Mutter abwenden würde. Doch aus der Perspektive der bewußten normgeleiteten Wahrnehmung täte es damit etwas Böses. In diesem Fall wird die Mutter ihrem Kind guten Gewissens verbal mitteilen können: »Was bist du doch für ein schlechtes Kind! Dafür, daß deine Mutter dich so liebhat, bist du so böse zu ihr! Schäm dich!«

Das Kind befindet sich damit in einer paradoxen Zwickmühle. Es spürt, daß seine Mutter es nicht liebhat. Doch es darf sich nicht entsprechend verhalten, weil es sonst böse wäre. Es darf darüber auch nicht sprechen, weil dies die Mutter kränken könnte. Deshalb muß es sich einreden, von seiner Mutter geliebt zu werden. Und es muß gleichzeitig lernen, vor seinen eigenen Gefühlen auf der Hut zu sein. Denn diese sind ganz offensichtlich die Ursache dafür, daß die Mutter so böse sein muß! Der Existenzanalytiker Ronald Laing hat derartige Zwickmühlen aus der Sicht der Betroffenen beschrieben. Ich führe ein Beispiel an:

Sie liebt mich nicht.
Ich fühle mich schlecht.
Ich fühle mich schlecht, weil sie mich nicht liebt.
Ich bin schlecht, weil ich mich schlecht fühle.
Ich fühle mich schlecht, weil ich schlecht bin.
Ich bin schlecht, weil sie mich nicht liebt.
Sie liebt mich nicht, weil ich schlecht bin.

Paradoxe Doppelbindungen sind aber keineswegs ein rein affektives Phänomen. Sie stellen vor allem ein logisches Problem dar. Sie bringen das hervor, was mir viele Klienten im Hinblick auf ihre frühen Bezugspersonen berichtet haben. Dies ließ sich stets auf die eine Aussage reduzieren: »Egal, was ich auch tue: Es ist immer falsch!« Ein Beispiel dafür ist die Mutter, die ihrem Sohn zwei neue Hemden schenkt. Gleichgültig, welches davon er anzieht, er wird sie unweigerlich traurig machen. Denn sie wird davon ausgehen, daß ihm das andere Hemd nicht gefällt …

262

Die paradoxe Auflösung in der Psychotherapie

Aus der Forschungsarbeit der Palo-Alto-Gruppe ging ein innovativer paradoxer Ansatz hervor. Er ist hervorragend geeignet, einen Menschen aus doppelgebundenen, unlogischen Zwickmühlen zu befreien. Dabei wird ein Grundsatz befolgt, der schon seit langem bekannt ist. »Gleiches wird mit Gleichem behandelt«, hatte Christian Hahnemann, der Begründer der Homöopathie, vor über 200 Jahren erklärt. Und entsprechend verfährt die therapeutische Paradoxie. Sie will die Eindeutigkeit nur scheinbar logischer Aussagen aufbrechen, die einen Menschen an mehrdeutige Zwickmühlen binden. Die therapeutische Paradoxie zielt nämlich auf eine Urteilsfindung ab, die in sich selbst unlogisch ist. »Das Unlogische ist notwendig«, hatte schon Nietzsche erkannt, weil die »Freude am Unsinn« ein ursprüngliches Bedürfnis kindlichen Lebens sei. C.G. Jung hat dies ähnlich gesehen: »Die Paradoxie gehört sonderbarerweise zum höchsten geistigen Gut; die Eindeutigkeit aber ist ein Zeichen der Schwäche. Nur das Paradoxe vermag die Fülle des Lebens annähernd zu fassen, die Eindeutigkeit und das Widerspruchslose aber sind einseitig und darum ungeeignet, das Unerfaßliche auszudrücken.«

Der amerikanische Psychotherapeut Steve deShazer beschreibt eine paradoxe Konfusionstechnik, die diesem Anliegen ohne weiteres gerecht wird. Denn es soll eine Situation herbeiführt werden, »wo etwas unentscheidbar ist, wo die gesamte Logik des globalen Rahmens nach Gedanken, Gefühlen oder Verhaltensweisen verlangt, die außerhalb der gegenwärtigen gedanklichen oder gefühlsmäßigen Verfassung des Klienten liegen. Für den Klienten ist das häufig verwirrend, da er mit seiner üblichen Logik nicht entscheiden kann, was vorgeht.«

Paul Watzlawick, der vielleicht bekannteste Verfechter einer paradoxen Strategie in der Psychotherapie, spricht in diesem Zusammenhang von einer »Blockierung« des rationalen Denkens. Er bringt dazu ein Beispiel:

»Eine unverheiratete junge Dame führte ein sexuell freies Leben, das sie sehr erniedrigend fand, das ihr aber andererseits als die einzige Alternative zur deprimierenden Annahme erschien, daß sich sonst kein Mann mit ihr abgeben würde. Dazu kam noch, daß jedes Intimerlebnis sie völlig unbefriedigt ließ und ihr das Gefühl gab, sogar als bloßes Sexualobjekt wertlos zu sein. In ihrer Scham vermied sie es dann typischerweise, den betreffenden Partner wiederzusehen und knüpfte alsbald eine neue Beziehung mit irgendeinem Mann an. Sie erhielt folgende Instruktion: Sie hatte ihrem nächsten Freund zu sagen, daß sie aus bestimmten, rein symbolischen Gründen, die sie ihm unmöglich mitteilen konnte, nur dann imstande wäre, mit einem Mann zu schlafen, wenn er ihr vorher einen Silberdollar des Jahrgangs 1958 gäbe.«

Diese Intervention zielte darauf ab, einen gleicherweise (un)logischen und beschämenden Kausalzusammenhang aufzubrechen: Wenn eine Frau ohne Vorbehalte mit einem Mann schläft, dann ist sie eine Nymphomanin (und daher wertlos); wenn eine Frau wegen des Geldes mit einem Mann schläft, dann ist sie eine Prostituierte usw. Statt dessen wurde ein paradoxer Kausalzusammenhang hergestellt: Wenn eine Frau wegen eines Silberdollars des Jahrgangs 1958 mit einem Mann schläft, dann ist sie …?
Ein besonderer Meister der Konfusionstechnik war der bekannte Hypnotherapeut Milton Erickson. Durch widersinnige Monologe brachte er seine Klienten dazu, sich von der konventionellen Logik zu lösen. Ericksons Vorgehen ähnelt damit der schon beschriebenen Kôan-Praxis. So konnte er zum Beispiel folgendes erklären:

»Man denkt und denkt und die Dinge sind relativ meine Gedanken relativ zu Ihren und Ihre zu meinen was meinen Sie von meinem Sessel der für mich hier ist und Ihr Sessel ist für mich dort denn mein Hier ist hier und mein Dort ist dort und für Sie ist mein Dort Ihr Hier und mein Hier ist Ihr Dort und so fort in der Zeit das Gleiche weil die gleiche Zeit die Gegenwart ist während Ihr 18. Geburtstag vor Ihrem neunzehnten kam aber an Ihrem 18. Geburtstag war der siebzehnte in der Vergangenheit und der achtzehnte war jetzt und jetzt denken Sie an die Zukunft in der die Zukunft zur Gegenwart Ihres 20. Geburtstages wurde und so geht es mit den Eigenschaften der Worte wenn Sie an die Eigenschaftsworte denken gibt es Worte die ihre eigene

Eigenschaft selbst haben und Worte die die eigene Eigenschaft nicht selbst
haben weil das Wort kurz selbst kurz ist ist aber das Wort lang nicht selbst lang
sondern so kurz wie kurz ist ... «

Um die Bedeutung logisch-normativen Denkens (»Ich muß das Richtige tun«) zu verringern, verschreiben Strategische Therapeuten konsequent solche Verhaltensweisen, die der gesunde Menschenverstand
als falsch beurteilen muß. So soll der Klient lernen, sich auf das weniger Richtige bewußt einzulassen. Paul Watzlawick zeigt, wie der bewußte Wunsch, sich über die Normen rationalen Denkens hinwegzu-
setzen, eine befreiende *und* erheiternde Wirkung auslöst:

»Einem cand.phil. fehlt zu seiner Promotion nur noch die Dissertation. Diese
aber bereitet ihm ungewöhnliche Schwierigkeiten, mit denen er sich bereits
seit drei Jahren vergeblich herumschlägt. Wo immer ihm Zweifel kommen,
fügt er eine Fußnote ein, deren Abfassung ihn aber vorsichtshalber zum Lesen
eines weiteren Buches veranlaßt, in dem er dann meist zusätzliche, noch nicht
behandelte Zusammenhänge zum Thema seiner Arbeit findet. Die Dissertation
wächst so ins Unermeßliche. In den drei Jahren hat er fast 400 Seiten geschrieben, die aber nur drei der vorgesehenen acht Kapitel umfassen. Er ist sich
darüber im klaren, daß er auf diese Weise die Arbeit unmöglich innerhalb der
ihm gesetzten Frist abschließen kann. Er quält sich täglich viele Stunden am
Schreibtisch und in den Bibliotheken und kommt dabei von der Vorstellung
nicht los, daß ihm die Mitglieder seiner Prüfungskommission über die Schulter
blicken und hämisch auf seine Fehler und seine Unterlassungen warten.
Schließlich erhält er die Anweisung, sich absichtlich in der Öffentlichkeit
lächerlich zu machen. – Wie immer bei solchen Interventionen war auch hier
die bisher versuchte Lösung das Ziel der Verhaltensverschreibung; also seine
ängstliche Vermeidung jeder nur erdenklichen Blamage, die für seine vom
Hundertsten ins Tausendste führende Akribie verantwortlich war. Nachste-
hender Bericht des jungen Mannes über die Wirkung dieser Intervention ist
der Tonbandaufnahme der nächsten Sitzung entnommen:
›Das erste Mal ging ich in ein mexikanisches Restaurant und verlangte eine
egg roll (typische Spezialität der chinesischen Küche) und sagte: › Ist das nicht
eine mexikanische Spezialität?‹ Ich mußte mich sehr zusammennehmen, um
überhaupt hineinzugehen, und die Sache war mir äußerst peinlich. Das zweite
Mal, da ging ich in einer Straße, deren Namen ich kenne, und fragte jeman-

den, wo diese Straße war – und es war mir schon weniger peinlich, und ich mußte mich weniger zusammennehmen. Und als ich immer öfters solche Fragen stellte, fand ich es immer leichter – und – ah, es wurde mir immer klarer, wie todernst ich mich nehme, und wie lächerlich das ist (lacht kurz) und – ah, ich bin von Natur ein nachdenklicher Mensch und ich habe oft herumspekuliert, wie das mit meinen persönlichen Schwierigkeiten zusammenhängt und meinem Leben und meiner Vergangenheit und meiner Kindheit usw. – aber, worum es wirklich dabei geht: Ich nehme mich selbst zu ernst, und das tue ich jetzt weniger. Es war eine sehr gute Übung für – ich meine damit, die Wirkung war ganz unmittelbar – ich begann, mich weniger ernst zu nehmen und mich weniger darüber zu sorgen, ob ich einen guten oder schlechten Eindruck mache … ‹«

Watzlawicks Intervention lief also darauf hinaus, das Mehr-desselben-Schema im Denken dieses jungen Mannes aufzulösen (»dekonstruieren«). »Mehr desselben« ist das Leitmotiv einer einseitig ausgerichteten Erziehung. Es bedeutet, daß die Probleme des Lebens gewissenhaft, also im Sinne vorgegebener Man-muß-Ideale, gelöst werden müssen. Wer sich um eine Mehr-desselben-Lösung bemüht, der orientiert sich demnach an starren normativen Leitlinien. Er ist überzeugt, von sich aus nicht gut genug zu sein. Er glaubt, besser sein zu müssen, als er im Grunde ist. Insgeheim geht er nämlich davon aus, ein lächerlicher Nichtskönner zu sein. Das Mehr-desselben-Schema kennzeichnet demnach ein schamgebundenes Denken. Es ist der Versuch, einen als lächerlich empfundenen Mangelzustand krampfhaft zu überspielen. Doch das Gelingen dieses Versuchs wird seinerseits angezweifelt! Deshalb muß sich die Mehr-desselben-Spirale immer schneller drehen: bis zu einem völlig unrealistischen Perfektionismus hin!
Watzlawicks Intervention führt das Weniger-desselben-Schema ein. Der Student sollte sich ausdrücklich und gezielt auf eben jenen Bereich einstellen, den er selbst als lächerlich beurteilt hat. In diesem Widersinn wurde die Sphäre unvernünftigen Kindseins unmittelbar erschlossen. So konnte sich der junge Mann wie ein Lausbub fühlen, der Streiche ausheckt und der dem Ernst des Erwachsenenlebens ins Gesicht lacht.

Dieser Spaß am Widersinn ist das Geheimnis der Paradoxie. Er vermittelt zwanglos und spielerisch ein ganz ursprüngliches Machtgefühl, das Ausdruck des Lustprinzips ist. Es ist aber auch der Schlüssel zum Verständnis des Humors! Denn hier äußert sich, wie Sigmund Freud bemerkte, ein »Triumph des Narzißmus«, die »siegreich behauptete Unverletzlichkeit des Ich«. Freud verstand dabei den Humor als die »höchststehende Abwehrleistung« gegenüber den normativen Zwängen der Erwachsenenwelt (bzw. des Realitätsprinzips). Dieser Abwehr entspricht auch die paradoxe Auflösung (d.i. die Dekonstruktion). Sie macht den Weg frei zu einer relativierenden Weltsicht. Aus dieser Perspektive heraus erscheint die eigene Person nicht mehr als lächerlich – es sind vielmehr die Probleme des Alltagslebens, die in ihrer Bedeutung weniger ernstgenommen werden können. So bringt der Humor zum Ausdruck: »Sieh her, das ist nun die Welt, die so gefährlich aussieht. Ein Kinderspiel, gerade gut genug, einen Scherz darüber zu machen!« (Freud)

Daher konnte sich Watzlawicks Student ganz zwanglos auf eine Kompetenz besinnen, die sich lustvoll und spielerisch entfaltet, sobald sie von den Zwängen des Mehr-desselben-Schemas befreit ist. Diese Kompetenz liegt in der Sphäre ursprünglichen Kindseins. Sobald sie aufgespürt ist, kann sie sich ungehemmt entfalten. Dabei wird eine affektive Lebenskraft freigesetzt, die für die Bewältigung der großen und kleinen Probleme des Lebens sinnvoll genutzt werden kann. Auch Watzlawicks Student erlebte diese positive Wirkung. Er schaffte es, wie Watzlawick vermerkt, seine Dissertation fristgerecht einzureichen, und sie wurde von der Fakultät tatsächlich angenommen!

Mulla Nasrudin war halb verhungert
und ging in ein Café, wo er sich das Essen
mit beiden Händen in den Mund stopfte.
Sein Nachbar kam vorbei und blieb stehen:
»Warum ißt du mit beiden Händen, Mulla?«
»Weil ich keine drei habe.«

13 Die Unverschämtheit

Das unverschämte Kind als Vorbild

Vor einigen Monaten befand ich mich auf einer langen, monotonen
Bahnfahrt. Als der Zug langsam in einem Bahnhof zum Stehen kam,
erblickte ich im Getümmel des Bahnsteigs zwei junge Mädchen, die
sich beide vor Lachen krümmten. Ich mußte unwillkürlich lächeln.
Gerne hätte ich den Grund ihrer Erheiterung gewußt, doch sie waren
schnell in der großen Menschenmenge verschwunden. Nachdem sich
der Zug in Bewegung gesetzt hatte, wurde die Tür zu meinem Abteil
von den beiden aufgestoßen. Sie wirkten jetzt sehr ernst. Nachdem sie
ihr Gepäck verstaut hatten, sahen sie sich verstohlen im Abteil um.
Außer mir waren noch zwei weitere Fahrgäste anwesend: ältere, ge-
setzte Leute, die sich in ihre Lektüre vertieft hatten.
Nun begannen sich die Mädchen miteinander zu unterhalten, laut
und vernehmlich. Ich habe mir die Gesprächsfolge noch am gleichen
Tag notiert, so daß ich sie hier gut wiedergeben kann.

Das erste Mädchen seufzte tief, als sie sagte: »Ich halt's langsam nicht mehr
aus. Aber mein Alter, der Saufkopf, kriegt keine Sozialwohnung. Alles besetzt.«

268

Darauf die Zweite: »Na ja, aber wenn er weg ist, habt ihr mehr Platz. Schau mich an mit meinen sechs Geschwistern!«
Die Erste: »Du hast ja sowieso so'n Pech. Drei Behinderte, eines schwachsinnig und die anderen können immer noch nicht sprechen.«
Die Zweite: »Meine Mutter sagt, es muß auch dumme Leute geben.«
Die Erste: »Ja, zum Beispiel mich. Rechnen: 5, Schreiben: 6, obwohl ich auf die Sonderschule gehe.«
Die Zweite: »Meine Mutter sagt, zum Putzengehen reicht es immer.«

Inzwischen fuhren wir am Main entlang. Die Mitreisenden schauten angespannt in ihre Lektüre. Doch es war unverkennbar, daß sie dem Gespräch der beiden gebannt lauschten. Das erste Mädchen sagte nun:
»Guck mal, die Donau!«
»Ach Quatsch«, entgegnete die andere. »Das ist doch der Rhein.«
Nun wandte sich die Erste voller Ernst an einen der Mitreisenden: »Ist das die Donau?«
»Nein«, sagte der betreffende Herr, sichtlich irritiert. »Das ist der Main!«
Das erste Mädchen schlug sich nun mit der flachen Hand gegen die Stirn: »Oh, das hätte ich nie gewußt!«
Darauf saßen die beiden bis zur nächsten Station schweigend da. Gelegentlich griffen sie sich in die Haare, kniffen auf der Kopfhaut herum und schauten sich dann ihre Fingernägel an. Es wirkte wirklich so, als hätten sie nach Läusen gesucht. Als der Zug hielt, verließen sie mit unbewegtem Gesicht das Abteil. Die beiden Mitreisenden blickten ihnen betroffen hinterher. Neugierig geworden, öffnete ich das Fenster. Und tatsächlich sah ich die beiden den Bahnsteig hinunterlaufen: Sie lachten so sehr, daß sie immer wieder innehalten mußten, um sich den Bauch zu halten!

Wenn sich Kinder und Jugendliche über die normativen Barrieren der Erwachsenenwelt lachend hinwegsetzen, erleben sie eine affektive Selbststeigerung, die gegen die Scham immunisierend wirkt. Es ist kein bloßer Ausdruck naiver Unreife oder gar Dummheit, wenn sich Jugendliche danebenbenehmen, wenn sie Streiche aushecken oder Unsinn im Kopf haben. Vielleicht ist es gerade das Wissen um die in der Erwachsenenwelt festgesetzten Schamgrenzen, welches zum rebellischen Aufbegehren reizt und dabei ein Lachen anregt, das im wahrsten Sinne des Wortes befreiend ist! Gerade die Pubertät ist eine

Zeit, in der normative Ideale, Benimm-Regeln und Gewissenszwänge lustvoll der Lächerlichkeit preisgegeben werden – sofern die Fähigkeit zu einer mutigen Selbstbehauptung noch nicht verlorengegangen ist. Diese Fähigkeit ist für die Aufrechterhaltung psychischer Gesundheit unerläßlich. Sie allein bietet die Gewähr dafür, solche erziehungsbedingten Hemmungen relativieren zu können, die eine beschämende Wirkung haben.

Die moderne Psychotherapie hat erkannt, wie wichtig die Fähigkeit zur Selbstbehauptung für die psychische Gesundheit ist. Gerade im Problembereich von Schamangst und Schamdepression ist diese Fähigkeit weitgehend verschüttet worden.

Friedrich Nietzsche läßt Zarathustra sagen: »Da sprach es wieder ohne Stimme zu mir: ›Du mußt noch Kind werden und ohne Scham.‹« Die natürliche Kindlichkeit ist voll von ungestümer Lebendigkeit und bedenkenlosem Frohsinn. Und sie äußert sich im unbeschwerten Lachen. Am lautesten ist dieses Lachen gewöhnlich dann, wenn es um Normverletzungen geht. Und jedes Mal ist das Lachen Ausdruck einer kleinen Revolte gegen die Erziehung. Die Welt der Erwachsenen, in die das Kind hineingeführt werden soll, ist voll von einengenden Man-muß-Geboten und Man-darf-nicht-Verboten. Manche von diesen erlebt das Kind im Sinne seines Identifikationsgewissens als ausgesprochene Tabus: Ihre Übertretung zieht fürchterlich ernste Konsequenzen nach sich.

Dafür bringt schon das Alte Testament ein wohlbekanntes Beispiel. Denn das Verbot, von einem bestimmten Baum im Paradies die Früchte zu essen, vermittelt uns einen aufschlußreichen Einblick in die Voraussetzungen menschlicher Kulturentwicklung. Wenn man das biblische Paradies mit einem Schlaraffenland vergleicht, in dem das Leben ganz dem Lustprinzip folgt, so steht der verbotene Baum symbolisch für die Wirkung von Idealnormen. Ein erstes Tabu, mit dem das Kind konfrontiert wird, bezieht sich auf die Ausscheidungsorgane und ihre entsprechenden Produkte. Im Rahmen der Sauberkeitserziehung bzw. des Toilettentrainings lernt das Kind schon zu einem Zeitpunkt, da es der Sprache noch kaum mächtig ist, daß seine Exkremente »bä«, »pfui« oder »igitt« sind. Dabei sieht es das angewiderte Gesicht seiner Erzieher ebenso, wie es auch ihre erhobene Stimme hört und ihre körperliche Zurückweisung spürt.

Damit gerät das Kind erstmals in eine beschämende Konfliktlage. Gerade Babys besitzen nämlich eine ganz natürliche Neigung, sich in einer ausgesprochen lustvollen Weise mit schmutzigen Sachen zu beschäftigen. Dabei kann es sich um Lehm, nassen Sand oder eben auch um Kot handeln. Die Angst vor Strafe oder Liebesentzug, den häufigen Konsequenzen bei solchen Untaten, bewirkt eine mehr oder weniger starke Hemmung. Das Kind stellt sich fortan in einer widersprüchlichen Weise auf Schmutz ein. Vordergründig lehnt es ihn ab, wodurch es dem Identifikationsgewissen Rechnung trägt. Es akzeptiert also die elterlichen Ekelschranken. Insgeheim hat es aber weiterhin Spaß an der Urmaterie. Ein wesentlicher Grund dafür ist für die Kinderpsychologin Christine Bierbach die mehr oder weniger unbewußte Opposition gegen die Hygiene- und Reinlichkeitserziehung. Sobald das Kind über sprachliche Fähigkeiten verfügt, wird dieser ursprünglichste aller Konflikte auf die Ebene verbaler Symbolik gehoben. Der Sexualforscher Ernest Borneman hat in einer mehrbändigen Abhandlung über die verbotenen Lieder, Reime, Verse und Rätsel unserer Kinder eine überwältigende Fülle von Beispielen zusammengetragen. Sie zeigen, daß gerade Vorschulkinder einen unbändigen Spaß am verbalen Umgang mit den Ausscheidungsprodukten des Körpers haben. Diese kindlichen Schöpfungen sind ein kraftvoller Ausdruck ursprünglichen Humors. Ich führe im folgenden Beispiele dafür an.

»Der Kutscher auf dem Bock
scheißt vor Lachen in den Rock.
Die Dame in dem Wagen
kann das Stinken nicht ertragen.« (Knabe, 4 Jahre, 11 Monate)

»Oma und Opa
saßen auf dem Sofa.
Opa schiß,
Sofa riß.« (Knabe, 5 Jahre, 4 Monate)

»Die Berta aus der Gasfabrik
macht mit ihrem Arsch Musik.« (Knabe, 4 Jahre, 10 Monate)

Bornemans Anliegen ist die »Befreiung des Kindes« (so der Untertitel seines Werkes) von den Zwängen einer sterilen Erziehungsmentalität. In gewisser Hinsicht muß das auch das Anliegen der Psychotherapie sein, wenn sie die gebändigte Lebendigkeit in der Sphäre des Kindseins wieder freisetzen will. Daher wird sie sich, zumindest bereichsweise, der Sprache des ungezogenen und unverschämten Kindes bedienen. Ein Beispiel dafür ist Frank Farrelly, der Begründer der Provokativen Therapie, der sich gezielt über die sprachlichen Einschränkungen normalen Erwachsenenlebens hinwegsetzt. Er hält sich weder an logische noch an ästhetische Regeln. Er gibt absurde Pseudoerklärungen für unnormale Verhaltensweisen – und »beweist« dem Klienten, daß es sinnlos wäre, sich um eine Veränderung zu bemühen. Und er benutzt sowohl schmutzige Wörter aus der Gossensprache als auch pathetisch überzogene religiös-moralische Ausdrücke.

Bedenkenlose Selbstbehauptung

Die Verhaltenstherapeuten Rita Ullrich de Muynck und Rüdiger Ullrich haben vor einigen Jahren eine Methode zur »Einübung von Selbstvertrauen und sozialer Kompetenz« entwickelt. Verschiedene Elemente daraus fanden Eingang in die Methodik des Therapeutischen Humors, wo sie durch andere Elemente ergänzt bzw. mit solchen kombiniert werden. Daraus ergaben sich gruppenbezogene Übungen, die für die Behandlung der verschiedenen Formen von Schamangst gut geeignet sind. Ich führe einige Beispiele dafür an:

Keine »Man-Sätze« gebrauchen

Schamgebundene Menschen haben verlernt, sich in ihrem Denken und Sprechen zum eigenen Ich zu bekennen. Sie sind »manstoll«, denn sie verwenden auffällig häufig »Man-Sätze«. Daher werden die Gruppenteilnehmer aufgefordert, konsequent »Ich-Sätze« zu verwenden, indem sie sich vor der Gruppe selbst loben. Dabei soll gerade auf solche Eigenschaften positiver Bezug genommen werden, die bislang als negativ, peinlich oder beschämend angesehen wurden. Nach Möglichkeit sollen Formulierungen verwendet werden, die man normalerweise nicht gebrauchen darf, weil sie aus irgendeinem Grund anstößig sind.

Keine Entschuldigungen gebrauchen

Im Französischen gibt es ein Sprichwort: »Qui s'excuse, s'accuse!« (Wer sich entschuldigt, klagt sich an.) Das Autorenehepaar Ullrich bemerkt, daß die Neigung, sich beständig zu entschuldigen, mit »linkischem Auftreten, Meinungs- und Entscheidungslosigkeit, Aktionismus (Handlungen am falschen Ort und zur falschen Zeit)« verbunden zu sein pflegt. Dies sind die komischen Äußerungen einer Selbstunsicherheit, wie sie für einen schamgebundenen Menschen kennzeichnend ist.

In Rollenspielen kann geübt werden, sich dem stereotypen Zwang zur Entschuldigung gezielt zu entziehen. Zu diesem Zweck wird eine Anzahl von Fehlern bzw. Mängeln gesammelt, die der betreffende Protagonist zu besitzen meint (zum Beispiel rauchen, zu spät aufstehen, seine Arbeit nicht erledigen, ungeschickt sein). Dies wird dem Protagonisten von anderen Teilnehmern vorgehalten. Er muß dies mit stereotypen Antworten bestätigen, indem er zum Beispiel jedesmal sagt: »Du hast vollkommen recht. Ich weiß, ich bin unmöglich!« Eine andere Möglichkeit bietet die »Judo-Methode«. Zu den Mängeln, die dem Protagonisten vorgehalten werden, fügt dieser noch weitere hinzu. Dabei soll er sich einer möglichst peinlichen Ausdrucksweise bedienen. So zum Beispiel: »Ich bin nicht nur Kettenraucher, sondern auch noch Säufer. Außerdem spritze ich mir Heroin!« Oder: »Ich bin nicht nur ungeschickt, außerdem pinkle ich mir regelmäßig die Hosen voll!« Solche Formulierungen wirken einerseits schockierend. Andererseits werden dadurch die Beteiligten fast immer zum Lachen gebracht. Der Protagonist erlebt dabei, daß dieses Lachen nicht mehr auf seine Kosten geht, sondern eine (paradoxe) Bestätigung seiner unverschämten Argumentation ist. Er befindet sich damit in der Rolle eines frechen Lausbuben, der sich bedenkenlos über die idealnormativen Man-muß-Vorstellungen hinwegsetzt.

Gegenfragen stellen

Eine weitere Methode der Selbstbehauptung bietet der »sokratische Dialog«. Sokrates wurde nachgesagt, auf alle Hilfsmittel konventioneller Rhetorik verzichtet zu haben. Er brauchte keine langatmigen Erklärungen, keine Kausalbegründungen und natürlich auch keine Rechtfertigungen für seine Argumentation. Sokrates ging also nach dem Weniger-desselben-Prinzip vor: Er stellte lediglich Fragen.

Auch in diesem Zusammenhang lassen sich im Gruppenrahmen Dialoge führen, die mit kritisierenden Vorhaltungen gegenüber dem Protagonisten eingeleitet werden. Dieser darf aber nicht das tun, was man eigentlich tun muß, wenn man sich an konventionelle Regeln hält, nämlich Rede und Antwort stehen. Vielmehr soll der Protagonist alle Vorhaltungen konsequent in Frage stellen (zum Beispiel: »Wie meinst du das?« – »Wie soll ich das verstehen?« – »Warum schreist du mich so an? – »Wie kommst du darauf?« – »Warum sollte ich nicht ...?«). Auch in diesem Fall läßt sich die Erfahrung machen, daß weniger mehr ist, daß Selbstbehauptung dann kein großes Problem ist, wenn von konventionellen Normen Abstand genommen wird. Dabei ergeben sich schnell und zwanglos humorvolle Effekte, die zu einer unmittelbaren Selbstbestätigung führen können.

Der Blickkontakt ist das große Problem im Leben eines schamgebundenen Menschen. Denn im prüfenden Blick des anderen fühlt er sich häufig decouvriert, in all seiner Minderwertigkeit bloßgestellt. Deshalb wird ein offener Blickkontakt schamhaft gemieden.

Rita und Rüdiger Ullrich schlagen eine Übung vor, die zu zweit durchgeführt wird. Jedes Gruppenmitglied soll sich reihum vor einem anderen in einem Abstand von etwa 20 Zentimetern aufstellen, dessen Hände ergreifen und ihn etwa zwei Minuten lang schweigend anschauen. Diese Zeit soll dazu benutzt werden, sich auf körperliche Nähe einzufühlen. Danach sollen dem anderen mindestens zwei anerkennende Sätze gesagt werden.

Eine Variante nennt sich »Dick und Doof im Wechselspiel«. Sie wird in Therapeutischen Humor-Gruppen gern als Auflockerungsübung eingesetzt. Auch in diesem Fall stehen sich zwei Gruppenmitglieder gegenüber. Sie schauen sich in die Augen und verziehen dabei gleichzeitig ihr Gesicht entsprechend dem Vorbild der Slapstick-Komiker Dick und Doof: »Dick« plustert die Backen auf, »Doof« zieht das Kinn weit hinunter, so daß sich der Mund leicht öffnet. Dabei soll nicht gelacht werden (was auf die Dauer kaum gelingen wird!). Der Vorteil dieser Variante liegt darin, daß der Blickkontakt in eine lustige Atmosphäre eingebettet ist, die keinerlei Spannung aufkommen läßt.

Schamüberwindungsübungen

Albert Ellis, der Begründer der Rational-emotiven Therapie (RET), hat eine Methode beschrieben, die das katastrophierende Denken übergewissenhafter Menschen unmittelbar angreift. Ellis bezeichnet dieses Denken, das von idealnormativen Man-muß-Vorstellungen überwuchert wird, ironisch als »Mußturbation«. Und er betont, wie notorisch humorlos es sei. Deshalb bedient sich die RET konsequent des Humors, um die »irrwitzigen Gedanken des Klienten direkt und tatkräftig zu attackieren«.

Ellis sieht alle peinlichen und schambehafteten Gefühle mit einem verabsolutierenden Man-muß-Denken verknüpft. Daher hat er Übungen entwickelt, die eine unmittelbare und spielerische »Schamattacke« möglich machen. Es sind dies die sogenannten Schamüberwindungsübungen. Sie zielen auf eine zunehmend unverschämte Einstellung ab. Voraussetzung ist aber (wie bei allen paradoxen Übungen) der Franklsche Mut zur Lächerlichkeit, der sich über die (von Ellis als »irrational« bezeichnete) Tyrannei des doppelten Denkens hinwegsetzt. Ellis schreibt:

»RET betrachtet Scham oder Erniedrigung als illegitim, weil sie fast immer ein irrationales Element beinhalten: › Ich habe etwas getan, was die Leute als falsch oder dumm betrachten, und ich will nicht, daß sie deswegen eine Abneigung gegen mich haben.‹ Andererseits enthalten sie auch ein irrationales oder selbsterniedrigendes Element: › Ich bin schlecht oder dumm.‹

Um dieses irrationale Element der Scham zu bekämpfen, entwarf ich in den späten 60er Jahren meine berühmte Übung der Schambewältigung. Ihr Ziel ist, Menschen dabei zu helfen, ihre irrationalen Schamgefühle abzulegen.

Damit Sie gegen Ihre irrationalen Ideen und gestörten Gefühle vorgehen können, können Sie sich einige der Schamüberwindungsübungen zunutze machen. Dazu wählen Sie etwas aus, von dem Sie persönlich denken, es sei beschämend oder peinlich, es in der Öffentlichkeit zu tun, zum Beispiel:

Ziehen Sie sich unpassend an.

Sagen Sie vor einer Gruppe von Leuten etwas Dummes.

Geben Sie eine Schwäche zu, die die meisten Menschen normalerweise verachten, z.B.: › Ich kann nicht gut buchstabieren.‹

Verhalten Sie sich komisch, indem Sie auf der Straße singen oder an einem sonnigen Tag einen schwarzen Regenschirm aufspannen.

Sagen Sie etwas, das außergewöhnlich lüstern klingt. Beispielsweise sagen Sie einem männlichen oder weiblichen Begleiter mit lauter Stimme, damit es andere hören können: › War es nicht toll, daß wir letzte Nacht fünfmal miteinander geschlafen haben?‹

Bringen Sie schlecht zubereitetes Essen in die Küche des Restaurants zurück.

Versuchen Sie, eine Uhr bei einem Schuster reparieren zu lassen.

Fragen Sie in einem Geschäft nach einem Schraubenzieher für Linkshänder. Was Sie als Wichtigstes im Kopf haben sollten, wenn Sie diese Schamüberwindungsübung machen, ist, dabei an sich selbst zu arbeiten, so daß Sie sich nicht beschämt oder erniedrigt fühlen, selbst wenn andere Sie ganz klar mißbilligen. Sie können sich nur weigern, sich zu schämen, indem Sie sich Aussagen wie diese vorhalten:

›Die Leute denken also, ich bin dumm oder verrückt. Pech! Laß sie denken!‹

›Indem ich diese ›beschämende‹ Handlung ausführe, helfe ich mir in Wirklichkeit, meine Selbst-Erniedrigung zu überwinden. Und das ist toll!‹

›Was ich tue, ist vielleicht verrückt, macht mich aber nicht zum Idioten!‹

›Es tut mir leid, daß die Leute falsch finden, was ich tue, aber das ist nur unangenehm, keinesfalls aber das Ende der Welt!«

›Ich weiß genau, warum ich das, was ich beschämend finde, tue; deshalb kann ich dazu eine andere Einstellung haben, obwohl ich weiß, daß das, was ich tue, scheinbar eigenartig ist; das bedeutet aber nicht, daß ich eigenartig oder inkompetent bin.‹‹«

Solche Schamüberwindungsübungen lassen sich am ehesten in einem Gruppenrahmen durchführen. Die Teilnehmer können die einzelnen Übungen zunächst im Rollenspiel durchführen und gemeinsam über entsprechende Erfahrungen diskutieren. Später werden die Übungen »draußen«, also im wirklichen Leben, bewältigt. Die erste Gruppe dieser Art habe ich in eben jener psychiatrischen Klinik angeleitet, in der sich auch Docht befand. Es hatte ihn zunächst große Überwindung gekostet, sich an den einzelnen Übungen zu beteiligen. Doch bald löste sich seine Spannung immer mehr. Denn Docht fühlte sich aufgehoben in der Gemeinschaft von Menschen, die alle das eine Problem verband: die Angst vor der Blamage, der Erniedrigung und der daraus resultierenden Verachtung durch die normalen Mitmenschen. Zusammen mit drei anderen Patienten und einer Krankenschwester war Docht täglich in die Stadt gegangen, um sich peinlich zu benehmen. Jeder in dieser Kleingruppe hatte jeweils eine bestimmte Übung zu absolvieren, die vorab gemeinsam abgesprochen worden war. Dochts erste Aufgabe bestand darin, einen Polizisten stotternd nach dem Weg zu einer Straße zu fragen, die es gar nicht gab. Die anderen beobachteten diese Aktion aus der Ferne, so daß sie später bezeugen konnten, ob es tatsächlich peinlich genug gewirkt hatte. Ich erinnere mich lebhaft an die ausgelassene Stimmung, die aufgekommen war, als in der Großgruppe darüber berichtet wurde. Docht strahlte über sein ganzes Gesicht!

Die Teilnehmer solcher Schamgruppen entwickeln in erstaunlich kurzer Zeit gewöhnlich einen richtigen Ehrgeiz, sich auf möglichst peinliche Situationen einzulassen. Die beschämende Wirklichkeit des Erwachsenenlebens wird so mehr und mehr ausgeklammert. Sie reduziert sich zu einem Spielboden, auf dem ausgelassene Kinder herumtoben, denen es einen ungeheueren Spaß macht, sich möglichst ungezogen zu benehmen. Der Phantasie sind dabei keine Grenzen gesetzt. Anregungen finden sich in den Schriften von RET-Therapeuten. Dieter Schwartz bringt dafür einige Beispiele:

Haltestellen ausrufen

»Fahren Sie zum Beispiel mit der Straßenbahn oder dem Bus, und rufen Sie an fünf Haltestellen nacheinander laut und vernehmlich: › Trafalgar Square, alles aussteigen!‹ «

Zeitungen ausrufen

»Nehmen Sie vor einem Kaufhaus Aufstellung, und preisen Sie laut die Zeitung von gestern zum Kauf an: › Die gestrige Zeitung, meine Damen und Herren, zum halben Preis!‹ «

Kramen in Papierkörben

»Begeben Sie sich auf einer belebten Straße zu einem öffentlichen Papierkorb. Kramen Sie in dem Papierkorb herum, und holen Sie schließlich eine (zuvor unbemerkt hineinplazierte) Zigarettenschachtel heraus. Zünden Sie sich triumphierend lächelnd eine Zigarette an.«

278

Nach dem Wochentag fragen

»Fragen Sie Passanten freundlich und höflich: › Entschuldigen Sie, ich komme gerade aus dem Nervenkrankenhaus. Welchen Wochentag haben wir heute?‹«

Zähneputzen

»Gehen Sie in ein großes Appartementhaus, und klingeln Sie an Ihnen unbekannten Wohnungen. Fragen Sie, ob Sie sich vielleicht die Zähne putzen dürften, und halten Sie dabei Zahncreme und Bürste hoch.«

Präservative kaufen

»Gehen Sie in eine Apotheke, wenn sie recht voll Publikum ist. Bitten Sie die Verkäuferin (als Mann) bzw. den Verkäufer (als Frau) um Präservative. Fragen Sie, ob es im Dutzend billiger ist.« Diese Übung kann zusätzlich angereichert werden, wenn man sich bemüht, möglichst auffällig zu sprechen, also etwa zu nuscheln, zu stottern oder nach Luft zu ringen!

Uta B. befindet sich in der Schlußphase der Psychotherapie. Sie hat große Fortschritte erzielt. Sie berichtet, daß sie ihren Mitmenschen freier und un-verschämter gegenübertreten kann, daß sie ihnen offen in die Augen blicken kann und daß sie sich – vor allem – von der Tyrannei des doppelten Denkens weitgehend befreit hat. Bis zuletzt hat sich Uta aber vor einer älteren Nachbarin gefürchtet, die viele Züge ihrer Mutter in sich vereinigt. Denn diese Nachbarin nimmt unentwegt Anstoß an Utas Verhalten. Sie schaut kopfschüttelnd von ihrem Balkon hinunter, wenn sich Uta auf der Gartenliege sonnt. Sie schimpft lautstark, wenn aus den geöffneten Fenstern von Utas Wohnung laute Musik dringt. Und sie beschwert sich bei den Nachbarn oder der Hausverwaltung, wenn der Eingangsbereich von Utas Wohnung nicht tadellos aufgeräumt ist.

Die Nachbarin war über Jahre hinweg ein Hauptauslöser von Utas Schamangst. Kurz vor Beendigung ihrer Psychotherapie konnte sie aber freudestrahlend berichten, es endlich geschafft zu haben, sich dieser Nachbarin gegenüber bewußt zu exponieren: »Ich legte mich im knappsten Bikini auf die Liege und genoß es, nicht ein Objekt der Verachtung, sondern der sexuellen Begierde für jedermann zu sein!« In der folgenden Nacht hatte Uta einen Traum, dem sie spontan die Überschrift »Die große Abrechnung« gab:

»Unser Wohnraum war von der Nachbarin nur durch eine Glasscheibe getrennt. Sie rannte in zerschlissenen Unterhosen herum. Ich hatte sie ertappt! Ich stellte mich dicht an die Glasscheibe und beobachtete sie. Sie trat ebenfalls an diese Scheibe heran und machte mir die üblichen Vorhaltungen.
Ich schaute ihr bewußt und voller Verachtung in die Augen. Ich sah, wie ungepflegt, heruntergekommen und asozial sie war. Ich hatte sie ertappt! Ich fühlte mich jetzt ganz stark und überlegen. Und nun sah ich, daß sie Angst vor mir hatte!
Dann stand ich in einem verdorrten, verwahrlosten Garten. Es war der Garten der Nachbarin. Ich rief ihr energisch zu, daß ich mit ihr reden wollte. Ich sagte: › Dich mach ich fertig!‹ Ich fragte sie, ob sie mich bei der Hausverwaltung verpfiffen hatte. Dabei fixierte ich sie mit den Augen. Ich schrie herum und war total gut drauf. Schließlich gab sie alles zu.
Nachdem ich meinen Erfolg hatte, drehte ich mich um. Da sah ich vor einer Hundehütte einen großen Strohballen, auf dem ein Wesen lag: halb Hund, halb Baby. Ich bekam fürchterliches Mitleid, denn ich dachte mir, das gibt es doch nicht, daß man ein Wesen so vegetieren läßt. Plötzlich wurde mir bewußt, daß dieses Wesen unserem Ex-Nachbarn gehören mußte, einem stinkigen Junggesellen, der stets besoffen war und der seinen Hund mißhandelt hatte. Zu ihm sagte ich voller Wut: › Du mußt dich doch um dieses Kind kümmern!‹ Der Mann war sofort einsichtig. Als ich aber genauer hinsah, war es ein dickwangiges Kind, das im Kinderwagen lag. Ich hatte mich also doch geirrt.«

Dieser Traum deutet einen grundlegenden Prozeß der Veränderung an. Uta empfindet sich nicht mehr als ein Objekt beschämender Blikke. Es ist ihr gelungen, den Spieß umzudrehen. Sie ist es nunmehr, die ihre frühere Widersacherin einem prüfenden Blick aussetzt. Und diesem Blick entgehen die vielen Mängel der Nachbarin nicht. So hat ein Perspektivenwandel stattgefunden, der es Uta ermöglicht, die Position beschämender Minderwertigkeit zu verlassen.

In diesem Traum ist der Garten ein Symbol der Unlebendigkeit. Auch die Beziehung zur Mutter ist für Uta stets unlebendig und verdorrt gewesen. Später traf dies auf eine Reihe von Freundschaften zu, in deren Rahmen Uta »nicht ich selbst sein durfte.« Denn sie war immer davon ausgegangen, für die anderen nur dann völlig akzeptabel zu sein, wenn sie sich verstellte. Auch dabei blieb die Beziehung zur Mutter prägend: »Sie wollte mich nie so haben wie ich eigentlich bin. Nie war ich ihr gut genug. Deshalb mußte ich lernen, mich zu verstellen, Rollen zu spielen.«

Das Wesen, das vor der Hundehütte lag, symbolisierte die Beschämungen in Utas Kindheit: »Manchmal hatte ich das Gefühl, ganz anders zu sein als die anderen, kein richtiger Mensch«, sagte sie. »Ich kam mir vor wie unser Hund, um den sich niemand kümmerte, wenn es draußen eiskalt war. Er tat mir in seiner Einsamkeit so leid. Er war wie ich selbst.« So empfand Uta dieses Wesen denn auch als nackt, schutzlos und schwach. Und so erlebte sie sich selbst, wenn sie sich depressiv fühlte, wenn sie unentwegt darüber nachdachte, wie schlecht und minderwertig sie angeblich war: »Das waren die Gefühle meiner Kindheit, die Angst, meiner Mutter ins düstere Gesicht zu blicken, die Angst vor den Spannungen am Sonntag, wenn die Familie zusammen war und es nichts als Streit und Vorwürfe gab.« Uta erzählte von ihrem Vater, der sich am Wochenende immer betrank: »Heute weiß ich, daß er es deshalb tat, weil auch er die Spannungen nicht aushalten konnte.«

Zum Schluß liegt aber ein dickwangiges, lebendiges Kind im Kinderwagen. Es symbolisiert eine Wandlung, die zu einem Neubeginn führt: zu der Wiedergeburt eines Kindes, das frei von den Fesseln der Scham ist.

Intropathie und Selbstpersiflage:
Ein neuartiges therapeutisches Selbstverständnis

Der Philosoph Rolf Kühn beschreibt eine gelungene Psychotherapie als ein »Fest des Lebens«. In seinen lebensphänomenologischen Schriften fordert er eine Rückbesinnung des Therapeuten auf das Wesentliche, nämlich den »reinen Affekt«. Kühn bemängelt, daß die traditionelle Psychotherapie zu sehr auf das Unwesentliche menschlichen Lebens bezogen sei. Darunter versteht er die »sekundären« Phänomene von Vernunft, Moral und Sprache. Diese Phänomene seien deshalb zweitrangig, weil sie nicht von Anfang an da sind, sondern erst im Laufe der Sozialisation dazukommen. Was für die Psychotherapie von erstrangiger Bedeutung sein muß, ist das rein affektive Kindsein des Klienten. Auf dieses Kindsein muß der Therapeut im Sinne einer phänomenologischen »Wesensschau« seine positive Aufmerksamkeit »reduzieren«. Denn die Methode der Reduktion (die einem Ausklammern sekundärer Realitätsweisen entspricht) eröffnet mit den Worten des Phänomenologen Edmund Husserl »ein neues Reich der Erfahrung.« Dieses Reich ist im Falle der Psychotherapie die schon erwähnte Sphäre affektiven Kindseins.

Die Humortherapeuten Annette Fried und Joachim Keller bringen diese Sphäre mit der »ungetrübten, ungebrochenen spontanen Lebensfreude des unverletzten inneren Kindes« in Zusammenhang.

»... das unverletzte Kind liefert den Schlüssel für idealgerechtes Selbsterleben ohne schmerzliche Relativierung der Größen- und Allmachtsphantasien. Die Omnipotenzphantasien, welche ihren Ursprung in der Symbiose mit der Mutter nahmen, innerhalb derer sich der Säugling als allumfassende Befriedigungs- und Lustquelle wähnte, werden im kindlichen Spiel verlängert, indem das spielende Kind die Realität kraft seiner Phantasie dahin ergänzt, daß sie wunsch- und idealgerecht sei. Auch reichen die Wurzeln des Komischen und des daran erlebten Lustgewinns bis in das kindliche Spiel zurück«.

Die Reduktion auf die Sphäre des Kindseins rückt die reine Affektivität des Menschen als dessen Wesen in den Vordergrund. Erst im Bereich einer sekundärer Wirklichkeitsauslegung, das heißt in der Sphäre des Erwachsenseins, wird diese Affektivität im Hinblick auf gute und böse Wertmaßstäbe unterschieden.

Indem sich der Therapeut auf das Wesen dieser primären Affektivität – »intropathisch« – einstellt, vollzieht sich ein Perspektivenwandel: Der Klient wird nicht mehr als diagnostizierter Kranker, Vertreter einer bestimmten Berufsgruppe, Angehöriger einer gewissen Bildungsschicht oder auch als ein vom Schicksal Benachteiligter wahrgenommen. All dies wurde im Zuge der Reduktion ausgeklammert. Was allein übrigbleibt, ist die uneingeschränkt gute Affektivität kraftvollen Kindseins. Der Therapeut nimmt dabei eine ähnliche Position ein, wie dies auch liebende Eltern tun. So mißt er das affektive Können seines Klienten nicht mehr an den normativen Leistungsvorgaben der Erwachsenenwelt. Vielmehr läßt er sich von einer ursprünglichen Lebenskraft ansprechen, die allen äußeren Widrigkeiten und Hemmnissen zu trotzen vermag. Es ist die Liebe zum »lebendigen Leben« (Dostojewski), die den Therapeuten bewegt, in allen Äußerungen des Klienten – auch im Symptomgeschehen! – einen Ausdruck schöpferischen Könnens zu sehen. Léon Wurmser versteht diese Liebe als »unendlich mächtige Abwehr gegen Neid, Scham, Kummer und das Grundgefühl der Versagung«.

Liebende Eltern identifizieren sich affektiv mit ihrem Kind, wenn sie mit ihm spielen, ihm Märchen vorlesen oder wenn sie mit ihm balgen. Sie können dies aber nur dann tun, wenn sie die Welt des Erwachsenseins hinter sich lassen und sich der Sphäre ihres eigenen Kindseins öffnen.

Auch der Therapeut kann sich dieser Sphäre öffnen, nachdem er eine Reduktion vollzogen hat. So kann er »konspirativ« (also »im gleichen Geiste«) ein Bündnis mit dem affektiven Kind im Klienten herstellen. Aus diesem Bündnis heraus kann er sämtliche Affekte dieses Kindes gutheißen. Er kann die besondere Weise seiner Lebensbewältigung nachvollziehen und diese seinem Klienten spiegeln: nicht ernsthaft verbissen, sondern fröhlich augenzwinkernd, so wie es sich für den

Umgang mit einem lebendigen Kind eben gehört! Dabei läßt sich der Therapeut insbesondere von einem Können ansprechen, das sich in allen Lebensäußerungen des Klienten auffinden läßt – also auch im Symptomgeschehen! Das möchte ich am Beispiel eines jungen Mannes erläutern, der unter einem Waschzwang litt. Dieses Symptom brachte ihm natürlich viele Nachteile. Es raubte ihm Zeit und verursachte peinliche Terminschwierigkeiten. Verbissen kämpfte der Klient daher gegen sein Symptom, obwohl er gleichzeitig spürte, daß es zu stark war. Dies rief tiefe Niedergeschlagenheit und Scham hervor. Die »konspirativen« Argumente erlebte der junge Mann deshalb zunächst als paradox:

Therapeut:»Sie leiden unter Ihrem Waschzwang, weil Sie noch nicht verstanden haben, daß Sie dadurch stark sind und Ihre Menschenwürde verteidigen können. Sie gehen an das Ganze mit der Vernunft eines Erwachsenen heran. Ich versuche jedoch, es mit den Augen des Kindes in Ihnen zu sehen – und finde es sehr mutig!«
Klient: »Sie machen sich lustig über mich!«
Therapeut:»Lustig? Warum sollte es nicht gut sein, lustig und fröhlich an das Ganze heranzugehen? Sehen Sie, wenn ich (als Erwachsener) vor einer unangenehmen Aufgabe stehe, reiße ich mich gewöhnlich zusammen und zwinge mich mit Unlustgefühlen, es zu tun. Ich mache das wahrscheinlich, weil ich mich davor fürchte, mich den Zwängen des Lebens zu widersetzen. Sie aber tun etwas dagegen. Sie stellen sich unter die Dusche, und die ganze Welt um Sie herum ist machtlos. Vielleicht gelingt es mir auch einmal, den Mut aufzubringen und Ihre Methode anzuwenden. Ich stelle mir das bildhaft vor: Ich muß zu irgendeiner blöden Verabredung, habe aber gar keine Lust dazu. So stelle ich mich eben unter die Dusche und denke mir: Ihr könnt mich alle mal … ! Da klingelt irgendwann das Telefon, und man fragt nach mir. Ich schreie aus der Dusche hervor, so daß meine Frau und die am Telefon es hören: › Ihr könnt mich alle mal gern haben, ich stehe jetzt unter der Dusche!‹«
Klient: »Aber das will ich doch gar nicht, ich will meinen Pflichten nachkommen!«
Therapeut:»Sie oder Ihr Gewissen? In Wirklichkeit sind viele dieser Pflichten gar nicht akzeptabel. Viele Menschen lassen sich aber zwingen und unterdrücken. Sie tun etwas dagegen!«

Klient (lachend): »Und nun soll ich mein ganzes Leben lang duschen?«
Therapeut: »Duschen und andere Dinge tun, die stark und mutig sind und
Sie vor unangenehmen Dingen bewahren. Vielleicht fallen uns gemeinsam
ein paar Sachen ein, die auch ich verwenden könnte, um mich auch so gut
durchsetzen zu können!«

Hier hat der Therapeut einen Perspektivenwandel vollzogen, der für
den Humor kennzeichnend ist. Denn der Humor kennt keine Einsei-
tigkeit. Er akzeptiert nicht die normativ festgelegten Grenzen, insbesondere dann nicht, wenn diese auf Statuszwängen beruhen. Deshalb
kann ein Therapeut, der auf eine überlegene Position Wert legt, auch
nicht überzeugend humorvoll wirken. Er muß sich nämlich auf die
Sphäre seines Erwachsenseins beschränken. Will er diese jedoch reduzieren, dann muß er zu einer Selbstparodie und Selbstpersiflage fähig
sein, wie sie der Philosoph Friedrich Theodor Vischer schon vor über
150 Jahren beschrieben hat:

»Der Humor ist ein Kind des Hasses und der Liebe, der Weltverachtung und
der weltumfassenden innigen Humanität, und nur darum vertraut sich ihm
auch das Heilige zum Spiele an. Diese Sicherheit, das Heilige festzuhalten,
indem es dem Scherze preisgegeben wird, erprobt der Humor nun durch
nichts mehr als durch die jedem humoristischen Genius zu Gebote stehende
Kraft der Selbstparodie, durch jene liebenswürdige Demut der Selbstverla-
chung, vermöge deren der Humorist sich selbst, den er doch gewiß nicht
wegwerfen will, am wenigsten schont und sich in demselben Momente als
erhaben und klein, als stark und schwach, als Weisen und Toren darstellt. Diese
Selbstpersiflage ist mit dem edelsten Selbstvertrauen nicht nur vereinbar, sondern vielmehr durch dieses erst möglich.«

> Das Lachen ist eine befreiende Korrektur
> von Schamgefühlen. Sobald der Patient
> lachen kann, ist er frei von Scham.
>
> *Helen B. Lewis*

14 Der Therapeutische Humor

Die Humorreaktion

Stellen wir uns einmal vor, wir hätten uns in einer unwegsamen Gegend verlaufen. So sehr wir uns auch bemühen, wir finden den richtigen Weg nicht! Daher entschließen wir uns, an unseren Ausgangsort zurückzukehren. Wir folgen unseren eigenen Spuren, um schließlich dort anzukommen, wo wir schon einmal waren. Dem gleichen Grundgedanken folgt die Psychotherapie. Sie läßt einen Menschen zurückkehren zum Ausgangsort seines Lebensweges. Das ist die Kindheit. Die Rückkehr – Regression – zur Sphäre des Kindseins will auch der Therapeutische Humor anregen. Doch er richtet sein Hauptaugenmerk nicht auf die Verletzungen, die diesen Weg säumen. Der Therapeutische Humor sucht vielmehr den Weg aufzufinden, der zum unverletzten Kindsein führt. Hier liegen die Quellen kreativer Lebenskraft und lustvoller Selbstbehauptung! Dies hatte schon der Philosoph Jean Paul erkannt, der vor bald 200 Jahren schrieb, in jedem Menschenkopfe werde »wie in einem Hutfutteral« ein Kindskopf aufbewahrt, der, »so vielgehäusig er auch sei, doch zuweilen sich nackt ins Freie erhebt und im Alter oft allein auf dem Menschen mit dem Silberhaar steht.«

Der Humor ist ein vielschichtiges, ja schillerndes Phänomen. Das beginnt schon mit der Frage seiner Definition. Manche Autoren unterscheiden (in Anlehnung an Freud) den Humor vom Witz. Andere verstehen ihn als einen Sammelbegriff, der sowohl auf verbale wie nonverbale Mittel zurückgreift, um den physiologischen Reflex des Lachens bzw. Lächelns auszulösen. Dazu gehören witzige Bemerkungen, paradoxe Wortspiele, absurde Übertreibungen, widersinnige Handlungen, komische Parodien, frecher Schabernack und seltsame Ausdrucksformen der Mimik und Gestik.

Der Humorforscher Paul McGhee spricht in diesem Zusammenhang von der »Humorreaktion«. Sie ist Ausdruck einer lustvoll erlebten Selbststeigerung, nachdem normative Barrieren des Alltagslebens überwunden wurden. Dieses Erlebnis ist umfassend, weil es die Dimensionen von Körper, Affektivität und Geist gleicherweise einbezieht. Die Humorreaktion besitzt auch eine kommunikative Bedeutung. Denn der lachende Mensch teilt sich seiner Umgebung auf eine unverkennbare Weise mit. Er zeigt an, daß er sich in einer belustigenden Weise über Hemmnisse hinweggesetzt hat. Der bekannte Literat und Humorforscher Arthur Koestler sieht darin übrigens die »einzige Form der Kommunikation, bei der ein Reiz auf einer hohen Stufe kognitiver Komplexität eine stereotype, vorhersehbare Reaktion auf der physiologischen Reflexstufe (das heißt im Lachen) auslöst«.

Diese besondere Art der Kommunikation soll nach Ansicht mancher Lachforscher an die Wurzeln der Menschheitsentwicklung führen. Denn in einer Zeit, als sich der Frühmensch noch nicht sprachlich äußern konnte, mußte gerade sein Lachen der Signalisierung positiver Nachrichten dienen. Es war Ausdruck einer triumphalen Überlegenheit, die das Zusammengehörigkeitsgefühl in der Bezugsgruppe erstarken ließ. Daneben zeigte es dem gemeinsamen Gegner aber auch an: »Wir fürchten dich nicht, denn wir fühlen uns stark und sicher!«

Auch heute besitzt das Lachen diese gruppenstärkende Signalfunktion. Wenn Menschen zusammen lachen, fühlen sie sich gegenüber den Gefahren des Lebens gefeit. Sie spüren ganz unmittelbar, wie ihre Lebenskraft in das gemeinsame Gruppenerleben einfließt. Sie brauchen sich nicht um das zu kümmern, was richtig oder falsch ist. Der ideal-normative Zwang des Identifikationsgewissens wird buchstäblich aufgelöst. Im gemeinsamen Lachen wachsen Individuen zu einer affektiven Gemeinschaft zusammen, die ganz zwanglos Gefühle von Zugehörigkeit und Selbstsicherheit vermittelt. Dies hat auch therapeutische Bedeutung. Denn das gemeinsame Lachen immunisiert gegen die Angst vor dem Ausgelachtwerden (Gelotophobie). Es ist vielleicht der unmittelbarste Weg, der aus der Schamangst herausführen kann. Michael Lewis bemerkt, daß sich im Lachen immer eine Distanz zu schmerzlichen Affekten herstellen läßt. Das spannungslösende Lachen erlaubt es, »uns auf ein anderes Gefühl einzustellen, so daß wir uns von der Scham abwenden können«. Im gemeinsamen Lachen erlebt sich der einzelne nicht mehr als Opfer. Er erfährt Selbstbestätigung. Nun kann er die Scham als solche zum Objekt ironisierender Beobachtung machen. Er kann sich mit den anderen identifizieren und wird so zu einem lachenden Subjekt.

Um die Humorreaktion hervorzurufen, bedarf es stets einer Grenzüberschreitung. In grauer Vorzeit mußte sich der Mensch über die Barriere seiner Todesfurcht hinwegsetzen, wenn er Tiere erlegen wollte, die ihm in vieler Hinsicht überlegen waren. Sich auf den Kampf mit einem Raubtier oder einem Mammut einzulassen, war im Hinblick auf den Selbsterhaltungstrieb ganz und gar unvernünftig. Und dennoch hat der Mensch diese Gefahr auf sich genommen – bis zum heutigen Tage! In Kriegen und bei gewagten sportlichen Unternehmungen wird das Schicksal nach wie vor herausgefordert. Dabei kann Angst mit Lust gepaart (»bisoziiert«) werden. Diesem Phänomen hat der englische Psychoanalytiker Michael Balint eine Untersuchung gewidmet. Ihr Gegenstand ist das ausgelassene Lachen in den Achterbahnen oder Schaukeln eines Vergnügungsparks, das durch eine solche Angstlust ausgelöst wird.

Grenzüberschreitungen gibt es aber auch in der geistigen Sphäre. Dort findet der Homo sapiens eine Fülle von reizvollen Möglichkeiten, die ebenfalls nicht ohne Risiko sind. Hier ist zwar nicht das physische Überleben bedroht, wohl aber die soziale Reputation. Denn wer die Schranken der Vernunft, der guten Sitten oder der realen Machtverhältnisse ignoriert, revoltiert gegen das »gesellschaftlich-durchschnitt-

liche Bezugssystem« (Adler). Eben diese Risikobereitschaft zeichnet
den Humor aus: Es gibt für ihn, wie Jean Paul feststellt, »nur Torheit
und eine tolle Welt; er erniedrigt das Große, um ihm das Kleine, und
erhöhet das Kleine, um ihm das Große an die Seite zu setzen und so
beide zu vernichten, weil vor der Unendlichkeit alles gleich ist und
nichts.«

Der Humor ist nicht einseitig ausgerichtet. Er entsteht im Spannungsverhältnis des Gegensinnigen. Er löst die geistige Eingleisigkeit diszi-
plinierten Denkens auf, die nach Arthur Koestler in einer einzigen
Begriffswelt – gleichsam auf einer einzigen Ebene – angesiedelt ist. Als
kreative Form geistiger Aktivität bricht der Humor aus dem starr Festgelegten aus, so daß er mehre Ebenen bzw. Bezugssysteme in Anspruch nehmen kann. Damit ist er normativ buchstäblich ungebun-
den. Er entfaltet sich nach Koestler in jenem »doppelsinnigen Über-
gangszustand eines labilen Gleichgewichts, bei dem die Balance des
Affekts wie des Denkens gestört ist«. Dabei werden heterogene Ebenen bzw. Bezugssysteme zu einer Bisoziation vereinigt, die Koestler so
definiert: »Wenn zwei voneinander unabhängige Wahrnehmungs-
oder Denksysteme aufeinandertreffen, ist das Resultat entweder ein
Zusammenstoß, der im Lachen endet, oder eine Verschmelzung zu
einer neuen geistigen Synthese.« Dabei wird die Grenze zur »Gegen-
welt des Unernsten« unentwegt überschritten.

Zur Veranschaulichung erwähnt Koestler den Wilden, der sich vorwurfsvoll an die geschnitzte Totemfigur wendet und ausruft: »Sei nur
nicht so stolz, ich kenn dich noch als Zwetschgenbaum!« Dies ist ein
Beispiel für eine humorvolle Doppelbindung (vgl. Seite 257 ff.): Das
Numinose wird mit dem Banalen und das Metaphorische mit dem
Konkreten bisoziiert. So stellt der Humor tatsächlich ein grenzüber-
schreitendes Phänomen dar. Er setzt sich über Regeln hinweg, die
unser normales Alltagsleben bestimmen, und zwar insbesondere dann,
wenn deren Nichtbeachtung zu peinlichen Konsequenzen führt. So
ist der Humor auch der »verkleidete Priester, der jedes Paar kopuliert«,
wie Jean Paul es treffend formuliert hat.

Auch wenn der Humor ein Phänomen schöpferischer Regelverlet-
zung ist, folgt er selbst doch wieder eigenen Regeln. Dies ist für seine

therapeutische Nutzung von großer Bedeutung, da sich hieraus eine spezifische Technik herleiten läßt. Arthur Koestler hat dies einmal so definiert:

1. Das grundlegende Element ist eine normativ ungebundene, also regellose Originalität, die verblüffend und ungewohnt, vielleicht auch befremdlich ist.

2. Es sind Affekte einbezogen, die normalerweise einer kulturellen Zensur bzw. Abwehr unterliegen. Hierzu gehören insbesondere aggressive, sexuelle und skatologische Impulse.

3. Von besonderer Bedeutung ist ein spielhaftes Element, das der sprachlichen Begrifflichkeit und der ausdrücklichen Feststellung nicht bedarf. Denn dieses Element findet seinen ganzheitlichen Ausdruck im Kontext körperlicher Bewegungen und Ausdrucksformen, also der Mimik und Gestik. Daraus ergibt sich die Möglichkeit einer indirekten, impliziten Kommunikation, die vor allem von Anspielungen lebt, die nur zum Teil bewußt wahrgenommen werden.

Der Schelm als Grenzgänger und Gegenteiler

Die Geschichte Pinocchios liest sich wie ein einziges großes Schelmenstück. Denn ein Schelm ist ein lustiger Starrkopf. Er ist jemand, der wegen seiner verrückten Streiche zugleich geschätzt und gefürchtet wird. Dies geht schon aus der etymologischen Wortbedeutung hervor. Im Mittelhochdeutschen bedeutete *schelme* nämlich »Seuche«, »Pest« und »Aas«. So ist die Wesensfigur des Schelms nach mehreren Seiten abgegrenzt, wie die Mythenforscherin Marie Ramondt feststellt: »Er gehört nicht zu dem Bereich des Bösen und ebensowenig zur Gesellschaft des Jokers und dessen harmloser Freude. Der Schelm ist nie harmlos.« Das zeigt, daß der Spaßmacher seine Mitmenschen nicht nur zum Lachen bringen, sondern diese mitunter auch verunsichern kann. Der Schelm ist ein Grenzgänger, eine Figur, die geradewegs aus dem Rahmen fällt. Dennoch (oder gerade deshalb?) war der

Schelm in allen Kulturen eine feste Institution. Er ist eine Weltfigur. Es gab ihn schon bei den Azteken, Chinesen, Mongolen und Arabern. Der ägyptische Pharao Dadkeri-Assi aus der Fünften Dynastie soll sich bereits einen Hofnarren gehalten haben, und im antiken Rom gab es einen eigenen Markt für Narren und Spaßmacher.

Marie Ramondt meint, die Umkehrung der normalen Verhältnisse sei in vorchristlicher Zeit ein besonderes Kennzeichen der »unheimlich Unterirdischen« gewesen. Diese Umkehrung betraf nicht zuletzt die Naturerscheinungen und ihre Gesetze. Dadurch entstand, wie Marie Ramondt bemerkt, »eine verkehrte Welt, die unvermeidlicher Weise schelmartige Vorfälle, irgendeine Tücke des Objekts, Ausgelassenheit, Streiche, Dummheiten, Nachahmungen aufzuweisen hatte. Der Schelm pfiff voran!«

Der Ethnologe Paul Radin hat den Schelm auch bei den nordamerikanischen Indianern entdeckt. Er meint, dort habe er eine Form angenommen, die als seine »früheste und archaischste Erscheinung« betrachtet werden muß. Dort zeigt er sich »in ein und derselben Zeit als Schöpfer und Zerstörer; spendend und verweigernd, ist er der Betrüger, der selber immer betrogen wird. Jederzeit ist er durch Impulse, die er nicht zu beherrschen vermag, gezwungen, sich so zu benehmen, wie er es tut. Er kennt weder Gut noch Böse. Er kennt weder moralische noch soziale Werte, ist seinen Lüsten und Leidenschaften ausgeliefert, und doch werden alle Werte durch seine Taten ins Leben gerufen. Gelächter, Humor und Ironie durchpulsen alles, was der Schelm tut.«

So ist der Schelm in seiner ursprünglichen Form Kind und Heiliger zugleich. Er ist, wie C.G. Jung schreibt, »ein › kosmisches ‹ Urwesen göttlich-tierischer Natur, dem Menschen einerseits überlegen vermöge seiner übermenschlichen Eigenschaften, andererseits unterlegen vermöge seiner Unvernunft und Unbewußtheit.« Er ist nicht zuletzt deshalb überlegen, weil er sich – durchaus schamlos – über die Vorschriften und Tabus bedenkenlos hinwegsetzt, die für die anderen bindend sind. So ließen sich die Schelme bei den Pueblo-Indianern in extremer Weise auf Obszönitäten ein. Sie faßten sich gegenseitig an die Genitalien, als ob sie einander masturbieren wollten. Oder sie forderten ihr

Publikum zum Geschlechtsverkehr auf. Dies geschah im Rahmen einer Gesellschaftsordnung, die von prüden Normen bestimmt wurde. Pueblo-Indianer galten nämlich als ausgesprochen schüchtern. Sie mieden zwanglose körperliche Kontakte ebenso wie Ausdrücke der Gossensprache oder ein sexuell aufreizendes Verhalten in der Öffentlichkeit.

Der Schelm war in jeder Hinsicht ein Gegenteiler: Bei manchen Indianerstämmen ging er rückwärts, wenn alle anderen vorwärts gingen. Er sprach auch rückwärts, und er tat überhaupt das genaue Gegenteil von dem, was angesagt und geboten war: Er verwechselte Leichtes mit Schwerem, Heißem mit Kaltem und umgekehrt. Auf Kriegszügen setzte sich dieser Gegenteiler verkehrt aufs Pferd, um mit Pfeil und Bogen über seine Schulter hinweg zu schießen. Und er lachte besonders laut, wenn der ganze Stamm trauerte.

Offensichtlich ist diese Art sowohl widersinniger als auch schamloser Normverletzungen gerade für solche Kulturen ein psychologisch notwendiges Regulativ, deren Gesellschaftsordnung auf einem schambezogenen Identifikationsgewissen beruht. Diese Menschen können in gewisser Hinsicht mit Kindern verglichen werden, deren moralisches Verhalten ebenfalls von einem entsprechenden Identifikationsgewissen bestimmt wird, weil ein schuldbezogenes soziales Regelwissen noch nicht entwickelt wurde. Kinder lieben deshalb die Figur des widersinnigen und unverschämten Gegenteilers, der in den klassischen Märchen genauso dargestellt wird wie in den Geschichten des *Struwwelpeter* oder der *Pippi Langstrumpf.* Die Ärztin und Rhythmikerin Renate Klöppel verwendet in ihrer Arbeit mit verhaltensgestörten Kindern vielleicht aus eben diesem Grund die »Geschichte vom Herrn Gegenteil«:

»Gestern begegnete mir ein Mann, der lief mit aufgespanntem Regenschirm durch die Stadt, obwohl es nicht geregnet hatte. Das wäre noch gar nicht so komisch gewesen, aber der Mann hatte eine Badehose an, keinen Mantel, keine Schuhe, gar nichts außer der Badehose. Das hat mich so gewundert, daß ich hinter dem Mann hergegangen bin. Da habe ich gemerkt, daß er auch sonst immer das Gegenteil von dem machte, was die anderen Menschen taten.

Wenn er über die Straße ging, guckte er nach rechts, dann nach links, und dann ging er los, obwohl ein Auto kam, das glücklicherweise gerade noch bremsen konnte. Schließlich kam er zu einem Supermarkt, in den er hineinging. Da sah ich, daß er aus seiner Tasche ein Pfund Mehl nahm und es ins Regal stellte und genauso ein Stück Butter, eine Dose Erbsen und zum Schluß noch eine Tafel Schokolade. Dann ging er wieder raus, und ihr werdet es euch schon denken, er ging nicht wie andere Menschen, sondern er ging immer rückwärts, und dann kam das Erstaunlichste: Er holte aus seiner Tasche ein paar Rollschuhe und schnallte sie sich – ihr werdet es kaum glauben – an die Hände, und husch, schneller, als ich laufen konnte, sauste er mit den Rollschuhen an den Händen davon.«

Schon in der Antike gab es den gegenteiligen Schelm. Die Ursprünge des altgriechischen Theaters gehen auf die Festlichkeiten zurück, die zu Ehren von Dionysus, des Gottes der weinseligen Lustbarkeiten, gefeiert wurden. Dabei entfaltete sich ein Humor, der in seiner Obszönität und tendenziellen Grausamkeit aus heutiger Sicht schamlos war. Doch für die antiken Menschen war Dyonisus vor allem ein Gegenteiler, ein »anderer Weg des Denkens« (Palmer). Die Tatsache, daß sich den Beteiligten damals die Möglichkeit zu einem ebenso derben wie herzhaften Gelächter eröffnete, weist überdies auf die psychologische Bedeutung dieser kollektiven Grenzüberschreitung hin: Wenn sich jedermann, ohne Rücksicht auf die üblichen Rollenzwänge und Standesunterschiede, gehenlassen darf, wird ein emotionaler Freiraum geschaffen, der die Menschen einander näherbringt. Dieses dyonisische Prinzip, das auch von Nietzsche beschworen wurde, läßt den Menschen buchstäblich aufleben! So überdauerte es die Jahrhunderte. In abgewandelter Form gab es auch bei den Römern entsprechende bacchantische Festivitäten, die als »Saturnalien« bezeichnet wurden. Sie waren die eigentlichen Vorläufer unserer Fastnacht. Närrische Trinkkönige übernahmen dabei das Regiment. Sie durften alle Standesunterschiede aufheben, so daß der Herr den Knecht bediente und der Reiche den Armen hofieren mußte.

Der Schelm als normativer Grenzüberschreiter tritt uns auch in der Gestalt des Schalksnarren an mittelalterlichen Königshöfen entgegen. Er war, wie der Fastnachtsforscher Utz Jeggle schreibt, »in einem System streng monopolisierter Machtausübung und Wahrheitsfindung der einzige Stachel, der nicht in vorgeschriebener Richtung löckte.« So konnte er seinen Zeitgenossen vorleben, welchen Spaß es bereitet, die weltliche und kirchliche Obrigkeit zum Narren zu halten – und dabei jene herrliche Narrenfreiheit genießen, die ansonsten nur dem kleinen Kind zugestanden wurde.

Selbst in das Leben der Kirche fand der Schelm als unverschämte, bereichsweise sogar schamlose Symbolfigur Zugang. Die italienische Anthropologin Maria Caterina Jacobelli schildert den mittelalterlichen Brauch, den Gottesdienst in der Osternacht von Possenreißern feiern zu lassen. Sie taten das Gegenteil von all dem, was ein richtiger Priester tun sollte. Als Gewährsmann führt die Autorin den württembergischen Pfarrer Johann Hausschein an, der Anfang des 16. Jahrhunderts einen Bericht über diese seltsamen Bräuche verfaßt hatte. Er beschrieb dabei solche »Gegenpriester«:

»Einer schrie immer ›Kuckuck‹ wie der gleichnamige Vogel, wenn er im hohlen Weidenbaume seine Jungen gefressen hat. Ein anderer legte sich auf Rindermist, tat, als wäre er im Begriff, ein Kalb zu gebären und trieb die näher Kommenden nach Art der Gänse durch Schnattern von sich weg. Wieder ein anderer zog einem Laien eine Mönchskutte an, machte ihm dann vor, er sei nun Priester, und führte ihn zum Altare. Wieder einer erzählte, mit welchen Mitteln der Apostel Petrus die Wirte um die Zeche betrog.«

Der Clown

In der Neuzeit nahm der Schelm zunächst die Gestalt des Hanswurst und später die des Harlekins an. Jean Paul charakterisiert den Hanswurst als den »wahren Gott des Lachens«, als den »personifizierten Humor«. Er ist der »Typ des Schlaudummen oder Dummschlauen, in dem gar nicht mehr zu erkennen ist, wo die Schlauheit aufhört und die Dummheit beginnt«, meint der Mythenforscher Karl Kerényi. In der weltberühmten Figur des Mulla Nasrudin feiert dieser Typ seit langem fröhliche Urständ. C.G. Jung beschreibt den Hanswurst als einen »negativen Helden«, der durch seine Dummheit das erlangt, »was ein anderer durch seine beste Leistung zu erreichen verfehlt hat«.

Und der Psychoanalytiker Lutz Müller hat in seiner Interpretation des Märchens vom Tapferen Schneiderlein die List und (scheinbare) Schwäche dieses negativen Helden als Kennzeichen humorvoller Lebenskunst ausgewiesen.

In Frankreich wurde der Hanswurst als »Colon« oder auch »Claune« bezeichnet, was ins Deutsche übersetzt »Bauerntölpel« bedeutet. Daraus entwickelte sich dann die englische Bezeichnung »Clown«. Dieser fand in der ersten Hälfte des 19. Jahrhunderts als Manegenkomiker Eingang ins Zirkusleben.

Der Zirkusclown war stets ein Gegenteiler, Sinnbild auch des trotzigen Kindes. Denn es besteht »eine eigenartige Wesensverwandtschaft zwischen dem tolpatschigen Erwachsenen mit der roten Nase und den großen Schuhen und seinen jungen Zuschauern, den Kindern«, schreibt der Clown und Hochschullehrer Ernst Kiphard. Beide leiden an zahllosen Schwächen und Unzulänglichkeiten. Die Erwachsenen erscheinen ihnen allwissend und übermächtig. Dabei hegen Clown und Kind den gleichen unerfüllbaren Wunsch: einmal den allmächtigen Erwachsenen ein Schnippchen zu schlagen, gegen ihre Autoritätsansprüche aufzubegehren, um wieder einmal etwas Verbotenes zu tun. Der Clown fällt tatsächlich überall aus dem Rahmen, denn er entspricht nicht den Idealen von Klugheit, Vernunft, Schönheit oder souveräner Körperbeherrschung. Nicole Kristuf schreibt, daß der Clown »verbotene Grenzen überschreitet und immer das Gegenteil von dem tut, was man von ihm erwartet. Es ist verständlich, daß uns die Welt des Clowns zunächst wie ein Chaos erscheint. Im Reich des Clowns werden alle Erwartungen enttäuscht. Er geht nicht, er torkelt und stolpert, fällt hin. Er flüstert seinem Clownskollegen nicht leise ins Ohr, nein, er brüllt ihm die geheime Botschaft ins Ohr. Auf seinen Instrumenten bringt er nur schiefe Töne hervor. Er läuft mit dem Kopf voran gegen alle Hindernisse. Dem Zircusdirektor zeigt er eine lange Nase. Und schließlich, er schaut von der falschen Seite ins Gewehr – welche Katastrophe könnte das zur Folge haben!«

Der Clown ist schon von seinem Äußeren her »eine übertriebene Karikatur der Dummheit, der manchmal noch ein ansteckend wirkendes Grinsen aufgesetzt ist«, bemerkt Arthur Koestler. Gleichzeitig beweist aber auch der Clown, daß ein lächerliches Erscheinungsbild nicht allein Anlaß zur Belustigung der anderen ist, sondern auch ein Mittel der eigenen (lustvollen) Selbstbehauptung sein kann. Denn das Vergnügen, das er bereitet, ist nach Ansicht von Constantin von Barloewen »zum großen Teil hämische Schadenfreude, die Entladung sadistischer, sexueller und obszöner Impulse über die reinigenden Kanäle des Lachens«. So ist der Clown das nicht schamgebundene Ebenbild komischer Menschen. Denn allen Clowns gemeinsam ist die Komik, die aus der mechanischen Starrheit oder Zerstreutheit eines lächerlichen Menschen resultiert. Der Clown fürchtet sich nicht vor dem Versagen, dem Scheitern. Im Gegenteil scheint er ein gehöriges Maß an Befriedigung daraus zu ziehen. Clowns agieren auf der Stufe eines Kleinkindes, das noch nicht richtig sprechen kann und das seine Körperfunktionen noch nicht richtig beherrscht. Sie verzichten, wie von Barloewen bemerkt, »auf die Sprache, ersetzen sie durch Stummheit und Stammeln, die indes um so beredter sind, je mehr sie unverständlich erscheinen.« Wie alle komischen Menschen stehen Clowns außerhalb der Gemeinschaft: »Die Vereinzelung ist Merkmal clownesker Lebensform. Der Clown bleibt ein einzelner, auch wenn er in Gruppen auftritt«.

Und dennoch ist der Clown kein bemitleidenswerter Schwächling. Er ist der große Widersacher, der seinen Zweifel überall hinträgt. »Er ficht seinen Kampf sehr sanft, ganz ohne das Klirren der Piken auf den Rüstungen«, schreibt Constantin von Barloewen. Der Clown ist so das Sinnbild des revoltierenden Menschen. Er ist, wie Klaus Peter Müller bemerkt, der unfügsame, der geheiligte Rebell, »ein Grenzgänger zu Abgründen«. Und Toni Meissner schreibt: »Seit der Clown auf englischen Bühnen zur Welt kam, verkörpert er das Irrationale in der menschlichen Natur, die Primitivseele, das Es. Jene rebellische Instanz, die die Ordnung nicht mag, den Geist, der stets (oder oft) verneint, der Lust am Kaputtmachen hat, den Trieb, den Widerpart des Über-Ich«.

Es gibt viele verschiedene Clown-Figuren. Grundsätzlich kann man zwei Formen unterscheiden: Die erste ist der kompetente »Weißclown« (Harlekin, Pierrot, Gracioso), der die Sphäre des Erwachsenseins repräsentiert. Sein Urahne ist der sogenannte »weiße Mime« (mimus albus), der in den Komödien der alten Griechen und Römer eine lustige Rolle spielte. Nach seinem Vorbild schminkten sich die Darsteller mittelalterlicher Mysterienspiele ihr Gesicht mit weißer Farbe. Auf dem Kopf trugen sie drei rote Haarbüschel, die die Flammen des Fegefeuers versinnbildlichen sollten. So konnten sie die Rolle der armen Seelen spielen, die sich mit den Teufeln einen – oft derben – Kampf lieferten.

Der Gegenspieler des lebenstüchtigen Weißclowns ist der inkompetente »Minimalclown« (Dummer August, Hanswurst). Er »zeigt die Variationen lustvollen Scheiterns, dies ist der Versuch einer Selbstverkleinerung bis hin zur Unsichtbarkeit« (Fried/Keller). »Sein Gang ist komisch, weil er den normalen Abstand der Füße zueinander verringert, was die Standfläche seines Körpers reduziert und sein Gleichgewicht prekär erscheinen läßt« (Seitler). Schon der Spaßmacher römischer Komödien, der Centunculus, trat in einem bunten Kostüm auf. Er besaß auch schon jenen Kahlkopf, der zu einem Erkennungsmerkmal des heutigen Minimalclowns gehört, ebenso wie die überdimensionierten absatzlosen Schuhe, die seinen komischen Gang bewirken. Die Gestik, Mimik und Körperhaltung des Minimalclowns ist reduziert: Seine ganze Erscheinung kündigt ein Scheitern an.

Der große italienische Regisseur Frederico Fellini nennt den Streit zwischen dem Weißclown und dem Minimalclown den »Kampf zwischen dem herrlichen Kult der Vernunft« und der »Freiheit des Triebes«. Er begründet dies so:

»Der weiße Clown und der August – sie sind Lehrer und Kind, Mutter und Gassenbub, man kann auch sagen: der Engel mit dem feurigen Schwert und der Sünder. Es sind die beiden Haltungen des Menschen, der Drang nach oben und der Drang nach unten, getrennt, separiert. Der weiße Clown erschreckt die Kinder, weil er die Pflicht oder (mit einem Modewort) die Repression verkörpert. Das Kind hingegen identifiziert sich sogleich mit dem

August, der mißhandelt wird, der das Geschirr zerschlägt, der einem die Wasserkübel ins Gesicht leert. Alles, was die Kinder machen wollen und was die verschiedenen weißen Clowns, die Mutter, die Tante verhindern – im Zirkus kann das Kind sich vorstellen, daß es alles Verbotene tut: sich als Frau anziehen, Grimassen schneiden, auf der Straße brüllen, laut sagen, was man denkt. Und hier wird dazu noch applaudiert ... «

Die rote, auffällig deformierte Nase ist das wohl wichtigste Ausdrucksmittel des Minimalclowns. Er trägt diese Nase, um zu zeigen, daß für ihn die Kategorien von Macht und Ohnmacht hinfällig sind. (Die Stellung der Nase war immer schon ein Hinweis auf das Selbstwertgefühl eines Menschen: Wer seine Nase hoch trägt bzw. hochnäsig ist, zeigt an, daß er stolz ist. Der beschämte Mensch, der seinen Kopf hängen läßt, trägt demgegenüber seine Nase tief. Darüber hinaus ist die aus der Norm fallende Nase ein besonders exponiertes Merkmal des Komischen. Kinder halten sich deshalb die ausgestreckten Finger der Hand an die Nase, wenn sie einen anderen veralbern wollen.) Auf dieses Ausdrucksmittel greift auch der Therapeutische Humor zurück. Er verwendet die Clownsnase als ein Mittel für die Ausklammerung der Sphäre des Erwachsenseins: Auch in therapeutischen Humor-Gruppen gilt: Sobald sich ein Klient diese Nase aufgesetzt hat, nimmt er die Identität des Minimalclowns an, dessen Bestimmungszweck darin liegt, von allem weniger zu machen. Damit wird die Identität eines kleinen Kindes angenommen, dessen Können sich in einer anderen Sphäre entfaltet als der des Erwachsenenlebens. Denn es ist die Identität des un-verschämten Kindes, die vom Clown unentwegt vorgelebt wird: »Er benimmt sich töricht, läßt sich nicht belehren und, was vielleicht das wichtigste ist, er steht immer wieder auf, mit einem selbstüberzeugten Lachen auf dem Gesicht, steigt über seine Trümmerhaufen hinweg und versucht's aufs Neue« (Fried/Keller).« Eine Teilnehmerin im »Werkkreis Therapeutischer Humor« schrieb über die Clownsnase:

»Die Clownsnase ist eine Maske, und meine Maske ist die Clownsnase: Wie auch immer ich die Wörter vertausche, Hauptsache ist, daß sie mein Gesicht larvieren. – Das Gesicht verlieren – diese Vorstellung verliert ihren Schrecken, wenn ich die Clownsnase aufsetze. In diesem Augenblick verliere ich das Gesicht, dessen ich mich schäme. Das ist nicht entwürdigend, sondern befreiend. Denn die Würde, das Gesicht, habe ich in meiner Kindheit verloren. Mit dieser Scham laufe ich durch den Alltag. Und mein Alltagsgesicht zeigt – paradoxerweise – jedem an, daß ich ›mein Gesicht verloren habe‹ – damals, als ich Kind war.

Doch die Clownsnase auf meiner Nase befreit mich von dieser Scham. Sie befreit mich von meinem verlorenen Gesicht. Sie, die rote, kugelige, künstliche Nase vermittelt mir die Empfindung, mich verbergen zu können. Sie läßt mich spüren, daß sich mein altes, verhaßtes Gesicht auflöst. Es sind aber nicht meine realen Augen oder meine realen Lippen, die mich stören, weil ich mich ihrer schäme: Es ist meine Identität, die sich in diesem Gesicht offenbart. Ihrer schäme ich mich. Die aufgesetzte, darüber gestülpte Clownsnase schafft die Illusion in mir, ein anderer, neuer, befreiter Mensch zu sein. Toll, wie ich mich (bzw. mein aufgezwungenes Image ›gefallenes: besser: zu Fall gebrachtes, mißbrauchtes Mädchen‹) befreien kann, wenn diese zehn Quadratzentimeter roter Gummi meine Nase bedecken!

Ich kann es auch anders herum betrachten: Mit meiner ›persona‹[21], mit der ich mich seit meiner Kindheit identifiziere, versuche ich (weshalb eigentlich?) etwas krampfhaft aufrechtzuerhalten, versuche ich meine Scham zu überspielen. Doch erst die Clownsnase öffnet mir den Zugang zu einer neuen Rolle. Sie befreit mich von einem vorgefaßten, aufgezwungenen Image. Der Clown nimmt mir meine alte, verhaßte Persona ab. Oh, wie leicht, wie lebensfroh lebt sich's als Clown! Und wie lebensfeindlich, wie trist lebt sich's mit dem Kainsmal der Scham im Gesicht.«

Der therapeutische Clown

Der amerikanische Psychiater und Sterbeforscher Raymond Moody schrieb:

»Es gibt Situationen, in denen es einem Clown gelingt, mit seinen Possen einen Menschen, der sich in krankhafter Weise völlig aus seiner Umwelt und auf sich selbst zurückgezogen hat, in die beherrschende Realität zurückzuholen. Und dies ist um so beeindruckender, wenn zuvor alle Versuche der Ärzte und Krankenschwestern fehlgeschlagen sind. Häufig sind sich Clowns dieser Tatsache sehr wohl bewußt. Einmal begleitete ich einen international bekannten Clown durch ein Kinderkrankenhaus. In einem der Zimmer sahen wir einen drei Jahre alten Jungen, der so ängstlich und verzweifelt darüber war, in einem Krankenhaus zu sein, daß er seit drei Wochen mit niemandem gesprochen hatte – weder mit den Ärzten noch den Schwestern, ja nicht einmal mit seinen Eltern. Aber auf die komischen Kunststücke des Clowns reagierte er sofort mit Worten, und er sagte uns Lebewohl, als wir gingen. Auch nach diesem Ereignis verhielt sich dieses Kind dann normal.«

In den letzten Jahren fand der Clown zunehmend Eingang in die sterile Atmosphäre der Krankenhäuser. Zunächst blieb dies auf den Bereich der Pädiatrie beschränkt. So begannen vor fünf Jahren New Yorker Kinderärzte in Clownkostümen kranke Kinder zu behandeln. Ein ähnlicher Versuch wurde in Ottawa durchgeführt. Und in den Hospitälern von Paris bekommen kranke Kinder seit kurzem zweimal in der Woche Besuch von therapeutisch weitergebildeten Clowns, den sogenannten Lachärzten. Sie helfen den Kleinen mit ihrer Kunst über die schwer erträglichen Wartezeiten vor Operationen hinweg. Später lassen sie sie die Schmerzen lachend vergessen. Der Erfolg der Clowns war bislang so groß, daß die »Fondation de France« und das Gesundheitsministerium aktive Unterstützung gewähren.
Clowns sind inzwischen auch im Bereich der Gruppentherapie aktiv geworden. Der Psychoanalytiker Martin Grotjahn hatte schon vor Jahren erklärt, jeder große Clown sei ein schöpferischer Künstler und – wie ein Analytiker – ein Deuter. Doch anders als der Wissenschaftler deute er keine objektiven Tatsachen der Außenwelt, sondern subjektive Wahrnehmungen der Innenwelt. Im folgenden möchte ich dafür Erläuterungen aus eigener Gruppenarbeit bringen, in deren Rahmen ein therapeutischer Clown als Co-Therapeut wirkt. In dieser Funktion steht er dem jeweiligen Klienten im Sinne eines kindlichen Doppelgängers zur Seite. Er macht diesem vor, was es heißt, lustvoll zu scheitern. Er flüstert ihm Botschaften zu, die das Regiment beschämender Man-muß-Ideale aus den Angeln heben. Der therapeutische Clown fungiert somit als ein unverschämtes Identifikationsmodell. In-

dem er sich in jeder Hinsicht von jenen Vorbildern unterscheidet, die das schlechte Gewissen eines schamgebundenen Menschen beinhalten, kann er einen weitreichenden kathartischen Effekt anregen. In dieser Hinsicht steht der therapeutische Clown ganz in der Tradition des historischen Schelms. Im folgenden führe ich einige Beispiele dafür an.

Wir beginnen unsere Gruppenarbeit im allgemeinen mit problemzentrierten Gesprächen. Grundlegendes Thema ist die Scham. Es geht dabei jeweils um die Schilderung schamauslösender Situationen, die in den lebensgeschichtlichen Zusammenhang gestellt werden. Damit folgen wir dem üblichen Beispiel einer aufdeckenden Psychotherapie. So werden verschiedene Stationen der Schamentstehung erkennbar. Sie sind Glieder einer Kette, die sich aus der aktuellen Gegenwart, im Hier und Jetzt der Gruppensituation, über die Jahre hinweg bis in die Beziehungsstruktur der Herkunftsfamilie hinein verfolgen läßt. Immer geht es dabei um die Angst, sich danebenzubenehmen, etwas Falsches zu sagen und dadurch unangenehm aufzufallen. Daraus resultiert gewöhnlich das entmutigende Bestreben, die eigenen Mängel zu überspielen, sich besser, souveräner, eben normaler zu verhalten. Sobald die Clownsnase aufgesetzt wird, ist aber das Gegenteil angesagt: Die verschiedenen Stationen der Beschämung werden nun mit den Mitteln des Minimalclowns in Szene gesetzt.

Dem jeweiligen Akteur steht dabei der therapeutische Clown hilfreich zur Seite. Er sorgt vor allem dafür, daß der »Kopf«, also das selbstkontrollierende Erwachsenendenken, ausgeklammert bleibt. Dies erreicht der Clown, indem er den Akteur mit den verschiedensten Mitteln ablenkt: So kann er ihn unter den Arm greifen und mit ihm kreuz und quer durch den Raum laufen, mit ihm hüpfen oder ihn tanzen lassen. Er kann den Akteur auch veranlassen, »chinesisch« oder »kisuaheli« zu sprechen – dies folgt der gleichen Logik wie die Kôan-Praxis des Zen. Ein Teilnehmer beschrieb das so:

»Das ist eine sehr nützliche Übung, die ich sehr gerne mache und die mir hilft, eine Menge kreativer Energie freizusetzen. Die variable Gestaltung und der sehr zielstrebige Einsatz von Erika (dem therapeutischen Clown) beeindrucken mich immer wieder zutiefst. Ich habe dadurch gelernt, viel spontaner in eine Vielzahl von Problemsituationen hineinzugehen. So kann ich am Montagmorgen endlich wieder locker zur Arbeit gehen, ohne mir zuvor im Kopf eine riesige, schier unüberwindliche Mauer von Leistungsanforderungen und Erwartungsängsten aufzubauen.«

Immer wieder macht der therapeutische Clown dem Akteur vor, wie sich ein Minimalclown zu verhalten hat: Er verlangsamt die Gestik so stark, daß etwa die Bewegungen des Kopfes oder der Arme wie im Zeitlupentempo erfolgen. Er macht kleine, unbeholfene Schritte, wobei er sich wie eine hölzerne Marionette bewegt: mit durchgedrückten Armen und Knien, so daß die Körperbewegungen ebenso komisch wirken wie die unbeholfenen Gehversuche eines Kleinkindes! Wenn der Akteur spricht, muß er dafür sorgen, daß der Redefluß verändert wird. Um das zu erreichen, hat er vielleicht zuvor einen kleinen Schluck Wasser zu sich genommen, den er mit der Zunge im Oberkieferbereich zu halten versucht. [22] Oder er streckt die Zungenspitze zwischen die Zähne. Das führt dazu, daß die Aussprache im wahrsten Sinne des Wortes verwaschen klingt! Eine andere Möglichkeit ist, in übertriebener Weise zu nuscheln, zu näseln oder den Redefluß bewußt zu verändern, so daß die Worte gestammelt werden. Hier wird ein Bezug zu den ersten Sprechversuchen des Kleinkindes hergestellt. Dazu schrieb ein Teilnehmer:

»Sprechen war für mich mit großen Ängsten und mit Scham verbunden. Ich fühlte mich gegenüber Kollegen und Bekannten in einer für mich unerträglichen Weise unterlegen. Sobald ich mich dabei ertappt habe, zu lispeln oder zu stottern, überkam mich eine tiefe Verzweiflung, die meine Gehemmtheit noch weiter steigerte. In den vielen Clownsübungen, die ich inzwischen durchgeführt habe, konnte ich jedesmal die gleiche befreiende Erfahrung machen. Ich konnte erleben, daß ich mit Lust und Ulk das absichtlich produzieren kann, was mir bislang wie ein fremder Zwang erschien. Das Gelächter, das ich dabei hervorrufe, geht nicht mehr gegen mich. Es ist die Anerkennung für meinen Erfolg als Komiker.«

Eine ähnliche Erfahrung beschreibt eine Teilnehmerin, die von Beruf Lehrerin ist:

»Schon in einer der ersten Gruppensitzungen brachte ich mein großes Problem ein: die Eröffnung eines Elternabends! Dabei habe ich seit etwa zwei Jahren die folgenden Probleme: Sprachstörungen, Herzrasen, Mundtrockenheit, Atemnot und vor allem die Angst, durchzudrehen. In einem Rollenspiel sollte ich einen Elternabend eröffnen. Die übrigen Anwesenden spielten aufmüpfige, kritisierende, schimpfende Eltern. In meiner eigenen Rolle als Lehrerin mußte ich alle meine Symptome auf möglichst komische Weise verstärken. Während ich versuchte, diese Hinweise auf meine Schamangst überdeutlich werden zu lassen, während die vor mir sitzenden › Eltern ‹ ebenfalls ihre Rolle hervorragend spielten, stieg eine unglaubliche Wut in mir hoch. Sie wurde noch verstärkt durch den therapeutischen Clown. Dieser stachelte mich mit allen Mitteln seiner Kunst auf. Ich war gar nicht mehr in der Lage, auf seine Worte, die im Stakkato auf mich niederprasselten, zu hören. Ich spürte nur noch meine Wut.

Wochen später befand ich mich tatsächlich in dieser Situation. Es war ein Elternabend. Ich stand vor den Menschen – und hatte wieder das Rollenspiel vor Augen. Ich spürte auch meine Wut wieder, sah mich in der Rolle des frechen Clowns und hörte mich selbst sagen: › Liebe Eltern, ich stehe hier vor Ihnen voller hoffnungsloser Schamangst … ‹ Und ich sagte dies mit einer klaren, festen, energischen Stimme! Und wie ich sie ungläubig lachen sah, wußte ich, daß ich gewonnen hatte. Denn sie lachten nicht über mich selbst, sondern über einen Witz, der wohl wirklich gelungen war. Den weiteren Verlauf des Abends konnte ich selbstbewußt und ungehemmt gestalten.«

Unter solchen und ähnlichen Voraussetzungen werden die schlimmen Schamerfahrungen der Vergangenheit und Gegenwart systematisch in Szene gesetzt. Das Lachen, das der jeweilige Akteur (mit der Assistenz des therapeutischen Clowns) erntet, wird nunmehr anders wahrgenommen. Es wird nicht mehr als ein Auslachen erlebt, sondern als die anerkennende Bestätigung eigenen Könnens. Denn der Akteur hat jetzt etwas geleistet, das in sehr vielen Fällen durchaus bühnenreif ist, also an die Darbietungen richtiger Clowns herankommt. Damit ist eben jener Einstellungswandel spielerisch vollzogen, den Viktor Frankl

als die Voraussetzung für eine Immunisierung gegenüber der Schamangst ansieht. Denn es ist ja die Gelotophobie, die Angst vor dem
Ausgelachtwerden, die zu neurotischer Selbstkontrolle und Selbstbeobachtung geführt hat. Diese Angst läßt sich in den meisten Fällen
nicht auf der kognitiven Ebene bloßen Umdenkens auflösen. Das ist
auch der Grund, weshalb manche paradoxe Interventionen ohne einen wirklich durchgreifenden Erfolg bleiben.

Die Immunisierung gegenüber der Angst vor dem Ausgelachtwerden
nimmt in therapeutischen Humorgruppen breiten Raum ein. So kann
im Rahmen von Rollenspielen die Abwehrkraft des dummen Lachens
geübt werden. Als Voraussetzung dazu gibt der jeweilige Akteur einige
Schwächen von sich preis, für die er sich bislang besonders geschämt
hat. Er wird dann von den Gruppenteilnehmern mit diesen Schwächen
konsequent konfrontiert: zunächst unter den Voraussetzungen der
clownesken Reduktion, also mit roter Nase, komischer Körperhaltung,
verwaschener Aussprache usw. Der Protagonist darf (wieder mit der
Assistenz des therapeutischen Clowns) nur das eine tun: möglichst
dümmlich lachen. Auch das will geübt sein! Denn dieses Lachen ist
ebenfalls eine Minimalleistung. Es soll weder aus vollem Hals kommen,
noch lustig oder locker sein. Kurzum, es soll möglichst peinlich wirken.
Nach diesem ersten Durchgang legen die »Angreifer« die Clownsnase
ab und konfrontieren den Protagonisten als normale Erwachsene mit
den gleichen Vorwürfen. Aber auch jetzt darf sich dieser ausschließlich
mit dümmlichem Lachen wehren.

Die Leitideen Therapeutischen Humors sind also in der Reduktion
und im Gegensinn zu sehen. Beides zielt auf die Ausklammerung jener
normativen Realitätsauslegung ab, die für den normalen Erwachsenen
verbindlich ist. Der Klient kann damit eine Grenzüberschreitung voll-
ziehen. Er kann sich zwanglos und spielerisch in die Sphäre seines eigenen Kindseins begeben, was im wahrsten Sinne des Wortes unge-
zwungen und un–verschämt ist. Daraus resultiert ein befreiender Effekt:
Die einzelnen Gruppenteilnehmer können sich allmählich aus ihrer
selbstbezogenen Haltung lösen, die ja nicht zuletzt eine Folge übermäßiger Selbstbeobachtung und Selbstkontrolle ist. Sie bringen sich, entsprechend dem Beispiel kleiner Kinder, affektiv, das heißt voller unbefan-

gener Lebensfreude und spiellustiger Albernheit in eine Gemeinschaft ein, die sie nicht zu fürchten brauchen. Die anderen sind nicht mehr die argusäugigen Kritiker, die gefürchtet werden müssen! Denn die Spielregel, die der Therapeutische Humor allein gelten läßt, ist die, daß nur das richtig ist, was in der Sphäre vernunftgeleiteten Erwachsenseins falsch ist. (Und umgekehrt ist hier alles falsch, was dort richtig ist!)

»Die Füße gehen mit uns, doch lieber wollten sie uns tragen … «

(von Erika Kunz)

Der erschöpfte Pinocchio war nach Hause zurückgekehrt. Um sich auszuruhen und zu wärmen, setzte er sich vor ein Becken mit glühender Kohle. Über die Glut legte er seine nassen Füße und schlief ein. »Und im Schlaf brannten seine hölzernen Füße an, verkohlten nach und nach und wurden zu Asche. Und Pinocchio schlief und schnarchte, als gehörten seine Füße einem anderen.«
Leben ist Spüren! Wie viele Menschen laufen schlafend durch die Gegend, ohne ihre Füße zu spüren, von denen sie Stunde um Stunde getragen werden. Wie Pinocchio, der mit seinen verkohlten Füßen umfiel, leben auch diese Menschen in der heimlichen Angst, ihr Gleichgewicht zu verlieren, so daß sie vor den Augen der Welt stürzen könnten. Es entspricht einer existentiellen Erschütterung, wenn ein Mensch zu bemerken meint, daß ihn seine Füße nicht mehr tragen wollen. Zu spüren, daß die natürliche aufrechte Haltung verlorengeht, verunsichert zutiefst. Es zeigt an, daß die inneren Abläufe des Lebens gestört sind. Und mit Erschrecken erlebt der Betroffene, wie er sich zu einer Marionette entwickelt, über die er selbst immer weniger Gewalt hat. Aus dieser beängstigenden Erkenntnis heraus entwickelt sich ein unnatürliches Sicherheitsbedürfnis, das oft sehr beschämend ist. Man will sich unbedingt festhalten, anlehnen oder hinsetzen, weil die Angst vor dem Fallen übergroß ist. Sie bewirkt, daß der natürliche

Atemrhythmus verändert wird, so daß sich weitere unangenehme Körperempfindungen einstellen können. Der unglückliche, oft grimassenhaft entstellte Gesichtsausdruck eines unter Fallangst leidenden Menschen zeigt den Verlust des natürlichen Vertrauens zum Körper unverkennbar an.

Das Wiedererlangen dieses Vertrauens ist ein primäres Anliegen bei der Arbeit mit Therapeutischem Humor. Daher führen wir Übungen wie die folgenden durch:

Bodenkontakt herstellen

Wir lernen, bewußt den Kontakt zu der Erde herzustellen, die uns trägt. Wir konzentrieren uns ganz auf die Einheit der Füße mit dem Boden. Wir weiten diese Einheit auf die Beine, das Becken, den Rücken, die Brust, die Schultern, den Hals und den Kopf aus. Und wir schließen die Körperfunktionen, insbesondere die Atmung, mit ein. So sind wir eins mit dem Boden.

Wir lassen den Körper sprechen, erlösen ihn von der Herrschaft kontrollierenden Denkens. Wir spüren unserem Gefühl nach: Was will es uns sagen? Wir lassen uns bewegen. Wir lassen geschehen.[23]

Verspannte Menschen tragen den Kopf häufig gesenkt. Sie blicken verschämt zu Boden. Auch Pinocchios Blick war zwangsläufig auf den Boden gerichtet, als er fußlos war. Denn er hatte sein Gleichgewicht verloren. Sobald sich ein Mensch nicht mehr in einem inneren Gleichgewicht befindet, senkt sich sein Blick gewöhnlich. Der Glanz in den Augen wird matter, so daß auch die Wahrnehmung sich zu trüben beginnt. Vieles im Leben wird somit unwirklich. Der ganz bewußte Bodenkontakt kann aber auch hier eine Abhilfe schaffen. Indirekt wird die Funktionsweise der Augen beeinflußt. Dies kann noch durch gezielte Augenübungen gefördert werden, die mit entsprechenden Vorstellungen verbunden sind, zum Beispiel: Die Augen liegen gemütlich in ihrer Schale, sie schauen nicht heraus, sondern in mich hinein. Wir sprechen mit den Augen ebenso wie mit allen Körperpartien.

Die Augensprache

Wir stehen im Kreis. Jeder versucht herauszufinden, was sein Auge ausdrücken kann. Dabei mag es sich um Freude, Ekel, Liebe, Dummheit oder Wut handeln. In der Zuneigung ist der Blick nach oben gerichtet. Bei einer depressiven Verfassung ist das Auge niedergeschlagen. Doch was spüren wir, wenn die Augen ständig in Bewegung sind, wenn sie starr, groß oder klein sind? Was fühlen wir, wenn die Augen neugierig blicken? Und was bringt dabei der Mund zum Ausdruck? Stimmt er überein mit der Sprache der Augen? Und wie steht es um unser Hören? Stehen diese Organe in einem kommunikativen Zusammenhang mit der Einheit des Leibes?

Nachdem wir uns der Funktionsweise unserer Augen mehr und mehr bewußt geworden sind, beginnen wir Blicke zu werfen. Wir tun nun das, was beschämten Menschen so schwer fällt: Wir stehen im Kreis, suchen den Blickkontakt mit einem Gruppenmitglied herzustellen, so daß eine Gesprächsrunde der Augen entsteht. Später kann sich der einzelne bewußt in der Gruppe exponieren, indem er sich in die Mitte des Kreises stellt und die ganze Gruppe mit seinen Augen anspricht.

Ausdrucksübungen

Wir kosten die Beweglichkeit unseres Körpers voll aus. Wir bewegen unsere Stirn, dann die Augenbrauen und die Augen. Wir plustern die Backen auf, ziehen den Mund zusammen und dann wieder auseinander. Der Mund besitzt eine große Ausdrucksfähigkeit, die die Beweglichkeit des Unterkiefers mit einbezieht. Natürlich vergessen wir dabei weder die Zunge noch die Zähne. Langsam kommt der Hals in Bewegung. Dann die Schultern, die Brust, die Arme, Hände, Finger und später auch das Becken, die Beine und schließlich die Füße. Ganz zum Schluß setzen wir unsere Stimme in Bewegung.

Die Beweglichkeit des lebendigen Körpers zu spüren, schafft Freude. Jeder Mensch, der Freude empfindet, bringt dies auf eine spezifische

Weise zum Ausdruck. Doch er vermag dies nur dann, wenn er sich von seinen Spannungen gelöst hat.

Die Hampelmannübung

Wir stehen im Kreis und haben uns die Clownsnasen aufgesetzt. Wir stimmen uns auf die Haltung des Minimalclowns ein. Jetzt sind wir ein Dummer August. Wir neigen unseren Oberkörper, den Hals und den Kopf leicht nach vorne, während die Arme schlaff herunterhängen. Wir bemühen uns, dem Gesicht einen möglichst dümmlichen Ausdruck zu geben. Nun setzen wir uns in Bewegung: Der hölzerne Hampelmann ist unser Vorbild. Wir trippeln mit kleinen Schritten, lassen die abgewinkelten Arme im Zeitlupentempo auf- und niedergehen. Wir geben uns Mühe, dem Körper eine möglichst unnatürliche, eben hölzerne Haltung zu geben. Diese Übung ist eine gelebte Paradoxie: Nachdem wir gelernt haben, die Funktionen unseres Körpers bewußt zum Ausdruck zu bringen, fällt es uns zunehmend schwer, in eine unnatürlich angespannte Haltung zu verfallen. Wir müssen uns nun förmlich dazu zwingen, unsere natürliche Lebendigkeit erstarren zu lassen. Lachend erleben wir dabei, daß wir beim besten Willen eben doch keine Hampelmänner sind!

Die Haltung der Freude

Jeder Mensch trägt in sich gleichsam eine Tastatur, die er nur betätigen muß, um eine Vielzahl emotionaler Erfahrungen abrufen zu können. Diese Erfahrungen sind nicht nur an bestimmte gedankliche Vorstellungen gebunden. Sie sind vielmehr »inkarniert«, geronnene Bewegungen, die im Körper gespeichert sind. Deshalb können wir auch unsere Freude jederzeit abrufen. Wir müssen nur versuchen, in unseren Körper hineinzulächeln. Dadurch soll die in unserem Körper geronnene Freude wieder aufgetaut werden.

Wir sitzen auf einem Stuhl und versuchen der Spur des Lächelns in unserem Körper zu folgen. Dann erheben wir uns. Wir gehen bedächtig im Kreis umher und versuchen nun, aus unserem ganzen Körper herauszulächeln. Wir spüren die Ruhe und Gelassenheit, die wir ausstrahlen. Wir begegnen anderen Teilnehmern. Wir begrüßen sie kurz, und wir teilen ihnen lächelnd unsere freudige Bewegtheit mit.

Die Lieblingsspeise

Wir setzen uns die Clownsnase auf. So dokumentieren wir, daß wir uns in der Sphäre unseres Kindseins befinden. Wir setzen uns in Bewegung, um über einen Stuhl zu springen. Im Sprung schreien wir unsere Lieblingsspeise heraus. Und nachdem wir wieder den festen Boden unter unseren Füßen spüren, lassen wir unseren ganzen Körper sprechen: Wir bringen mit Wort und Tat zum Ausdruck, wie sehr wir diese Speise mögen und wie vortrefflich sie schmeckt! Zunächst sprechen wir ruhig und bedächtig. Allmählich erheben wir aber unsere Stimme: Wir wollen so laut sein, daß auch tausend Zuhörer es vermittelt bekommen: So köstlich schmeckt unsere Lieblingsspeise! Dabei erleben wir, wie unser Körper sich zu verselbständigen beginnt. Wir spüren, daß wir immer weniger denken müssen.

Kauderwelsch reden

Wir sind nun auf dem Wege, aus unserem Kopf herauszukommen. Dabei kann uns die Stimme mannigfache Möglichkeiten eröffnen: Wir können sie modulieren, erheben, senken und zur Bildung von Tongestalten einsetzen. So üben wir uns, Kauderwelsch zu reden. Zwischendurch lassen wir unsere Augen sprechen: wir lassen sie rollen, lassen sie sich weiten oder sich zusammenkneifen. Und wir kommunizieren mit dem Publikum über unsere Lebensfreude, indem wir den Zuschauern zum Beispiel Küßchen zuwerfen. Damit setzen wir Zäsuren. Das sind kleine Pausen, die wir als Akteure immer wieder benötigen, damit wir unseren Körper spüren, damit wir etwaigen Verkrampfungen und Erstarrungen vorbeugen können. So werden unsere Bewegungen wieder fließend, der starre Blick löst sich, der Rolladen wird wieder hochgezogen. Dabei können wir auch spüren, wie sich eine Schamangst auflöst, die gerade dann entsteht, wenn sich jemand vor den Blicken anderer exponieren muß. Wir können so erleben, wie sich das Können unseres Körpers entfaltet, der nicht mehr durch eine reflektierende Kontrolle beherrscht wird.

Die freie Assoziation

Wir bedienen uns einer Technik, die eine Schöpfung unseres Unbewußten ist. Wir lassen dabei unsere Gedanken einfach kommen, lassen sie aus dem Bauch heraus sprudeln. Wir bilden einen Kreis und lachen gemeinsam so lange und so intensiv, bis uns der Schalk aus den Augen herausschaut. Nunmehr atmen wir nur noch eine Luft ein, die mit Humor angereichert ist. Wir stellen uns vor, wie ein Kasperle aus unserer Brust herausschaut. Dort hat es sein kleines Fenster weit aufgetan. Damit hilft es uns, die Lunge ganz mit der frischen Luft des Humors aufzufüllen. Aus seinem Fenster heraus beginnt das Kasperle nun zu assoziieren. Einer nach dem anderen begeben wir uns in die Mitte des Kreises und lassen das Kasperle zu Wort kommen, etwa so: »Bluberdiblub, hatschireißa, Bumerang! Gestern war ich auf dem Mond. Ich habe einen Krater angeschaut. Dort war eine grüne Katze. Sie wollte einen Fisch fangen. Sie war so grün, wie das Meer blau ist. Und im Meer schwamm ein Fisch, den habe ich geküßt, oh damals, wie ich noch mit meiner Frau ... Dann kam der Hai, oh wei, oh wei, ich holte schnell das Rei und putzte seine Zähne. Jetzt habe ich Hunger ... « usw. Es darf keine Sprechpausen geben. Falls einem nichts mehr einfällt, wird »chinesisch«, »kisuaheli« oder einfach »bla, bla, bla« gesprochen. Wenn man nicht mehr darüber nachdenken muß, was zu sagen ist, stellt sich der »Kick« ein. Dann verlaufen die Assoziationen ganz von selbst. Wir sind von unserer Kopflastigkeit befreit.

310

Maskenwerfen

Unser Gesichtsausdruck spricht eine unverkennbare Sprache. Er zeigt an, wie wir uns fühlen. Umgekehrt lassen sich unsere Gefühle aber auch über eine bewußte Steuerung der Mimik beeinflussen.
Wir stehen im Kreis. Einer von uns läßt ein bestimmtes Gefühl in seinen Gesichtsausdruck einfließen. Er stellt sich diesen dabei bildlich vor. Dies ist nun seine »Maske«. Nun tritt der Betreffende in Blickkontakt mit einem anderen Teilnehmer. Er nimmt die »Maske« in die Hand und »wirft« diese dem Partner zu, der sie mit seinem Gesicht »auffängt«, womit er in die Gefühlswelt des Werfers schlüpft. Nach einer Weile legt er diese »Maske« ab, um sich eine eigene aufzusetzen. Sie entspricht einem neuen Gefühl, das mimisch zum Ausdruck kommt. Auch diese »Maske« wird einem der Teilnehmer zugeworfen usw.

Motzen

In dieser Übung konzentrieren wir uns auf jene aggressiven Emotionen, die im Leben schamgebundener Menschen so wenig zum Ausdruck kommen. Insbesondere handelt es sich um den Ärger, der so lange hineingefressen wird, bis er die Beweglichkeit des Körpers erstarren läßt. In unserer Arbeit versuchen wir gezielt, diese eingefrorenen Affekte aufzutauen. Wir können dabei erleben, daß es möglich ist, seinen Ärger und seine Wut auf eine durchaus humorvolle Weise loszuwerden.
Wir sitzen im Kreis und spüren dem Ärger in unserem Körper nach. Wir denken an die Stationen seiner Entstehung: an beschämende Situationen unserer Kindheit und unseres heutigen Alltagslebens. Wir lassen den Ärger dabei bewußt hochsteigen. Einer nach dem anderen fängt nun an, diesem Ärger Ausdruck zu verleihen. Dies soll den gesamten Körper mit einbeziehen: die Mimik und Gestik ebenso wie die Stimme. Denn wir erlauben uns, hemmungslos zu motzen. Dabei verwenden wir gezielt Kraftausdrücke, die für eine gute Kinderstube

tabu sind. Der Lautstärke unserer Stimme sind dabei keine Grenzen gesetzt. Je kraftvoller wir sie einsetzen, desto mehr wird sich der angestaute Ärger lösen. Wir genießen es, ein Gegenüber zu finden, dem wir unsere aggressive Lebenskraft zumuten dürfen, weil dieser ebenso zurückmotzt! Auch hier wird es zu dem sogenannten Kick kommen, sobald wir uns vom hemmenden Einfluß kontrollierender Man-darf-nicht-Vorstellungen gelöst haben.

Der Schrei des Körpers

Die Stimme ist ein Organ des Kopfes. Über die Stimmbänder verbalisieren wir unsere Gedanken. Und darauf legen gerade schamgebundene Menschen sehr großen Wert. Sie wollen tadellos sprechen, damit sie ja nicht aus der Norm fallen! So verlernen sie leicht die ursprüngliche Funktion der Stimmbänder. Kleinen Kindern dienen diese vor allem zum Schreien. Im Schrei läßt sich vieles ausdrücken: ein Schmerz, Gefühle des Zorns und der Verärgerung, aber auch der puren Lebenslust. Im Schreien ist die Verbindung zum gesamten Körper hergestellt: nur der Kopf als Inbegriff kontrollierten Denkens bleibt ausgespart. Gehemmte Menschen müssen oft mühsam lernen, ihre Stimme wieder bedenkenlos lustvoll kommen zu lassen.
Zunächst üben wir den stillen Schrei. Wir schreien mit unserem Bauch, unserer Brust, unseren Füßen, unseren Augen, unserem Rücken und unseren Armen und Beinen. Dann ist es soweit: Wir lösen unsere geballte Anspannung in einem lauten Schrei, der aus der Tiefe des Körpers kommt!

Zum Clown werden

Wenn wir die rote Clownsnase aufgesetzt haben, ist unser Alltagsleben ausgeklammert. Wir ändern unsere Körperhaltung, unsere Gangart, unseren Blick und unsere Stimme. Wir bemühen uns nicht mehr um eine perfekte Erscheinung. Wir wollen das Gegenteil erreichen. Wir wollen so unvollkommen sein wie ein kleines Kind. Als Clowns entdecken wir unsere Umgebung mit den staunenden Augen des Kindes in uns. Wir entdecken die anderen Clowns, die uns mit ungeschickten Trippelschritten und ungelenken Bewegungen der Arme und Beine entgegenkommen. Wir begrüßen sie ohne Worte. Wir zeigen ihnen, wie wir uns fühlen, wovor wir Angst haben und was wir mögen. Wir üben so die clowneske Pantomime ein. Ernst Kiphard beschreibt dies zutreffend:

»Am Anfang war die Pantomime. Als Körpersprache, Mimik und Gestik ist sie wohl das älteste menschliche Kommunikationsmittel überhaupt. Pantomimisch können wir auch ohne Sprache Gefühltes und Gedachtes einander mitteilen. Wir Erwachsenen haben aber vielfach verlernt, unseren Körper als Instrument des Gefühlsausdrucks zu gebrauchen. Dagegen verfügt das unverbildete Kind noch über ein unerschöpfliches Ausdrucksrepertoire. Sein Gebärdenreichtum zeugt von spontaner Ursprünglichkeit und von der Tiefe der Gefühlserlebnisse. Das Kind ist der eigentliche Lehrmeister des Clowns und Pantomimen. Nur dem Clown ist erlaubt, was man Kindern rechtzeitig abgewöhnt: die Pantomime des Unsinns.«

Die »Pantomime des Unsinns« ist für die Übungen des Therapeutischen Humors von großer Bedeutung. Wir können immer wieder feststellen, wie kreativ wir sind, wenn wir uns absurde Stegreifspiele einfallen lassen. So zum Beispiel, wenn zwei Minimalclowns miteinander anbandeln: Die Frau will den Mann verführen, der sich aber ziert. Sie darf sich dabei – mit Ausnahme des gesprochenen Wortes – aller Ausdrucksmittel bedienen, aber nur auf clowneske Art! Das heißt, die Bewegungsabläufe müssen aus dem Rahmen normalen Erwachsenenlebens fallen. Sie sollen zeitlupenhaft verlangsamt und pathetisch überzogen sein. So läßt sich immer ein komischer Effekt erreichen. Ein anderes Beispiel ist die Verkehrskontrolle: Ein Polizistenclown vernimmt den Verkehrssünder mit den Mitteln des Minimalclowns. Seine Bewegungen sind verlangsamt, und aus seinem Mund kommen die Worte nur verwaschen heraus, weil er vielleicht eine Glasmurmel unter der Zunge hält …

In dieser spielerischen Atmosphäre erleben wir uns von den anderen Clowns als Clown angenommen. Dies schließt unmittelbar an die Erfahrungen von Spielgruppen an, in denen wir uns als Kinder wohlfühlten, weil wir noch nicht darüber nachdenken mußten, ob wir alles richtig machten. So soll der Clown zum Souffleur unseres Erwachsenenlebens werden. Er soll uns anleiten, den Ballast loszuwerden, mit dem wir uns in unserem Alltagsleben abplagen.

Rhythmische Übungen

Rhythmische Übungen sollen uns helfen, zum Gleichmaß unserer Gefühle zu finden. Wir konzentrieren uns auf die Musik, die immer dazu gehört. Der gesamte Körper folgt in seinen Bewegungen dem Klangbild der Musik. Tücher liegen auf dem Boden. Sie stellen schlafende Partner dar. Wir ergreifen sie, um mit ihnen zusammen zu tanzen. Die Musik ist unser Gefühl. Sie setzt uns aber auch in Aktion. Im rhythmischen Ausdruck spüren wir uns selbst als lebendige Bewegung. Wir vergessen die Welt um uns herum und klammern auch unseren Kopf aus.
Wir teilen uns in zwei Gruppen auf, so daß wir einem Gegenüber in die Augen blicken können. Dann gehen wir gleichzeitig, ohne äußeren Impuls, langsam aufeinander zu. Wir stellen kurz einen Körperkontakt her und lösen uns dann wieder voneinander.

Der Spiegel

Wir sitzen uns paarweise gegenüber. Wir tun so, als ob der andere unser Spiegelbild wäre. Dabei verhalten wir uns in der üblichen Weise: Wir kämmen unser Haar, rasieren uns, drücken uns Pickel aus usw. Abwechselnd verhalten wir uns dabei so ernsthaft oder so komisch wie nur möglich.
Entsprechende Imitationsübungen lassen sich auch im Gehen durchführen. Jeder von uns sucht sich einen Partner, dessen Körperhaltung, Gangart usw. er spiegelt. Dabei wird dieser selbst wiederum von einem

anderen gespiegelt usw. Wir führen den anderen und lassen uns gleichzeitig von diesem führen. So nehmen wir unsere eigenen Bewegungen, unsere eigenen Emotionen im lebendigen Spiegel des Partners wahr.

Zwerchfellentspannung

Das Zwerchfell ist die Schaltzentrale des Atmens und des Lachens. Es reagiert unmittelbar auf affektive Regungen. Bei Anstrengung zieht es sich zusammen, so daß der lebendige Atemfluß gehemmt wird. Daher gilt dem Zwerchfell unsere besondere Aufmerksamkeit.
Wir arbeiten mit Imaginationen, die es uns ermöglichen, die Spannungen im ganzen Körper zu regulieren. Dadurch können wir auch dem Zwerchfell zu einer Wohlspannung verhelfen. Zum Beispiel stellen wir uns vor, auf unserem Rücken viele Augen zu haben, die Wärme der Sonne auf unserem Hals zu spüren oder an einer duftenden Blume zu riechen. Allmählich beginnen sich auch die trockenen Schichten in unserem Körper zu regen. Über diese Regulierung lernen wir uns zu lockern. Wir lösen uns aus der Verkrampftheit, die eine Folge gedanklicher Hyperreflexionen ist. Wir richten uns in unserem Körper behaglich ein.

Die Atmung

Eine weitere Ursache der Zwerchfellspannung ist die Mundatmung. Schon bei Kindern läßt sich beobachten, wie das schnelle Atmen durch den Mund zu Erregbarkeit und Unkonzentriertheit führt. Die beste Voraussetzung einer guten Atmung ist das Gähnen. Wir nehmen uns Kinder zum Beispiel, die vom Schlaf erwachen: Wie diese dehnen und räkeln wir uns und lösen dabei einen Gähndrang aus. Wir gähnen, bis die Augen feucht werden. Dabei wird auch das Zwerchfell aktiviert. Je differenzierter diese Bewegungsabläufe abgestimmt sind, desto ergiebiger ist die Atmung.

Eine weitere Atemübung wäre folgende: Wir setzen uns aufrecht hin. Die Füße haben Bodenkontakt. Wir beginnen unseren Körper zu spüren, angefangen mit den Füßen. Wir achten auf die Druckwahrnehmungen in unseren Sitzhöckern. Auch hier spüren wir wieder den Grund, der uns trägt. Wir richten uns auf: Der Oberkörper ist gestreckt, so daß wir über den Rücken in den Nacken und schließlich in den Kopfbereich hineingleiten können. Wir stellen uns vor, daß dieser wie ein großer Luftballon über uns schwebt. Und unser ganzer Körper hängt ganz locker an diesem Ballon … Der Hals bleibt schön gestreckt, damit der Atem fließen kann. Er kann sich im Körper ausbreiten. Wir stellen uns das Becken als eine große Schale vor, die unseren Oberkörper trägt. Dieser füllt die Schale ganz mit Atemluft aus. Auch hier arbeiten wir mit verschiedenen Imaginationen, damit wir zu einer guten Spannungsregulierung und Atmung gelangen.

Das Reflexlachen

Die Erfahrung zeigt, wie das Verspüren des lebendigen Körpers die Atmung beleben kann. Das ist eine wichtige Voraussetzung für unsere Lachübungen. Nur aus einer guten Tiefenatmung heraus kann sich die Lebenskraft im Lachen entbinden.
Wir bilden einen Kreis und sitzen mit aufrechtem Oberkörper auf den Fersen. Wir beginnen tief und intensiv zu atmen. Allmählich steigern wir den Rhythmus des Ein- und Ausatmens. Beim Ausatmen nehmen wir die Stimme hinzu.[24] Mit den Händen berühren wir unsere Gesäßmuskeln. Dadurch strafft sich unser Oberkörper, so daß die Atmung nicht in den Brustraum abrutschen kann. So kommen wir allmählich in Fahrt. Wenn sich der Kopf zu drehen beginnt wie in einem Karussell, ist es Zeit, sich Kopf an Kopf kreisförmig zusammen auf den Boden zu legen. (Zuvor haben wir bequeme Decken oder Matten ausgebreitet.) Dann vergessen wir alles um uns herum. Wir geben uns dem Lachen hin, das sich nun wie von selbst ausbreitet. Wir lachen für uns – und doch stecken wir die anderen durch dieses Lachen an, so wie auch sie uns wieder anstecken! Re-

flexartig durchläuft das Lachen unseren Körper: Es steigt konvulsivisch auf und bringt, ganz von selbst, unsere Stimmbänder in Schwingung. Allmählich beginnen wir zu spüren: Wir lachen nicht willkürlich: Es lacht unwillkürlich aus uns heraus. Dieses gemeinschaftliche Erlebnis ist intensiv und dauert nicht selten mehr als dreißig Minuten an.

Der komische Optimismus

Eines Tages gab mir Docht einige engbeschriebene Zettel zu lesen. Sie enthielten verschiedene Texte, einige davon in Gedichtform. Docht hatte diese in den Tagen seiner schwersten Depression verfaßt. Sein letztes Gedicht hatte er kurz vor seiner Einweisung in die psychiatrische Klinik geschrieben. Aus diesen Zeilen spricht ein leiser Humor, der irgendwie tröstlich wirkt:

»Zwanzig Jahre sind vergangen,
Seit ich daselbst hab' angefangen,
Im Lebenskampfe zu bestehen
Und im Chaos Sinn zu sehen.

Man hat es mir nicht leicht gemacht,
Mich grinsend um den Mut gebracht,
Ganz hat man's jedoch nicht geschafft:
Noch hab' ich, Schlimmer, Lebenskraft!

Sitz' im Schneckenhause drin,
Lebe durchaus ohne Sinn,
Habe nachts so manchen Traum,
Und den Tag – bemerk ich kaum!«

Mit diesen Zeilen war es Docht gelungen, sich von einer unerträglichen Realität zu distanzieren. Sie sind Ausdruck jenes komischen Optimismus, der den echten Humor immer kennzeichnet. Dieser Humor kann einen verzweifelten Menschen wieder (und sei es nur für kurze Augenblicke!) mit einem Leben versöhnen, das nur aus Widrigkeiten und Leiden zu bestehen scheint. Hermann Hesse hat den Humor deshalb als den »Ausweg für die friedlosen Steppenwölfe, die beständig und furchtbar Leidenden«, beschrieben.

Als Beispiel führt Hesse den vereinsamten, weltfremden Harry Haller an, der den Entschluß gefaßt hat, sich an seinem fünfzigsten Geburtstag umzubringen. Doch die Liebe zu zwei jungen Prostituierten läßt Harry diesen Entschluß vergessen. Im Rausch einer Ballnacht wird der »Steppenwolf« in den Sog eines gewaltigen Lebensdurstes hineingezogen. Er findet sich schließlich in einem unwirklichen Magischen Theater wieder. Und dort soll er daran gehen, sein Selbstbild zu ändern. Der wundersame Musikant Pablo hält ihm einen Spiegel vor die Augen: Und Harry sieht, »etwas zerflossen und wolkig, ein unheimliches, in sich selbst bewegtes, in sich selbst heftig arbeitendes und gärendes Gesicht: sich selber.«

Pablo erklärt ihm: »Dieses entbehrlich gewordene Spiegelbild werden Sie jetzt auslöschen, lieber Freund, mehr ist nicht vonnöten. Es genügt, daß Sie, wenn Ihre Laune es zuläßt, dieses Bild mit einem aufrichtigen Lachen betrachten. Sie sind hier in einer Schule des Humors, Sie sollen lachen lernen. Nun, aller höherer Humor fängt damit an, daß man die eigene Person nicht mehr ernst nimmt.«

Wer sein Selbstbild durch den Humor ändern will, wird zuallererst einen Weg finden müssen, der aus den Zwängen eines verabsolutierenden Man-muß-Denkens hinausführt. Fritz Zorn verwendet dafür den französischen Begriff »comme il faut«:

»Man hat mich aus dem Zwang des comme il faut so sehr comme il faut erzogen, daß ich vor lauter comme il faut kaputtgegangen bin. Eine Gesellschaft, deren Kinder aber daran sterben, daß sie diese Gesellschaft vollkommen verkörpern, macht es nicht mehr lange. Der Krug geht wirklich nur so lange zum Brunnen, bis er bricht. Dann ist es aber auch, finde ich, comme il faut, daß er zerbrochen ist: il le faut, sogar. Ich stelle hier wieder eine Erscheinungsform jenes kosmischen Humors fest, dem ich im Verlauf meiner Geschichte häufig begegnet bin.«

Augustinus empfahl, so zu leben, als sei das eigene Handeln von allergrößter Bedeutung, ohne es gleichzeitig wichtig zu nehmen. Dieses große Paradoxon relativiert das ideal-normative Denken grundlegend. Es öffnet das Tor zur Welt des komischen Optimismus. Hier gelten nicht die Gesetze der Kausalität, die endlosen Verkettungen von Zeit und Raum. Hier braucht sich niemand über die Fehler seiner Vergangenheit zu grämen und dabei voller mutloser Skepsis in die Zukunft zu blicken. Denn der Ernst des Lebens löst sich auf, wenn ein riesiger Zeitraum zu einem winzigen Zeitpunkt zusammengeschrumpft ist. Hans Bemmann hat dies in seinem *Märchen vom fröhlichen König* beschrieben. Schreckliche Riesen fallen in den Paradiesgarten eines glücklichen Königs ein. Sie bringen Leid und Elend mit sich. Der König wird immer trauriger. Er läßt Zauberer kommen, die ihn von den Riesen befreien sollen. Doch sie erweisen sich alle als machtlos. Erst ein junger Bursche weiß ihm zu helfen: Er lacht die Riesen einfach aus! Und er fordert den König und seine Leute auf, fröhlich mitzulachen. Sie lachen den ganzen Tag und sind fröhlich und vergnügt: »Und mit jedem Lachen schrumpften die Riesen weiter ein und drängten sich ängstlich auf einem Haufen zusammen.«
Entsprechend vermag die relativierende Kraft des Humors den bedrohlichen Moloch Ernst des Lebens auf die Winzigkeit des Hier und Jetzt schrumpfen zu lassen. Das läßt die beschämenden Erinnerungen an die Vergangenheit ebenso vergessen, wie es die Zukunftsangst in unendliche Fernen entrückt. Denn was allein zählt, ist der kraftvolle Pulsschlag des unmittelbar erlebten Lebens. So konnte Martin Luther sagen: »Und wüßte ich, daß morgen die Welt unterginge: Ich würde heute ein Apfelbäumchen pflanzen!« Aus eben dieser Einstellung heraus konnte auch ein zum Tode Verurteilter am frühen Montagmorgen auf dem Richtplatz ausrufen: »Na, die Woche fängt ja gut an!« (Sigmund Freud hat dieser humoristischen Leistung ein literarisches

Denkmal gesetzt.) Viktor Frankl bezeichnete den relativierenden Humor als ein »Existential«, als eine »Waffe der Seele im Kampf um Selbsterhaltung«. Diese Waffe wirkt wie ein scharfes Messer, das das lebendige Leben von den Fesseln der Zeit und den Kausalketten ernsthaften Denkens befreit. »Es lachte in mir«, berichtete ein Klient, der jahrelang an Krebs litt. Er hatte sich in meditativen Methoden der Dekonstruktion unlebendiger Gedanken geübt, die der Zen-Tradition entsprechen. Er hatte das innere Lachen für sich entdeckt, das der stillen Imagination brüllenden Gelächters entspricht. Und er hatte die Kraft des komischen Optimismus zu verspüren gelernt, die sogar die Todesangst dem Lachen preisgibt. Kurz vor seinem Tod schrieb er mir einen Brief, aus dem ich die letzten Zeilen zitiere:

»Als ich erfuhr, daß mein Tumor inoperabel ist, daß ich bald sterben werde, da war ich zutiefst geschockt. So jung – und schon sterben müssen, dieser Gedanke drückte mich völlig nieder. Daß ich das Gespräch mit dem Psychologen suchte, war zunächst nichts anderes als ein Eingeständnis meiner Hilflosigkeit … Woran ich mich jetzt vor allem erinnere, das sind die anekdotischen Randbemerkungen, die mich meinen Humor wiederentdecken ließen. Das eigenartige Beispiel des Hl. Mauritius etwa, der in siedendes Öl gesteckt wurde und jammerte, wie kalt es ihm sei. Als Sie erzählten, daß der Berberfürst, der den Mauritius zum Tode verurteilt hatte, darauf seine Hand in das heiße Öl gesteckt hatte und sich verbrannte, da mußte ich lachen! Ich erinnere mich deshalb so lebhaft daran, weil es das erste Mal war, nachdem ich meine Diagnose erfuhr, daß ich so lachen konnte. Nun bin ich der Mauritius, und der Krebs ist der Berberfürst. Ich hatte gedacht, die Psychologie sei dazu da, Trost zu spenden. Jetzt weiß ich, daß ich diesen Trost nicht brauche. Ich weiß, daß auch ich stärker bin als der Berberfürst, weil ich ihn nicht mehr ernst nehme. Mein Tod soll mein persönlicher Triumph werden. Ich werde ihn lachend erwarten!«

Der klassische Weg der aufdeckenden Psychotherapie führt zu den Verletzungen der Kindheit zurück. Dies ist nicht nur legitim, es ist auch eine Voraussetzung für eine akzeptierende Selbsterkenntnis. Denn das Verstehenlernen der Entstehungsbedingungen eigener Charakterschwächen und emotionaler Mängel sollte am Anfang einer Konflikt-

bewältigung stehen. Doch die Selbstverwirklichung, die diesem Er-
kenntnisgewinn folgen mag, braucht nicht »unter dem Aspekt des
Ernstes, des Leidens, der Anstrengung, des Opfers und der schweren
Verantwortlichkeit« zu erfolgen, bemerkt Lutz Müller. Sie muß auch
nicht »problem- und konfliktzentriert« sein. Ihr Ziel kann eine Lebensfreude sein, die – wie Nietzsche erkannt hat – alles gutheißt. Der
Psychologe Oskar Lockowandt schreibt: »Wer das Fest des Lebens feiern will, der muß sich irgendwann – sei es nach schwerer Qual, sei es
nach lange geübter distanzierter Neutralität – zu der Einsicht durch-
ringen, daß die erfrischende und heilende, weil sinnbietende Freude
die Gutheißung der Welt im ganzen voraussetzt.«
Das entspricht einem grundlegenden Wertewandel, der als wichtigstes
ethisches Prinzip die Liebe zum Leben gelten läßt. In seiner Erzählung
Traum eines lächerlichen Menschen läßt Fjodor Dostojewski einen, der das
Leben zu lieben gelernt hat, ausrufen: »Oh, Leben, Leben! Entzücken,
unermeßliches Entzücken erhob mein ganzes Wesen. Ja, leben und
verkünden! Und seit der Zeit verkünde ich nun! Außerdem liebe ich
jetzt alle, und die, die über mich lachen, liebe ich am meisten.«
Die Scham ist ein lebensfeindlicher Affekt. Sie verstellt den Blick auf
die universale Lebenskraft, die alles, auch die Symptome, durchdringt.
Die Scham macht blind für die affektiven Äußerungen dieser Lebenskraft, weil sie auf den Unwert zentriert ist. So engt sie das Leben ein.
Sie läßt nur das gelten, was den Idealnormen starrer Man-muß-Vorstellungen entspricht. Doch das sind Fiktionen, die in Wirklichkeit
unerreichbar sind! Wer sich daran ernsthaft ausrichtet, der wird sich
selbst auf Dauer als nicht liebenswert beurteilen können. Und er wird
diejenigen, die er irrtümlicherweise als ihm überlegen ansieht, ebenfalls nicht lieben können. Denn der Schwache kann den Starken nicht
lieben, wenn er sich von diesem verachtet fühlt. So baut der Ernst des
Lebens auf lieblosen Wertungen auf, die das Schlechtsein definieren
und so die Schamangst erst ermöglichen.
Im Epilog zu seinem Buch *Wenn Scham krank macht* stellt John Bradshaw fest: »Am wichtigsten ist es, daß Sie mehr lachen. Sinn für Humor
ist womöglich das entscheidende Kriterium für die Heilung eines
Menschen von der internalisierten Scham. Über Ereignisse, andere

Menschen und über sich selbst lachen zu können, erfordert wahre Menschlichkeit. Wenn Sie Sinn für Humor haben wollen, müssen Sie aufhören, mehr als ein Mensch oder weniger als ein Mensch sein zu wollen«. Der Humor relativiert das Prinzip der beschämenden Lieblosigkeit, das das Leben in Schamangst erstarren läßt. Er vermag dies gerade dann zu tun, wenn das eigene Leiden keinen anderen Ausweg zuläßt. Heinz Kohut beschreibt, wie der Humor Eingang in eine gelingende Psychoanalyse findet: »Ganz plötzlich, als ob die Sonne unerwartet durch die Wolken bräche, bemerkt der Analytiker zu seiner großen Freude, wie ein echter Sinn für Humor bezeugt, daß das Ich die Größenerwartungen des infantilen Größen-Selbst oder die frühen Forderungen nach grenzenloser Vollkommenheit und Macht der idealisierten Eltern-Imago jetzt mit realistischen Maßstäben messen kann und daß es jetzt diese alten Konfigurationen mit dem Amüsement betrachten kann, das Ausdruck seiner Freiheit ist.«

Wer diese Befreiung nicht nur kognitiv begriffen, sondern am eigenen Leib erlebt hat, der kann wieder Zugang zu der Kraft des lebendigen Lebens finden. Dabei werden ihm, wie dem lächerlichen Menschen Dostojewskis, die Scheuklappen von den Augen genommen. Denn wer den Mitmenschen lächelnd ins Gesicht blicken kann, der wird immer wieder erleben, daß sie zurücklächeln. In diesem Lächeln zeigt sich das lebendige Kindsein in seiner ganzen Ursprünglichkeit. Wer wieder gelernt hat, sich diesem Kindsein zu öffnen, wird eine Rückverwandlung erleben. Sie entspricht Pinocchios Metamorphose zu einem »lebhaften, klugen und hübschen Jungen«. Für Pinocchio ist das ein Grund zu großer Freude. Im letzten Satz seines Märchens läßt ihn Carlo Collodi ausrufen: »Wie komisch war ich doch als Hampelmann! Und wie froh bin ich, daß ich jetzt ein richtiger Junge bin!« Nicht anders empfinden Menschen, die sich aus den starren Zwängen der Scham befreien konnten. Zur Veranschaulichung zitiere ich abschließend einige Zeilen aus dem Brief einer ehemaligen Klientin:

»In letzter Zeit fällt mir vieles auf, was › vorher‹ anders war. › Vorher‹, das ist die Zeit vor der manifesten Depression und Behandlung. Manchmal frage ich mich, wie meine Wahrnehmung so massiv gestört sein konnte, wohl von Kind

auf. Das betrifft vor allem die Beziehungen zu anderen, das ›Gemochtwer-
den‹. Ich habe mich mein Leben lang immer einsam, ungeliebt, als Außenseiter gefühlt. Ich habe mich geschämt. Letztens hat mir meine Mutter erzählt,
daß zu meiner Kindergartenzeit die Kinder auf mich zugerannt sind, wenn
wir sie in der Stadt getroffen haben. Ich konnte mich gar nicht mehr daran
erinnern.

Ich habe mir natürlich überlegt, wo dieser krasse Unterschied meiner Wahrnehmung ›Ich bin nicht liebenswert‹ zur Realität – ich werde offensichtlich
doch gemocht – wohl herkommen kann. Punkt eins ist sicher, daß ich mich
selbst nicht gemocht habe und darum nicht glauben konnte, daß jemand mich
mögen könnte. Doch Punkt zwei hat dafür gesorgt, daß niemand mich vom
Gegenteil überzeugen konnte: Ich habe immer Rollen gespielt, habe mich so
verhalten, wie ich glaubte, ›anzukommen‹, oder wie es von mir erwartet wurde. Ich war eine Puppe mit dem gleichen Gesicht und dem gleichen Körper,
den ich tagtäglich im Spiegel sah.

Dieses Rollenspiel war furchtbar anstrengend. Es gelang nur, wenn ich mich
bewußt kontrollierte. Darum waren mir überraschende Spontaneinladungen
sehr unangenehm. Habe ich dann abgelehnt, haben sich mein schlechtes Gewissen und mein Unwertgefühl, meine Scham noch mehr verstärkt.

Heute kann ich das Zusammensein mit Freunden wirklich genießen. Ich bin
nicht mehr die Puppe, die eine mechanische Rolle spielen muß. Nach ein
paar Stunden habe ich dann das Gefühl, unendlich reich zu sein. Wenn mich
jemand anstrahlt, freue ich mich daran, ohne das Gefühl zu haben, das nicht
verdient zu haben (oder die Angst, nicht genug tun zu können, um die Beziehung zu erhalten). Es ist zum Lachen, aber ich habe erst lernen müssen,
auszuhalten, daß es Menschen gibt, die mich als Menschen mögen.«

Anhang

Vielleicht kommen wir nur zu einem einzigen
wichtigen Zweck auf diesen Planeten: um einen
unheimlichen Sinn für Humor zu entwickeln.
Vielleicht liegt im Lachen der Schlüssel, der uns
endlich die Tür zum Glück aufschließt.

Dan Millman

»Humor Immersion Training«[1]

(von Waleed A. Salameh)[2]

Humortechniken

Wenn Sie sich entschließen, die hier dargestellten Humortechniken zu erlernen, dann sollten Sie gewisse Grundregeln beachten:

1. Erwarten Sie nicht, daß *jedermann* Ihren Humor mit Lachen quittiert. Manches von dem, was Sie selbst als humorvoll ansehen mögen, kann einen anderen geistig oder emotional überfordern. Kommt Ihr Humor freilich von Herzen, so wird er unweigerlich ein Band zu Ihren Mitmenschen knüpfen.

2. Versuchen Sie, ein Reservoir an Gemeinsamkeiten zu schaffen. Fragen Sie sich selbst: In welcher Hinsicht entsprechen meine eigenen Erfahrungen denjenigen anderer Personen? Scheuen Sie sich nicht, auch Ihre eigene Person zum Gegenstand einer humorvollen Betrachtung zu machen. Ihr Humor wird die anderen erreichen, wenn es Ihnen gelingt, das universale Verbindungsstück zu finden, das alle menschlichen Verschiedenheiten ausgleicht. Zum Beispiel sind alle von uns durch den Identitätskampf unserer Adoleszenz hindurchgegangen. Wir haben Freud und Leid einer Liebesbeziehung erlebt, und alle haben wir uns mit dem Problem des Todes auseinanderzusetzen.

(Woody Allen sagte einmal: »Ich habe keine Angst vor meinem eigenen Tod. Ich möchte einfach nicht da sein, wenn es passiert.«) Solche Gemeinsamkeiten können einen fruchtbaren Boden für den Humor bilden. Im folgenden finden Sie Beispiele für universale Verbindungsstücke. Bitte ergänzen Sie:

Eigenschaften, die alle Frauen gemeinsam haben:

_____

Eigenschaften, die alle Männer gemeinsam haben:

_____

Eigenschaften, die alle Menschen gemeinsam haben:

_____

Eigenschaften, die alle Tiere gemeinsam haben:

_____

Kamen Ihnen beim Lesen und Ergänzen dieser Sätze schon einige humorige Einfälle in den Sinn?

3. Halten Sie Ausschau nach Absurditäten, die es jenseits der universalen zwischenmenschlichen Konventionen gibt. Tun Sie dies gerade dann, wenn Sie mit Ihren Mitmenschen einen humorvollen Umgang pflegen. Achten Sie auf Ihre eigenen Gefühle ebenso wie auf die vielen komischen Elemente, die unser Alltagsleben beinhaltet. Diese offenbaren sich ganz spontan im Hier und Jetzt zwischenmenschlichen Umgangs. Was macht das besondere Flair, das emotionale Klima solcher Alltagssituationen aus? Was sind die unmittelbaren Zutaten, die diesen Situationen einen unverkennbar humorvollen Geschmack verleihen? So kann zum Beispiel allein schon Ihre Gehemmtheit oder Besorgnis, komisch zu wirken, eine Quelle humorvoller Inspiration sein. Fragen Sie sich doch einmal, ob nicht gerade jetzt, in diesem Augenblick, etwas Humorvolles mit Ihnen selbst oder in Ihrer unmittelbaren Umgebung geschieht!

4. Die letzte Komponente, die das Rezeptbuch der Humorerzeugung beinhaltet, ist das individuelle Element. Nachdem wir uns schon mit universalen
und situationsbezogenen Elementen befaßt haben, geht es hier um ganz wesentliche und einzigartige Aspekte Ihrer eigenen Identität. Hier entsteht das,
was wir als die »Kraft des Humors« bezeichnen können. Wir alle besitzen
einzigartige physische, emotionale, intellektuelle und verhaltensbezogene
Charaktereigenschaften, die als humorvolle Abweichungen von der Norm
angesehen werden können. Jeder von uns hat einen eigenen Stil, sich mit der
Welt auseinanderzusetzen, Aufgaben zu lösen und Probleme anzugehen. Jeder
von uns blickt auf seine eigene, einmalige Lebensgeschichte zurück, die voll
ist von besonderen Humorerfahrungen und absurden Erlebnissen. Die Erkenntnis, daß jeder Mensch bereichsweise doch irgendwie unnormal ist,
macht das Leben überhaupt erst erfrischend und erträglich. Deshalb sollten
Sie Ihre ganz individuelle Abweichung von der Norm nicht nur akzeptieren,
sondern stolz für sie Reklame machen. So können Sie sich eine wahre Gold-
mine humorvollen Materials erschließen.
Damit wollen wir gleich in die Praxis einsteigen. Versuchen sie drei persönliche Aspekte Ihrer eigenen Persönlichkeit anzuführen, die Sie selbst als ungewöhnlich ansehen:

a.

_____

b.

_____

c.

_____

Wie könnten Sie diese Aspekte zusätzlich hervorheben, um dadurch humorvolles Material zu erschließen?

a.

_____

b.

_____

c.

_____

5. Wir erinnern uns: Es gibt drei Elemente, die bei der Humorerzeugung zusammenwirken. Auf diese werden wir immer wieder Bezug nehmen. Es handelt sich um:
– *selbstbezogenen Humor* (sich selbst parodieren, über komische Ereignisse berichten, die man erlebt hat),
– *situationsbezogenen Humor* (örtliche Verhältnisse, Tagespolitik, das Wetter und sonstige aktuelle Vorkommnisse ironisch kommentieren),
– *universalen Humor.*
Wenn Sie am Ball bleiben, wird das Vertrauen in Ihre Humorfähigkeiten stetig wachsen. Sie werden Ihrer Umgebung gegenüber zunehmend entspannter auftreten, so daß Sie allmählich tatsächlich eine humorvolle Identität entwickeln. So wird es Ihnen möglich, Ihren Humor in zwischenmenschlichen Situationen zu erproben, ohne dabei verletzend zu wirken. Das heißt, Sie können humorvolle Aspekte bei anderen Menschen aufdecken, indem Sie sich beispielsweise auf bestimmte Ereignisse im Leben von Freunden und Bekannten beziehen.

6. Humor ist nicht immer angebracht, nicht zu sämtlichen Lebenssituationen passend. Es gibt aber eine Fülle von Gelegenheiten und Anlässen, die mit Humor bestens zu vereinbaren sind. Deshalb ist es unerläßlich, ein Gefühl für die Angemessenheit humorvoller Äußerungen zu entwickeln. Das setzt eine gewisse Selbstkontrolle und Selbstbeobachtungsfähigkeit voraus. Es ist so, als

ob Sie ein Gefühl für klassische Musik entwickeln und dabei intuitiv spüren, welche musikalischen Elemente zusammenwirken müssen, damit eine ergreifende Melodie entstehen kann.

7. Sorgen Sie dafür, daß Ihr Humor einfach bleibt. Denn sollte er zu hintergründig, kompliziert oder mehrdeutig sein, so wird er bei Ihren Mitmenschen wahrscheinlich auf wenig Resonanz stoßen. Mitreißender Humor zeichnet sich demgegenüber durch Einfachheit und Spontaneität aus.

8. Beharrlichkeit ist das Geheimnis jeder Erfolgsstory. Um zum Erfolg zu gelangen, bedarf es ständiger Übung. Das gilt auch für das Training Ihres Humors. Üben Sie daher vor einem Spiegel, und benutzen Sie einen Kassetten- oder Videorecorder. Üben Sie sowohl mit Freunden als auch mit Zufallsbekannten. Stetige Wiederholungen humorvoller Äußerungen gewährleisten jenes wachsende Selbstbewußtsein, das unerläßlich ist, damit Ihre Humormuskeln trainiert werden. Geben Sie bitte nicht auf, wenn die Leute nicht gleich positiv und voller Anerkennung auf Ihre humorvollen Äußerungen reagieren sollten. Auf lange Sicht werden bestimmt alle, mit denen Sie zusammenkommen, die erfrischende Wirkung Ihres Humors schätzen und genießen.

Spezielle Techniken

Unter Berücksichtigung dieser Grundregeln können wir uns nun einigen speziellen Techniken zuwenden. Diese leiten sich von einem der folgenden vier Prinzipien ab:

1. *Übertreibung.* Wenn wir einen Sachverhalt übertreiben, dann werden aus Mücken Elefanten oder aus Maulwurfshügeln Berge. Simple Tatsachen werden in die Maßlosigkeit der Absurdität aufgebläht. Dafür gibt es einige Beispiele:
- Ein Therapeut erklärt einem zwanghaften Elternpaar während einer familientherapeutischen Sitzung: »Ich verkenne durchaus nicht Ihre erzieherischen Leistungen. Insbesondere bewundere ich, wie tadellos Sie in Ihrer Familie für Zucht und Ordnung sorgen. Allerdings muß ich gestehen, einige Lebensberei-

che zu kennen, in denen die Disziplin noch weiter vorangetrieben wurde. Ich denke da zum Beispiel an die Strafkolonie auf der Teufelsinsel. Oder an das Wachsfigurenkabinett. Oder an den Wachwechsel vor dem Buckingham-Palast. Oder auch an ein Interview mit der englischen Königin-Mutter.«
– Eine strengkatholische Klientin mißverstand die Gebote religiösen Lebens insofern, als sie sich ständig irgendwelcher Vergehen bezichtigte. Zumeist hatte sie diese aber nicht einmal im Ansatz begangen. Der Therapeut erklärte: »Sind Sie sich überhaupt der Tatsache bewußt, daß Sie, als verheiratete Frau, exkommuniziert werden müssen, da sie mit männlichen Bekannten zum Essen ausgegangen sind?«
Es ist ziemlich leicht, sich in Übertreibungen zu üben. Wenn Sie den roten Faden in den eben angeführten zwei Beispielen aufnehmen (Teufelsinsel, Wachsfigurenkabinett, Wachwechsel, Interview mit der Königin-Mutter, Exkommunikation), dann können Sie zwanglos aus Ihren eigenen Erfahrungen schöpfen.

Beispiel 1: »Ich habe nicht vor, den Grad an Disziplin in Ihrer Familie übertreiben zu wollen. Es gibt Bereiche im Leben, in denen allerdings noch viel mehr auf Zucht und Ordnung geachtet wird, zum Beispiel:

Beispiel 2: »Sind Sie sich überhaupt der Tatsache bewußt, daß Sie, als verheiratete Frau,

---

wenn Sie mit männlichen Bekannten zum Essen ausgehen?«

2. *Inkongruenz (Widersinn):* Zwei »Non-Sequiturs«, das heißt zwei Sachverhalte, die offensichtlich nichts miteinander zu tun haben, werden in Zusammenhang gebracht. Dabei läßt sich häufig ein unerwartetes, verblüffendes Verbindungsstück finden. Der folgende Witz wurde so entwickelt. Verwendet wurden dabei die folgenden Non-Sequiturs:
a. die Diskussion über Wiedereinführung der Todesstrafe,
b. der Glaube an die Reinkarnation im religiösen Leben Indiens.

Aus der Verbindung von a und b wurde dieser Witz entwickelt: »In Indien versucht ein Anwalt dem zum Tod Verurteilten einen Vorteil zu verschaffen. Er appelliert an den Richter:›Euer Ehren, ich glaube, mein Mandant hat noch eine Chance verdient. Ich stelle Ihnen daher anheim, das Urteil wie folgt abzuwandeln: Statt Todesstrafe *ohne* Reinkarnation, Todesstrafe *mit* Reinkarnation!‹«

Versuchen Sie es einmal selbst. Sie brauchen nur dem gleichen Drei-Schritte-Schema zu folgen, um einen eigenen Witz zu kreieren:

1.) Ereignis
a.

2.) Ereignis
b.

3.) Ihr Witz
a + b

---

3. *Untertreibung* ist das Gegenteil von Übertreibung. Hierbei werden aus Riesen Zwerge, das heißt, bedeutsame Ereignisse werden bewußt auf bescheidene Verhältnisse reduziert. Hier einige Beispiele:
a. »Depression ist nichts anderes als verringerte Toleranz gegenüber euphorischen Gefühlen.«
b. »Der Tod ist die Art und Weise, wie einem die Natur sagt, kürzer zu treten.«
c. »Eine Scheidung könnte Ihnen den ganzen Tag ruinieren.«

Üben Sie sich einmal selbst im Untertreiben, indem Sie sich für die drei oben angeführten Beispiele neue Untertreibungsmöglichkeiten einfallen lassen.

a. Depression ist:

_____

b. Tod ist:

_____

c. Eine Scheidung ist:

_____

4. *Umkehrungen* basieren auf Abweichungen von selbstverständlichen Normen. Diese Gegebenheiten nehmen wir jeweils in einem linearen Sinne wahr, nämlich als in ihrem Bedeutungszusammenhang eindeutig definiert und bestimmbar. Wenn wir diese vertraute logische Sphäre jedoch hinter uns lassen, begeben wir uns in eine Bedeutungsschleife, die grundsätzlich von der üblichen Norm abweicht, ohne dabei völlig absurd zu wirken. Der ursprüngliche Bedeutungszusammenhang wird mithin nicht völlig aufgelöst, sondern lediglich stark relativiert, so daß das Ganze annehmbar bleibt. Unter dieser Voraussetzung erfolgt ein Humoreffekt, der uns zum Lächeln oder sogar zum Lachen bringt. Der Trick bei allen Umkehrungsvorgängen besteht also darin, ein Gespür dafür zu entwickeln, im richtigen Moment in die Bedeutungsschleife einzusteigen. Einzeiler sind ein hervorragendes Übungsmaterial:

a. Wenn Du ein Heuchler sein willst, solltest Du es damit wenigstens ehrlich meinen.

b. Das größte Problem einer Selbstanalyse ist die Gegenübertragung.

c. Ein Masochist ist jemand, der sich am Morgen eiskalt duscht. Deshalb duscht er sich heiß.

d. Geisteskrankheit ist erblich. Man erbt sie von den eigenen Kindern.

e. Ich möchte ein Anarchist sein, aber niemand sagt mir, welche Regeln ich dabei befolgen muß.

f. »Natürlich gibt es ein Leben nach dem Tode. Die Frage ist nur, wie weit entfernt ist es vom Einkaufsviertel und wie lange bleibt es geöffnet.« (Woody Allen)

g. »Zuviel von einer guten Sache ist wunderbar.« (Mae West)

Damit haben Sie einige Anregungen bekommen, wie Sie eine First-class-Umkehrung ausarbeiten können. Sie müssen nur Ihre eigene Bedeutungsschleife für jedes der oben angeführten Beispiele bilden:

a. Wenn Du ein Heuchler sein willst,

_____

b. Das größte Problem einer Selbstanalyse ist

_____

c. Ein Masochist ist jemand, der sich am Morgen eiskalt duscht. Deshalb

_____

d. Geisteskrankheit ist erblich. Man erbt sie von

_____

e. Ich möchte ein Anarchist sein, aber

_____

f. Natürlich gibt es ein Leben nach dem Tode. Die Fráge ist nur,

_____

g. Zuviel von einer guten Sache ist

_____

5. *Das Kind in uns zurückbringen.* Suchen Sie in Ihrem Fotoalbum nach einem Bild, das Sie als lachendes Kind zeigt, das ausdrückt, wieviel Lebensfreude damals in Ihnen steckte. Rahmen Sie dieses Bild ein, und stellen Sie es an einem Platz auf, wo Sie es möglichst häufig betrachten können. Dieses Bild soll Sie jederzeit an das humorvolle Kind erinnern, das ein Teil von Ihnen selbst ist. Wir alle haben es nötig, das fröhlich verspielte, lustige Kind in uns

zurückzuholen, denn es kann uns helfen, die Widrigkeiten des Erwachsenenlebens besser zu ertragen.

6. *Den Erwachsenen mit Energie aufladen.* Wählen Sie ein Foto neueren Datums aus, auf dem Sie fröhlich lachend abgebildet sind. Sie können auch ein solches Bild mit einer Polaroid-Kamera von sich machen lassen. Schauen Sie sich dieses Bild mehrmals am Tag intensiv an.

7. *»Intentionale Dyslexie«.* Gehen Sie daran, neuartige Wortgebilde zu schaffen, die in keinem Wörterbuch zu finden sind. Das können Wörter sein wie »katastrophieren«, »idiotisieren« oder »superieren« (etwas als super interpretieren). Sie können auch sinnlose Wörter bilden, denen nur Sie selbst eine bestimmte Bedeutung verleihen. (Natürlich können Sie über diese Bedeutung mit einigen wenigen Eingeweihten kommunizieren!) So könnte das Adjektiv »flitschig« jede Aktivität bezeichnen, die erfrischend oder belebend ist. Eine gute Möglichkeit, intentionale Dyslexie zu praktizieren, besteht darin, einfach ein Wörterbuch aufzuschlagen, sich die dort aufgelisteten Wörter anzusehen und dabei humorige Ableitungen zu bilden.
Möchten Sie jetzt intentionale Dyslexie üben? Versuchen Sie es doch, indem Sie erstens die humorige Ableitung eines Wortes bilden, und zweitens ein sinnloses Wort mit einem ganz bestimmten Bedeutungsgehalt erfinden.

8. *Sich der Ausgelassenheit erinnern.* Jeden Abend sollten Sie versuchen, sich auf etwas zu besinnen, das über den Tag für Sie lustig, erheiternd oder spaßig war. Dies sollten Sie in einem speziellen Notizbuch vermerken, das Sie dann auch mit Ihren Freunden und Familienangehörigen teilen können. Es muß sich dabei keineswegs um besonders spektakuläre Ereignisse handeln. Es geht lediglich um Ereignisse, die Sie auf die eine oder andere Weise erheitert haben. Schreiben Sie einfach auf, was sich am heutigen Tage in dieser Hinsicht ereignet hat:

_____

_____

_____

9. *Das Absurde registrieren.* Es geht nicht zuletzt darum, Ihren Sinn für das Absurde zu schärfen. Beschreiben Sie deshalb zwei oder drei Sachverhalte, die nach Ihrem Dafürhalten absurd sind. Beispiele wären:
– Warum können öffentliche Telefone kein Geld zurückgeben?
– Die einzige Gewißheit im Leben ist die Ungewißheit.

Und hier Ihre eigenen absurden Formulierungen:

a.

_____

b.

_____

10. *Sich auf das Witzige einstellen.* Regen Sie Freunde und Bekannte an, Ihnen ihren Lieblingswitz zu erzählen. Fragen Sie sie nach lustigen Alltagserlebnissen, nach den witzigsten Büchern, die sie gelesen haben, nach ulkigen Filmen usw.

11. *Sich über die eigenen Schattenseiten lustig machen.* Listen Sie auf, welche von Ihren nagenden Problemen, ungünstigen Verhaltensmustern, unvorteilhaften Aspekten, Zwängen und Ängsten Sie übertreiben, überspannen oder eben ironisieren könnten. Vielleicht stellen Sie schon beim Aufschreiben fest, wieviel Spaß es macht, auf diese Weise Luft abzulassen. So können Sie zu einer anderen Sichtweise gegenüber scheinbar unüberwindbaren Problemen finden. Vielleicht gelingt es Ihnen sogar, Erkenntnisse zu gewinnen, die Sie persönlich weiterbringen können. Hier einige Beispiele für eine solche lustige Liste:

– An drei Dinge muß ich mich erinnern, um in meinem Examen wirklich durchzufallen:

– Drei Empfehlungen, die meine Chancen, befördert zu werden, endgültig zunichte machen:

– An drei Dinge muß ich mich erinnern, um meine Beziehungen zu anderen endgültig kaputtzumachen:

– Drei Lieblingsängste, ohne die ich nicht leben kann:

– Drei Klagen, die ich von nun an ausstoßen werde, bis daß der Tod uns scheidet:

– Drei Mythen über mich, die ich mir unbedingt bewahren will, um meine Depression zu genießen:

– Drei Argumente, die meine Angst vor Erfolg stützen:

– Drei Gründe, weshalb unangemessene Schuldgefühle gut für mich sind:

– Drei Gründe, weshalb es mir gut tut, mich zu schämen:

Damit steht Ihnen nun nichts mehr im Wege, sich über Ihre eigenen Schattenseiten lustig zu machen! Dazu brauchen Sie nichts anderes zu tun, als sich auf eine der oben aufgelisteten thematischen Aussagen einzustellen und zu dem jeweiligen Thema eine lustige Aufstellung zu Papier zu bringen. Los geht's:

– Ihre lustige Thematik:

_____

– Ihre lustige Zusammenstellung:

_____

12. *Lustige Überschriften suchen.* Sie brauchen entweder einen Kunstkatalog, einen Bildband oder auch nur Ihr privates Fotoalbum. Für jede der entsprechenden Illustrationen lassen Sie sich eine humorvolle Überschrift einfallen. Entsprechend können Sie auch im Hinblick auf Abbildungen in Illustrierten oder Zeitschriften verfahren.

13. *Karikaturen anfertigen.* Karikaturen zu zeichnen, ist ein hervorragender Weg, die eigene Humorfähigkeit zu trainieren. In diesem Zusammenhang gibt es viele Möglichkeiten:
a. Sie schneiden Cartoons aus Illustrierten und Zeitschriften heraus. Dann überpinseln Sie die Sprechblasen bzw. weitere Textteile mit Tipp-Ex. Anschließend fotokopieren Sie die reinen Zeichnungen. Nun liegt es an Ihnen, das Ganze mit neuen Dialogen zu versehen.
b. Zeichnen Sie Ihre eigenen Karikaturen! Verwenden Sie ganz nach Belieben Stifte, Wasserfarben, Tuschefedern oder Pinsel. Thematisch können Sie sich sowohl auf eine Phantasiereise begeben als auch reale Situationen aus Ihrem Alltagsleben zeichnerisch zu Papier bringen. Dabei sollten Sie sich auf Personen oder Ereignisse beziehen, die Sie als besonders komisch beurteilen. Machen Sie sich keine Gedanken über die künstlerische Qualität dieser Zeichnungen! Es geht ja nicht darum, selbstkritisch zu sein, sondern einfach um den Spaß, der dabei entstehen kann.
c. Zeichnen Sie nun eine Serie von Cartoons, die Szenen aus Ihrer Lebensgeschichte beinhalten. Beginnen Sie mit Ihren ersten Kindheitserinnerungen.

Streifen Sie die Zeit Ihrer Adoleszenz und Ihrer Erwachsenenjahre, bis Sie schließlich in der Gegenwart angelangt sind. Es gibt dabei verschiedene Möglichkeiten: Sie können die entsprechenden Phasen Ihrer Lebensgeschichte entweder karikaturistisch einrahmen (zum Beispiel ein Rahmen für jede Drei-Jahres-Spanne), oder Sie entscheiden sich einfach, Cartoons zu zeichnen, die auf bestimmte wichtige Ereignisse Ihres Lebens bezogen sind.

Eine weitere Möglichkeit besteht darin, eine einzige große Karikatur zu zeichnen, die verschiedene Mini-Szenen beinhaltet, die sich ihrerseits auf bestimmte Ereignisse Ihres Lebens beziehen.

d. Zeichnen Sie Karikaturen, in denen Sie gewisse persönliche Eigenschaften ganz bewußt übertreiben. Sie können sich daneben aber auch auf komische oder peinliche Ereignisse und Situationen in Ihrer näheren Umgebung beziehen.

e. Schneiden Sie sich eine humorige Collage zusammen, indem Sie Wort- und Bildmaterial aus verschiedenen Quellen (Zeitschriften, Illustrierte, Comic-Hefte, Fotobände usw.) verwenden.

14. *Ein humoriger Freundeskreis.* Warum tun Sie sich nicht mit Freunden, Kollegen und sonstigen Bekannten zu einem humorigen Freundeskreis zusammen, der sich regelmäßig trifft und sich in praktiziertem Humor übt? Die Gruppenmitglieder könnten ihre Humormuskeln wie folgt trainieren:

a. indem sie sich gegenseitig Witze erzählen, spontane Humoreinfälle zum Besten geben und sich darüber austauschen, welche Erfolge jeder einzelne in der Arena humorvollen Schlagabtausches erzielen konnte,

b. indem jedes Gruppenmitglied sich innerhalb der Gruppe darüber ausläßt, in welche peinlichen bzw. komischen Situationen man in der Vergangenheit jeweils geriet. Dabei sollte lediglich Bericht erstattet werden, keinesfalls sollten diese Situationen aber bewertet oder gar entwertet werden. Wenn nahestehende Menschen augenzwinkernd über beschämende Erlebnisse und Peinlichkeiten informiert werden, ruft dies gewöhnlich ein Zusammengehörigkeitsgefühl in der Gruppe hervor. Es ermutigt die anderen, weniger befangen, gehemmt und kontrolliert zu sein. Denn es wird die Botschaft vermittelt: Wir alle sind unvollkommen, wir alle leben in einer unvollkommenen Welt und brauchen uns dessen nicht zu schämen;

c. indem die Gruppe Cartoons aus Zeitschriften, Bildbänden oder Comic-Heften ausschneidet und diese gemeinsam zu Collagen zusammenklebt,

d. indem in der Gruppe mit komödiantenhaften Darbietungen wie lustigen Dialogen, Pantomimen, Elementen des Stegreiftheaters und weiteren humorigen Darstellungsweisen experimentiert wird,

e. indem sich die Gruppenmitglieder zu einem lustigen Bummel aufmachen und sich bei dieser Gelegenheit lustige Filme, Theateraufführungen, Kabarettstücke usw. ansehen.

Überlegen Sie sich also, wer von Ihren Bekannten und Freunden daran interessiert sein könnte, sich einer solchen Gruppe anzuschließen.

15. *»Wie von selbst in den Humor hineingleiten«.* Unser Unbewußtes kann manchmal die lustigsten Effekte hervorbringen! Wenn wir an die vielen Versprecher bzw. »Freudschen Fehlleistungen« denken, die sich über den Tag ereignen, haben wir uns eine erstklassige Humorquelle erschlossen. Jeden Abend könnten Sie daran gehen, die lustigen Glanzstücke zu Papier zu bringen, die sich Ihr Unbewußtes in Form von Versprechern und weiteren Fehlleistungen erlaubt hat. Das bezieht sich natürlich ebenso auf Ihre Mitmenschen! Die folgenden Beispiele zeigen, um was es dabei gehen kann:

a. Eine Frau sagt zum Beamten hinter dem Postschalter: »Kann ich Ihnen einen Brief schreiben? ... Äh, ich meine – kann ich Ihnen einen Scheck ausschreiben?«

b. Der aufgebrachte Lehrer brüllt seinen Schüler an: »Ich trage dich gleich vor die Tür und schmeiß' dich ins Klassenbuch rein!«

Und hier Ihre eigenen Lieblingsversprecher:

_____

_____

_____

16. *Den Humor immer wichtiger nehmen.* Einen echten Sinn für Humor entwickeln wir mit einiger Wahrscheinlichkeit erst dann, wenn wir uns täglich auf humorvolle Erfahrungen bewußt einstellen. Das kann ganz zwanglos gelingen, wenn wir uns die folgenden Quellen zunutze machen:

a. Humorvolle Bücher (Beispiele dafür gibt es unzählige. Erwähnt seien nur die Bücher von Ephraim Kishon, die Briefe von Groucho Marx oder Paul Watzlawicks *Anleitung zum Unglücklichsein*),

b. lustige Schallplatten, Ton- und Videobänder,

c. witzige Zeitschriften,

d. Kabarettisten, Spaßmacher, Clowns,

e. gezielte Auswahl humorvoller Beiträge im Kino, Fernsehen und Theater,

f. Humororganisationen. Es gibt inzwischen vor allem in den USA eine Fülle von Organisationen, die sich der Verbreitung und Förderung des Humors verschrieben hat. Diese Organisationen publizieren in der Regel humorige Nachrichtenblätter und veranstalten regelmäßig Kongresse und Seminare.

g. »Lasset die Kindlein zu euch kommen«: Sie können Ihren spielerischen Fähigkeiten leicht dadurch Auftrieb geben, indem Sie mehr Zeit zusammen mit Kindern verbringen. Kinder besitzen ein unverbildetes, geradliniges Wahrnehmungsvermögen für all das, was komisch und spaßig ist. Das kann gerade für den ernsten Erwachsenen so richtig ansteckend sein! Die entwaffnende Ehrlichkeit und das natürlich frische Sicheinlassen auf das Leben: all das sind Eigenschaften des Kindes, die auch Erwachsene zu der Erkenntnis bringen können, daß diese Welt vielleicht doch kein Jammertal ist …Und vergessen wir nicht: Kinder sind wahre Experten im Organisieren lustiger Spiele!

17. *Unsere Umgebung mit Humor anreichern.* Die emotionale Gestimmtheit bei unseren privaten und beruflichen Aktivitäten ist ein wichtiger Hinweis dafür, wie wir zu uns selbst stehen. Schauen Sie sich doch einmal in Ihrer Umgebung um: Ist es nicht so, daß die Bedeutung der ernsten Seiten des Lebens überbetont wird? Viele von uns legen Wert auf Reputation, Würde, Selbstkontrolle, Zurückhaltung und Distanziertheit. Sie fürchten sich geradezu, aus sich selbst herauszugehen und sich so zu geben, wie sie wirklich sind. Wer seine Umgebung mit Humor anreichern will, wird daher auf Ernsthaftigkeit konsequent verzichten müssen. Könnten Sie sich daher entscheiden, humorvolle Botschaften in Ihre Arbeitswelt und Ihr Privatleben hineinzutragen? Damit würden Sie diejenigen ermutigen, mit denen Sie tagtäglich umgehen. Sie würden sie anregen, mehr aus sich herauszugehen und sich freier und lockerer zu geben. Dadurch würden Sie ganz zwanglos zum Ausdruck bringen, daß Sie an einem fröhlichen und humorvollen Umgang mit Ihren Bekannten interessiert sind. Solche Botschaften lassen sich mit verschiedenen Mitteln auf den Weg bringen:

a. Posters mit lustigen Abbildungen bzw. Vergrößerungen eigener spaßiger Fotos,

b. lustige Plastiken, Statuetten, Gläser, Pokale, Aufkleber usw.,

c. ein witziges Gästebuch in Ihrem Heim oder am Arbeitsplatz. In dieses Buch können Ihre Freunde oder Kollegen nach Belieben lustige Sprüche, Memos, Karikaturen usw. eintragen.

18. *Mit einem Humor-Mantra meditieren.* Humor kann Ihnen auch zu ganz neuartigen Meditationserfahrungen verhelfen! Zu diesem Zweck brauchen Sie sich lediglich ruhig hinzusetzen bzw. hinzulegen. Schließen Sie die Augen. Suchen Sie sich ein lustiges Wörtchen aus, das nun Ihr »Mantra« ist. Wiederholen Sie dieses Wort in Gedanken mindestens zehn Minuten lang, bis Sie allmählich eins werden mit dem kosmischen Gelächter. Hier sind einige Beispiele für Humor-Mantras: »Kokomo«, »Jock«, »Schucki-Wucki«, »Gaga«, »Wobli-Dobli«, »Zocka«, »Blim-Blum«.

19. *Sich fit halten – Ihr tägliches Humortraining.* Ganz gleich, wieviel Sie um die Ohren haben: Nehmen Sie sich jeden Tag wenigstens zehn Minuten Zeit für Ihr humoriges Konditionstraining. Dies kann Ihnen dazu verhelfen, eine positive mentale Haltung zu finden. Dadurch können die Ursachen und Auswirkungen von Streß verringert werden, und Ihre Kommunikationsfähigkeit kann sich verbessern. Ihre Erfolgsmotivation wird sich steigern. Ihre kreativen Ideen werden sich überschlagen. Und die Qualität Ihres alltäglichen Lebens wird ganz allgemein bereichert werden. Von ganz besonderer Bedeutung ist dabei die morgendliche Lachübung, die Sie folgendermaßen absolvieren können: Sie lesen ein paar Seiten in einem Witzbuch, oder Sie hören sich eine lustige Kassette an. Denken Sie dabei auch an komische oder absurde Ereignisse Ihres Lebens! Dann stellen Sie sich vor einem Spiegel auf und beginnen zu grimassieren. Wiederholen Sie dabei unentwegt Ihr persönliches Humor-Mantra. Sobald Sie spüren, daß es innerlich »klick« gemacht hat, können Sie sich der Humorreaktion hingeben: Versuchen Sie einfach, am Stück zu lachen! Tun Sie es bedenkenlos, ohne an den Ernst des Alltagslebens überhaupt einen einzigen Gedanken zu verschwenden. Sie werden merken, daß sich schon nach kurzer Zeit das Reflexlachen wie von selbst einstellt bzw. verselbständigt hat. So können Sie mehrere Minuten am Stück lachen.

Bevor Sie sich nachts zur Ruhe begeben, sollten Sie sich wenigstens eine Seite in einem lustigen Buch durchlesen. Möglichkeiten gibt es viele. Ein Beispiel ist die folgende Zusammenstellung von Aussagen, die sich auf Verkehrsunfälle beziehen. Diese wurden bei einer amerikanischen Kfz-Versicherung eingereicht und von einem humorvollen Sachbearbeiter gesammelt.

– Als ich heim kam, fuhr ich in das falsche Haus rein und kollidierte mit einem Baum, den ich nicht habe.

– Der andere Wagen fuhr in mich rein, ohne mich über sein Vorhaben vorher in Kenntnis gesetzt zu haben.

– Ich dachte, mein Fenster wäre nach unten gekurbelt gewesen. Ich stellte aber fest, daß es oben war, als ich meinen Kopf rausstreckte.

– Ich kollidierte mit einem geparkten PKW, der aus der anderen Richtung kam.

– Als ich versuchte, eine Fliege zu töten, fuhr ich in einen Telegraphenmasten hinein.

– Ich war auf dem Heimweg vom Einkaufen. Als ich die Kreuzung erreicht hatte, schoß plötzlich eine Hecke aus dem Boden, die mir die Sicht verstellte. Deshalb sah ich das andere Auto nicht.

– Ich bin 40 Jahre Auto gefahren, und dann bin ich am Steuer eingeschlafen und hatte den Unfall.

– Ich glaube, daß keines der beiden Autos schuld hatte, falls aber doch, dann war es das andere.

– Ich habe gehupt. Es funktionierte aber nicht, weil das Auto gestohlen war.

– Hätte der Fahrer einige Meter hinter sich gestoppt, wäre es nicht zu dem Unfall gekommen.

– Sie sah mich plötzlich, verlor ihren Kopf, und wir stießen zusammen.

– Ich hörte jemanden hupen und erhielt einen Schlag in den Rücken. Eine Dame versuchte offensichtlich, mich zu überholen.

– Als ich mich der Kreuzung näherte, erschien plötzlich ein Stoppschild an einem Platz, wo es vorher nie gewesen ist. Daher war es mir nicht möglich, rechtzeitig anzuhalten, um den Unfall zu vermeiden.

– Mein Auto war ordentlich geparkt, als es rückwärts in den anderen Wagen hineinfuhr.

– Ein unsichtbarer Wagen kam aus dem Nichts, fuhr in mein Auto rein und verschwand.

– Die indirekte Ursache des Unfalls war ein kleiner Kerl in einem winzigen Auto mit einem großen Mund.

– Ich ließ meinen Wagen eine Zeitlang unbeaufsichtigt. Plötzlich fuhr er fort, ob mit Absicht oder durch Unfall, kann ich nicht sagen.

Möchten Sie nun selbst versuchen, ähnliche Kurzberichte wirklicher oder fiktiver Autounfälle zusammenzustellen? Wenn ja, dann fügen Sie Ihren Kurzbericht jetzt an:

_____

_____

_____

Humorvolle Selbstbeeinflussung durch Ihre Vorstellungskraft

Ist Ihnen bewußt, daß es ein Gebiet gibt, auf dem Sie uneingeschränkt Experte sind? Dieses Gebiet umfaßt Ihre Imagination. Denken Sie nur einmal an Ihre Tagträume, Phantasien und visuellen Wunschvorstellungen: Sie werden zugeben müssen, daß Sie tatsächlich ein »Imaginationsexperte« sind. Wir wollen daran gehen, die Quellen dieser Imagination zu erschließen, damit Sie die humorvollen Diamanten aus den Tiefen Ihres Unbewußten bergen können. Wir beginnen mit einigen einfachen Vorstellungsbildern. Setzen Sie sich ganz bequem hin, nehmen Sie eine entspannte Position ein, und beginnen Sie, ganz bewußt zu atmen. Schließen Sie Ihre Augen, und stellen Sie sich vor, wie Sie in einem kleinen Boot sitzen, das leise einen Fluß hinuntergleitet. Dieser ist über und über mit Rosen bedeckt. Atmen Sie den betörenden Duft dieser Rosen ein, während Sie das Boot über das stille Wasser trägt! Achten Sie auf die Entspannung und die Harmonie, die sich in Ihrem Körper auszubreiten beginnt. Lauschen Sie dem leisen Plätschern des Wassers, und genießen Sie die herrlichen Farben der Rosen, die Sie umsäumen: weiße Rosen, rote Rosen, rosa Rosen, gelbe Rosen. Nun zählen Sie von zehn bis eins, und Sie werden spüren, wie Sie sich zunehmend entspannt fühlen, wenn Sie diese Zahlenreihe hinuntergleiten: Zehn, neun, acht, sieben, sechs, fünf, vier, drei, zwei, eins. Und nun zählen Sie zurück von eins bis fünf, um dann wieder Ihre Augen zu öffnen: Eins, zwei, drei, vier, fünf. Willkommen in der Realität des Alltagslebens! Gerade eben haben Sie einen kleinen Abstecher in das Reich der Imagination gemacht.

Und nun versuchen wir es mit einem weiteren Vorstellungsbild. Sie schließen Ihre Augen noch einmal. Stellen Sie sich vor, wie Sie in Ihrem Wagen langsam in eine Autowaschanlage hineinfahren. Die großen Bürsten beginnen sich langsam zu drehen. Ihr Auto wird im Seifenschaum eingehüllt, so daß das Licht wie durch graue Wolken gedämpft wird. Langsam gleitet das Auto aus der Waschanlage hinaus. Das Licht wird immer heller, sauberes Wasser macht die Windschutzscheibe frei. Und da sehen Sie etwas, das unglaublich ist: Eine Schar kleiner Schimpansen macht sich daran, Ihren Wagen abzutrocknen. Die Schimpansen tragen bunte Overalls. Jeder hält eine Banane in der linken Hand. Ein Schimpanse kommt an Ihre Autotür heran und hält Ihnen eine Banane entgegen. Das kann doch nicht sein! Sie schütteln Ihren Kopf und schauen noch einmal genau hin. Und jetzt sehen Sie, wie die fleißigen Arbeiter ihre Gestalt verändert haben. Nun sind es kleine Pinguine, die hübsch anzuschauen sind in ihren kleinen, schwarzen Fracks und ihren weißen, gestärkten Hemden. Noch einmal schütteln Sie Ihren Kopf – und wie Sie jetzt genau hinschauen, sehen Sie plötzlich wunderschöne junge Mädchen um Ihren Wagen herumstehen, die alle nur mit Bikinis bekleidet sind (für Frauen, die diese Imaginationsübung durchführen, stehen natürlich muskulöse junge Männer in Badehosen bereit …). Diese Traumgestalten sind sehr freundlich. Sie lächeln Ihnen zu, doch sie denken gar nicht mehr daran, Ihren Wagen abzutrocknen: Nun sind Sie es selbst, der bzw. die gewaschen und abgetrocknet werden soll! Nachdem Sie diese Imagination hinlänglich ausgekostet haben, zählen Sie wieder von eins bis fünf. Sie öffnen langsam Ihre Augen und kehren in die Realität zurück. Die Möglichkeiten der Imagination sind übrigens so vielversprechend, daß Albert Einstein einmal gesagt hat: »Imagination ist wichtiger als Wissen.«

Nun gehen wir daran, weitere Diamanten im Hinterhof Ihrer humorvollen Vorstellungskraft zu finden. Die folgende Imaginationsübung soll Ihnen helfen, auf spaßige und nutzbringende Weise entsprechende Humorfähigkeiten auszuloten, und zwar gerade dann, wenn Sie

a. Auftrieb brauchen,

b. Ihre positiven Ressourcen erschließen wollen, das heißt, wenn Sie sich der positiven Humorerfahrungen der Vergangenheit erinnern möchten,

c. Ihre Flexibilität und Ihr Selbstvertrauen verbessern möchten und
d. sich entspannen wollen und die alltäglichen Streßbeeinflussung verringern
wollen.

Für die folgenden Übungen benötigen Sie einen Kassettenrecorder, auf den
Sie den folgenden Text sprechen. Sie können aber auch einen Freund bitten,
ihn mit leiser und ruhiger Stimme vorzulesen.

1. Die Entspannung.

Sie sitzen in diesem Stuhl, in diesem Zimmer … Und Ihre Augen sind geschlossen … Und Ihre Arme ruhen schwer auf der Lehne … Und Ihre Füße
sind auf dem Boden. Und Sie atmen langsam ein … und aus, … ein … und
aus … Und Sie entspannen sich mehr … und mehr … mehr … und mehr …
Und so, wie ich als nächstes das Wort »Jetzt« sagen werde, so erlauben Sie sich
»jetzt« die Annehmlichkeit, sich einem tiefen, langsamen, freien Atmen hin-
zugeben. Und Sie entspannen sich mehr und mehr, Sie entspannen jeden
Muskel, jedes Organ, jede Sehne, jede Zelle, jeden Nerv, jede Vene, jede Pore,
jede körperliche Funktion – alles entspannt sich mehr und mehr – einfach
dadurch, daß Sie sich einem langen, langsamen Atmen hingeben. Die Luft
strömt beim Einatmen durch die Nase, beim Ausatmen lassen Sie sie bedächtig durch den Mund entweichen …

Nun zählen Sie langsam hinunter von zehn bis eins. Und Sie spüren, wie sich
ein beruhigendes Gefühl von Entspannung in Ihrem ganzen Körper ausbreitet: ausgehend von Ihrer Stirn über Ihre Augen, Ihre Ohren, Ihre Nase, Ihren
Mund, Ihren Nacken, Ihre Schultern, Ihre Brust, Ihren Magen, Ihren Bauch,
Ihre Arme, Ihre Hände und schließlich Ihre Beine – bis hinein in die Füße und
die Zehen. Zehn, neun, acht, sieben, sechs, fünf, vier, drei, zwei, eins. Sie haben
sich körperlich und geistig entspannt, bewußt und automatisch, ganz natürlich.
Bleiben Sie für die nächsten dreißig Sekunden vollkommen entspannt.

2. Humorvolle Erfahrungen aus Ihrer Vergangenheit.

Sie spüren jetzt, wie bequem und entspannt Sie sich fühlen. So wird es Ihnen
immer leichter fallen, sich auf Erfahrungen einzulassen, die in Ihrem Erinne-
rungsschatz nur darauf warten, von Ihnen wiederbelebt zu werden. Und das
geht so leicht! Sie müssen nur den Weg Ihres Lebens langsam zurückgehen,
es einfach geschehen lassen, bis Sie in einer glücklichen Zeit und an einem
schönen Ort angelangt sind, in dem Erinnerungen verankert sind, die so positiv und so erfrischend sind, daß es eine einzige Freude ist, sie gerade in

diesem Augenblick aufleben zu lassen. Ich kann mir gut vorstellen, daß es Ihnen gelingt, sich vorzustellen, auf einer großen Kinoleinwand ein lustiges, humorvolles Ereignis Ihres Lebens dargestellt zu sehen. Ich denke besonders an solche spaßigen Erinnerungen, die Sie immer schon hochgeschätzt haben, weil Sie dadurch ganz zwanglos zum Lachen angeregt wurden. Vielleicht wird diese besondere Erinnerung, die jetzt auf der Leinwand Ihrer Imagination auftaucht, auf ein lustiges Ereignis aus Ihrer Kindheit oder Jugendzeit bezogen sein. Lassen Sie sich einige Minuten Zeit dafür …

Und lassen Sie jetzt die Vorstellung Form annehmen. Lassen Sie sich Zeit, bis die ganze Erinnerung schließlich auf Ihrer inneren Leinwand erscheint. Versetzen Sie sich zurück an den Ort, in die Tageszeit und in die Gefühle hinein, die mit dieser Erfahrung verbunden sind … Und nun können Sie sich das entsprechende Ereignis so genau wie möglich ausmalen. Nehmen Sie sich dafür Zeit.

Achten Sie auf Einzelheiten: Wie alt sind Sie, wie sind Sie angezogen, was haben Sie oder die anderen Beteiligten gesagt? Und versuchen Sie all das zu vergegenwärtigen, was diese Erinnerung an lustigen Details umfaßt. Versuchen Sie ganz spontan, die glücklichen Gefühle, die erfrischenden Gefühle, die mit dieser Erfahrung zusammenhingen, wiederzubeleben und zu genießen, und zwar in *diesem Moment*. Fangen Sie nun damit an, einfach Ihren Spaß und Ihre Freude mit diesem einzigartigen Erlebnis zu haben und dieses Erlebnis richtig zu genießen. Denn Sie wissen ja, dieses Erlebnis gehört Ihnen ganz allein! Nehmen Sie sich einige Minuten Zeit für diesen Genuß.

Sie werden spüren, wie das Leben für Sie schwungvoller, fröhlicher, reizvoller, leichtlebiger und heiterer wird. Nehmen Sie sich Zeit für weitere Imaginationen, die Ihnen den Zugang zu noch mehr Humor und Freude in Ihrem Leben eröffnen können. Sagen Sie sich einfach, daß Sie Freude und Heiterkeit in Ihrem Inneren spüren. Sie spüren auch, daß Sie den Informationen aus Ihrer inneren Bilderwelt trauen können: Die Gefühle, die in Ihren Erinnerungen lebendig sind, sind die Energie Ihres Lebens. Ich werde nun bis fünf zählen, und wenn ich »fünf« sage, werden Sie Ihre Augen öffnen, und Sie werden wieder in diesen Raum zurückkehren, in dieses Heute. Sie werden sich erfrischt und ganz entspannt fühlen, besser als einige Minuten zuvor. Und Sie werden sich so heiter und so fröhlich fühlen, wie Sie sich schon lange nicht gefühlt haben. Mit diesen glücklichen Gefühlen … diesen harmonischen Gedanken … spüren Sie eine energische Wachheit. Eins, zwei, drei, vier, … fünf.

3. Die tragisch-komische Aussöhnung.

In diesem Buch wurde Ihnen gezeigt, wie sich beschämende und angstauslösende Kindheitserfahrungen durch das Erleben der Humorreaktion relativieren lassen. Alle humorvollen Erfahrungen können Ihnen mehr oder weniger dabei helfen, sich mit den tragischen Aspekten Ihrer Lebensgeschichte auszusöhnen. Wir sprechen in diesem Zusammenhang von einer »tragisch-komischen Aussöhnung«. Sie kann über zwei Wege erreicht werden:

Wir haben eben geübt, uns durch die Erinnerung an glückliche Zeiten in eine heitere Stimmung zu versetzen. Dies sollten wir jeden Tag üben, denn es ist Voraussetzung für das Erlebnis der tragisch-komischen Aussöhnung. Nachdem es uns nämlich gelungen ist, eine solche heitere Grundstimmung hervorzurufen, können wir auf unserer inneren Projektionsleinwand zunächst eine negative Kindheitserinnerung erscheinen lassen. Diese Erinnerung kann mit schmerzlichen, traurigen oder auch ärgerlichen Gefühlen verbunden sein. Dabei versuchen wir uns der tragischen Umstände, die mit dieser Erinnerung verbunden sind, in allen Details zu erinnern. Wir lassen also sämtliche damit verbundenen Emotionen wieder aufleben. Ist dies geschehen, dann sollten wir uns auf die folgende Anweisung konzentrieren:

»Ich möchte nun, daß Sie auf der inneren Leinwand Ihrer Imagination wieder jene glückliche Erfahrung erscheinen lassen, die Sie vor wenigen Minuten aufleben ließen (30 Sekunden). Bringen Sie sie zurück … Stück für Stück (10 Sekunden).

Achten Sie darauf, wie die humorvollen, glücklichen, fröhlichen Gefühle mit dieser spaßigen Erfahrung eng verbunden sind, wie diese allmählich zu Ihnen zurückkommen. Spüren Sie dem erquickenden Gefühl nach, zu wissen, daß Sie es schaffen, sich durch eine Änderung Ihrer Vorstellungen von Schmerz und Pein zu befreien – einfach dadurch, daß Sie eine fröhliche, humorvolle Erfahrung auf die innere Leinwand zurückbringen. Sie können dies jederzeit tun, wann immer Sie es wünschen, diesen Verbündeten, diese konstruktive Quelle Ihres Selbstwertgefühls in Anspruch zu nehmen, damit es Ihnen gelingt, sich erfolgreich mit vergangenen oder gegenwärtigen Verletzungen auseinanderzusetzen (10 Sekunden).

Und nun lassen Sie uns das üben! Ich werde Ihnen eine einfache Technik beibringen, damit Sie Ihre konstruktive Humor-Erfahrung aktivieren können. Aber jetzt bringen Sie erst einmal ganz langsam Ihre tragische Erinnerung auf die innere Leinwand zurück (30 Sekunden).

Wenn Sie die entsprechende Szene ganz klar imaginieren können, dann sollten Sie Ihre Augenlider fest zusammenkneifen, um diese gleich darauf so weit wie möglich zu weiten und sie dann wieder in eine normale Position zu bringen. Wenn Sie Ihre Augenlider zum zweiten Mal fest zusammenkneifen, wird Ihre Humor-Erfahrung automatisch auf Ihrer inneren Leinwand erscheinen, und Sie werden spüren, wie sich ein Gefühl von Entspannung, innerer Zufriedenheit, Unbeschwertheit und Freude auszubreiten beginnt. Einfach dadurch, indem Sie Ihre Augenlider fest zusammenkneifen, um sie danach so weit wie möglich zu weiten und sie dann wieder in eine normale Position zu bringen, dadurch wird auf Ihrer inneren Leinwand, in Ihrer Imagination, eine Humor-Erfahrung wiederbelebt. Sie werden sich an diese Technik jederzeit wieder erinnern, und Sie werden sie gerade dann anwenden, wenn Sie aufgeregt, traurig oder unglücklich sein sollten. Ich werde nun wieder bis fünf zählen. Bei »fünf« öffnen Sie Ihre Augen, und Sie werden sich wach und ganz entspannt fühlen. Sie werden fröhlicher und heiterer sein, als Sie es zuvor gewesen sind. Ich zähle nun: Eins, zwei, drei, vier, fünf.«

4. Sich von negativen Gedanken befreien.
Der folgende Text soll es Ihnen erleichtern, negative Denkmuster auszumerzen, um sie durch positivere und humorvollere Botschaften zu ersetzen. Wir beginnen in diesem Zusammenhang mit der gleichen Entspannungssuggestion, die schon weiter oben beschrieben wurde. An diese schließt sich die folgende Anweisung an:

»Und wie Sie jetzt bemerken, wie bequem und entspannt Sie sich fühlen… wie leicht und problemlos alle Vorgänge Ihres Körpers ablaufen, können Sie sich immer besser der wunderbaren Abläufe in Ihrem Innern bewußt werden, durch die Ihre Gefühle und Ihr Verhalten beeinflußt werden können (20 Sekunden).
Und Sie können sich jetzt vorstellen, daß in Ihrem Innern, in Ihrem Kopf, ein Kassettenrecorder läuft, der verschiedene Bänder mit verschiedenen Geschichten abspielen kann, mit verschiedenartigen Berichten über Ihr Leben. Nehmen Sie sich Zeit dafür, sich diesen Kassettenrecorder in Ihren Kopf plastisch vorzustellen (5–10 Sekunden). Und nun stellen Sie sich zwei Tonbandkassetten vor, die unmittelbar neben dem Recorder liegen (5 Sekunden). Jede dieser Kassetten enthält einen anderen Text. Sie nehmen nun die erste Kassette, legen Sie ein und beginnen sie abzuspielen …

Sie vernehmen die gewohnte Stimme Ihrer Mutter bzw. Ihres Vaters (oder anderer wichtiger Bezugspersonen Ihrer Kindheit). Sie hören, wie diese Stimme altbekannte Botschaften mitteilt: Es sind Botschaften mit einem beschämenden Inhalt. Die Stimme macht Ihnen Vorhaltungen, sie macht sie nieder, sie wirft Ihnen all das an den Kopf, was Sie falsch gemacht haben. Diese Stimme bringt all die Verachtung zum Ausdruck, unter der Sie in Ihrer Kindheit so oft gelitten haben.

Stellen Sie sich nun das entsprechende Gesicht der Bezugsperson vor, die diese beschämenden Botschaften an Sie richtet. Stellen Sie sich das harte, versteinerte oder wütende Gesicht vor. (10 Sekunden) Konzentrieren Sie sich jetzt ganz auf den bösen Blick der Augen. (10 Sekunden) Und nun merken Sie, wie diese Stimme immer leiser wird und wie das entsprechende Gesicht mehr und mehr verblaßt. (10 Sekunden)

Das Band läuft aber weiter ... Da vernehmen Sie eine andere Stimme ... Es ist die Stimme von ... (Sie stellen sich jetzt eine Person vor, die *gegenwärtig* einen negativen Einfluß auf sie ausübt). Sie hören nun, wie auch diese Stimme beschämende Aussagen über Sie macht. Es sind die Gemeinheiten, die Ihnen besonders weh tun, weil sie Ihre empfindlichsten Stellen treffen. Stellen Sie sich auch dabei das verächtlich abweisende Gesicht der betreffenden Person vor. (10 – 20 Sekunden) Und nun wird auch diese Stimme immer leiser, und das Gesicht verblaßt mehr und mehr. (5 Sekunden)

Aber das Band dreht sich immer noch weiter ... Und nun vernehmen Sie die Stimme, die Ihnen am vertrautesten ist: *Ihre eigene Stimme* ... Ihre eigene Stimme kommt von dem Band, das jetzt in Ihrem Kopf läuft ... Sie können hören, wie Ihre eigene Stimme eine Menge trübsinniger und bedrückender Aussagen über Sie selbst macht. Ihre Stimme wiederholt jetzt die schlimmen negativen Selbstbeurteilungen, die Sie seit langem als fixe Ideen quälen und belästigen ... Es sind dies Gedanken, die Ihnen nicht aus dem Kopf gehen ... Gedanken, die Sie ständig wiederkäuen, weil sie sich um Inhalte drehen, die für Sie besonders beschämend sind: die Schwachstellen Ihres Lebens, Erinnerungen an vertane Chancen, Situationen peinlichen Versagens oder herzloser Zurückweisungen durch andere. Diese Gedanken sind Ausdruck all der Verletzungen, die Sie erlitten haben. Durch diese Gedanken verletzen Sie sich aber Ihrerseits! (20 Sekunden) Sie kennen die negativen Aussagen, die jetzt von Ihrem inneren Band kommen, deshalb so gut, weil Sie diese in der Vergangenheit in Ihrem Kopf ständig zu Wort kommen ließen. Und indem Sie dies zugelassen haben, haben Sie sich selbst unglücklich gemacht. Deshalb ist es jetzt an der Zeit, dieses Band von Ihrem inneren Kassettenrecorder ein für allemal zu entfernen. Machen Sie sich klar: Sie brauchen dieses Band überhaupt nicht! Alles, was Sie jetzt tun müssen, ist dieses Band mit einer einfachen Handbewegung zu entfernen … Sie brauchen nur Ihren rechten Zeigefinger auf Ihren Bauchnabel zu drücken: Dort ist der Bedienungsknopf, durch den alle negativen und selbstschädigenden Botschaften hinausgeworfen werden können. Werfen Sie diese sinnlosen negativen Gedanken, die Sie niederdrücken und beschämen, jetzt also einfach hinaus! (20 Sekunden).

Nachdem Sie Ihre Vorstellungswelt von diesem negativen Ballast befreit haben, sehen Sie einen wunderbar klaren blauen Himmel vor sich … Und jetzt nehmen Sie die zweite Kassette, die neben Ihrem Recorder liegt. Diese Kassette haben Sie bisher noch gar nicht abgespielt … Sie hören angenehme Stimmen, glückliche Stimmen, die Stimmen jener Menschen, die Sie mögen, die sich um Sie sorgen. Als erstes hören Sie die Stimme eines Familienangehörigen, der es gut mit Ihnen gemeint hat. Diesem Menschen haben Sie sich immer besonders nahe gefühlt (selbst wenn er schon lange nicht mehr in Ihrer Nähe sein sollte). Seine (ihre) Stimme macht positive Aussagen über Sie. Sie spricht Anerkennung und Lob aus, indem sie all das erwähnt, worauf Sie zu Recht stolz sein dürfen. Diese Stimme wiederholt also die *positiven* Aussagen über Sie selbst, über das Gute, das Sie in der Vergangenheit zustande gebracht haben … Diese Stimme ist angenehm … beruhigend … Sie spricht Gutes über Sie … Sie erzählt von Dingen, die Ihnen guttun … die Sie innerlich glücklich machen. (15 Sekunden) Stellen Sie sich dabei das liebe, freundlich lächelnde Gesicht vor, das zu dieser Stimme gehört. (20 Sekunden) Und nun wird auch diese Stimme immer leiser, und das Gesicht verblaßt. Aber das Bandgerät dreht sich weiter …

Sie vernehmen nun eine weitere gute Stimme aus Ihrer Vergangenheit … Es ist die Stimme Ihres Lieblingslehrers (bzw. Ihrer Lieblingslehrerin) … Sie stellen sich sein bzw. ihr freundliches Gesicht vor, Sie sehen den lächelnden Mund und den warmen Ausdruck in den Augen … Sie lauschen den Worten, die voll des Lobes über Sie selbst sind. Sie erinnern sich nun an eine konkrete Situation, in der Sie *wirklich* vor den Augen der anderen gelobt und gepriesen wurden … Sie spüren, wie Sie auch heute darüber stolz sind! (15 Sekunden). Das Band dreht sich weiter … Jetzt hören Sie die Stimme Ihres besten Freundes (Ihrer besten Freundin) … Sie sehen sein bzw. ihr freundlich lächelndes Gesicht, und Sie spüren die Zuneigung, die dieser Mensch Ihnen entgegenbringt. Diese Stimme erzählt Positives über Sie. Ihre Aussagen tun Ihnen wohl, weil sie das enge Band der Freundschaft, das Sie mit diesem Menschen verbindet, bestätigen. (15 Sekunden)

Das Band läuft weiter. Sie spüren, wie ein gutes, heiteres Gefühl in Ihnen aufkommt ... Und nun hören Sie eine weitere Stimme: Es ist Ihre eigene Stimme ... Dieses Mal spricht sie all das aus, was an Ihnen, Ihrem Äußeren, Ihren Leistungen, an Ihrem ganzen Leben so positiv ist ... Ihre Stimme erwähnt all das an, was Sie immer schon an sich mochten: Ihre besonderen Talente, Ihre Begabung, Ihre Fähigkeiten und Ihr Können. Sie bringt vielleicht gerade das zum Ausdruck, was Sie bisher schamhaft verborgen hielten. Diese Aussagen rufen ein Gefühl tiefer Befriedigung und Leichtigkeit in Ihnen hervor. Und wie das Band weiterläuft, sehen Sie Situationen auf Ihrer inneren Leinwand, in denen Sie selbst im Mittelpunkt standen. Sie sehen Ihr eigenes, glücklich lächelndes Gesicht, und Sie blicken in Ihre eigenen strahlenden Augen. Sie fühlen sich stark, heiter, fröhlich, und Sie sind bereit, all die Herausforderungen in Angriff zu nehmen, die das Leben Ihnen bieten wird. (10 Sekunden) Sie wissen, daß Sie es schaffen werden. Sie sind stolz auf sich. Es wird Ihnen bewußt, wie gut es ist, daß es Sie gibt! Alle diese guten Gefühle werden Sie weiterbringen, denn diese gehen von dem Band aus, das sich in Ihrem Kopf weiterdrehen wird ... Es liegt an *Ihnen*, diese Stimmen nicht zum Verstummen zu bringen. Und es ist Ihnen möglich, die Stimmen, die auf dem ersten Band sind, aus Ihrem Kopf hinauszuwerfen: einfach dadurch, indem Sie den rechten Zeigefinger auf Ihren Bauchnabel drücken ... Sie wissen nun, wie Sie all die beschämenden Aussagen in Ihrem Inneren zum Verschwinden bringen können – einfach, indem Sie Ihren rechten Zeigefinger auf die richtige Stelle drücken ...

Sie werden sich fortan immer mehr der Tatsache bewußt sein, daß ein positives Band unaufhörlich in Ihrem Inneren abläuft, und daß es jederzeit von Ihnen abgehört werden kann. Und Sie werden sich dabei wohl, selbstsicher und stark fühlen. Und Sie werden spüren, wie Ihr Sinn für Humor wächst ... «

Anmerkungen

1   Gregory Bateson/Don D. Jackson/Jay Haley/John H. Weakland/Lyman C. Wynne u.a.: *Schizophrenie und Familie*. Suhrkamp (1969)
2   Bateson u. a., S. 13
3   Sigmund Freud: *Der Witz und seine Beziehung zum Unbewußten*. Studienausgabe, Band IV, Fischer (1970), S. 9
4   vgl. P. Watzlawick/J.H. Weakland/R. Fisch: Lösungen. Huber, (1974); P. Watzlawick: *Die Möglichkeit des Andersseins*. Huber (1977)
5   Viktor Frankl: »Zur Psychologie des Intellektualismus« in: *Internationale Zeitschrift für Individualpsychologie*, 4 (1926), S. 326
6   Rudolf Dreikurs: »Einige wirksame Faktoren in der Psychotherapie« in: *Internationale Zeitschrift für Individualpsychologie*, 10 (1932), S. 172
7   Michael Titze: »Frankl und die Individualpsychologie« in: Alfried Längle (Hrsg.): *Wege zum Sinn*. Piper (1985), S. 34
8   Viktor Frankl: ... *trotzdem Ja zum Leben sagen. Ein Psychologe erlebt das Konzentrationslager*. Kösel (1977)
9   Michael Titze: »The › Conspirative Method‹: Applying Humoristic Inversion in Psychotherapy‹« in: William F. Fry/Waleed A. Salameh (Hrsg.): *Handbook of Humor and Psychotherapy*. Professional Resource Exchange (1987), S. 287-306
10 William F. Fry: Sweet Madness. A Study of Humor. Pacific Books (1968)
11 »Humor, Physiology, and the Aging Process« in: L. Nahemow/K.A. McCluskey-Fawcett/P.E. McGhee (Hrsg.): *Humor and Aging, Academic Press* (1986), S. 81; W.F. Fry: »Medical Perspectives on Humor« in: *Humor & Health Letter*, II, January/February 1993, S. 1; W.F. Fry: »The Biology of Humor« in: *Humor*, 7 (1994), S. 111
12 vgl. Lee S. Berk: »Immune System Changes During Humor Associated Laughter« in: *Clinical Research*, 39 (1991), S. 124 A; L.S. Berk: »New Discoveries in Psychoneuroimmunology« in: *Humor & Health Letter*, III, November/December 1994, S. 1
13 Ernst Kretschmer: *Der sensitive Beziehungswahn*. Springer (1966)
14 Michel Henry: *Radikale Lebensphänomenologie*. Alber (1992)

15 Rolf Kühn: *Leiblichkeit als Lebendigkeit*. Alber (1992)
16 Es handelt sich um einen Traum des kleinen Friedrich Nietzsche. Quelle: Joachim Köhler: *Zarathustras Geheimnis*. Greno (1989), S. 506
17 zitiert nach Köhler: *Zarathustra*, S. 506
18 Hier beschreibt Ludwig von Scheffler ein Erlebnis mit Friedrich Nietzsche aus dem Jahre 1878. Zitiert nach Sander L. Gilman (Hrsg.): *Begegnungen mit Nietzsche*. Bouvier (1985), S. 366 f.
19 Dieser Traum Friedrich Nietzsches wurde von Carl Albrecht Bernoulli berichtet. Zitiert nach Gilman: *Begegnungen mit Nietzsche*, S. 102
20 Viktor E. Frankl: *Logotherapie und Existenzanalyse*. Piper (1987), S. 256
21 »Persona‹ ist der lateinische Ausdruck für › Maske‹, und es wird oft angenommen, daß sie mit dem Verb › personare‹ etymologisch verwandt ist, was wörtlich › hindurchtönen‹ heißt. Diese Deutung hat mit der Vorstellung zu tun, daß hinter der Theatermaske die Stimme des Schauspielers mit all ihren individuellen Nuancen, Modulationen, Vibrationen hörbar ist, das Gesicht aber einen festumrissenen, typischen Ausdruck behält, der persönliches Glück und Unglück nicht verraten darf ... Psychologisch versteht man unter der Persona eine Maske, die einer gesellschaftlich erwarteten Rolle angemessen ist. Sie beinhaltet also die Funktionen der Anpassung des einzelnen an seine gesellschaftliche Umwelt.« (Mario Jacoby: *Scham-Angst und Selbstwertgefühl*. Walter [1993], S. 104 f.)
22 Diesen Hinweis verdanke ich Frau Devi Euler.
23 Dore Jacobs: *Die menschliche Bewegung*. Kallmeyer (1990)
24 Michael Titze: »Laughter Groups« in: *Humor & Health Letter*, II, March/April 1993, S. 1-7

Anmerkungen zum Anhang

1 Dies ist ein Auszug aus dem *Humor Immersion Training Manual*. Der vollständige Text sowie Informationen über entsprechende Seminare und Workshops können beim Verfasser angefordert werden: Waleed A. Salameh, Ph. D., 5700 Baltimore Drive Nr. 180, La Mesa, CAL 91942, USA
2 Dr. Waaled A. Salameh ist Begründer der humorzentrierten Integrativen Kurzzeittherapie. Er ist Mitherausgeber der Buchreihe *Advances in Humor and Psychotherapy* sowie des *International Journal of Humor Research*.

Adressen

Arbeitsgemeinschaft Therapeutischer Humor, Erika Kunz, Buchenacker 71, D-79692 Sallneck

American Association for Therapeutic Humor, Executive Director: Sue Wells, 222 S. Meramec, Ste. 303, St. Louis, MO 63105, USA. (Diese Organisation wurde ursprünglich von Angehörigen pflegerischer Berufe ins Leben gerufen. Inzwischen steht sie allen offen, die an der Heilkraft des Humors im klinischen Bereich interessiert sind.)

Carolina Health and Humor Association, c/o Ruth Hamilton, 5223 Revere Rd., Durham, NC 27713, USA. (Diese Gruppe richtet sich vor allem an Pflegepersonal in Krankenhäusern und Kliniken. Wichtig besonders im Hinblick auf Informationen über »Gelächterwagen« im Krankenhaus! Die Gesellschaft bietet Workshops an und gibt ein Newsletter heraus.)

The Centre in Favour of Laughter, c/o Dr. Dhyan Sutorius, Jupiter 1007, NL-1115 TX Duivendrecht.

Clown Care Unit, The Big Apple Circus, Creative Director: Michael Christensen, 35 West 35th Street, New York, NY 10001, USA. (Zentrum der Ausbildung von Clowns, die in Kinderkrankenhäusern eingesetzt werden.)

Deutsches Institut für Provokative Therapie, Zentrale: Dr. Eleonore Höfner und Hans-Ulrich Schachtner, Bastian-Schmid-Platz 11a, D-81477 München. (Seminare/Workshops/Weiterbildungskurse in der von Frank Farrelly begründeten humorzentrierten »Provokativen Therapie«.)

Gesundheit Institute, c/o Patch Adams, MD, Washington Boulevard, Arlington, VA 22213, USA. (Dr. Adams ist gelernter Arzt und praktizierender Clown. Er bietet Workshops über Humor und Lachmeditation an. Gegenwärtig ist er dabei, ein humorzentriertes Krankenhaus aufzubauen.)

The Laughter Clinic, Director: Robert W. Holden, 34 Denewood Avenue, Handsworth Wood, Birmingham B20 2AB. (Der Sozialarbeiter Robert Holden wurde 1991 von den Gesundheitsbehörden Birminghams autorisiert, eine Lachklinik zu eröffnen. Über diese wurde seither in den Medien viel berichtet. Holden hat die dort angewandte Lachtherapie in seinem kürzlich erschienenen Buch *Laughter – The Best Medicine* beschrieben [Thorsons/Harper-Collins Publishers, Hammersmith-London].)

The Laughter Remedy, Director: Dr. Paul E. McGhee, 56 Beaver Dam Rd., Randolph, NJ 07869, USA. (Der Psychologieprofessor Paul McGhee zählt zu den bedeutendsten Humorforschern der Welt. Er hat eine Vielzahl herausragender Bücher zum Thema klinische Anwendbarkeit des Humors verfaßt bzw. herausgegeben. Mit seiner »Laughter Remedy« bietet McGhee Interessierten aus aller Welt die Möglichkeit an, sich über Therapeutischen Humor sowohl in theoretischer als auch praktischer Hinsicht zu informieren. Die »Laughter Remedy« vertreibt auch verschiedene Materialien, die im Bereich des Therapeutischen Humors Anwendung finden.)

The Humor Project, Director: Dr. Joel Goodman, 110 Pring St., Saratoga Springs, NY 12866, USA. (Die größte und aktivste Organisation, die sich mit den positiven Auswirkungen des Humors im klinischen Bereich und vor allem auch im Berufsleben befaßt. Das »Humor Project« veranstaltet regelmäßige Workshops und Kongresse nicht nur in den USA, sondern auch in Asien und Europa. Es publiziert eine eigene Zeitschrift, *Laughing Matters*, und unterhält ein »HUMOResources mail-order bookstore«, in dem alle Materialien des Therapeutischen Humors vertrieben werden, zum Beispiel Bücher, Magazine, Tonbänder, Videos, spezielle Software.)

International Laughter Society, President: L. Katherine Ferrari, 1600 Glen Una Drive, Los Gatos, CAL 95030. (Besitzt viele Regionalkreise in den Vereinigten Staaten, die ihrerseits monatliche Treffen organisieren, die nur dem einen Zweck dienen: Spaß zu vermitteln und Gelächter anzuregen. Die »Laughter Society« entspricht in ihrer Struktur entsprechenden Selbsthilfeorganisationen.)

International Society for Humor Studies, Executive Secretary: Dr. Don L. Nilsen, English Department, Arizona State University, Tempe AZ 85287-0302, USA. (Interdisziplinäre Dachorganisation von Wissenschaftlern, die sich mit dem Humor nicht allein in theoretischer Hinsicht befassen. Jährlich werden internationale Kongresse mit einem reichhaltigen Programm veranstaltet. Die Gesellschaft gibt eine vierteljährliche erscheinende Zeitschrift, *Humor,* heraus und informiert über die neuesten Ergebnisse im Bereich der Humorforschung.)

Order of Fun Nuns, Head: Sr. Mary Christelle Macaluso, College of St. Mary, 1901 South 72nd Street, Omaha, NEB 68124-2377, USA. (Ursprünglich von Ordensschwestern gegründet, umfaßt dieser »Orden des Spaßes« heute 25.000 Mitglieder. Sie alle verfolgen nur den einen Zweck: Freude zu vermitteln.)

Literatur

Zeitschriften zum Thema »Humor«

Humor – International Journal of Humor Research, verlegt bei Walter de Gruyter, Postfach 30 34 21, D-10728 Berlin. (Organ der »International Society for Humor Studies«. Dient der Publikation wissenschaftlicher Beiträge über sämtliche Bereiche der Humorforschung. Damit wird der Leser über die aktuellsten Forschungsergebnisse informiert.)

Humor & Health Letter, Publisher and Editor: Joseph R. Dunn, Ph. D., 6055 Ridgewood Rd., Post Office Box 16814. Jackson, MIS 39236-6814, USA. (Dieses Newsletter bringt in leichtverständlicher Form ausschließlich Informationen aus dem Bereich des Therapeutischen Humors und der Gelotologie. Regelmäßig werden Interviews mit führenden Repräsentanten dieses Bereichs abgedruckt. Dieses Nachrichtenblatt ist, nicht zuletzt wegen seines sehr günstigen Preises, jedem zu empfehlen, der sich über die neueste Entwicklung auf dem Gebiet der Humor- und Lachtherapie informieren möchte.)

Laugh Lovers News, c/o Virginia Torper, Post Office Box 1495, Pleasanton CAL 94566, USA.

The Joyful Newsletter, c/o Cal Samra, Post Office Box 668, Kalamazoo, MI 49005, USA. (Plattform christlicher Humoristen. Informiert regelmäßig über die neuesten Ergebnisse der Humortherapie.)

Journal of Nursing Jocularity, Post Office Box 40416, Mesa, AZ 85274, USA. (Informiert über Themen aus dem klinischen Bereich. Es ist insbesondere für Personen aus dem Bereich pflegerischer Berufe interessant.)

Laughing Matters, Fachzeitschrift des »Humor Project« (a.a.O.)

Verwendete Literatur

Adler, Alfred: *Holzbengel mit Herzensbildung.* Wilhelm Fink Verlag (1972)
Adler, Alfred: *Psychotherapie und Erziehung.* Band 1–3. Fischer (1982)
Anthony, Elwyn James: »Shame, Guilt and the Feminine Self in Psychoanalysis« in: Tuttman, Sol/Kaye, Carol (Hrsg.): *Object and Self: A Developmental Approach.* International Universities Press (1981)
Argyle, Michael/Cook, Mark:Gaze and Mutual Gaze. Cambridge University Press (1976)
Aristoteles: *Die Poetik.* Reclam (o.J.)
Bach, George R.: »Kreative Aggression« in: Raymond J. Corsini (Hrsg.): *Handbuch der Psychotherapie.* Band 1. Beltz (1983)
ders.: »Quo vadis? Spekulationen über die Zukunft der Psychotherapie« in: Petzold, Hilarion/Scharfe, Hartmut (Hrsg.): *Kreative Aggression,* Junfermann (1985)
Bach, George R./Goldberg, Herb: *Keine Angst vor Aggression.* Fischer (1993)
Bach, George R./Torbet, Laura: *Ich liebe mich, ich hasse mich.* Rowohlt (1991)
Balint, Michael: *Angstlust und Regression.* Klett-Cotta (1994)
Barloewen, Constantin von: *Clown. Zur Phänomenologie des Stolperns.* Athenäum (1981)
Baudelaire, Charles: »Über das Wesen des Lachens und besonders über das Komische in der darstellenden Kunst« in: Ausgewählte Werke. Georg Müller (o.J.)
Bemmann, Hans: *Stein und Flöte.* Goldmann (1983)
Bergson, Henri: *Das Lachen.* Diederichs (1921)
ders.: *Schöpferische Entwicklung.* Diederichs (1921)
Bernhard, Thomas: *Ein Kind.* Residenz (1982)
Bernhardt, Juan Andrés: *Humor in der Psychotherapie.* Beltz (1985)
Bierbach, Christine: »Chi non caca un kilo – zahlt 20 Mark Strafe!« in: Helga Kotthoff (Hrsg.): *Das Gelächter der Geschlechter.* Fischer (1988)
Blankenburg, Wolfgang: »Ansätze zu einer Psychopathologie des ›common sense‹« in: *Confinia Psychiatrica,* 12 (1969)
ders.: *Der Verlust der natürlichen Selbstverständlichkeit.* Enke (1971)
Borneman, Ernest: *Unsere Kinder im Spiegel ihrer Lieder, Reime, Verse und Rätsel.* Band 1. Ullstein (1980)
Boszormenyi-Nagy, Ivan/Spark, Geraldine M.: *Unsichtbare Bindungen. Die Dynamik familiärer Systeme.* Klett-Cotta (1981)

360

Bowlby, John: »The Nature of the Child's Tie to the Mother« in: *International Journal of Psycho-Analysis,* 39 (1958)

Bradshaw, John: *Das Kind in uns.* Droemer Knaur (1992)

ders.: *Wenn Scham krank macht.* Knaur (1994)

Broucek, Francis J.: »Efficacy in infancy« in: *International Journal of Psychoanalysis,* 60 (1979)

Bruch, Hilde: *Eßstörungen.* Fischer (1991)

dies.: *Der goldene Käfig.* Fischer (1980)

Butollo, Willi: *Die Angst ist eine Kraft.* Piper (1990)

Carrol, Lewis: *Alice im Wunderland / Alice hinter den Spiegeln.* Insel (1963)

Chamisso, Adelbert von: *Peter Schlemihls wundersame Geschichte.* Drei Lilien Verlag (1980), mit einem Nachwort von Lothar Lang

Collodi, Carlo: *Pinocchios Abenteuer – Le avventure di Pinocchio.* Frankfurter Verlagsanstalt (1990)

Cousins, Norman: *Der Arzt in uns selbst.* Rowohlt (1981)

DeShazer, Steve: *Der Dreh,* Carl Auer (1993)

Dostojewski, Fjodor: *Aus dem Dunkel der Großstadt.* Insel (1986)

ders.: »Traum eines lächerlichen Menschen« in: Sämtliche Erzählungen, Piper (1964)

Dreikurs, Rudolf: »Einige wirksame Faktoren in der Psychotherapie« in: *Intern. Zeitschrift für Individualpsychologie,* 10 (1932)

ders.: *Selbstbewußt.* Horizonte (1988)

ders.: *Zur Psychotherapie in der Medizin.* Ernst Reinhardt (1980)

Dreikurs, Rudolf / Blumenthal, Erik: *Eltern und Kinder – Freunde oder Feinde?* Klett (1973)

Dumoulin, Heinrich: *Zen im 20. Jahrhundert.* Fischer (1993)

Eckhardt, Annegret: *Im Krieg mit dem Körper.* Rowohlt (1994)

Eger, Edith: »My Use of Logotherapy with Clients« in: *International Forum of Logotherapy,* 4 (1980)

Ekman, Paul / Scherer, K. (Hrsg.): Expression and the Nature of Emotion. Erlbaum (1984)

Ellis, Albert: »Fun as Psychotherapy« in: A. Ellis / R. Grieger (Hrsg.): *Handbook of Rational-Emotive Therapy.* Springer (1977)

ders.: *Training der Gefühle.* mvg (1989)

Erikson, Erik: *Identität und Lebenszyklus.* Suhrkamp (1971)

ders.: *Kindheit und Gesellschaft.* Klett-Cotta (1992)

Farrelly, Frank / Brandsma, Jeffrey M.: *Provokative Therapie.* Springer (1986)

Flugel, Jeff C.: *The Psychoanalytic Study of the Family*. Hogart (1957)

Foudrain, Jan: *Wer ist aus Holz?* Piper (1973)

Frank, Leonhard: *Links, wo das Herz ist*. dtv (1982)

Frankl, Viktor E.: *Ärztliche Seelsorge*. Kindler (1975)

ders.: »Grundriß der Existenzanalyse« in: V.E. Frankl/V. von Gebsattel/J.H. Schultz (Hrsg.): *Handbuch der Neurosenlehre und Psychotherapie*. Band III. Urban & Schwarzenberg (1959)

ders.: *Der leidende Mensch*. Huber (1984)

ders.: *Logotherapie und Existenzanalyse*. Piper (1987)

ders.: *... trotzdem Ja zum Leben sagen*. Kösel (1977)

Freud, Sigmund: Der Witz und seine Beziehung zum Unbewußten/Massen-psychologie und Ich-Analyse/Der Humor in: *Studienausgabe*. Band IV. Fischer (1982)

Fried, Annette M./Keller, Joachim P.H.: Humor und Identität. Haag + Herchen (1991)

Friedrichsen, Gisela: »Wo ist mein schönes Kind?« Der Spiegel, Nr. 21, Mai 1994

Fuhrmann, Manfred: »Fasnacht als Utopie: Vom Saturnalienfest im altenRom« in: H. Bausinger u.a. (Hrsg.): *Narrenfreiheit*. Tübinger Vereinigung für Volkskunde (1981)

Gardner, Franklin: GOTCHA – Paradoxien für den Homo Ludens. Hugendubel (1985)

Gaylin, Willard: *Adam and Eve and Pinocchio*. Viking (1990)

Goffman, Erving: *Interaktionsrituale*. Suhrkamp (1991)

ders.: *Stigma*. Suhrkamp (1970)

ders.: *Wir alle spielen Theater*. Piper (1969)

Groos, Karl: *Einleitung in die Ästhetik*. J. Ricker'sche Buchhandlung (1892)

Grotjahn, Martin: *Vom Sinn des Lachens*. Kindler (1974)

Hacker, Friedrich: *Aggression*. Rowohlt (1973)

Heidegger, Martin: *Sein und Zeit*. Max Niemeyer (1979)

Henry, Michel: *Radikale Lebensphänomenologie*. Alber (1992)

Hess, Eckhard H.: *Das sprechende Auge*. Kindler (1977)

Hesse, Hermann: *Kinderseele. Unterm Rad. Demian. Siddharta. Der Steppenwolf.* Suhrkamp (1972-1992)

Hirsch, Eicke Christian: *Der Witzableiter*. Hoffmann und Campe (1985)

Hodgkinson, Liz: *Smile Therapy*. Macdonald Optima (1991)

Hoffmann, E.T.A.: *Die Elixiere des Teufels*. Reclam (1969)

Husserl, Edmund: »Zur Phänomenologie der phänomenologischen Reduktion« in: E. Husserl: *Erste Philosophie, Zweiter Teil,* Gesammelte Werke. Band VII. Niemeyer (1959)

Izutsu, Toshihiko: *Philosophie des Zen-Buddhismus.* Rowohlt (1979)

Jacobelli, Maria Caterina: *Das Ostergelächter.* Friedrich Pustet (1992)

Jacoby, Mario: *Scham-Angst und Selbstwertgefühl.* Walter (1991)

Jeggle, Utz: »Fasnacht im Dritten Reich« in: H. Bausinger u.a. (Hrsg.): *Narrenfreiheit.* Tübinger Vereinigung für Volkskunde (1981)

Jung, C.G.: *Über psychische Energetik und das Wesen der Träume. Psychologie und Religion. Der Einzelne und die Gesellschaft* in: *Studienausgabe.* Walter (1972)

Jung, C.G./Franz, Marie-Louise von/Henderson, Joseph L./Jacobi, Jolande/ Jaffé, Aniela: *Der Mensch und seine Symbole.* Walter (1979)

Jung, C.G./Kerényi, Karl/Radin, Paul: *Der Göttliche Schelm.* Rhein-Verlag (1954)

Kästner, Erich: »Gedanken über das Lachen« in: *Gesammelte Schriften für Erwachsene.* Vermischte Beiträge III. Droemer-Knaur (1969)

Kant, Immanuel: *Kritik der Urteilskraft.* Felix Meiner (1974)

Kapleau, Philip: *Die drei Pfeiler des Zen.* Barth (1981)

Kaufman, Gershen: *Shame. The Power of Caring.* Schenkman (1985)

Kernberg, Otto: *Borderline-Störungen und pathologischer Narzißmus.* Suhrkamp (1983)

Kiphard, Ernst J./Pade, Hans J.: *Der Clown in dir.* Fackelträger (1986)

Kleist, Heinrich von: *Über das Marionettentheater.* Reclam (1970)

Klöppel, Renate/Vliex, Sabine: *Helfen durch Rhythmik.* Herder (1992)

Köhler, Joachim: *Zarathustras Geheimnis.* Greno (1989)

Koenig, Otto: »Das Auge als biologische Wurzel kultureller Phänomene« in: R.A. Stamm/H. Zeier (Hrsg.): *Die Psychologie des 20. Jahrhunderts. Band VI. Lorenz und die Folgen.* Kindler (1978)

Koestler, Arthur: *Der göttliche Funke.* Scherz (1966)

ders.: *Der Mensch – Irrläufer der Evolution.* Fischer (1990)

Kohut, Heinz: *Narzißmus.* Suhrkamp (1976)

Kramer, Josef: »Kindliche Phantasien über Berufswahl« in: Alfred Adler/Carl Furtmüller (Hrsg.): *Heilen und Bilden.* Fischer (1973)

Kretschmer, Ernst: *Medizinische Psychologie.* Thieme (1950)

ders.: *Der sensitive Beziehungswahn.* Springer (1966)

Kristuf, Nicole: *Das Lachen und Weinen des Clowns.* Magisterarbeit im Fach Interkulturelle Germanistik an der Universität Bayreuth (1993)

Krüger, Wolfgang: *Die Humorreise.* Manuskript (1994)

363

Kühn, Rolf: *Existenz und Selbstaffektion*. Passagen (1994)

Künkel, Fritz: *Einführung in die Charakterkunde*. Hirzel (1975)

Kuhn, R.: »Scham« in: Christian Müller (Hrsg.): *Lexikon der Psychiatrie*. Springer (1986)

Kuiper, Piet C.: *Seelenfinsternis – Die Depression eines Psychiaters*. Fischer (1995)

Laing, Ronald D.: *Knoten*. Rowohlt (1986)

Lang, H.: »Parentifikation« in: Christian Müller (Hrsg.): *Lexikon der Psychiatrie*, Springer (1986)

Lempp, Reinhart: »Das Lachen des Kindes« in: Thomas Vogel (Hrsg.): *Vom Lachen*, Attempto (1992)

Lewis, Helen Block: *Shame and Guilt in Neurosis*. International Universities Press (1974)

Lewis, Michael: *Scham – Annäherung an ein Tabu*. Kabel (1993)

Lockowandt, Oskar: *Mach ein Fest aus deinem Leben*. Herder (1984)

Lorenz, Konrad: *Das sogenannte Böse*. Borotha-Schöler (1963)

Lukas, Elisabeth: *Auch dein Leben hat Sinn*. Herder (1991)

Mahler, Margaret S./Pine, Fred/Berman, Anni: *Die psychische Geburt des Menschen*. Fischer (1993)

Malson, Lucien/Itard, Jean/Mannoni, Octave: *Die wilden Kinder*. Suhrkamp (1972)

Maltz, Maxwell: *Erfolg kommt nicht von ungefähr*. Econ (1993)

Manganelli, Giorgio: Pinocchio – Ein Parallelbuch. Frankfurter Verlagsanstalt (1990)

McGhee, Paul E.: »Development of the Humor Response« in: *Psychological Bulletin*, 76 (1971)

ders.: *The Laughter Remedy*. Selbstverlag (1991)

Mehle, Ferdinand: *Der Kriminalfall Kaspar Hauser*. Morstadt (1995)

Meissner, Toni: »Die Formeln des Clowns« in: Karl Hoche/Toni Meissner/ Bartel F. Sinhuber: *Die großen Clowns*. Athenäum (1982)

Merleau-Ponty, Maurice: *Phänomenologie der Wahrnehmung*. De Gruyter (1966)

Miller, Alice: *Am Anfang war Erziehung*. Suhrkamp (1980)

Millett, Kate: *Im Basement*. Kiepenheuer & Witsch (1980)

Mitgutsch, Waltraud Anna: *Die Züchtigung*. Claassen (1985)

Montagu, Ashley: *Zum Kinde reifen*. Klett-Cotta (1984)

Moody, Raymond: *Lachen und Leiden*. Rowohlt (1979)

Müller, Klaus Peter: »Clown. Mit dem Rücken zur Odyssee« in: D. Kamper/Ch. Wulf (Hrsg.): *Lachen – Gelächter – Lächeln*. Syndikat (1986)

Müller, Lutz: *Das tapfere Schneiderlein*. Kreuz (1990)

Musil, Robert: *Die Verwirrungen des Zöglings Törleß*. Suhrkamp (1975)

Nathanson, Donald: *Shame and Pride*. W.W. Norton (1994)

Neckel, Sighard: *Status und Scham*. Campus (1991)

Nietzsche, Friedrich: *Menschliches, Allzumenschliches. Morgenröte. Die Fröhliche Wissenschaft. Also sprach Zarathustra. Ecce Homo. Aus dem Nachlaß der Achtzigerjahre* in: *Werke*. Hanser (1980)

Nissen, Gerhardt: *Psychische Störungen im Kindes- und Jugendalter*. Springer (1986)

Novalis: *Heinrich von Ofterdingen* in: *Werke*. C.H. Beck (1969)

Ornstein, Paul H.: »Chronische Wut aus dem ›Untergrund‹. Überlegungen zu ihrer Struktur und Behandlung« in: Minia und Axel Joneck (Hrsg.): *Selbstpsychologie Heute. Die Entwicklung der Psychoanalyse seit Heinz Kohut*. Selbstverlag (1994)

Palmer, Jerry: *Taking Humour Seriously*. Routledge (1994)

Paul, Jean: *Vorschule der Ästhetik* in: *Werke*. 5. Band. Hanser (1980)

Ramondt, Marie: *Studien über das Lachen*. J.B. Wolters (1962)

Rapp, Albert: »A Phylogenetic Theory of Wit and Humour« in: *Journal of Social Psychology*, 30 (1949)

Richter, Horst Eberhard: *Patient Familie*. Rowohlt (1972)

Ringel, Erwin: *Selbstschädigung durch Neurose*. Herder (1978)

Rubinstein, Henri: *Die Heilkraft Lachen*. Hallwag (1985)

Rutschky, Katharina: *Schwarze Pädagogik*. Ullstein (1977)

Salameh, Waleed A.: »Laughter and Emotional Liberation« in: *Humor & Health Letter*, IV/1 (1995)

Sartre, Jean Paul: »Das Sein und das Nichts« in: *Philosophische Schriften*. Band 3. Rowohlt (1993)

Scheler, Max: *Über Scham und Schamgefühl*. Francke (1957)

Schellenbaum, Peter: *Tanz der Freundschaft*. Kösel (1990)

ders.: *Die Wunde der Ungeliebten*. Kösel (1989)

Schneider, Hans Joachim: »Das Opfer im Verursachungs- und Kontrollprozeß der Kriminalität« in: H.J. Schneider (Hrsg.): *Die Psychologie des 20. Jahrhunderts, Band XV, Auswirkungen auf die Kriminologie*. Kindler (1981)

Schoenaker, Theo: »Stottern« in: Reinhard Brunner/Michael Titze: *Wörterbuch der Individualpsychologie*. Ernst Reinhardt (1995)

Schopenhauer, Arthur: *Die Welt als Wille und Vorstellung II*. Haffmans Verlag (1991)

Schütz, Alfred: »Der Fremde« in: *Gesammelte Aufsätze.* Band 2. Nijhoff (1972)

Schultz-Hencke, Harald: *Der gehemmte Mensch.* Thieme (1973)

Schwartz, David: »Immer auf die Schwachen« in: *Psychologie heute* (Januar 1995)

Schwartz, Dieter: *Gefühle erkennen und positiv beeinflussen.* mvg (1987)

Seitler, Heino: »Die Entstehung der Clownfigur« in: Karl Hoche/Toni Meissner/Bartel F. Sinhuber: *Die großen Clowns.* Athenäum (1982)

Sellschopp-Rüppell, Almuth/Rad, Michael von: »Pinocchio – A Psychosomatic Syndrome« in: *Psychotherapy and Psychosomatics*, 11 (1977)

Selye, Hans: *Streß.* Piper (1981)

Shah, Idries: *Die fabelhaften Heldentaten des vollendeten Narren und Meisters Mulla Nasrudin.* Herder (1991)

Speer, Ernst: *Die Liebesfähigkeit.* Lehmann (1937)

Spitz, René: »The Smiling Response: A Contribution to the Ontogenesis of Social Relations« in: *Genetic Psychology Monographs,* 34 (1946)

Stern, Daniel N.: *Die Lebenserfahrung des Säuglings.* Klett (1993)

Stierlin, Helm: »Die Aggression in der menschlichen Beziehung« in: Alexander Mitscherlich (Hrsg.): *Aggression und Apassung.* Piper (1992)

Straus, Erwin: »Die Scham als histeriologisches Problem« in: *Psychologie der menschlichen Welt.* Springer (1960)

Strauß, Bernd: *Strenge und Freiheit.* Die Blaue Eule (1993)

Strian, Friedrich: *Angst.* Springer (1983)

Strindberg, August: *Kloster/Einsam.* dtv (1969)

Su Moon, Susan Ichi: *Ohne Höhe, ohne Tiefe. Die Lee(h)rformeln des Zen-Meisters Tofu Roshi.* Bauer (1989)

Taylor, Gabriele: *Pride, Shame, and Guilt.* Clarendon Press (1985)

Titze, Michael: »Aktive Steuerung von Übertragung und Gegenübertragung bei tiefenpsychologisch fundierter Kurztherapie« in: *Psychotherapie Forum,* 3 (1995) Heft 2

ders.: »Die Bedeutung Therapeutischen Humors in der Arbeit mit behinderten Kindern« in: *Zeitschrift für Individualpsychologie,* 18 (1993)

ders.: *Heilkraft des Humors.* Herder (1985)

ders.: *Lebensziel und Lebensstil.* Pfeiffer (1979)

ders.: »The Pinocchio Complex« in: *Humor & Health Journal,* IV/3 (1996)

Titze, Michael/Eschenröder, Christof T./Salameh, Waleed A.: »Therapeutischer Humor – ein Überblick« in: *Integrative Therapie,* 20 (1994)

Tomkins, Silvan: *Affect, Imagery and Consciousness.* Band 2. Springer (1963)

Ullrich de Muynck, Rita/Ullrich, Rüdiger: *Das Assertiveness-Training-Programm ATP: Einübung von Selbstvertrauen und sozialer Kompetenz.* Teil I-III. Pfeiffer (1976)

Vischer, Theodor: *Über das Erhabene und das Komische.* Imle und Kraus (1837)

Watzlawick, Paul: *Die Möglichkeit des Andersseins.* Huber (1977)

Watzlawick, Paul/Weakland, John H. /Fisch, Richard: *Lösungen.* Huber (1974)

Weber, Max: *Die protestantische Ethik I.* Gütersloher Verlagshaus (1979)

Winnik, Heinz Z.: »Viktimologie, eine neue Wissenschaft und die Psychoanalyse« in: Rolf Klüwer: *Provokation und Toleranz.* Suhrkamp (1978)

Wippich, Jürgen/Derra-Wippich, Ingrid/Farrelly, Frank: *Playing the Devil's Advocate/Des Teufels Advokat spielen.* Rößler & Partner (1991); vgl. insbesondere Appendix B

Wurmser, Léon: *Flucht vor dem Gewissen.* Springer (1993)

ders.: *Die Maske der Scham.* Springer (1993)

Wynne, Lyman/Ryckoff, Irving M./Day, Juliana/Hirsch, Stanley J.: »Pseudo-Gemeinschaft in den Familienbeziehungen von Schizophrenen« in: Gregory Bateson u.a.: *Schizophrenie und Familie.* Suhrkamp (1969)

Zajonc, Robert A.: *Emotional and Facial Efference: A Theory Reclaimed.* American Association for the Advancement of Science (1985)

Zorn, Fritz: *Mars.* Fischer (1979)

Zubin, Joseph/Spring, Bonnie: »Vulnerability – A New View of Schizophrenia« in: *Journal of Abnormal Psychology,* 86 (1977)

Zwettler-Otte, Sylvia: »Pinocchio – vom hölzernen Bengele zum lebendigen Kind« in: Sylvia Zwettler-Otte (Hrsg.): *Kinderbuch-Klassiker psychoanalytisch.* Ernst Reinhardt (1994)

Warum ist es bloß so schwer, treu zu sein?

Ist Treue nur eine Fiktion? Ist Verrat unvermeidlich? Was sind die Gründe für Seitensprünge? Jeder von uns war schon Verratener wie auch Verräter, in der Liebe ebenso wie in familiären, sozialen oder politischen Beziehungen. Victor Chu möchte mit diesem Buch ein neues Verständnis für unsere intimen Beziehungen wecken.

Victor Chu
LIEBE, TREUE UND VERRAT
Von der Schwierigkeit,
sich selbst und dem Partner
treu zu sein
296 Seiten. Kartoniert.
ISBN 3-466-30388-5

VICTOR CHU
Liebe, Treue UND *Verrat*
Von der Schwierigkeit, sich selbst
und dem Partner treu zu sein

KÖSEL